本書出版得到國家古籍整理出版專項經費資助

中國佛教典籍選刊

趙州録校注

[唐]文遠 記録
徐琳 校注

中華書局

圖書在版編目(CIP)數據

趙州録校注/(唐)文遠記録;徐琳校注. —北京:中華書局,2017.11(2022.1 重印)
(中國佛教典籍選刊)
ISBN 978-7-101-12469-9

Ⅰ.趙… Ⅱ.①文…②徐… Ⅲ.禪宗-語録-中國-唐代 Ⅳ.B946.5

中國版本圖書館 CIP 數據核字(2017)第 029905 號

責任編輯:鄒 旭

中國佛教典籍選刊
趙州録校注
〔唐〕文 遠 記録
徐 琳 校注
*
中 華 書 局 出 版 發 行
(北京市豐臺區太平橋西里 38 號 100073)
http://www.zhbc.com.cn
E-mail:zhbc@zhbc.com.cn
北京市白帆印務有限公司印刷
*
850×1168 毫米 1/32 · 21¼印張 · 2 插頁 · 398 千字
2017 年 11 月北京第 1 版 2022 年 1 月北京第 2 次印刷
印數:3001-4500 册 定價:64.00 元

ISBN 978-7-101-12469-9

中國佛教典籍選刊編輯緣起

佛教是世界三大宗教之一，約自東漢明帝時開始傳入中國，但在當時並没有産生多大影響。到魏晉南北朝時期，佛教和玄學結合起來，有了廣泛而深入的傳播。隋唐時期，中國佛教走上了獨立發展的道路，形成了衆多的宗派，在社會、政治、文化等許多方面特别是哲學思想領域産生了深刻的影響。這時佛教已經中國化，完全具備了中國自己的特點。而且，隨着印度佛教的衰落，中國成了當時世界佛教的中心。宋以後，隨着理學的興起，佛教被宣布爲異端而逐漸走向衰微。但是，佛教的部分理論同時也被理學所吸收，構成了理學思想體系中的有機組成部分。直到近代，佛教的思想影響還在某些著名思想家的身上時有表現。總之，研究中國歷史和哲學史，特别是魏晉南北朝隋唐時期的哲學史，佛教是一項重要内容。佛學作爲一種宗教哲學，在人類的理論思維的歷史上留下了豐富的知識經驗。因此，應當重視佛學的研究。

佛教典籍有其獨特的術語概念以及細密繁瑣的思辨邏輯，研讀時要克服一些特殊的困難，不少人視爲畏途。解放以後，由於國家出版社基本上没有開展佛教典籍的整理出版工作，因此，對於系統地開展佛學研究來説，急需解決基本資料缺乏的問題。目前對佛學有較深研究的專家、學者，不少人年事已高，如果不抓緊組織他們整理和注釋佛教典籍，將來再開展這項工作就會遇到更多困難，也不利於中青年研究工作者的成長。爲此，我們在廣泛徵求各方面意見的基礎上，初步擬訂了中國佛教典籍選刊的整理出版計劃。其中，有重要的佛教史籍，有中國佛教幾個主要宗派（天台宗、三論宗、唯識宗、華嚴宗、禪宗）的代表性著作，也有少數與中國佛學淵源關係較深的佛教譯籍。所有項目都要選擇較好的版本作爲底本，經過校勘和標點，整理出一個便於研讀的定本。對於其中的佛教哲學著作，還要在此基礎上，充分吸取現有研究成果，寫出深入淺出、簡明扼要的注釋來。

由於整理注釋中國佛教典籍困難較多，我們又缺乏經驗，因此，懇切希望能够得到各方面的大力支持和協助，使這項工作得以順利完成。

中華書局編輯部

一九八二年六月

目録

前言

趙州録，又稱趙州和尚語録、趙州禪師語録，是趙州從諗禪師接引僧徒、傳法弘教時的法語，由其參學門人文遠記録。徑山藏中存有三卷本趙州和尚語録，共收趙州禪師化語、詩偈五百二十一則(首)，記録了趙州禪師與師、僧、信徒間的對話。趙州禪師不談玄説妙，亦不行棒呵駡，衹以平常語和本分事解説禪法，啓悟僧徒，形成了「不立一家家譜，獨來獨往」的趙州門風。

一、趙州從諗禪師略説

從諗(七七八—八九七)，或稱全諗，俗姓郝。因後期久居趙州，故被稱爲趙州和尚。曹州(在今山東菏澤)郝鄉人，或云青社緇丘人、青州臨淄人。青社，古代借指青州(在今山東北部)，青社與青州當指一地。張子開先生認爲，緇丘蓋即臨淄〔一〕。

宋高僧傳曰，趙州「童稚之歲，孤介弗群，越二親之羈絆，超然離俗」。祖堂集稱趙州於本州龍興寺出家，嵩山瑠璃壇受戒。景德傳燈録、五燈會元却稱「童稚於本州扈通院從師披剃」。聯燈會要卷十二潭州神鼎鴻諲禪師：「南泉道：『我十八上便解作活計。』趙州道：『我十八上便會破家散宅。』」五燈會元卷十八普賢元素禪師所録略同。可見趙州在未成年之時業已出家。

南泉普願當時在池州(今安徽省西南部)弘法。趙州「不昧經律，遍參叢林」，後隨師行脚至南泉，與南泉的初次見面，便深得其賞識。祖堂集言趙州在嵩山瑠璃壇受戒後「一造南泉，更無他往」。宋高僧傳亦言趙州往嵩山琉璃壇納戒，後聞池陽願禪師道化高妙，「諗執心定志，鑽仰忘疲，南泉密付授之」。而景德傳燈録載，趙州在「平常心是道」的對話後，「乃往嵩嶽琉璃壇納戒，却返南泉」。祖庭事苑有類似的記載，趙州「既領旨，却往嵩嶽，請戒而歸」。

據趙州真際禪師行狀(簡稱行狀)載，趙州受戒後，聞受業師在曹州護國院，便歸院省

〔一〕張子開點校趙州録，中州古籍出版社二〇〇一年，第一九九頁。

覲。此後「自攜瓶錫，遍歷諸方」。年至八十，方住觀音院，因在趙州城東，故又名「東院」，距離舉世聞名的趙州石橋約十里，以此人稱趙州和尚。據行狀記載，趙州「住持枯槁，志效古人」。僧堂前後皆無架，供應齋食，只能旋作旋食。繩床一隻脚斷了，便以薪柴綁縛。有僧徒、檀越要爲其製新者，趙州都堅決不許。住持四十年，趙州從未向檀越尋求供養。

趙州於觀音院傳法四十年，將謝世時留遺言命弟子在其死後焚燒屍體，不淘舍利。唐乾寧四年（八九七）十一月十日，趙州端坐而終，年一百二十歲，後謚號「真際大師」。

趙州禪師被視爲唐代最偉大的禪師之一，卓然屹立於五家之外。

趙州遍歷諸方，形成了不立一家的參學風格。數十年間參訪了黄檗希運、寶壽沼和尚、鹽官和尚、夾山善會、潙山靈祐、潭州道吾山圓智禪師、藥山惟儼、雲居道膺、茱萸山和尚、臨濟義玄、大慈寰中、百丈懷海、椑樹和尚、道樹和尚、投子大同等禪師，又仰慕寒山、拾得而訪天台山，亦住澧州、五臺山，行脚遍及今天的湖南、湖北、江西、浙江、安徽、山西、河北等省。趙州參訪不拘南宗北派，不論長幼輩分，常自謂曰：「七歲童兒勝我者，我即問伊。百歲老翁不及我者，我即教佗。」趙州不拘南北、不問長幼，唯真理是道，祇求證悟，其行脚履跡體現出他不立一家的獨特禪法。

趙州堅持「一心不生，萬法無咎」，追求返觀内省的參悟方式。趙州常借禪宗三祖僧璨信心銘中的「一心不生，萬法無咎」來教化接引僧徒，强調心中不生分別念，便可萬慮俱消。任何心念的産生，都將障蔽原本澄明的本心，終究無法徹悟佛法禪旨。當學人問「時人以珍寶爲貴，沙門以何爲貴」時，趙州以「急合取口」作答，「合口」即閉嘴。又有學人問「如何是一切法常住」，趙州回答「今日不答話」。在趙州看來，任何形式的言説都無法真正闡明禪法，唯有閉口沉默，返觀本心，内省自證，才能契悟佛法真理。

趙州創造了一批深邃透徹，閃爍金玉光輝的禪悟語言。趙州在教化僧徒時，强調於平淡樸實中透見真理。看似平易的語言，有不少成爲了後世著名的禪宗公案，爲禪門學人所修習，如「洗鉢盂去」、「庭前柏樹子」、「狗子無佛性」、「喫茶去」等。這些話語體現出趙州對禪的理解與感悟。如被推爲趙州第一公案的「狗子無佛性」，一日僧問「狗子還有佛性也無」，趙州回答「無」。禪宗向來主張「人人皆有佛性」，趙州的回答看似與禪宗宗風背道而馳，但却體現出他獨特的禪風。趙州以正話反説、意在言外的方式駁斥了當時禪林中迷信經典，拾人之唾的不良習氣，一個「無」字成爲了後代學人參究入門的話頭。

趙州對「平常心是道」的禪門宗風作了進一步闡揚。作爲南泉的弟子，趙州將師父「平常心是道」的宗門主張無限延伸。面對學人關於「如何是佛」、「如何是祖師西來意」的極則之問，趙州常以「洗鉢盂去」、「喫茶去」等平常語作答，令學人在平常中頓斷理路，止息妄想。趙州主張參禪不必限於静坐念經，但在行住坐卧一切時中體會道法，明心見性。洗鉢、喫茶等日常生活皆可閃耀禪的光芒。趙州這種根植現實、不離平常日用的參禪接化方式，更體現出禪家本味，形成了趙州精湛孤峻意蘊深遠的獨特禪風。

趙州繼承了自慧能以來「識心見性，自成佛道」的南宗禪法，抛棄一切外在虚妄，不斷向内心掘發，引導僧徒識自本心，發露真智；踐行「但行直心」、「不著法相」的南宗修證觀，於一切時中、行住坐卧中體會禪法的高妙；注重將禪的意味滲入到日用生活中，構成了隨緣任運的參禪態度；重視用藴含機鋒的「柏樹子」、「洗鉢盂」等話頭啓悟僧徒，形成了生動風趣，獨樹一幟的教化之法。趙州單刀直入、清新明快的禪法路數爲後世廣泛接受，對中國禪宗的發展産生了重要影響。

二、趙州禪師語録的流傳、整理情況

今天所能見到的比較完整的趙州禪師語録，一爲古尊宿語録所録入者，一爲三卷單行本趙州和尚語録。

古尊宿語録爲宋代鼓山賾藏主編刻，其流傳頗爲複雜〔一〕。古尊宿語録初刊時，「趙州諗」被收入卷一。數年後再刊，亦有趙州，並附行狀。

宋咸淳丁卯（一二六七），浙江明州府阿育王山廣利禪寺住持物初大觀重校改編古尊宿語録，由覺心居士捐資重刻。物初大觀在重刊古尊宿語序中言「命禪衲精校重楷」，對賾藏主增補本進行了精校删潤。臺北「國家圖書館」藏宋刻古尊宿語録殘本，即爲物初大觀重校改編本，亦收趙州禪師語録三卷。卷上題爲趙州真際禪師語録，卷首附趙州禪師行狀，收語録二百零五則；卷中題爲趙州和尚語録，收語録、詩偈二百三十一則（首）；卷下題爲趙州録，收語録、詩偈八十五則（首），卷末附趙王與師作真讚及哭趙州和尚二首。卷上和卷下末尾有「廬山栖賢寶覺禪院住持傳法賜紫沙門澄諟重詳定」字樣。

明永樂年間刊行大藏經，即永樂南藏，古尊宿語録被翻刻增補爲三十七家、四十八卷。其中卷十四、十五收趙州諗禪師語録。一九九四年中華書局出版的中華大藏經（漢文部分）第七十七册所收古尊宿語録即依南藏本。南藏本古尊宿語録卷十四無卷題，收録趙州禪師語録二百零八則；卷十五題爲趙州諗禪師語録，收語録、詩偈二百八十則

〔一〕詳參張子開趙州録、趙州從諗研究。

（首），另附趙王與師作真讚及哭趙州和尚二首。無行狀。

明永樂年間另有官修大藏經永樂北藏，結構分類參照永樂南藏，永樂十九年（一四二一）明成祖敕命在北京雕造，明正統五年（一四四〇）完成，是現存最完整的一部宫廷版藏經。二〇〇〇年綫裝書局出版永樂北藏，第一九七、一九八册收録四十八卷本古尊宿語録。其中，卷十四、十五收趙州諗禪師語録。卷十四無卷題，收趙州禪師語録二百八十則；卷十五題爲趙州諗禪師語録，收禪師語録、詩偈二百八十則（首），另附趙王與師作真讚及哭趙州和尚二首。無行狀。

明萬曆年間開刻的徑山藏，又名嘉興藏、楞嚴藏、萬曆藏、方册藏，創刻於萬曆七年（一五七九），歷時一百二十九年刊刻完成，先後輾轉五臺山妙德庵，徑山寂照庵、化城寺，最終由嘉興楞嚴寺刻印。其中亦收録古尊宿語録，内容和分卷較永樂南藏本略有不同。卷十三趙州真際禪師語録并行狀卷上，先列行狀，次列語録二百二十則。卷十四趙州真際禪師語録之餘，輯録語録、詩偈二百九十九則（首），卷尾附趙王與師作真贊、哭趙州和尚二首。卷十三、十四末尾，皆有「廬山栖賢寶覺禪院住持傳法賜紫沙門澄諟重詳定」字樣，「澄諟重詳定」另換行。日本卍續藏經、臺灣佛光大藏經等收入古尊宿語録，皆依徑山本編排。一九六八年，徑山藏的續藏、又續藏被編入臺灣版中華大藏經第二輯，但遺憾的是該藏經營運不善，印行期間，幾度停頓，歷經十多年後第二輯才陸續補足。一九八七年四月，臺北新文豐出版公司重印發行了中華大藏經第二輯，命名爲明版嘉興大藏經，其中第十册録有四十八卷本古尊宿語録。

徑山藏最顯著的特點是除收録宋元以來入藏的大小藏經論外，還續收了大批中國歷代高僧的撰述，刊刻至清初又輯録了大量禪師的機緣、語録、雜録、塔銘、行狀等。趙州和尚語録即被收編其中。明版嘉興大藏經第二十四册録有三卷本趙州和尚語録（以下簡稱三卷本）。卷上卷題之下標有「參學門人文遠記録」、「轆轢道人大参重校」、「雲門弟子明聲重刻」。卷上收語録二百零五則，卷中集語録二百三十則，卷下收語録、詩偈八十六則（首）。卷首有重刻趙州祖師語録序，爲「傳曹洞正宗第二十七代雲門顯聖寺住持散木圓澄撰」，又附趙王與師作真讚、哭趙州和尚二首及助刻姓氏名單。卷尾附趙州真際禪師行狀。

古尊宿語録版本繁多，以下將各本所收趙州真際禪師語録與三卷本作以比較。

覺心居士捐資重刻古尊宿語録，其中收録趙州真際禪師語録（以下簡稱覺心本），與三卷本内容及編排較其他各本最爲接近，皆分上、中、下三卷。卷上二百零五則皆一一對應；卷中自二〇六至四三五則完全重合對應，覺心本卷中最末多出十二時歌一則；卷下三卷本自四三六至五一六則與覺心本四三七至五一七則一一對應，三卷本將十二時歌置於第五一七則，此後自五一八至五二一則又完全對應。

徑山藏所録古尊宿語録，其中趙州真際禪師語録（以下簡稱徑山本）被置於第十三、十四卷。與三卷本内容大致相當，而無圓澄序和助刻姓氏；體例略有不同，三卷本分上、中、下三卷，徑山本分兩卷；編排也略有不同，三卷本卷上第一則至二〇五則、卷中第二〇七至二二一則相當於徑山本第十三卷，三卷本卷中第二〇六則被置於徑山本第十四卷首，三卷本卷中第二二二至四三五則、卷下第四三六至五二一則相當於徑山本第十四卷。其中三卷本卷中第三二八則、三二九則徑山本合爲一則，語句略有簡省，三卷本卷下第四六五則徑山本未收。

永樂南藏所録古尊宿語録，其中趙州諗禪師語録（以下簡稱南藏本）被置於第十四、十五卷。與三卷本差别較大。南藏本收録趙州禪師化語四百八十八則。三卷本卷上第一則至第二〇五則、卷中第二〇七則至二二一則相當於南藏本第十四卷，其中三卷本卷上第一、三、四、四六、五三、五六、七五、一五五、一七九、一九三、一九四則及卷中第二一九則南藏本未出，合二百零八則；三卷本卷中第二二二至四三五則及卷下第四三六至五二一則相當於南藏本第十五卷，其中三卷本卷中第二〇六則被南藏本卷十五作爲首則語録，此外三卷本卷中第三二九、三三九、三五六、三九三、四〇八、四二九則及卷下第四三六、四三八、四四一、四四二、四六〇、四六六、四六七、四六八、四六九、四七〇、四七一、四七三、四九八、五〇七、五一一則南藏本未出，合二百八十則。北藏本古尊宿語録所收趙州諗禪師語録（以下簡稱北藏本）在内容、結構及編排上完全依照南藏本，卷目、收録語録、詩偈條目、排列順序與南藏本無異。

選擇徑山藏所收三卷本趙州和尚語録爲底本，是依據了張子開先生的研究成果。張先生認爲，趙州録最初爲文遠所録的「實録」或「行録」，後在此基礎上又刊刻有五代宋初的澄提詳定本（三卷本）。徑山藏中所收的三卷本趙州和尚語録直接據澄提詳定本刊刻而成。

賾藏主初編和增補古尊宿語録時也依據澄提詳定本録入趙州語録，但對部分内容進行了增删和選編。宋咸淳丁卯（一二六七），浙江明州府阿育王山廣利禪寺住持物初大觀重校改編古尊宿語録，覺心居士捐資重刻。物初大觀重刊古尊宿語序言：「異時有賾藏主者，旁蒐廣採，僅得南泉而下二十二家示衆機語。厥後又得雲門、真净、佛眼、佛照等數家，總曰古尊宿語。——非止乎此也，據其所搜採而言爾。……覺心居士……謂賾所編古尊宿語刊於閩中，而板亦漫矣，兩浙叢林得之惟艱。勇捐己資，鋟梓流通。命禪衲精校重楷，不鄙索序。」依序所言，物初大觀重刊古尊宿語録當對其内容進行了精校删潤。

後出的南藏、北藏本古尊宿語録（統稱永樂本）在磧藏主增補本的基礎上刊刻而成，卷八有物初大觀序，表明其與覺心居士捐刻本一脉相承，當然與澄諟詳定本已有諸多不同。

更晚出的徑山本古尊宿語録與永樂本一脉相承，卷首亦有物初大觀重刊古尊宿語序。卷十三、十四之後有「廬山栖賢寶覺禪院住持傳法賜紫沙門澄諟重詳定」字樣，表明徑山本在延續永樂本的同時又參考了三卷本的内容，與澄諟詳定本有源流關係，但由於其晚出，又受永樂本影響，其内容及編排當與澄諟詳定本有别。

從來源上看，徑山藏所收三卷本趙州和尚語録最能體現趙州録的原始面貌；從内容上看，該本較其他版本所收化語爲最多；從體例上看，該本將序、助刻姓氏及詩贊等置於正文之前，行狀附於卷末，每則化語皆另提行編排，段落分明，而其他版本則或無行狀，或無卷題，各則化語間極少提行排列，行文編排不盡合理。

除此，五代至宋出現的禪宗語録亦收録了諸多趙州禪師化語，且部分未被録入後出的徑山本、南藏本、北藏本古尊宿語録及三卷本趙州和尚語録。

（一）晚唐五代静、筠二禪師編著的祖堂集卷十八録趙州和尚本傳，其中所收禪師化語有十六則未見於徑山本、南藏本、北藏本及單行三卷本；又卷六投子和尚收録二則趙州禪師與投子和尚的對話；卷十四杉山和尚收録一則；卷十六南泉和尚收録四則。

（二）宋真宗年間釋道原所撰景德傳燈録卷十趙州觀音院從諗禪師另收趙州禪師語録八則；卷五西京光宅寺慧忠國師另收一則；卷八池州南泉普願禪師另録二則；卷十日子和尚、卷十二鎮州寶壽沼和尚、卷二十六明州布袋和尚各另收録一則。

（三）南宋悟明編著的聯燈會要卷六録趙州觀音從諗禪師，另收趙州禪師化語六則；卷四池州南泉普願禪師、卷十二潭州神鼎鴻諲禪師、卷十四潭州雲蓋守智禪師、卷二十一福州雪峰義存禪師、卷二十九亡名尊宿各另收趙州禪師化語一則。

（四）南宋普濟五燈會元卷四趙州從諗禪師另收「婆子請轉藏經問」、「問僧看經事」、「問古佛心」、「問不遷義」、「問毗盧師」五則化語。

（五）古尊宿語録其他卷目亦收録部分趙州禪師機語。卷十六雲門匡真禪師廣録録「密巖意旨」及「如何是妙峰頂」二則；卷二十四潭州神鼎山第一代諲禪師語録録「黑豆未生芽」一則；卷三十一舒州龍門佛眼和尚小參語録録「十二時中」一則；卷四十六滁州瑯琊山覺和尚語録收「趙州聞俗行者」一則。

（六）此外，林間録、碧巖録、續古尊宿語要、禪林僧寶傳、圓悟佛果禪師語録、宏智禪師廣録、應庵曇華禪師語録、大慧普覺禪師語録、禪宗頌古聯珠通集、無準師範禪師語録、北澗居簡禪師語録、空谷集、智證傳、指月録、永覺元賢禪師廣録、宗鑑法林等禪宗語録、燈録、史傳、拈古中亦收録了諸多趙州禪師化語。

一九六四年日本春秋社出版了日譯本校訂國譯趙州禪師語録，該書由日本學者鈴木大拙先生校閲評注，秋月龍珉日譯。此後，净慧和虚雲法師又分别對鈴木大拙校閲本趙州録重新點校，出版了横排簡體字本趙州禪師語録〔一〕。

中州古籍出版社在二〇〇一年據明版嘉興大藏經第一百三十七種趙州和尚語録出版了横排簡體字點校本趙州録，該書由張子開先生點校。張先生在附録中就趙州録的來源、流傳、各版本特點以及趙州禪師的生平化跡做了詳細介紹，指出明版嘉興大藏經三卷本中的部分訛誤。這爲學術界的進一步研究，提供了便利。

二〇〇八年中國社會科學出版社出版了吴言生先生撰寫的趙州録校注集評。該書以鈴木大拙校閲本趙州録爲底本，採取以禪證禪、以禪説禪的方式對語録中的相關術語

〔一〕净慧法師重編趙州禪師語録，河北佛協一九九三年出版；虚雲法師重編趙州禪師語録，河北虚雲印經功德藏二〇〇一年出版。

進行疏證、闡釋。該書以集評爲主，從四百五十餘種文史典籍中，搜集有關趙州録的評論資料，有助於讀者瞭解趙州公案傳頌、詮釋、闡揚的歷史過程。

三、校注凡例

（一）本書以臺北新文豐出版公司一九八七年出版的明版嘉興大藏經第一百三十七種之趙州和尚語録爲底本。

（二）對校臺北「國家圖書館」藏宋刻古尊宿語録殘本，簡稱「覺心本」；一九九四年中華書局出版的中華大藏經（漢文部分）第七十七册所收明永樂南藏本古尊宿語録，簡稱「南藏本」；二〇〇〇年綫裝書局出版的永樂北藏第一百九十七、一百九十八册所收古尊宿語録，簡稱「北藏本」；明版嘉興大藏經第十册所收徑山本古尊宿語録，簡稱「徑山本」。校注過程中亦參考了祖堂集、景德傳燈録、聯燈會要、五燈會元等其他重要禪宗典籍，同時參考了河北虛雲印經功德藏二〇〇一年出版的簡體字本趙州禪師語録，簡稱「虛雲本」；河北佛協一九九三年出版的净慧法師重編趙州禪師語録，簡稱「净慧本」。

（三）本書依據底本，以禪師行狀及對話内容爲單位進行劃分和編次。在校注中，根據文意對底本個别條目分合進行了調整：

第九、一〇，第一二、一三，第二五、二六，第四五七、四五八，第四五九、四六〇則底本中皆合爲一段，校注根據文意及其他旁證語料分别拆分爲獨立的兩則。第六一與六二則開頭至「且趁軟煖處去也」底本原合爲一則；第六二則「問：『忽遇禪師到來』」至六三則底本另合爲一則，校注根據文意將其拆分爲三則。第九〇則開頭至「傳與什麽人」、「問：『且如二祖』」至「更在裏者得什麽」、「問：『如何是得髓底道理』」至結尾底本分作三則，但三段語録都圍繞一個話題展開，前後相承，文意相連，校注中將其合并爲一則。第四八八則兩段底本各爲一則，但兩段文意相連，且第二段中直接用「山云」，應是承上一段「寒山」而作的簡稱，故校注中將兩段合并爲一則。

每單位内容如次：

序號：依據底本段落排列次序，添加序號。

本文：依據底本過録内容，同一則語録内部一般不分段。

校注：對原文確有的錯訛、脱衍，作校改删補，出校注説明。對原文疑有的錯訛、脱衍及與其他對校文獻不一致處，保持原文，出校注説明。原文及引文中的古今字、俗體字改爲通用繁體字，不特别出校。語詞注釋包括部分佛教、禪門術語，如「伽藍」、「心地法門」；具有特殊禪義的語詞，如「箍桶漢」、「屢生」；禪籍俗語，如「相駡饒汝接觜，相唾饒汝潑水」、「炒砂作飯」等；此外還對一些非佛非禪的一般語詞進行了注釋，這些語詞常見於唐宋禪籍，有時在禪籍中被變異改造成新的形式，如「些子」，表示數量少，爲唐代常見詞，在禪籍中變異爲「些些」、「些些子」、「些子個」等形式；還有一些詞語是唐宋時期産生的新詞，但意義不易理解者，如「低口」、「惱亂」；另有一些涉及唐宋社會文化的詞語，如「兩税」等。

資料：古尊宿語録較爲完整地記録了趙州禪師語録，可與三卷本趙州和尚語録進行對照。但因其版本較多，各版本語録排列先後順序不一，故在每則語録後列同條語録在覺心本、南藏本、北藏本、徑山本古尊宿語録中的序列號，因南藏本、北藏本排列順序一致，爲行文方便，將二者序號合并列於覺心本和徑山本前。祖堂集、景德傳燈録、天聖廣燈録、建中靖國續燈録、聯燈會要、嘉泰普燈録、五燈會元等禪宗語録、燈録皆由五代、宋人撰述，面世年代較早，頗具參考價值，在「資料」中將相關内容全文列出，便於與原文對照。後出的禪、俗文獻多有趙州禪師事迹及行狀著録，「資料」中只列書目及卷次，不出詳文。

（四）本書在末尾以附録的形式整理了趙州録及趙州禪師相關資料。附録一以徑山本趙州和尚語録中所收趙州真際禪師行狀爲參照，從祖堂集、景德傳燈録、聯燈會要等唐宋禪宗語録、燈録、傳記及其他世俗文獻中匯集整理了有關趙州禪師的傳記資料。附録二據景德傳燈録卷十一趙州東院從諗禪師法嗣及傳法正宗記卷七正宗分家略傳記載，從其他禪宗文獻中匯集整理了趙州禪師八位弟子的相關資料。附録三以資料彙編的形式，從百餘部禪宗文獻中整理出十九條趙州公案。

校注雖然花了大量時間和精力，但因學識有限，書中的錯謬失誤之處定當不少，敬請大雅君子斧正訓迪。

徐琳　二〇一四年十一月三十日　於嘉興學院

重刻趙州祖師語録序

聞夫破家散宅於十八上，而善舞太阿〔一〕；縱賓奪主於賢聖前，而逢場作戲。一物不將來，便教放下著。不起一念時，向道須彌山。每拈一莖草，而唤作丈六金身；口惟一個齒，而盡知世間滋味。鎮州蘿蔔，諸方謾云即是師承；青州布衫，學者休向言中取的。

一個老實頭，殺活臨機，頓超他動棒用喝〔二〕；三寸綿軟舌，縱横自在，何嘗用怪語奇言。其猶水上按葫蘆，垂手東捺西捺；室中懸寶鏡，任教凡來聖來。拈提向上宗乘，念佛則漱口三日；善解拖泥帶水，隨問而隨答有無。

南泉真子，馬祖的孫，其惟此老一人而已矣。其垂跡也，滕蛇入口，而糠食自安；轉現報也，明珠出海，而二王供養。如此則寧非先佛示現利生者哉？

惜其語録不能盡傳，學者僅獲一帙，真如嘗鼎一臠、飲海一滴者矣。奈舊刻歲久，字跡模糊，吾徒明聲發心重刻，詔示後來，真報祖師之恩，深愜老朽之意。因佳其志，聊綴數言，其全機大用，非予劣智能解，造淵洞微，自有通方作者。

傳曹洞正宗第二十七代雲門顯聖寺住持散木圓澄〔三〕撰

【校注】

〔一〕太阿：古寶劍名，相傳爲春秋時歐冶子、干將所鑄。密庵和尚語録：「祖師心印，狀似鐵牛之機。去則印住，住則印破。不去不住，當頭坐斷。千眼頓開，明如杲日，寬若太虚，不可以智知，不可以識識。人人具足，物物圓成。拈一機則千機萬機頓赴，説一句則千句萬句流通。譬如善舞太阿，一不觸手，二不墮地，三不住空。」愚庵智及禪師語録卷七頌古趙州勘婆：「善舞太阿劍，決無傷手尼。慣編猛虎須，必有全身策。勘破臺山臭老婆，打失當頭箇一著。」呆庵莊禪師語録卷一雲居語録：「示衆：『夫爲宗師者，不得已垂示一言半句，無非爲學者抽釘拔楔，解粘去縛，譬如善舞太阿，自然不傷其手。』」

〔二〕動棒用喝：禪宗常用棒擊和吆喝作爲接引僧徒的施設。汾陽無德禪師語録卷上：「問：『古人以棒喝接人，未審和尚如何接人？』師云：『總不用。』『恁麼則不異諸方也。』師喝，便打。」黄龍慧南禪師語録：「臨濟德山棒喝，疾如雷電。」

〔三〕散木圓澄：本姓夏，會稽（今浙江紹興）人。字湛然，别號散木道人。爲曹洞宗僧，大覺方念法嗣。禪師住世六十有六，臘四十有三，上堂開法會六。初壽興寺，次雲門廣孝寺、徑山觀音殿、嘉興東塔寺、雲門顯聖寺、紹興天華寺。有湛然圓澄禪師語録八卷、宗門或問一卷行世。

趙王與師作真讚〔一〕

碧溪之月，清鏡中頭。我師我化，天下趙州。

【校注】

〔一〕趙王與師作真讚：徑山本作「附趙王與師作真贊」。

【資料】

①南藏本、北藏本卷十五末；覺心本趙州和尚下卷之後；徑山本卷十四末。

②釋氏通鑑卷十一、佛法金湯編卷十、先覺宗乘卷四。

哭趙州和尚二首

師離滹水動王侯，心印光潛麈尾收。碧落霧霾松領〔一〕月，滄溟浪覆濟人舟。一燈乍滅波旬喜，雙眼重昏道侶愁。縱是了然雲外客，每瞻瓶杌〔二〕泪還流。

【校注】

〔一〕領：覺心本、南藏本、北藏本、徑山本、釋氏通鑑卷十一癸丑景福二〔年〕趙州從諗禪師作「嶺」。

〔二〕杌：木砧、案板。覺心本、南藏本作「机」，徑山本、釋氏通鑑卷十一癸丑景福二〔年〕趙州從諗禪師作「几」。乾隆大藏經本御選語録卷六圓證直指真際趙州諗禪師語録與底本同。

【資料】

①南藏本、北藏本卷十五末；覺心本趙州和尚下卷之後；徑山本卷十四末。

②釋氏通鑑卷十一。

佛日西傾祖印隳，珠沉丹沼月沉輝。影敷丈室爐烟慘，風起禪堂松韻微。隻履乍來留化跡，五天何處又逢歸。解空弟子絶悲喜，猶自潸然對雪幃。

【資料】

①南藏本、北藏本卷十五末，詩前有「其二」兩字；覺心本趙州和尚下卷之後，詩前有「其二」兩字；徑山本卷十四末。

②釋氏通鑑卷十一。

助刻姓氏

比丘　靈昊　大用　悟微　智行

優婆塞　沈琦　張星耀　明亨　吳獻璋

吳獻琦　戈永泰　海福　明誓

姜助周　明炤　明皎　□□〔一〕

優婆夷　大善　黃氏　□氏　明憶

張氏　明利　戈氏　柳氏

廣明　吳氏　沈氏　張氏

李氏　徐氏　范氏　明普

【校注】

〔一〕□□：底本此處漫漶不清。

趙州和尚語録卷上

參學門人文遠記録
韈轢道人大參重校
雲門弟子明聲重刻

1　師問南泉："如何是道？"泉云："平常心是[一]。"師云："還可趣向不[二]？"泉云："擬即乖[三]。"師云："不擬爭知是道？"泉云："道不屬知不知，知是妄覺[四]，不知是無記[五]。若真達不疑之道，猶如太虛，廓然蕩豁[六]，豈可强是非也？"師於言下頓悟玄旨，心如朗月。

【校注】

[一]平常心是：徑山本作"平常心是道"。"平常心"就是不執著、不强求，順應自然，平和處事的人生態度。馬祖道一對"平常心是道"作了精闢的解釋："道不用修，但莫污染。何爲污染？但有生死心，造作趣向皆是污染。若欲直會其道，平常心是道，謂平常心無造作，

無是非，無取捨，無斷常，無凡無聖。……只如今行住坐卧、應機接物盡是道。」（景德傳燈録卷二十八諸方廣語江西大寂道一禪師）禪宗認爲平常心就是佛心。五燈會元卷二牛頭山法融禪師：「汝但任心自在，莫作觀行，亦莫澄心，莫起貪嗔，莫懷愁慮，蕩蕩無礙，任意縱横，不作諸善，不作諸惡，行住坐卧，觸目遇緣，總是佛之妙用。快樂無憂，故名爲佛。」

〔二〕還可趣向不：趣向，奔向、追求。漢書高帝紀上：「從間道走軍。」顔師古注：「走謂趣向也。」

〔三〕擬即乖：擬，思慮、遲疑。祖堂集卷十二禾山和尚：「古人有言：『擬心則差，況復有言？』只如不擬又復無言時如何？」又卷十九香嚴和尚：「十五日已前，師僧莫離此間；十五日已後，師僧莫住此間。去即打汝頭破，住即亦復如然。不去不住，事意如何？是即是，擬即差。」聯燈會要卷二十一福州雪峰義存禪師：「（真浄禪師）驀拈拄杖，召大衆云：『南山鱉鼻蛇却在這裏！』擲下拄杖云：『擬即喪身失命。』」乖，背離，違背。祖堂集卷十八趙州和尚、景德傳燈録卷十趙州觀音院從諗禪師、五燈會元卷四趙州從諗禪師此處皆作「擬向即乖」。徑山本古尊宿語録卷四十七東林和尚雲門庵主頌古：「舉：趙州問南泉：『如何是道？』泉云：『平常心是。』州云：『還假趣向也無？』泉云：『擬向即乖。』」

〔四〕妄覺：虚妄不真實的意念想法。方廣大莊嚴經卷十：「妄覺爲鬘從想生，獲得菩提悉捐棄。」宗鏡録卷三：「遠離一切虚妄覺想，降伏一切外道衆魔。」

〔五〕無記：一切法的性質可以分爲善、惡和無記三種，無記是非善非惡的一種，因無法記爲善或惡，便稱爲無記。中阿含經卷四十七：「見三界知如真，善界，不善界，無記界。」

〔六〕蕩豁：蕩，景德傳燈録作「虛」。蕩豁，豁然開朗，明瞭曉悟。祖堂集卷十六黄蘗和尚：「食畢，詢問參學行止，師不能隱，竭露見知。阿婆提以再舉微開，師則玄門頓而蕩豁。」虛豁，舒展。妙法蓮華經玄義卷二下：「又如入禪者，出觀之時，身心虛豁，似輕雲靄空。」

【資料】

①南藏本、北藏本無此則；覺心本、徑山本第一則。

②祖堂集卷十八趙州和尚中「從諗」作「全諗」。祖堂集卷十八趙州和尚：「趙州和尚嗣南泉，在北地。師諱全諗，青社淄丘人也。」「師問：『如何是道？』南泉云：『平常心是道。』師云：『還可趣向否？』南泉云：『擬則乖。』師云：『不擬時如何知是道？』南泉云：『道不屬知不知，知是妄覺，不知是無記。若也真達不擬之道，猶如太虛，廓然蕩豁，豈可是非？』師於是頓領玄機，心如朗月。」

③景德傳燈録卷十趙州觀音院從諗禪師：「異日問南泉：『如何是道？』南泉曰：『平常心是道。』師曰：『還可趣向否？』南泉曰：『擬向即乖。』師曰：『不擬時如何知是道？』南泉曰：『道不屬知不知，知是妄覺，不知是無記。若是真達不疑之道，猶如太虛，廓然虛豁，豈可强是非邪？』師言下悟理。」

④五燈會元卷四趙州從諗禪師：「他日問泉曰：『如何是道？』泉曰：『平常心是道。』師曰：『還可趣向也無？』泉曰：『擬向即乖。』師曰：『不擬争知是道？』泉曰：『道不屬知，不屬不知。知是妄覺，不知是無記。若真達不疑之道，猶如太虚，廓然蕩豁，豈可强是非邪？』師於言下悟理。」

⑤圓悟佛果禪師語録卷十九、聯燈會要卷六、禪宗無門關、五家正宗贊卷一、大光明藏卷中、虚堂和尚語録卷九、佛祖歷代通載卷十七、釋氏稽古略卷三、續傳燈録卷三十四、禪宗正脉卷二、指月録卷十一、佛祖綱目卷三十二、教外別傳卷六、五燈嚴統卷四、宗統編年卷十二、五燈全書卷七。

2　南泉上堂〔一〕。師問：「明頭合，暗頭〔二〕合？」泉便歸方丈。師便下堂，云：「這老和尚被我一問，直得無言可對。」首座云：「莫道和尚無語，自是上座不會。」師便打。又云：「這棒合〔三〕是堂頭老漢喫。」

【校注】

〔一〕南泉上堂：南藏本、北藏本此前有「趙州諗禪師參南泉」數字。

〔二〕明頭、暗頭：禪宗常用語，分別表示明裏、明亮處和暗裏、黑暗處。祖堂集卷十七普化和尚：「師尋常暮宿塚間，朝遊城市。把鈴云：『明頭來也打，暗頭來也打。』」禪林僧寶傳卷十六翠巖芝禪師：「南遊住高安大愚。升座搨香合子曰：『明頭來明頭合，暗頭來暗頭合。若道得，天下横行，道不得，且合却。』」

〔三〕合：應該，應當。釋浄土群疑論卷五：「釋曰：『若如所難，一切浄土教門皆不合説。』」

【資料】

①南藏本、北藏本第一則；覺心本、徑山本第二則。

②建中靖國續燈録卷二十七雲居山曉舜禪師：「舉：趙州問南泉云：『明頭合，暗頭合？』南泉便歸方丈。趙州云：『遮老子，尋常口吧吧地，被我問著，杜口無詞。』首座云：『莫道和尚無語，自是上座不會。』趙州便掌首座，云：『遮一掌合是堂頭老子喫。』首座便休。」

③聯燈會要卷六趙州觀音從諗禪師：「師問南泉：『明頭合，暗頭合？』泉便歸方丈。師歸堂，云：『老和尚被我一問，直得無言可對，無理可伸。』首座云：『莫道和尚無語，自是上座不會。』師打首座一掌，云：『這一掌合是堂頭老漢喫。』五祖戒云：『正賊走了，邏蹤人喫棒。』又云：『南泉當斷不斷，返招其亂。』」

④五燈會元卷四趙州從諗禪師：「南泉上堂。師出問：『明頭合，暗頭合？』泉便下座，歸方丈。師曰：『這老和尚被我一問，直得無言可對。』首座曰：『莫道和尚無語好，自是上座不會。』師便打一掌，曰：『此掌合是堂頭老漢喫。』」

⑤禪林類聚卷七、指月録卷十一、教外别傳卷六、五燈嚴統卷四、宗門拈古彙集卷十五、宗鑑

法林卷十八。

3 師問南泉：「知有〔一〕底人向什麼處去？」泉云：「山前檀越家作一頭水牯牛〔二〕去。」師云：「謝和尚指示。」泉云：「昨夜三更月到牕。」

【校注】

〔一〕知有：悟道，領悟禪法。祖堂集卷九逍遥和尚：「問：『古人有言：知有底人直須不知有。不知有底人如何？』師曰：『識性共同，俱無兼戴。』進曰：『不知有底人如何得知有？』師曰：『語取乃不人。』」圓悟佛果禪師語録卷十一：「若是知有底，聊聞舉著，徹骨入髓，踢起便行，坐斷報化佛頭，不落語默聲色，却校些子。」

〔二〕水牯牛：據漢語方言大詞典解釋，西南官話、吴語稱水牛爲「水牯」。實際在吴方言、江淮官話、湘語、徽語、贛語中亦用「水牯」指稱公水牛。水牯牛即水牯，是我國南方耕種水田的一種重要畜力，角粗扁向後彎曲，作新月形，毛灰黑而稀疏，因爲汗腺不發達，所以喜歡浸泡在水中，故稱水牯牛。禪宗借用爲宗門語，指通過修行達到識得自心自性的禪悟境界。祖堂集卷十六南泉和尚：「又問：『從凡入聖則不問，從聖入凡時如何？』曹山云：『成得个一頭水牯牛。』『如何是水牯牛？』曹山云：『朦朦朣朣地。』僧云：『此意如何？』曹山云：『但念水、草，餘無所知。』僧云：『成得个什摩邊事？』曹山云：『只是逢水喫水，逢草喫草。』」

【資料】

①南藏本、北藏本無此則；覺心本、徑山本第三則。

②祖堂集卷十六南泉和尚：「趙州問：『知有底人向什摩處休歇去？』師云：『向山下作一頭水牯牛去。』趙州云：『謝和尚指示。』」

③景德傳燈録卷十趙州觀音院從諗禪師：「異日問南泉：『知有底人向什麼處休歇？』南泉云：『山下作牛去。』師云：『謝指示。』南泉云：『昨夜三更月到窗。』」

④聯燈會要卷四池州南泉普願禪師：「趙州問：『和尚百年後向甚麼處去？』師云：『山下作一頭水牯牛去。』州云：『謝師指示。』師云：『昨夜三更月到窗。』」

⑤五燈會元卷四趙州從諗禪師：「一日問泉曰：『知有底人向甚麼處去？』泉曰：『山前檀越家作一頭水牯牛去。』師曰：『謝師指示。』泉曰：『昨夜三更月到窗。』」

⑥大慧普覺禪師語録卷一、古尊宿語録卷十二、虛堂和尚語録卷一、禪宗正脉卷二、指月録卷十一、教外別傳卷六、五燈嚴統卷四、御選語録卷十一。

4　師在南泉作爐頭〔一〕。大衆普請〔二〕擇菜，師在堂内叫：「救火！救火！」大衆一時到僧堂前，師乃關却僧堂門。大衆無對。泉乃抛鑰匙從牕内入堂中，師便開門。

【校注】

〔一〕爐頭：禪門中負責燒火的職務。禪苑清規卷八龜鏡文：「爲衆僧禦寒，故有炭頭、爐頭。」炭頭司柴造炭，律苑事規卷八列項職員：「炭頭之職，暑月做造炭團，辨積白炭，或化施主，或出庫司，預當究心，備準足用，冬月齋舍，均而送之，以道爲懷可也。」敕修百丈清規卷四兩序章炭頭：「預備柴炭，以禦寒事。」或可兼任爐頭，負責燒火。百丈清規證義記卷六兩序章執事單：「炭頭兼爐頭。」

〔二〕普請：集衆作務。唐代懷海禪師提倡集合僧衆集體勞作，創立了農禪制度。敕修百丈清規卷六普請：「普請之法，蓋上下均力也。凡安衆處有必合資衆力而辦者，庫司先禀住持，次令行者傳語首座維那，分付堂司行者報衆掛普請牌，仍用小片紙書貼牌上云某時某處。或聞木魚或聞鼓聲，各持袢膊搭左臂上，趨普請處宣力。除守寮直堂老病外，並宜齊赴。當思古人一日不作一日不食之誡。」敕修百丈清規卷八古清規序：「齋粥隨宜一時均遍者，務於節儉，表法食雙運也。行普請法，上下均力也。置十務謂之寮舍，每用首領一人管多人，營事令各司其局也。」大宋僧史略卷上別立禪居：「共作者謂之普請。」

【資料】

①南藏本、北藏本無此則；覺心本、徑山本第四則。

②景德傳燈録卷十趙州觀音院從諗禪師：「師作火頭。一日閉却門燒滿屋煙，叫云：『救火！救火！』時大衆俱到。師云：『道得即開門。』衆皆無對。南泉將鎖匙於窗間過與師，師便開門。」

③聯燈會要卷六趙州觀音從諗禪師：「師在南泉作爐頭。一日閉却僧堂門燒滿屋煙，叫云：『救火！救火！』大衆俱來。師云：『道得即開門。』衆無對。泉將鎖匙牕間度與師，師便開門。」

④普庵印肅禪師語録卷下、大光明藏卷中、指月録卷十一、宗門拈古彙集卷十、宗鑑法林卷十八。

5　師在南泉井樓上打水次，見南泉過，便抱柱〔一〕懸却脚云：「相救！相救！」南泉上楜梯〔二〕云：「一二三四五。」師少時間却去禮謝，云：「適來謝和尚相救。」

【校注】

〔一〕柱：南藏本、北藏本作「拄」。

〔二〕楜梯：扶梯。

【資料】

①南藏本、北藏本第二則；覺心本、徑山本第五則。

②祖堂集卷十六南泉和尚：「趙州在樓上打水，師從下過，趙州以手攀欄縣脚云：『乞師相救！』師踏道上云：『一二三四五。』趙州云：『謝師指示。』」

③聯燈會要卷六趙州觀音從諗禪師：「師在井樓上打水，見南泉從下過，師抱樓柱懸雙脚云：『相救！相救！』泉以手敲扶梯云：『一二三四五。』師遂下樓，具威儀，上方丈，作禮云：『適來謝和尚相救。』」

④禪宗頌古聯珠通集卷二十、拈八方珠玉集卷中、虛堂和尚語録卷六、禪林類聚卷三、指月録卷十一、五燈全書卷七、宗鑑法林卷十八。

6　南泉東西兩堂争猫兒。泉來堂内，提起猫兒云：「道得即不斬，道不得即斬却。」大衆下語〔一〕皆不契泉意，當時即斬却猫兒子〔二〕。至晚間，師從外歸來，問訊〔三〕次，泉乃〔四〕舉前語子〔五〕云：「你作麽生救得猫兒？」師遂將一隻鞋戴在頭上出去。泉云：「子若在，救得猫兒。」

【校注】

〔一〕下語：言説，亦作「下説」。後漢書桓榮列傳：「每大射養老禮畢，帝輒引榮及弟子升堂，執經自爲下説。」李賢注：「下説，謂下語而講説之也。」

〔二〕子：南藏本、北藏本作「了」。

〔三〕問訊：禪門禮儀，舉手合掌行禮問候。禪林僧寶傳卷三十寶峰英禪師：「汝擎茶來，我爲汝接；汝行益來，我爲汝受；汝問訊，我起手。」五燈會元卷一十三祖迦毗摩羅尊者：「祖將至石窟，復有一老人素服而出，合掌問訊。」

〔四〕乃：南藏本、北藏本無。

〔五〕語子：南藏本、北藏本作「話了」。

【資料】

①南藏本、北藏本第三則；覺心本、徑山本第六則。

②景德傳燈録卷八池州南泉普願禪師：「師因東西兩堂各争猫兒，師遇之，白衆曰：『道得即救取猫兒，道不得即斬却也。』衆無對。師便斬之。趙州自外歸，師舉前語示之。趙州乃脱履安頭上而出。師曰：『汝適來若在，即救得猫兒也。』」

③聯燈會要卷四池州南泉普願禪師：「師因兩堂争猫兒，師遂提起猫兒云：『大衆！道得即不斬，道不得即斬。』衆無語，師遂斬之。」「少頃，趙州從外來，師舉似州，州脱屨安頭上出去。師云：『子若在，即救得猫兒。』」翠巖芝云：『大小趙州，只可自救。』雪竇頌云：『公案圓來問趙州，長安城裏任閑遊。草鞋頭戴無人會，歸到家山即便休。』」

④五燈會元卷三南泉普願禪師：「師因東西兩堂争猫兒，師遇之，白衆曰：『道得即救取猫

兒，道不得即斬却也。』衆無對，師便斬之。趙州自外歸，師舉前語示之。州乃脱履安頭上而出。師曰：『子若在，即救得猫兒也。』」

⑤汾陽無德禪師語録卷中、碧巖録卷七、禪宗頌古聯珠通集卷十一、禪宗無門關、五家正宗贊卷一、佛祖綱目卷三十二。

7　師問南泉：「異即不問，如何是類〔一〕？」泉以兩手托地，師便蹋〔二〕倒，却歸涅槃堂〔三〕内，叫：「悔！悔！」泉聞，乃令人去問：「悔箇什麽？」師云：「悔不剩與兩蹋〔四〕。」

【校注】

〔一〕異即不問，如何是類：異類，與佛果位相對的因位，如衆生之類。禪家有「異類中人」、「異類中行」之説。註華嚴經題法界觀門頌卷下：「自古賢聖了證真理，由悲故迴入塵勞，由智故方便利物，宗門中唤作異類中人也。」景德傳燈録卷八池州南泉普願禪師：「一日師示衆云：『道箇如如早是變也，今時師僧須向異類中行。』歸宗云：『雖行畜生行，不得畜生報。』」大慧普覺禪師語録卷三：「上堂：『智不到處切忌道著，道著即頭角生。』舉起拂子云：『頭角生也是驢是馬，還識得麽？若識得，不妨向異類中行；若識未得，永劫沈淪。』」發願利生之菩薩自證得真理後，爲接化救度衆生，甘願放棄果位，返回塵俗，如在異類中行，如作異類中人，接一切衆生，化一切有情。

〔二〕蹋：南藏本、北藏本作「踏」，蹋。漢書戾太子傳：「山陽男子張富昌爲卒，足蹋開户。」

〔三〕涅槃堂：又名延壽堂、省行堂、無常院。送病僧入滅之處。百丈清規證義記卷七下省行堂規：「亦名涅槃堂，西域稱無常院，俗呼病堂。」「設此堂以處病者。」

〔四〕蹋：南藏本、北藏本作「踏」。

【資料】

①南藏本、北藏本第四則；覺心本、徑山本第七則。

②聯燈會要卷六趙州觀音從諗禪師：「南泉垂語云：『今時人，須向異類中行始得。』師便問：『異即不問，如何是類？』泉以兩手托地，師近前一踏踏倒，却向涅槃堂叫云：『悔！悔！』泉令侍者問：『汝悔個甚麽？』師云：『悔不更與兩踏。』」

③五燈會元卷四趙州從諗禪師：「泉曰：『今時人，須向異類中行始得。』師曰：『異即不問，如何是類？』泉以兩手拓地，師近前一踏踏倒，却向涅槃堂裏叫曰：『悔！悔！』泉令侍者問：『悔箇甚麽？』師：『悔不更與兩踏。』」

④請益録卷下、禪宗正脉卷二、教外别傳卷六、五燈嚴統卷四。

8 南泉從浴室裏過，見浴頭〔一〕燒火，問云：「作什麽？」云：「燒浴。」泉云：「記取〔二〕來喚水牯牛浴。」浴頭應喏。至晚間，浴頭入方丈。泉問：「作什麽？」云：「請水牯牛去浴。」泉云：「將得繩索來不？」浴頭無對。師來，問訊泉，泉舉似〔三〕師，師云：「某甲有語。」泉便云：「還將得繩索來麽？」師便近前，驀鼻便拽。泉云：「是則是，太麄生〔四〕。」

【校注】

〔一〕浴頭：寺院中隸屬於知浴（浴主）之下，負責管理沐浴事務的職事僧。敕修百丈清規卷四兩序章知浴：「參頭差行者直浴。齋罷，浴頭覆維那首座住持畢，鳴鼓三下。」

〔二〕記取：記得。取，助詞，置於動詞之後，表示勸誡、叮囑等祈使語氣。

〔三〕舉似：舉説言句告訴某人。

〔四〕麄生：粗笨，粗野。生，形容詞後綴。

【資料】

①南藏本、北藏本第五則；覺心本、徑山本第八則。

②聯燈會要卷六趙州觀音從諗禪師：「南泉見浴頭燒浴，乃云：『記取來請水牯牛。』浴頭應諾。至晚，上方丈云：『請水牯牛浴。』泉云：『還將得繩索來麽？』頭無對。泉舉似師，師云：『某甲有語。』泉躡前問，師近前驀鼻便拽。泉云：『是則是，太麄生。』」

③御選語録卷十六。

9 師問南泉：「離四句，絶百非〔一〕外，請師道。」泉便歸方丈。師云：「這老和尚，每常口爬爬〔二〕地，及其問著，一言不措〔三〕。」侍者云：「莫道和尚無語好〔四〕。」師便打一掌。

【校注】

〔一〕離四句，絶百非：四句，有、無、亦有亦無、非有非無四種論議形式。百非，百種否定，大般涅槃經卷二十一：「如來涅槃，非有非無，非有爲非無爲，非有漏非無漏，非色非不色，非名非不名，非相非不相，非有非不有，非物非不物，非因非果，非待非不待，非明非闇，非出非不出，非常非不常，非斷非不斷，非始非終，非過去非未來非現在，非陰非不陰，非入非不入，非界非不界，非十二因緣非不十二因緣。」大方廣佛華嚴經疏卷四十七：「言語道斷，即虛空法身，亦實相法身。體絶百非，言亡四句，唯證相應故。」禪家認爲四句、百非是由言語得出的主觀判斷，要獲得真如智慧，必須抛却四句、百非。禪林僧寶傳卷十六翠巖芝禪師：「大展禪宗辯正眼，三玄三要用當機，四句百非一齊鏟。」

〔二〕爬爬：南藏本、北藏本、徑山本皆作「吧吧」。口吧吧地，張大嘴巴，形容善於言談。圓悟佛果禪師語録卷十：「若論此事，眨上眉毛早已蹉過。既已蹉過，何用鼓兩片皮口吧吧地，豈不是當堂蹉過？」禪籍中亦有作「口子吧吧」。

〔三〕一言不措：措，放置、安放。一言不發，不言語、不答話。又常作「不措一詞」、「不措一辭」、「不措言」。「不措」也被直接用來表示不言語、不答話。祖堂集卷十九香嚴和尚：「寄法堂頌：『東間裏入寂，西間裏語話。中間裏睡眠，通間裏行道。向前即檢校，向後即隱形。時人都不措，問什摩精靈？』」

〔四〕好：語氣助詞，用於句末，表示勸誡。祖堂集卷十玄沙和尚：「師云：『無。佛法不是這個道理，也須子細好。』」

【資料】

①南藏本、北藏本第六則；覺心本、徑山本第九則。

②聯燈會要卷六趙州觀音從諗禪師：「師問南泉：『離四句，絶百非，請師道。』泉下座，歸方丈。師云：『這老漢，尋常口吧吧地，今日被我一問，直得無言可對，無理可伸。』侍者云：『莫道和尚無語好。』師打侍者一摑，云：『這一摑，合是王老師喫。』」

③御選語録卷十六。

10　南泉便掩却〔一〕方丈門，便把灰圍却，問僧云：「道得即開門。」多有人下語，並不契泉意。師云：「蒼天！蒼天！」泉便開門。

【校注】

〔一〕却：用在動詞後作助詞，表示動作完成，相當於「了」。

【資料】

①南藏本、北藏本第七則；覺心本、徑山本第一〇則。

②景德傳燈録卷八池州南泉普願禪師：「師一日掩方丈門，將灰圍却門外，云：『若有人道得即開。』或有秖對，多未愜師意。趙州云：『蒼天！』師便開門。」

③聯燈會要卷四池州南泉普願禪師：「師一日閉却方丈門，將灰圍却門外，云：『有人道得即開門。』衆秖對，多不契。趙州云：『蒼天！蒼天！』師便開門。」

④五燈會元卷三南泉普願禪師：「師一日掩方丈門，將灰圍却門外，曰：『若有人道得即開。』或有秖對，多未愜師意。趙州曰：『蒼天！』師便開門。」

⑤御選語録卷十六。

11　師問南泉云：「心不是佛，智不是道，還有過也無？」泉云：「有。」師云：「過在什麼處？請師道。」泉遂舉，師便出去。

【資料】

①南藏本、北藏本第八則；覺心本、徑山本第一一則。

②古尊宿語録卷十二池州南泉普願禪師語要：「且法身無爲，不墮諸數。法無動摇，不依六

塵。故經云：『佛性是常，心是無常。』所以智不是道，心不是佛。」

12　師〔一〕上堂，謂衆曰：「此事的的〔二〕，没量大人〔三〕，出這裏不得。老僧到潙山，僧問：『如何是祖師西來意〔四〕？』潙山云：『與我將牀子〔五〕來。』若是宗師，須以本分事〔六〕接人始得。」時有僧問：「如何是祖師西來意？」師云：「庭前柏樹子〔七〕。」學云：「和尚莫將境示人〔八〕。」師云：「我不將境示人。」云：「如何是祖師西來意？」師云：「庭前柏樹子。」

【校注】

〔一〕師：南藏本、北藏本無。

〔二〕的的：清楚明了；準確、真實。的，確實。唐白居易百日假滿詩：「但拂衣行莫迴顧，的無官職趁人來。」鎮州臨濟慧照禪師語録：「二十年在黄蘗先師處，三度問佛法的的大意，三度蒙他賜杖。」

〔三〕没量大人：亦作「没量漢」、「没量人」、「没量大漢」，超越了數量分别的禪悟者。楚石梵琦禪師語録卷七：「要做没量漢，須真參實悟始得。他時後日，不被生死拘絆，去住自由。」

〔四〕祖師西來意：禪宗初祖菩提達摩從西方來東土時傳授的禪法旨意，也是禪門的根本旨意，簡稱「西來意」。後來成爲了禪宗出現頻率最高的話頭。

〔五〕牀子：供人坐或盛放物品的家具。陀羅尼集經卷二藥師琉璃光佛印呪：「布置燈竟，安置種種寶瓶寶樹香華等物。布置畢已，中央座上著小床子，以錦繡等净物，敷之床上，安置藥師佛像。」又卷七金剛商迦羅大呪：「其道場西，去壇可有三四步地，作一水壇。其壇之上著一床子，令受法人坐床子上。」聖迦抳忿怒金剛童子菩薩成就儀軌經卷中：「所有患鬼魅癲癇被厭禱者，先令澡浴著新净衣，於净處塗一圓壇，上安一床子，令患者坐。」南海寄歸内法傳卷三師資之道：「西國講堂食堂之内，元來不置大床，多設木枯并小床子，聽講食時用將踞坐，斯其本法矣。」

〔六〕本分事：禪師引導僧徒獲得禪悟、超脱生死的一種悟道方法。碧巖録卷一〖二〗：「此是大手宗師，不與爾論玄論妙，論機論境，一向以本分事接人。」

〔七〕庭前柏樹子：趙州和尚著名機語。啓示僧徒不要尋言逐句，落入知識見解和情理意識中，應當擺脱一切，當下悟入。宗門拈古彙集卷二十二揚州光孝慧覺禪師：「祖師西來意，庭前柏樹子。此話已遍天下了也，因甚覺鐵嘴却道先師無此語？衆中往往商量道：趙州只是一期方便，不可作實解，所以道無。與麼亂統，謗他古佛不少。」心燈録卷三：「僧參趙州問西來意，州云：『庭前柏樹子。』與喫粥、喫茶、洗鉢盂，同是一平常心，平常語句。趙州於南泉言下悟得這平常心，所以答問者都是平常話，乃直指斯道如此，並無奇處。」

〔八〕將境示人：境，感官感知的對象。佛家認爲感官所感覺到的境並非真實，有時反而會遮蔽澄明本心。芝園遺編卷上持戒體章：「觸目現前，人心對望，名爲境也。」佛説寶雨經卷七：「菩薩觀察境界之時，不爲境縛，亦無執著，復教化人如是修學。」俱舍論頌疏論本卷二：「一色被眼所見，名爲境界，眼爲有功能於色故也。即此一色，能引識起，名爲所緣，爲與識爲力故也。由此道理，礙取境義邊，名境界有對。故境界有對，通六根六識，以根及識能取境故。」大乘入楞伽經卷三集一切法品：「心爲境所縛，覺想智隨轉；無相最勝處，平等智慧生。」介爲舟禪師語録卷三拈頌：「趙州老子白拈賊，將境示人何太拙。又謂不將境示人，誰知一片婆心切。境示人是何説？可惜春庭一院花，遊人看得眼流血。」

【資料】

①南藏本、北藏本第九則；覺心本、徑山本第一二則。

②祖堂集卷十八趙州和尚：「問：『如何是祖師西來意？』師云：『亭前柏樹子。』僧云：『和尚莫將境示人。』師云：『我不將境示人。』僧云：『如何是祖師西來意？』師云：『亭前柏樹子。』」

③聯燈會要卷六趙州觀音從諗禪師：「示衆云：『此事的的，没量大人，出這裏不得。老僧到潙山，見僧問：「如何是祖師西來意？」山云：「與我過床子來。」若是宗師，須以本分事接人始得。』時有僧問：『如何是祖師西來意？』師云：『庭前柏樹子。』僧云：『和尚莫將境示人。』師云：『我不將境示人。』僧云：『如何是祖師西來意？』州云：『庭前柏樹子。』五祖戒云：『和尚何以

將別人物作自己受用?」』

④五燈會元卷四趙州從諗禪師：「問：『如何是祖師西來意?』師曰：『庭前柏樹子。』曰：『和尚莫將境示人。』師曰：『我不將境示人。』曰：『如何是祖師西來意?』師曰：『庭前柏樹子。』」

⑤汾陽無德禪師語録卷中、禪林僧寶傳卷七、天聖廣燈録卷二十八、大慧普覺禪師語録卷十、五家正宗贊卷一、大光明藏卷中、圓通大應國師語録卷上、指月録卷十一、從容庵録卷三。

13　師又云：「老僧九十年前，見馬祖大師〔一〕下八十餘員善知識〔二〕，箇箇俱是作家〔三〕，不似如今知識，枝蔓上生枝蔓〔四〕，大都〔五〕是去聖遥遠，一代不如一代。只如南泉尋常道：『須向異類中行。』且作麽生會？ 如今黄口小兒向十字街頭説葛藤〔六〕，博飯〔七〕噇，覓禮拜，聚三五百衆，云：『我是善知識，你是學人。』」

【校注】

〔一〕馬祖大師：唐江西道一禪師，南嶽懷讓法嗣。俗姓馬，時稱「馬祖」。景德傳燈録卷六江西道一禪師：「六祖能和尚謂讓曰：『向後佛法從汝邊去，馬駒蹋殺天下人。』厥後江西法嗣布於天下，時號馬祖焉。」

〔二〕善知識：精通道法的禪師。釋氏要覽卷上稱謂：「善知識。摩訶般若經云：『能説空，無相，無作，無生無滅法，及一切種智，令人心入歡喜信樂，是名善知識。』華首經云：『有四法是善知識：一能令人入善法中；二能障礙諸不善法；三能令人住於正法；四常能隨順教化。』瑜伽論云：『善知識具十功德。』」宗鏡録卷七十九：「夫心外無法，法外無心，如是了知，則真善知識。」壇經般若品：「師升座，告大衆曰：『總净心念摩訶般若波羅蜜多。』復云：『善知識，菩提般若之智，世人本自有之，只緣心迷，不能自悟，須假大善知識，示導見性。』」

〔三〕作家：善用機鋒的禪僧。碧巖録卷二〔七〕：「雪竇是作家，於古人難咬、難嚼、難透、難見節角誵訛處，頌出教人見，不妨奇特。」

〔四〕枝蔓上生枝蔓：比喻脱離了禪宗明心見性的悟道之本，忙忙碌碌向外尋求，結果多此一舉，勞而無功。

〔五〕大都：原作「都大」，倒乙。依南藏本、北藏本、徑山本改。

〔六〕葛藤：閒話，議論，嘮叨囉嗦之語。雲門匡真禪師廣録卷上：「問：『凡有言説皆是葛藤，如何是不葛藤？』」祖庭事苑卷一雲門室中録：「長連牀上飽喫飯了説葛藤。」

〔七〕博飯：博，南藏本、北藏本誤作「愽」。博飯，混飯。楊岐方會和尚語録：「上堂：『楊岐無旨的，栽田博飯喫。説夢老瞿曇，何處覓蹤跡。』」定慧光明佛頂國師語録卷五述懷二首其一：「儒宗博飯講論語，長老求錢鬻話頭。」

【資料】

①南藏本、北藏本第一〇則；覺心本、徑山本第一三則。

14 僧問：「如何是清净伽藍〔一〕？」師云：「丫角女子。」「如何是伽藍中人？」師云：「丫角女子有孕。」

【校注】

〔一〕伽藍：原作「伽籃」。依覺心本、南藏本、北藏本、徑山本改。下「如何是伽藍中人」之「伽藍」同。伽藍，僧伽藍摩、僧伽羅摩的省稱，亦作僧伽藍，意譯作「衆園」，指僧衆居住之所，即寺院。一切經音義卷二十一：「僧伽藍，具云僧伽羅摩，言僧者衆也，伽羅摩者園也，或云衆所樂住處也。」釋氏要覽卷上住處：「僧伽藍摩。梵題也，或云僧伽羅摩。此云衆園。五分律云：瓶沙王施迦蘭陀竹園爲始也。園者生植之所，佛弟子居之，取生植道本聖果之義也。或云毗呵羅，此云遊止處。」

【資料】

①南藏本、北藏本第一一則；覺心本、徑山本第一四則。

②禪林類聚卷三、宗鑑法林卷十六。

15　問：「承聞和尚親見南泉，是否？」師云：「鎮州出大蘿蔔頭〔一〕。」

【校注】

〔一〕鎮州出大蘿蔔頭：趙州禪師奇特禪語，以答非所問，超常出格的方式回答僧徒的提問。碧巖録卷三〖三〇〗：「這僧也是箇久參底，問中不妨有眼，争奈趙州是作家。便答他道：『鎮州出大蘿蔔頭。』可謂無味之談，塞斷人口。」

【資料】

①南藏本、北藏本第一二則；覺心本、徑山本第一五則。

②聯燈會要卷六趙州觀音從諗禪師：「『承聞和尚親見南泉，是否？』師云：『鎮州出大蘿蔔頭。』」

③五燈會元卷四趙州從諗禪師：「『承聞和尚親見南泉，是否？』師曰：『鎮州出大蘿蔔頭。』」

④汾陽無德禪師語録卷中、林間録卷上、禪林僧寶傳卷十二、圓悟佛果禪師語録卷十九、大光明藏卷中、禪宗正脉卷二、指月録卷十一、佛祖綱目卷三十二、教外别傳卷六、五燈嚴統卷四、五燈全書卷七、御選語録卷十六。

16 問：「和尚生緣〔一〕什麽處？」師以手指云：「西邊更向西。」

【校注】

〔一〕生緣：本貫、籍貫。祖堂集卷九落浦和尚：「當日初夜後，師教侍者喚從上座，上座便上來侍立。師問從上座：『年多少？』對云：『二十八。』師云：『太嫩在！甚須保持。生緣什摩處？』對云：『信州人。』」人天眼目卷五覺夢堂重校五家宗派序：「江陵城東天皇寺道悟，婺州東陽人，姓張氏，嗣石頭。元和二年丁亥化。律師符載所撰碑，二碑所載，生緣出處甚詳。」

【資料】

①南藏本、北藏本第一三則；覺心本、徑山本第一六則。
②五燈全書卷七。

17 問：「法無別法，如何是法？」師云：「外空，内空，内外空〔一〕。」

【校注】

〔一〕外空，内空，内外空：外即身外諸物，身外諸物都是空假不實的。内即身内，六根皆無自性。内外空，六根、六塵、六識都不浄，都無自性。大智度論卷三十一釋初品中十八空義第四十八：「内空者，内法、内法空。内法者，所謂内六入：眼、耳、鼻、舌、身、意。眼空，無我、無我所，無眼法；耳、鼻、舌、身、意亦如是。外空者，外法、外法空。外法者，所謂外六入：色、聲、香、味、觸、法。色空者，無我、無我所，無色法；聲、香、味、觸、法亦如是。内外空者，内外法、内外法空。内外法者，所謂内外十二入。十二入中，無我、無我所，無内外法。」仁王護國般若經疏卷三觀空品：「内空者，謂内六入無神我。外空者，外六塵無我所。内外空者，根塵合觀，無我我所。」仁王護國般若波羅蜜多經疏卷中：「言内空者，内謂内法，即是眼耳鼻舌身意，此中眼由眼空，鼻等亦然……言外空者，外謂外法，即是色聲香味觸法，此中色由色空，聲等亦爾。内外空者謂内外法，内六根處外六塵處，此中内六處由外六處空，外六處由内六處空。」宗鏡録卷十七：「内空者，即内法，所謂内六入，眼耳鼻舌身意，眼空無我，無我所等。外空者，即外法，所謂外六入，色聲香味觸法，色空無我，無我所等。内外空者，即内外十二入，十二入中無我，無我所等。」

【資料】

①南藏本、北藏本第一四則；覺心本、徑山本第一七則。

②御製詩集三集卷二十二。

18　問：「如何是佛真法身〔一〕？」師云：「更嫌什麽？」

【校注】

〔一〕佛真法身：佛的真如法性之身。

【資料】

①南藏本、北藏本第一五則；覺心本、徑山本第一八則。

②御製詩集三集卷二十二。

19 問："如何是心地法門〔一〕？"師云："古今牓樣。"

【校注】

〔一〕心地法門：心地，即心。佛教以三界唯心，心如滋生萬物的大地，能生一切法。心地觀經卷八："衆生之心，猶如大地，五穀五果從大地生……以是因緣，三界唯心，心名爲地。"法門，修行者入道的門徑。妙法蓮華經卷一方便品："以種種法門，宣示於佛道。"心地法門，最高妙的佛法，萬法皆依此立。斷際心要："所謂心地法門，萬法皆依此心建立。遇境即有，無境即無，不可於浄性上轉作境解。"

【資料】

①南藏本、北藏本第一六則；覺心本、徑山本第一九則。

20　問：「如何是賓中主〔一〕？」師云：「山僧不問婦。」「如何是〔二〕主中賓？」師云：「老僧無丈人。」

【校注】

〔一〕賓中主：禪家機鋒問答中可以分主、賓二家。主爲接人師匠或是明禪悟道者，賓則爲參禪訪客或是尚未悟道者。圓悟佛果禪師語録卷九：「師乃云：『全提單拈斬釘截鐵，呵佛罵祖大用大機，猶未稱衲僧本分事。何況立問立答，立賓立主，涉語涉言，説玄説妙，無事生事，平地上起波瀾。雖然如是，事無一向，理出多途，雖然看風使帆，不免相席打令。』」禪門師僧在對機問答中常有關於「主中賓」、「賓中主」、「賓中賓」、「主中主」的討論。五燈會元卷十九太平慧懃禪師：「曰：『如何是賓中賓？』師曰：『夫子遊行厄在陳。』曰：『如何是主中主？』師曰：『終日同行非伴侶。』曰：『賓主已蒙師指示，向上宗乘事若何？』師曰：『大斧斫了手摩挲。』」

〔二〕是：南藏本、北藏本無。

【資料】

①南藏本、北藏本第一七則；覺心本、徑山本第二〇則。

②五燈會元卷四趙州從諗禪師：「問：『如何是賓中主？』師曰：『山僧不問婦。』曰：『如何是主中賓？』師曰：『山僧無丈人。』」

③教外别傳卷六、五燈嚴統卷四、御選語録卷十六。

21 問：「如何是一切法常住〔一〕？」師云：「老僧不諱祖。」其僧再問，師云：「今日不答話〔二〕。」

【校注】

〔一〕一切法常住：萬法皆有，無生無滅。勝鬘經疏：「一切法常住者，萬法盈滿故言一切，不爲生滅所傾稱曰常住。」

〔二〕不諱祖、不答話：此爲禪宗「不説破」的開悟方式，暗示僧徒自心領悟。

【資料】

①南藏本、北藏本第一八則；覺心本、徑山本第二一則。

②御選語録卷十六。

22 師〔一〕上堂，云：「兄弟莫久立，有事商量，無事向衣鉢下坐，窮理好。老僧行脚時，除二時齋粥〔二〕是雜用心力處，餘外更無別用心處也。若不如此，出家大遠〔三〕在。」

【校注】

〔一〕師：南藏本、北藏本、徑山本無。

〔二〕二時齋粥：禪林中一日兩餐，清晨吃粥，中午吃飯。釋門正統卷三塔廟志：「粥則見乎掌文，齋則過午不食。」

〔三〕大遠：極遠。大戴禮記千乘：「東辟之民曰夷，精以僥，至於大遠，有不火食者矣。」孔廣森補注：「大遠，極遠也。」禪師以此語謂僧徒距離洞明開悟，還相差萬里。

【資料】

①南藏本、北藏本第一九則；覺心本、徑山本第二二則。

②聯燈會要卷六趙州觀音從諗禪師：「示衆云：『兄弟莫久立，有事商量，無事向衣鉢下，窮理好。老僧行脚時，除二時粥飯是雜用心，餘外更無別用心處。若不如此，出家大遠在。』」

③五燈會元卷四趙州從諗禪師：「乃曰：『兄弟莫久立，有事商量，無事向衣鉢下坐，窮理好。老僧行脚時，除二時粥飯是雜用心處，除外更無別用心處。若不如是，大遠在。』」

④大慧普覺禪師語録卷十九又卷二十一、嘉泰普燈録卷十六、禪宗正脉卷二、指月録卷十一、佛祖綱目卷三十二、教外別傳卷六、五燈嚴統卷四、五燈全書卷七。

23 問：「万物中何物最堅？」師云：「相罵饒汝〔一〕接觜，相唾饒汝潑水〔二〕。」

【校注】

〔一〕汝：南藏本、北藏本、徑山本作「你」。

〔二〕相罵饒汝接觜，相唾饒汝潑水：接觜，頂嘴。禪門俗語，禪師以此語引導僧徒用呵佛罵祖的方式獲得開悟。碧巖録卷一〔二〕：「此是大手宗師，不與爾論玄論妙，論機論境，一向以本分事接人。所以道：『相罵饒爾接嘴，相唾饒爾潑水。』殊不知，這老漢，平生不以棒喝接人，只以平常言語，只是天下人不奈何。」

【資料】

①南藏本、北藏本第二〇則；覺心本、徑山本第二三則。

②五燈全書卷七、御選語録卷十六。

24 問：「曉夜不停時如何？」師云：「僧中無與麼〔一〕兩稅〔二〕百姓。」

【校注】

〔一〕與麼：這樣。鎮州臨濟慧照禪師語録：「若與麼來，恰似失却；不與麼來，無繩自縛。」五燈會元卷四睦州陳尊宿：「我且與麼道，你又作麼生？」

〔二〕兩税：唐在夏、秋向百姓徵收兩次土地税。新唐書食貨志：「自天寶以來，大盜屢起，方鎮數叛，兵革之興，累世不息，而用度之數，不能節矣。加以驕君昏主，姦吏邪臣，取濟一時，屢更其制，而經常之法，蕩然盡矣。由是財利之説興，聚斂之臣進。蓋口分、世業之田壞而爲兼并，租、庸、調之法壞而爲兩税。」

【資料】

①南藏本、北藏本第二一則；覺心本、徑山本第二四則。

②御選語録卷十六。

25 問：「如何是一句〔一〕？」師〔二〕云：「若守著一句老却你。」

【校注】

〔一〕一句：超越一切言語的佛法真理，亦稱「阿字第一句」、「第一句」、「一句子」。大毗盧遮那成佛經疏卷十九次百字真言法品：「阿字第一句，明法普周遍。」祖堂集卷四藥山和尚：「師有時曰：『我有一句子，未曾向人説。』道吾曰：『相隨來也。』」

〔二〕師：南藏本、北藏本、徑山本無。

【資料】

①南藏本、北藏本第二二則；覺心本、徑山本第二五則。

②五燈全書卷七。

何。你若不信，截取老僧頭去。」

26 師又云：「若一生不離叢林，不語十年五載，無人喚你作啞漢。已後佛也不奈你

【資料】

①南藏本、北藏本第二三則；覺心本、徑山本第二六則。

②聯燈會要卷六趙州觀音從諗禪師：「示衆云：『你若一生不離叢林，不語十年五載，無人喚你作啞漢。已後佛也不奈你何。』」

③五燈會元卷四趙州從諗禪師：「師謂衆曰：『你若一生不離叢林，不語五年十載，無人喚你作瘂漢。已後佛也不奈你何。你若不信，截取老僧頭去。』」

④指月録卷十一、佛祖綱目卷三十二、教外別傳卷六、五燈嚴統卷四、御選語録卷十六。

27 師〔一〕上堂云：「兄弟，你正在第三冤〔二〕裹，所以道：但改舊時行履〔三〕處，莫改舊時人。共你各自家出家，比來無事，更問禪問道，三十、二十人聚頭〔四〕來問，恰似欠伊禪道相似。你喚作善知識，我是同受拷〔五〕。老僧不是戲好〔六〕，恐帶累佗古人，所以東道

西説。」

【校注】

〔一〕師：南藏本、北藏本無。

〔二〕第三冤：亦作「第三生冤」。大慧普覺禪師語録卷三十：「教中説：作癡福是第三生冤。何謂第三生冤？第一生，作癡福不見性；第二生，受癡福無慚愧，不做好事，一向作業；第三生，受癡福盡不做好事，脱却殼漏子時，入地獄如箭射。人身難得，佛法難逢，此身不向今生度，更向何生度此身。」癡福爲前世所修，今生雖享福果，但是愚癡頑冥。第三生冤，謂今生雖享福果，但是不做善事，身死之後，終究要入地獄。

〔三〕行履：機用作爲。

〔四〕聚頭：聚集。祖堂集卷十三報慈和尚：「五六百人聚頭喫粥喫飯，爲復見處一般？見處别？」五燈會元卷十五雲門文偃禪師：「三箇五箇，聚頭商量，苦屈兄弟。」

〔五〕受拷：拷，原作「栲」，依徑山本改。正字通卯集手部：「拷，苦老切，音考，打也。」集韻皓韻：「拷，掠也。」又：「栲，木名，似樗。」説文木部：「柷，山樗也。」段玉裁注：「柷、栲古今字。」又：「今所云栲者，葉如櫟木，皮厚數寸，可爲車軸，或謂之栲。」「栲」當爲「拷」的形誤字。受拷，受到拷打。六度集經卷五：「默然受拷，杖楚千數。不怨王，不讎彼。」

〔六〕戲好：説笑。

【資料】

①南藏本、北藏本第二四則；覺心本、徑山本第二七則。

②御選語録卷十六。

28　問：「十二時〔一〕中，如何用心？」師云：「你被十二時使，老僧使得十二時。你問那箇時？」

【校注】

〔一〕十二時：古人分一晝夜爲十二時，用干支記録。日知録卷二十古無一日分爲十二時：「自漢以下，曆法漸密，於是以一日分爲十二時。」

【資料】

①南藏本、北藏本第二五則；覺心本、徑山本第二八則。

②聯燈會要卷六趙州觀音從諗禪師：「問：『十二時中，如何用心？』師云：『汝被十二時使，老僧使得十二時。』」

③五燈會元卷四趙州從諗禪師：「問：『十二時中如何用心？』師曰：『汝被十二時辰使，老僧使得十二時。』」

④禪宗正脉卷二、指月録卷十一、佛祖綱目卷三十二、教外别傳卷六、五燈嚴統卷四、宗統編年卷十五。

29　問：「如何是趙州主人公〔一〕？」師咄云：「這箍桶漢〔二〕。」學人應喏〔三〕。師云：「如法箍桶著。」

【校注】

〔一〕主人公：亦作「主人翁」。指人人本具之心性，禪宗提倡人人皆有佛性，人人皆是自心自性的主人公。寒山世有一般人詩：「世有一般人，不惡又不善。不識主人公，隨客處處轉。因循過時光，渾是癡肉臠。雖有一靈臺，如同客作漢。」祖堂集卷四丹霞和尚：「驪龍珠吟：（中略）不識珠，每抛擲，却向驪龍前作客。不知身是主人公，棄却驪龍别處覓。」

〔二〕箍桶漢：「箍」與「篐」同。廣韻模韻：「篐，以篾束物。」章炳麟新方言釋器：「廣雅：『緷，束也。』緷、鋸聲義通。今人以繩束物曰梱，以金束物曰鍋（俗作篐）。箍桶亦其一矣。」箍桶，是用竹篾或金屬做成的圈，套在圓桶上。禪林常將從事某項工作或執掌某種工具的執事人稱爲「某某漢」，箍桶漢有貶義，比喻思想被外物束縛，難以解脱的人。

〔三〕喏：徑山本作「諾」。

【資料】
①南藏本、北藏本第二六則；覺心本、徑山本第二九則。
②御選語録卷十六。

30 問：「如何是學人本分事〔一〕？」師云：「樹摇鳥散，魚驚水渾。」

【校注】
〔一〕本分事：禪人本身分内的事情，即獲得禪悟。禪林僧寶傳卷十二薦福古禪師：「古曰：『體中玄，臨機須看時節，分賓主，又認法身法性，能卷舒萬象，縱奪聖凡，被此解見所纏，不得脱灑。所以須明句中玄。若明得，謂之透脱一路，向上關捩。又謂之本分事。』」

【資料】
①南藏本、北藏本第二七則；覺心本、徑山本第三〇則。
②御選語録卷十六。

31 問：「如何是少神底人？」師云：「老僧不如你。」學云：「不占勝〔一〕。」云〔二〕：

「你因什麽少神？」

【校注】

〔一〕占勝：比賽争勝，比賽占上風。禪籍中又作「鬥勝」，與「鬥劣」相對。本書第472則：「師與小師文遠論義：『不得占勝，占勝者輸餬餅。』師云：『我是一頭驢。』遠云：『我是驢胃。』師云：『我是驢糞。』遠云：『我是糞中蟲。』師云：『你在彼中作麽？』遠云：『我在彼中過夏。』師云：『把將餬餅來。』」大慧普覺禪師語録卷六：「上堂舉：趙州一日與文遠侍者論義：『鬥劣不鬥勝，勝者輸餬餅。』」

〔二〕云：覺心本、南藏本、北藏本、徑山本作「師云」。

【資料】

①南藏本、北藏本第二八則；覺心本、徑山本第三一則。

32　問：「至道無難，唯嫌揀擇〔一〕。是時人窠窟〔二〕？」師云：「曾有問我，直得五年分疎〔三〕不得。」

【校注】

〔一〕至道無難，唯嫌揀擇：此語源自禪宗三祖僧璨禪師的信心銘：「至道無難，唯嫌揀擇。但莫憎愛，洞然明白。毫釐有差，天地懸隔。欲得現前，莫存順逆。違順相争，是爲心病。不識玄旨，徒勞念静。」揀擇，挑選。漢趙曄吴越春秋勾踐陰謀外傳：「越王粟稔，揀擇精粟而蒸還於吴。」在禪門師僧機鋒對答中，禪師常以此語勸誡僧徒領悟禪道，必須抛却分别心，没有分别揀擇，才能實現至道。永覺元賢禪師廣録卷二：「昔三祖信心銘云：『至道無難，唯嫌揀擇。但莫憎愛，洞然明白。』豈不是剖心剖膽，説與後人。但既曰『唯嫌』，便是『揀擇』。既曰『但莫』，便是『憎愛』。况有『明白』可指，豈爲究竟之談？須知至道無難亦無易，無揀擇亦無無揀擇，無憎愛亦無無憎愛，無明白亦無無明白。祇如老僧恁麼道，還免得過也無？老僧雖不落揀擇憎愛，亦是借揀擇憎愛爲弄引，豈能免過？」

〔二〕窠窟：棲身之所。敦煌變文集燕子賦：「雀兒實嚽唫，變弄别浮沉。知他窠窟好，乃即横來侵。」禪宗比喻規矩束縛。圓悟佛果禪師語録卷五：「等閑拈一機舉一句，盡與人抽釘拔楔解黏去縛，更説什麼直指人心，更覓什麼見性成佛，正當恁麼時如何？不假纖毫力，碎佛祖窠窟。」

〔三〕分疎：覺心本、南藏本、北藏本、徑山本作「分疏」。分疏，辯解、解釋。漢書項籍傳：「良時從沛公，項伯夜以語良，良與俱見沛公，因伯自解於羽。」顔師古注：「自解，猶今言分疏也。」明陶宗儀南村輟耕録卷十一分疏：「人之自辨白其事之是否者，俗曰分疏。」

【資料】

①南藏本、北藏本第二九則；覺心本、徑山本第三二則。

②五燈會元卷四趙州從諗禪師：「別僧問：『至道無難，唯嫌揀擇。是時人窠窟否？』師曰：『曾有人問我，老僧直得五年分疏不下。』」

③碧巖録卷六、宏智禪師廣録卷四、大慧普覺禪師語録卷四、虛堂和尚語録卷一、大燈國師語録卷下、禪宗正脉卷二、指月録卷十一、教外別傳卷六、五燈嚴統卷四、五燈全書卷七、御選語録卷十六。

33　有官人問：「丹霞燒木佛〔一〕，院主〔二〕爲什麼眉鬚墮落？」師云：「官人宅中變生作熟〔三〕，是什麼人？」云：「所使。」師云：「却是佗好手。」

【校注】

〔一〕丹霞燒木佛：禪宗公案。事見五燈會元卷五丹霞天然禪師：「後於慧林寺，遇天大寒，取木佛燒火向，院主訶曰：『何得燒我木佛！』師以杖子撥灰曰：『吾燒取舍利。』主曰：『木佛何有舍利？』師曰：『既無舍利，更取兩尊燒。』主自後眉鬚墮落。」此則故事反映了丹霞天然禪師寒則烤火，熱則取凉的平常道心，不爲外在的形式所拘泥，能夠擺脱束縛，明心見性。此公案在禪宗典籍中多有拈提。祖堂集卷四丹霞和尚：「有人問真覺大師：『丹霞燒木佛，上座有何過？』大師云：『上座只見佛。』進曰：『丹霞又如何？』大師云：『丹霞燒木頭。』」

〔二〕院主：寺院住持，此稱首見於唐代。唐康駢劇談録慈恩寺牡丹：「院主老僧微笑曰：『安得無之？』」

〔三〕變生作熟：四分律删繁補闕行事鈔卷下：「口防六罪：一過時失受不受；二惡觸；三殘宿；四内宿；五或有内煮；六自煮以變生作熟故。」資行鈔：「又礪疏云：『自煮者，變生作熟，咸成自煮。此變生有二：一如菜果等青令萎等；二如米等令熟也。』」佛門認爲物有生性，因而反對變生作熟。禪門以「變生作熟」比喻禪悟。五燈會元卷十七黄龍慧南禪師：「因化主歸，上堂：『世間有五種不易：一化者不易，二施者不易，三變生爲熟者不易，四端坐喫者不易，更有一種不易是甚麽人？』良久云：『聻！』」法演禪師語録卷上：「謝典座上堂云：『變生作熟雖然易，衆口調和轉見難。鹹淡若知真箇味，自然飢飽不相干。』」

【資料】

①南藏本、北藏本第三〇則；覺心本、徑山本第三三則。

②指月録卷十一、五燈全書卷七、御選語録卷十六。

34 問〔一〕：「毗目僊人執善財手見微塵佛時〔二〕如何？」師遂執僧手云：「你見箇什麽？」

【校注】

〔一〕問：徑山本作「僧問」。

〔二〕毗目僊人執善財手見微塵佛時：大方廣佛華嚴經卷六十四：「善財白言：『聖者，無勝幢解脱境界云何？』時毗目仙人，即申右手，摩善財頂，執善財手。即時善財，自見其身往十方十佛刹微塵數世界中。到十佛刹微塵數諸佛所，見彼佛刹及其衆會，諸佛相好，種種莊嚴，亦聞彼佛隨諸衆生心之所樂，而演説法……時彼仙人，放善財手。善財童子即自見身還在本處。」大方廣佛華嚴經願行觀門骨目卷下：「時毗目仙人以右手摩善財頂，執善財手。即見十方各十佛刹塵數界佛相好威儀，善財因此得毗盧遮那藏三昧。」宗鏡録卷十六：「如華嚴經中：毗目仙人執善財手，即時善財，自見其身往十方十佛刹微塵數世界中。到十佛刹微塵數諸佛所，見彼佛刹及其衆會，諸佛相好，種種莊嚴，乃至或經百千億不可説不可説佛刹微塵數劫。乃至時彼仙人放善財手，善財童子即自見身還在本處。」華嚴經中記載，善財童子至南方海潮之處的那羅素國，參見毗目瞿沙仙人，仙人執善財手，善財頓時見佛刹聖境，明心見性。禪僧以此則典故發問，希望能夠得到禪師的啓發，獲得開悟。

【資料】

①南藏本、北藏本第三一則；覺心本、徑山本第三四則。

35　有尼問：「如何是沙門行？」師云：「莫生兒。」尼云：「和尚勿交涉。」師云：「我若共你打交涉〔一〕，堪作什麽？」

【校注】

〔一〕打交涉：結交，交往。亦作打交、打交道、打交關。大慧普覺禪師語録卷三十答湯丞相：「吾説亦如夢幻，況世間虚幻不實之法，更有甚麽心情，與之打交涉也。」佛光國師語録卷七請益問答心要：「門云：『公自西來，我又東往。時節自然，今會此寺。』師云：『錯。』門云：『錯錯錯。』師云：『要你見打交，莫看水中月。』」

【資料】

①南藏本、北藏本第三三一則；覺心本、徑山本第三三五則。

36　問：「如何是趙州主人公？」師云：「田厙奴〔一〕。」

【校注】

〔一〕田厙奴：厙，廣韻禡韻：「始夜切。」田厙奴，即田舍奴，是禪門詈駡語，形容人蠢笨，没有頭腦。本自福州方言。碧巖録卷六〖五七〗：「趙州劈口便塞道：『田厙奴，什麽處是揀擇？』若問著别底，便見脚忙手亂，争奈這老漢是作家。向動不得處動，向轉不得處轉，爾若透得一切惡毒言句，乃至千差萬狀，世間戲論，皆是醍醐上味。若到著實處，方見趙州赤心片片。田厙奴，乃福唐人鄉語駡人，似無意智相似。」福唐，福州。唐會要卷七十一州縣改置下：「福州，隋泉州。武德八年，改爲豐州都督府……萬安縣，聖曆二年置，天寶元年八月二十四日，改爲福唐縣。」禪籍中亦作「田舍奴」、「田舍兒」。祖堂集卷十一永福和尚：「有人問趙州：『古人道：至道無難，唯嫌揀擇。如何是不揀擇底法？』趙州云：『天上天下，唯我獨尊。』僧云：『此猶是揀擇底法。』州云：『田舍奴，天上天下唯我獨尊，什摩處是揀擇？』」

【資料】

①南藏本、北藏本第三三則；覺心本、徑山本第三六則。

37　問：「如何是王索仙陀婆〔一〕？」師云：「你道老僧要箇什麼？」

【校注】

〔一〕王索仙陀婆：仙陀婆，亦作先陀婆、先陀。大般涅槃經卷九：「如來密語甚深難解，譬如大王告諸群臣先陀婆來。先陀婆者一名四實：一者鹽，二者器，三者水，四者馬，如是四法皆同此名。有智之臣善知此名，若王洗時索先陀婆，即便奉水；若王食時索先陀婆，即便奉鹽；若王食已將欲飲漿索先陀婆，即便奉器；若王欲遊索先陀婆，即便奉馬。如是智臣，善解大王四種密語，是大乘經亦復如是，有四無常。」佛門以「王索先陀婆」比喻如來的密語密言。妙法蓮華經文句卷十下釋陀羅尼品：「或云咒者，是諸佛密語，如王索先陀婆。」

【資料】

①南藏本、北藏本第三四則；覺心本、徑山本第三七則。

38 問：「如何是〔一〕玄中玄〔二〕？」師云：「説什麼玄中玄，七中七，八中八？」

【校注】

〔一〕是：原無，依覺心本、南藏本、北藏本、徑山本補。

〔二〕玄中玄：臨濟義玄接引學人時有三玄三要。鎮州臨濟慧照禪師語録：「師又云：『一句語須具三玄門，一玄門須具三要，有權有用。』」人天眼目卷二臨濟門庭：「三玄者，玄中玄、體中玄、句中玄。三要者，一玄中具三要，自是一喝中，體攝三玄三要也。」宏智禪師廣録卷五：「玄中玄，超毗盧越釋迦；體中玄，一切處自然普遍；句中玄，哆哆和和。」玄中玄，是一種禪悟境界，超越了體中玄和句中玄，即在禪悟中要大膽地超佛越祖，超越一切外在束縛。

【資料】

①南藏本、北藏本第三五則；覺心本、徑山本第三八則。

②御選語録卷十六。

39　問：「如何是仙陀婆？」師云：「静處薩婆訶〔一〕。」

【校注】

〔一〕薩婆訶：全稱薩婆曷剌他悉陀，是悉達太子的具名，亦作薩婆悉達多、薩縛頞他悉地。大唐西域記卷七：「薩婆曷剌他悉陀唐言一切義成，舊曰悉達多，訛略也。」翻譯名義集卷一：「薩婆悉達，唐言頓吉。太子生時，諸吉祥瑞，悉皆具故，大論翻爲成利。西域記云：『薩婆曷剌他悉陀，唐言一切義成，舊云悉達，訛也。』此乃世尊小字耳。」「静處薩婆訶」，禪林習語，禪師常以此語截斷僧徒的提問。景德傳燈録卷二十二泉州萬安院清運資化禪師：「問：『久處幽冥全身不會，乞師指示。』師曰：『莫屈著汝問麽。』曰：『恁麽即禮拜，隨衆上下，師還許也無？』師曰：『静處薩婆訶。』」續傳燈録卷二蘄州十王懷楚禪師：「問：『如何是透法身句？』師曰：『大有人問了。』僧云：『意旨如何？』師曰：『静處薩婆訶。』」

【資料】

①南藏本、北藏本第三六則；覺心本、徑山本第三九則。

40 問：「如何是法非法？」師云：「東西南北。」學云：「如何會〔一〕去？」師云：「上下四維〔二〕。」

【校注】

〔一〕會：領會。

〔二〕四維：東南西北四方。阿毗達磨大毗婆沙論卷八十五：「上者謂上方，下者謂下方，傍者謂四方、四維。」

【資料】

①南藏本、北藏本第三七則；覺心本、徑山本第四〇則。

②御選語録卷十五御選歷代禪師語録前集下大潙法泰禪師：「曰：『如何是理事無礙法界？』師曰：『東西南北。』曰：『如何是事事無礙法界？』師曰：『上下四維。』」

41 問：「如何是玄中玄？」師云：「這僧若在，合年七十四五。」

【資料】

①南藏本、北藏本第三八則；覺心本、徑山本第四一則。

②祖堂集卷十八趙州和尚：「問：『如何是玄中又玄？』師云：『那个師僧若在，今年七十四也。』」

③御選語録卷十六。

42　問：「王索仙陀婆時如何？」師驀起，打躬叉手〔一〕。

【校注】

〔一〕叉手：佛教禮節，兩手合掌，手指交叉。佛説觀無量壽佛經：「智者復教合掌叉手，稱南無阿彌陀佛。」長阿含經卷三：「即從座起，右膝著地，叉手合掌，前白佛言：『自我得侍二十五年，未曾見佛光色如金，不審何緣，願聞其意。』」佛門行叉手禮，可以先合掌再交叉手指，亦可先交叉手指再合掌。世俗民間的叉手禮即拱手禮。洪武正韻麻韵：「叉，手相錯也。今俗呼拱手曰叉手。」事林廣記後集幼學類「習叉手圖」：「凡叉手之法，以左手緊把右手大拇指，其左手小指則向右手腕，右手四指皆直，以左手大指向上，如以右手掩其胸，手不可太著胸，須令稍去胸二三寸許，方爲叉手法也。」

【資料】

①南藏本、北藏本第三九則；覺心本、徑山本第四二則。

43　問：「如何是道？」師云：「不敢！不敢！」

【資料】

①南藏本、北藏本第四〇則；覺心本、徑山本第四三則。

②五燈全書卷七。

44　問：「如何是法？」師云：「勑勑攝攝〔一〕。」

【校注】

〔一〕勑勑攝攝：佛教祝咒語，見阿吒薄㡉付囑咒、阿吒薄俱元帥大將上佛陀羅尼經修行儀軌。佛光國師語録卷三：「端午上堂：『法離見聞覺知，見聞覺知是法。山僧普請大地人，不動一塵，入大安樂之地去也。』卓拄杖云：『唵唵唵，急急急，敕敕敕，𡃔𡃔𡃔。』」續古尊宿語要卷五懶庵需禪師語：「不修諸善，不作諸惡，不上天堂，不墮地獄。敕敕攝攝，急急如律令！」希叟紹曇禪師廣録卷五：「山僧雖無肘後靈符，也要與渠剿絶。拈主杖云敕敕吉吉攝攝。」

【資料】

①南藏本、北藏本第四一則；覺心本、徑山本第四四則。

②五燈全書卷七。

45　問：「趙州去鎮府多少？」師云：「三百。」學云：「鎮府來趙州多少？」師云：「不隔。」

【資料】

①南藏本、北藏本第四二則；覺心本、徑山本第四五則。

46　問：「如何是〔一〕玄中玄？」師云：「玄來多少時也？」學云：「玄來久矣。」師云：「賴遇〔二〕老僧，洎合〔三〕玄殺〔四〕這屢生〔五〕。」

【校注】

〔一〕是：原無，依覺心本、徑山本補。

〔二〕賴遇：幸好，好在。景德傳燈録卷十四汾州石樓和尚：「師云：『漢國天子還重佛法麽？』僧云：『苦哉苦哉！賴遇問著某甲，問著別人則禍生。』」

〔三〕洎合：又作「洎乎」、「幾合」，幾乎。祖堂集卷十四江西馬祖：「（座主）云：『某甲講四十二本經論，將謂無人過得，今日若不遇和尚，洎合空過一生。』」

〔四〕玄殺：被「玄」所害。禪宗看來真正的高妙禪法都來自日常生活，禪法並無玄妙可言，但許多禪僧却拘泥於「玄」之中，被「玄」所縛，難以開悟。

〔五〕屢生：又作「屢生子」、「瞎屢生」、「禿屢生」、「鈍屢生」，「屢」即「驢」的借字，禪林呵罵語，指不具道眼，難以開悟之人。虚堂和尚語録卷二：「僧打圓相云：『者箇作麽生明？』師云：『明之則瞎。』僧云：『謝師指示。』師云：『屢生子。』」

【資料】

①南藏本、北藏本無此則；覺心本、徑山本第四六則。

②景德傳燈録卷十趙州觀音院從諗禪師：「僧問：『如何是玄中玄？』師云：『汝玄來多少時邪？』僧云：『玄之久矣。』師云：『闍梨若不遇老僧，幾被玄殺。』」

③聯燈會要卷六趙州觀音從諗禪師：「僧問：『如何是玄中玄？』師云：『汝玄來多少時了也？』云：『玄來久矣。』師云：『汝若不遇老僧，幾被玄殺。』」

④五燈會元卷四趙州從諗禪師：「問：『如何是玄中玄？』師曰：『汝玄來多少時邪？』曰：『玄之久矣。』師曰：『闍黎若不遇老僧，幾被玄殺。』」

⑤圓悟佛果禪師語録卷二、嘉泰普燈録卷二十五、指月録卷十一、從容庵録卷五、請益録卷上、紫柏尊者全集、憨山老人夢遊集、教外别傳卷六、五燈嚴統卷四、御選語録卷十六。

47　問："如何是學人自己〔一〕?"師云："還見庭前柏樹子麽?"

【校注】

〔一〕自己：參禪者的本心、佛性。圓悟佛果禪師語録卷十九："古佛即自己，自己即古佛。"大慧普覺禪師語録卷十九："所謂遍見者，見自己本源自性天真佛，無一時一處一法一事一身一國土一衆生界中而不遍故也。"宛陵録："山是山水是水，僧是僧俗是俗，山河大地日月星辰，總不出汝心，三千世界都來是汝箇自己。"

【資料】

①南藏本、北藏本第四三則；覺心本、徑山本第四七則。

48　師〔一〕上堂云："若是久參底人，莫非真實，莫非亘古亘今〔二〕。若是新入衆〔三〕底人〔四〕，也須究理始得。莫趁者邊三百五百一千，傍邊二衆〔五〕叢林稱道『好箇住持』，洎乎問〔六〕著佛法，恰似炒砂作飯〔七〕相似，無可施爲，無可下口，却言：『佗非我是。』面赫赤地。

良由世間出非法語〔八〕，真實欲明者意，莫辜負老僧。」

【校注】

〔一〕師：南藏本、北藏本無。

〔二〕亘古亘今：從古到今。語出南朝宋鮑照河清頌：「亘古通今，明鮮晦多。」

〔三〕入衆：進入叢林，學佛問道。佛説阿難同學經：「比丘，已得人身，已得受具足戒，亦得入衆。」

〔四〕人：南藏本、北藏本無。

〔五〕二衆：道衆與俗衆。道衆出家修行，受具足戒；俗衆在俗修行，受五戒或八戒。本事經卷四二法品：「出家依在俗，得如法資具。在俗依出家，獲微妙正法。二衆互相依，受人天快樂。度生老病死，至清凉涅槃。」

〔六〕問：南藏本、北藏本作「道」。

〔七〕炒砂作飯：炒砂，南藏本、北藏本作「炊砂」，徑山本作「炒沙」。炒砂作飯——無可施爲，無可下口，禪籍歇後語。比喻對某事無能爲力，毫無辦法。唐顧況行路難：「君不見擔雪塞井徒用力，炊砂作飯豈堪吃。」佛經中有「蒸沙石」之喻，楞嚴經卷六：「是故阿難，若不斷婬修禪定者，如蒸沙石，欲其成飯，經百千劫，秖名熱沙。何以故？此非飯本沙石成故。」禪籍中另有「蒸砂作飯」，意義略有不同。餐香録卷上：「如斯見解，擬求大道，譬如蒸砂作飯，掘地覓天。徒自疲勞，於己何益。」無異元來禪師廣録卷二十五：「亦最初妄心不破，正所謂蒸沙作飯，沙非飯本也。」比喻徒勞一場，枉用功夫。

〔八〕非法語：佛教語，是佛門惡毒的語言之一。容齋隨筆卷一：「大集經載六十四種惡口之業，曰：粗語，軟語，非時語……非法語，自贊嘆語，説他過語，説三寶語。」佛説大集法門經卷上：「佛卧未久，爾時異處，有外道尼乾陀惹提子等，於聲聞苾芻，而生輕謗，欲作破壞，欲興鬥諍，出非法語，種種毀呰。」

【資料】

①南藏本、北藏本第四四則；覺心本、徑山本第四八則。

②五燈全書卷七。

49 問：「在塵爲諸聖説法，總屬披搭〔一〕。未審和尚如何示人？」師云：「什麽處見老僧？」學云：「請和尚説。」師云：「一堂師僧，總不會這僧語話。」別有一僧問：「請和尚説。」師云：「你説，我聽。」

【校注】

〔一〕披搭：披上袈裟，意指出家修行。亦作「披披搭搭」，天聖廣燈録卷十四守廓上座：「一日，在僧堂後架坐，鹿門下來，見楚禪和便問：『終日披披搭搭作什麼？』楚云：『和尚見某甲披披搭搭耶？』」或「橫披豎搭」，宗門拈古彙集卷二十五瑞州洞山悟本良价禪師：「古南門云：『洞山理長則就，雪竇舉一明三，秖如將來既不受，諸人早晚橫披豎搭，是衣不是衣？』」

【資料】

①南藏本、北藏本第四五則；覺心本、徑山本第四九則。

50 問：「真化無迹〔一〕，無師、弟子時如何？」師云：「誰教你來問？」學云：「更不是別人。」師便打之。

【校注】

〔一〕真化無迹：佛以真身和化身兩種方式在民間傳播佛法。佛說盂蘭盆經疏上：「然一切佛皆有真化二身。釋迦化身說隨機權教，舍那真身說究竟實教。」禪門的教化超越了形跡，既無真身，亦無化身，師與弟子不分上下，沒有區別。

【資料】

①南藏本、北藏本第四六則；覺心本、徑山本第五〇則。

51　問：「此事如何辨？」師云：「我怪你。」學云：「如何辨得？」師云：「我怪你不辨。」學云：「還保任〔一〕否？」師云：「保任不保任，自看。」

【校注】

〔一〕保任：保持維護。禪家從修習悟解禪法到踐行禪法的本源，中間需要不斷地保持守護已有的修養。祖堂集卷十鼓山和尚：「師云：『作何道理？』峰乃呵曰：『大有人未到此境界，切須保任護持！』」撫州曹山元證禪師語録：「僧問：『學人十二時中如何保任？』師曰：『如經蠱毒之鄉水，不得沾著一滴。』」筠州洞山悟本禪師語録：「青林辭師。師曰：『子向甚麼處去？』林云：『金輪不隱的，遍界絶紅塵。』師曰：『善自保任。』林珍重而出。」

【資料】

①南藏本、北藏本第四七則；覺心本、徑山本第五一則。

52　問：「如何是無知解〔一〕底人？」師云：「説什麼事？」

【校注】

〔一〕無知解：消除知解。知解，虚妄不實、强作分别的知識見解。黄龍慧南禪師語録：「縱有些少知解，盡是浮財不實，所以作客不如歸家，多虚不如少實。」圓悟佛果禪師語録卷十五示智祖禪德：「截斷人我，脱去知解。直下以見性成佛，直指妙心爲階梯。及至作用應緣不落窠臼。」聯燈會要卷二六祖惠能大師：「此子向後，設有把茆蓋頭，也只成得箇知解宗徒。」心燈録卷六：「古德云：『不須求真，只要息見。』客曰：『息見則真能全麼？』曰：『人一生只要多見多聞，便以爲有學問有進益，殊不知大錯了也。知解門開，則悟門閉塞。總是要有見地，要有見識，將本心埋没，不能出頭，必致墮落。』」

【資料】

①南藏本、北藏本第四八則；覺心本、徑山本第五二則。

53 問：「如何是西來意？」師下禪床。學云：「莫便是否？」師云：「老僧未有語在〔一〕。」

【校注】

〔一〕在：句尾助詞，無實義。聯燈會要卷十二汝州廣慧元璉禪師：「楊出衆擬祇對，師便打。楊云：『某甲未有語在。』」明覺禪師語録卷二：「三十年後，有人舉在。」密庵和尚語録：「每人各欠一頓棒在。」

【資料】

①南藏本、北藏本無此則；覺心本、徑山本第五三則。

②景德傳燈録卷十趙州觀音院從諗禪師：「僧問：『如何是西來意？』師下禪床立。僧云：『莫即遮箇便是否？』師云：『老僧未有語在。』」

③五燈會元卷四趙州從諗禪師：「問：『如何是西來意？』師下禪牀立。曰：『莫祇這箇便是否？』師曰：『老僧未有語在。』」

④教外别傳卷六、五燈嚴統卷四、五燈全書卷七。

54　問：「佛法久遠，如何用心？」師云：「你見前漢後漢，把攬天下，臨終時，半錢也無分。」

【資料】

①南藏本、北藏本第四九則；覺心本、徑山本第五四則。

②五燈全書卷七。

55　問：「時人以珍寶爲貴，沙門以何爲貴？」師〔一〕云：「急合取口〔二〕。」學〔三〕云：

「合口還得也無？」師云：「口若不合，争能辨得？」

【校注】

〔一〕師：南藏本、北藏本無。

〔二〕合取口：閉嘴。取，助詞，置於動詞之後，表示勸誡、叮囑等祈使語氣。五燈會元卷五石頭希遷禪師：「問：『如何是西來意？』師曰：『問取露柱。』」聯燈會要卷十二并州承天嵩禪師：「師云：『某甲不是野狐精。』山云：『惜取眉毛好。』」

〔三〕學：南藏本、北藏本無。

【資料】

①南藏本、北藏本第五〇則；覺心本、徑山本第五五則。

56 問：「如何是趙州一句〔一〕？」師云：「半句也無。」學云：「豈無和尚在？」師云：「老僧不是一句。」

【校注】

〔一〕趙州一句：趙州禪師能令人大徹大悟，頓悟禪旨的一句話。

【資料】

①南藏本、北藏本無此則；覺心本、徑山本第五六則。

②景德傳燈録卷十趙州觀音院從諗禪師：「僧問：『如何是趙州一句？』師云：『老僧半句也無。』僧云：『豈無和尚在？』師云：『老僧不是一句。』」

③聯燈會要卷六趙州觀音從諗禪師：「問：『如何是趙州一句？』師云：『老僧半句也無。』」

④五燈會元卷四趙州從諗禪師：「問：『如何是趙州一句？』師曰：『老僧半句也無。』曰：『豈無和尚在？』師曰：『老僧不是一句。』」

⑤楞伽經宗通卷一、教外別傳卷六、五燈嚴統卷四。

57　問：「如何得不被諸境惑〔一〕？」師垂一足，僧便出鞋，師收起足，僧無語。

【校注】

〔一〕不被諸境惑：擺脱外在的困惑紛擾，獲得明心見性的禪悟境界。金剛經注解卷二：「心若清浄，即不被諸境惑亂也。」宗範卷上：「終日不離一切事，不被諸境惑，名自在人。念念不見一切相，安然端坐，任運不拘，名解脱。」祖堂集卷十四百丈和尚：「問：『如何是大乘入道頓悟法？』師答曰：『……對五欲八風，不被見聞覺知所縛，不被諸境惑，自然具足，神通妙用，是解脱人。』」景德傳燈録卷八汾州無業禪師：「一切境界本自空寂，無一法可得。迷者不了，即爲境惑。一爲境惑，流轉不窮。」禪師對僧徒關於打破諸境惑的問題，做出了各種形式的回答。雲門匡真禪師廣録卷上：「問：『十二時中，如何得不被諸境惑去？』師云：『三門頭合掌。』」古尊宿語録卷十二子湖神力禪師：「僧問：『如何得不被諸境惑去？』師云：『你試點惑你境出看。』進云：『某甲不見。』師云：『你既不見，惑境何來？』」

【資料】

①南藏本、北藏本第五一則；覺心本、徑山本第五七則。
②五燈全書卷七。

58 有俗官問：「佛在日，一切衆生皈依〔一〕佛。佛滅度後，一切衆生歸依〔二〕什麼處？」師云：「未有衆生。」學云：「現問次〔三〕。」師云：「更覓什麼佛？」

【校注】

〔一〕皈依：南藏本、北藏本誤作「攴依」。説文攴部：「攴，迮也。」段玉裁注：「迮，起也。攴者，起之也。與迫音義同。」南藏本、北藏本爲形近而誤。皈依，佛教術語，原是佛教的入教儀式，表示對佛教三寶佛法僧的歸向、依附，又稱三皈依。

〔二〕歸依：南藏本、北藏本誤作「敀依」，徑山本作「皈依」。

〔三〕次：置於動詞或動詞結構後，表示動作行爲的進行或持續。聯燈會要卷一釋迦牟尼佛：「世尊同阿難行次，見一古佛塔，世尊作禮。」鎮州臨濟慧照禪師語録：「師一日同普化赴施主家齋次，師問：『毛吞巨海，芥納須彌，爲是神通妙用，本體如然？』」

【資料】

①南藏本、北藏本第五二則；覺心本、徑山本第五八則。

59　問：「還有不報四恩三有〔一〕者也〔二〕無？」師云：「有。」學云：「如何是？」師云：「這殺父漢，算〔三〕你只少此一問。」

【校注】

〔一〕四恩三有：四恩，心地觀經言四恩：一父母恩，二衆生恩，三國王恩，四三寶恩。釋氏要覽卷中恩孝：「佛言：『世間恩有四種：一父母恩，二衆生恩，三國主恩，四三寶恩。』」三有，三界的生死有因有果，所以叫「三有」。欲有，即欲界的生死；色有，即色界的生死；無色有，即無色界的生死。汾陽無德禪師語録卷下行脚歌：「報四恩，拔三有，問答隨機易開口。五湖四海乍相逢，一擊雷音師子吼。」

【資料】

〔二〕也：南藏本、北藏本無。

〔三〕算：覺心本、徑山本、北藏本作「筭」。正字通未集竹部：「筭，同算省，本作筭。」

①南藏本、北藏本第五三則；覺心本、徑山本第五九則。

60 問：「如何是和尚意？」師云：「無施設〔一〕處。」

【校注】

〔一〕施設：禪師爲接引學人而采取的種種措施方法。祖堂集卷八龍牙和尚：「又頌：万般施設不如常，又不驚人又久長。如常恰似秋風至，無意凉人人自凉。」宏智禪師廣録卷九：「根根塵塵兮元自現成，佛佛祖祖兮何勞施設？」雲卧紀譚卷上新淦東山吉禪師：「八十四年老比丘，萬般施設不如休。今朝廓爾忘緣去，任聽橋流水不流。」

【資料】

①南藏本、北藏本第五四則；覺心本、徑山本第六〇則。

61 師〔一〕上堂，云：「兄弟，但改往修來〔二〕，若不改，大有著你處在。」

【校注】

〔一〕師：南藏本、北藏本無。

〔二〕改往修來：改變過去的迷失過錯，修習未來的佛果因緣。後漢書方術傳下公沙穆：「願改往修來，自求多福。」般泥洹經卷下：「佛告王：『自古已來，天神人物，無生不死，死而不滅，唯泥洹快。王胡爲啼？但當念善，改往修來。以政治國，無加卒暴。厚待賢良，赦宥小過。務行四恩，以綏衆心。』」增壹阿含經卷五：「唯願世尊受我悔過，改往修來。」長慶宗寶禪師語録卷六：「煩惱可以理遣，心地一明，情念自息也。業可以懺悔，燒香散花，竭誠禮佛，改往修來，則業自消也。」

【資料】

①南藏本、北藏本第五五則；覺心本、徑山本第六一則。

②御選語録卷十六。

62 「老僧在此間〔一〕三十餘年，未曾有一箇禪師到此間。設有來，一宿一食急走過，且趁軟煖處〔二〕去也。」問：「忽遇禪師到來，向伊道什麽？」師云：「千鈞之弩，不爲鼷鼠而發機〔三〕。」

【校注】

〔一〕此間：這裏，此地。資治通鑑魏紀元皇帝下：「王問禪曰：『頗思蜀否？』禪曰：『此間樂，不思蜀也。』」伍子胥變文：「君子從何至此間，面帶愁容有飢色。」

〔二〕軟煖處：本指地氣柔軟，氣候温暖的南方，喻指鬆懈懶散，不求上進的修習方式。佛門反對軟煖的生活和修行狀態，提倡勇猛精進，勤奮不懈。百法明門論論義：「勤者，精進也。既斷三毒，純一善心。必加精進勇猛，善行方增，此治懈怠之病。世有淳善之人，無精進力，軟暖因循，故終身無成。」憨山老人夢遊集卷四示慶雲禪人：「若不如是，但以狹劣知見，軟暖習氣，因循宴安，而欲以口頭禪，狂妄心，穢濁氣，邪見根，將爲出家正業。以此望出苦海，是猶適越而之燕，却步而求前也。」緇門警訓卷八：「沙門畢竟宜清苦，軟暖修行道業疏。」

〔三〕千鈞之弩，不爲鼷鼠而發機：俗語。弩，弓的一種，利用機械發力。鼷鼠，鼠類的一種，體形最小。左傳成公七年：「七年春，王正月，鼷鼠食郊牛角。改卜牛，鼷鼠又食其角，乃免牛。」此語本自三國志魏書杜襲傳：「臣聞千鈞之弩，不爲鼷鼠發機，萬石之鐘，不以莛撞起音。」有千鈞力量的弩不會爲了射殺一只鼷鼠而放箭，意義與「殺雞用牛刀」同，比喻不必爲小事情大動干戈。禪籍中比喻對不明禪理者不白費口舌。又作「不爲鼷鼠發機」。

【資料】

①南藏本、北藏本第五六則；覺心本、徑山本第六二則。

②祖堂集卷十八趙州和尚：「潙山喚侍者：『將床子來！』師云：『自住已來，未曾遇著一个本色禪師。』時有人問：『忽遇時如何？』師云：『千鈞之弩，不爲奚鼠而發機。』」

63　師云：「兄弟，若從南方來者，即與下載。若從北方來，即與〔一〕裝載〔二〕。所以道〔三〕：『近上人問道，即失道；近下人問道者，即得道〔四〕。』兄弟，正人説邪法，邪法亦隨正；邪人説正法，正法亦隨邪。諸方難見易識，我者裏易見難識。」

【校注】

〔一〕與：南藏本、北藏本作「爲」。

〔二〕下載、裝載：下載，用平實質樸的家常語談説佛法；裝載，亦言「上載」，開種種方便，細説佛法禪旨的妙理妙義。碧巖録卷五〔四五〕：「『下載清風付與誰』，此是趙州示衆：『爾若向北來，與爾上載。爾若向南來，與爾下載。爾若從雪峰雲居來，也是箇擔板漢。』雪竇道：『如此清風堪付阿誰。上載者，與爾説心説性，説玄説妙，種種方便。若是下載，更無許多義理玄妙。』」凭絶老人天奇直注雪竇顯和尚頌古上：「下載清風付與誰。編僻之問，平實之家答，徹底掀翻，名曰下載。」

〔三〕道：南藏本、北藏本無。

〔四〕近上人問道，即失道；近下人問道者，即得道：上人，具有上等根器，道法深厚者。釋氏要覽稱謂引古師云：「内有智德，外有勝行，在人之上，名上人。」下人，具有下等根器，才能庸劣，不悟道法者。趙州以顛倒是非，違反邏輯常理的言辭啓發僧徒抛却正反對立的二元觀念。

【資料】

①南藏本、北藏本第五七則；覺心本、徑山本第六三則。

②聯燈會要卷六趙州觀音從諗禪師：「示衆云：『兄弟，若從南方來者，即與下載；若從北方來者，即與上載。所以道：近上人問道即失道，近下人問道即得道。兄弟！正人説邪法，邪法悉皆正；邪人説正法，正法悉皆邪。諸方難見易識，我這裏易見難識。』」

③五燈會元卷四趙州從諗禪師：「上堂：『兄弟，若從南方來者，即與下載；若從北方來者，即與上載。所以道：近上人問道即失道，近下人問道即得道。』」同卷，又：「上堂：『正人説邪法，邪法悉皆正。邪人説正法，正法悉皆邪。諸方難見易識，我這裏易見難識。』」

④正法眼藏卷二、無門慧開禪師語録卷上、禪苑蒙求卷中、指月録卷十一、教外別傳卷六、五燈嚴統卷四、列祖提綱録卷七。

64　問：「善惡惑〔一〕不得底人，還獨脱〔二〕也無？」師〔三〕云：「不獨脱。」學〔四〕云：「爲什麽不獨脱？」師〔五〕云：「正在善惡裏〔六〕。」

【校注】

〔一〕善惡惑：惑，原作「或」，依徑山本、南藏本、北藏本改。貪嗔癡等種種煩惱叫做惑，因惑而造作種種的善惡業。占察善惡業報經玄義：「復次，有善惡惑，有善惡業。」楞嚴經直解卷一：「惑是癡惑，因惑造業，由業感苦。」善惡惑是人爲滿足自己的貪嗔癡念而所做的各種善業和惡業。禪宗提倡擺脱對貪嗔癡的執迷。

〔二〕獨脱：獨立、超脱，毫無依附。方山文寶禪師語録：「上堂：『廣額擲刀，立錐無地。龍女獻珠，瞻顧猶多。衲僧門下，獨脱無依。寸絲不掛，又作麽生？』」聯燈會要卷二十八大覺懷璉禪師：「若是本分衲僧，纔聞舉著，一擺擺斷，不受纖塵，獨脱自在，最爲親的。」癡絶道冲禪師語録卷下示紹隆禪人：「但能於此，從空放下，盡底掀翻，獨脱無依，絲毫不犯，未是衲僧家泊頭處在。」

〔三〕師：南藏本、北藏本無。

〔四〕學：南藏本、北藏本無。

〔五〕師：南藏本、北藏本無。

〔六〕正在善惡裏：没有達到真正的超越外物的獨脱，仍滯留在善惡、好壞的分别念中。

【資料】

①南藏本、北藏本第五八則；覺心本、徑山本第六四則。

②五燈全書卷七。

65　尼問：「離却上來説處，請和尚指示〔一〕。」師咄云：「熳破鐵瓶〔二〕。」尼將鐵瓶添水來，請和尚答話。師笑之。

【校注】

〔一〕離却上來説處，請和尚指示：離却，離開。祖堂集卷四天皇和尚：「師初問石頭：『離却智慧，何法示人？』石頭曰：『老僧無奴婢，離什摩？』」上來，以上，先前的。五燈會元卷二蒙山道明禪師：「（慧能）曰：『不思善，不思惡，正恁麽時，阿那箇是明上座本來面目？』師當下大悟，徧體汗流，泣禮數拜，問曰：『上來密語密意外，還更别有意旨否？』」處，用在動詞或動詞短語後將其名詞化，表示某某方面。祖堂集卷十七大慈和尚：「師上堂云：『説取一丈，不如行取一尺；説取一尺，不如行取一寸。説取那行處，行取那説處。』」拋開之前所用的言辭語句，請和尚指示如何才能明心見性。

〔二〕煨破鐵瓶：煨，説文火部：「煨，盆中火。」唐李白上崔百憂章：「仰希霖雨，灑寳炎煨。」王琦注：「韻會：煨，熇也。」燒破鐵瓶本是不可能之事，禪師以此語暗示學人要「離却上來説處」是無法做到的。僧徒不明禪師所言，將鐵瓶中盛滿水，故引得禪師笑之。

【資料】

①南藏本、北藏本第五九則；覺心本、徑山本第六五則。

②禪林類聚卷十七、御選語録卷十六。

66 問：「世界變爲黑穴〔一〕，未審此箇〔二〕落在何路？」師〔三〕云：「不占〔四〕。」學〔五〕云：「不占是什麽人？」師云：「田庫奴。」

【校注】

〔一〕世界變爲黑穴：穴，覺心本、南藏本、北藏本、徑山本誤作「冗」，形近而誤。世界在成、住、壞、空四劫中不停地周而復始，空劫是四劫之一，世界壞盡後成爲虚空。宗統編年卷一釋迦牟尼佛：「自初禪梵世以下，世界空虚，猶如黑穴，無晝夜日月，唯大黑暗，名爲空劫。」佛祖統紀卷三十：「初禪火災過後，世界空虚，猶如黑穴。經二十增減之久，大雲降雨，水長至天。」世界變爲黑穴，即世界進入空劫，萬物毁盡，一切虚空。

〔二〕此箇：本心、本性。

〔三〕師：南藏本、北藏本無。

〔四〕不占：不具有。般若心經注解卷下：「虚空不增又不減，不增不減是吾身。萬物不占虚空性，性空不占世間塵。」雲門匡真禪師廣録卷中：「一日云：『不占田地，道將一句來。』代云：『總屬和尚。』或云：『倒道將一句來看。』代云：『訶薩。』」汾陽無德禪師語録卷中：「『一真之法，盡可有矣。爲什麽各人不得受用？』代云：『不占田地。』」僧徒言「世界變爲黑穴」，即指世界進入到空劫，萬物皆無，一切爲空。禪師以「不占」作答，即暗示僧徒萬物皆空，不具有任何人事物。

〔五〕學：南藏本、北藏本無。

【資料】

①南藏本、北藏本第六〇則；覺心本、徑山本第六六則。

②宗鑑法林卷十九。

67 問：「無言無意始稱得句〔一〕，既是無言，唤什麽作句？」師云：「高而不危，滿而不溢〔二〕。」學云：「即今和尚是滿是溢？」師云：「争奈你問我。」

【校注】

〔一〕無言無意始稱得句：禪宗將超越語言、義理和分别俗情的奇特言句稱爲「活句」，把通常有意路可通的言句稱爲「死句」。禪林僧寶傳卷八洞山守初禪師：「語中有語，名爲死句；語中無語，名爲活句。」「活句」又被稱作「無義語」。五燈會元卷五夾山善會禪師：「老僧二十年説無義語。」依禪宗的看法，語言文字本身是不能傳遞佛教第一義的，「有義句」反而會落入名相因果、情識知見的泥坑中。超越語言的外在形式，領會通常意義之外的獨特意蘊，才是真正意義上的悟道。禪宗主張言意兩忘。古尊宿語録卷二十八舒州（清遠）佛眼和尚語録：「真實到家之者，得意忘言。伶俜在外之人，隨情起解。情解既起，名相是興。言意兩忘，十方咸暢。」

〔二〕高而不危，滿而不溢：語出孝經卷二諸侯章：「在上不驕，高而不危；制節謹度，滿而不溢。」唐明皇御注：「諸侯列國之君，貴在人上，可謂高矣。而能不驕，則免危也。費用約儉，謂之制節。慎行禮法，謂之謹度。無禮爲驕，奢泰爲溢。」人處高位，但不驕奢，可以無危；行事謹慎，遵守禮法，可以常守富貴。禪籍中比喻獲得了真如本心，可以達到超凡脱俗的特殊境界。觀心論疏卷一：「若能問觀心，得真法富貴。雖高而不危，雖滿而不溢。不著世富貴，心常在道法。爲是因緣故，須造觀心論。」永明智覺禪師唯心訣：「與三世佛一時成道，共十類生同日涅槃。擊法鼓於魔宮，震法雷於邪域。履逆而自順，處剛而自柔。臨高而不危，在滿而不溢。可謂端居絶學之地，深履無爲之源。」宗鏡録卷九：「識此自心如意靈珠，圓信堅固，一切時處，不爲無明塵勞非人之所侵害，則處繁不亂，履險恒安，高而不危，滿而不溢。」

【資料】

①南藏本、北藏本第六一則；覺心本、徑山本第六七則。

68 問：「如何是靈者〔一〕？」師云：「浄地上屙一堆屎〔二〕。」學云：「請和尚的旨〔三〕。」師云：「莫惱亂〔四〕老僧。」

【校注】

〔一〕靈者：超脱凡俗的神靈。仁王經疏卷上佛説仁王護國般若波羅蜜經序品：「又別記云：『靈者，仙靈也。』」宗鏡録卷三十九：「神不滅篇云：『夫神者何耶？精極而爲靈者也。』」釋氏稽古略卷四：「天性上，地性下，金利水濕木直，火熱土厚，此五行性也。統而論之，精而察之，萬物之性皎然可見矣。就中最靈者人也，陰陽交遘而生，變化而動者情也。」

〔二〕浄地上屙一堆屎：屙，本作「痾」，依南藏本、北藏本改。玉篇尸部：「屙，烏何切，上厠也。」又疒部：「痾，同疴。於何切，病也。」正字通午集疒部：「痾，俗疴字，五行志本作疴，謌作痾。」禪門俗語，胡言亂語，隨意言説。比喻執著於佛法，用言辭義理强爲解説，反而污染了佛法的純净。破庵祖先禪師語録：「更有一等兄弟，皮下無血，見人説青道黑，净地上胡撒亂撒，采集向情識中，將爲己有，增長我見，到處逢人浩浩商量：張老如何説，李老如何説，下語又如何。」續傳燈録卷二十七潭州大潙佛性法泰禪師：「又曰：『止止不須説，我法妙難思。釋迦老子無端向净地上放屙。』」普庵印肅禪師語録卷二：「普庵蓋爲從上古人，公案未了，如此敗闕一場。思之，正是破二作三，却來净地上放屙。」大川普濟禪師語録：「上堂：『諸佛不出世，達磨不西來，款出囚人口，佛法遍天下。談玄口不開，净地上撒屎。』」

〔三〕的旨：真諦。禪籍中又作「的的大意」、「的的意」。鎮州臨濟慧照禪師語録：「我二十年在黄蘗先師處，三度問佛法的的大意，三度蒙他賜杖。」五燈會元卷四蘇州西禪和尚：「僧問：『三乘十二分教則不問，如何是祖師西來的的意？』」黄龍慧南禪師語録：「上堂：『時人住處我不住，時人行處我不行。於此了然明的旨。』」唐常達山居詩之七：「胡僧論的旨，物物唱圓成。」

〔四〕惱亂：煩擾、打擾。大方廣佛華嚴經卷十一功德華聚菩薩十行品：「除其方便教化衆生，内不離菩薩一切種智，堅固正念，不爲五欲因緣故，起一惡念，惱亂衆生。」妙法蓮華經卷二譬喻品：「初聞佛所説，心中大驚疑，將非魔作佛，惱亂我心耶？」

【資料】

①南藏本、北藏本第六二則；覺心本、徑山本第六八則。

69 問：「法身無爲，不墮諸數〔一〕，還許道也無？」師云：「作麽生道？」學云：「與麽即不道也。」師笑之。

【校注】

〔一〕法身無爲，不墮諸數：法身，佛之真身。無爲，無因緣的造作，即真如的别名。諸數，有爲之種種法，爲因緣而造作。真正開悟之人不會爲外在因緣而造作，以無爲而無不爲。源自維摩詰所説經卷上弟子品：「佛身無爲，不墮諸數。」中論疏記卷二：「若約理而言，法身無爲而無所不爲。」大日經供養次第法疏私記卷一：「復次法者，自性清浄，本地法身，無爲無作。」

【資料】

①南藏本、北藏本第六三則；覺心本、徑山本第六九則。

70 問：「如何是佛？如何是衆生？」師云：「衆生即是佛，佛即是衆生〔一〕。」學云：「未審兩箇，那箇是衆生？」師云：「問！問！」

【校注】

〔一〕衆生即是佛，佛即是衆生：識得清浄本性，衆生就是佛；被本性所迷就是衆生。大方廣佛華嚴經卷十：「心佛及衆生，是三無差别。」大乘本生心地觀經卷五無垢性品：「觀諸衆生是佛化身。」壇經付囑品：「自性若悟，衆生是佛；自性若迷，佛是衆生。自性平等，衆生是佛；自性邪險，佛是衆生。」楞伽師資記：「故知衆生與佛性本來共同。」

【資料】

①南藏本、北藏本第六四則；覺心本、徑山本第七〇則。

②正法眼藏卷三。

71　問：「大道無根，如何接唱〔一〕？」師云：「你便接唱。」云〔二〕：「無根又作麽生？」師云：「既是無根，什麽處繫縛你？」

【校注】

〔一〕大道無根，如何接唱：大道，佛道。佛説三摩竭經：「世間人愚癡，但更相欺調，是故不知真道。若有黠人當學正道，其道不生不老不病不死，是爲泥洹大道。世間凡有九十六種道，皆不及佛道。」無根，没有世間凡俗之情緣。接唱，傳頌。續高僧傳卷二十唐并州玄中寺釋道綽傳：「六時篤敬，初不缺行，接唱承拜，生來弗絶，纔有餘暇，口誦佛名。」

〔二〕云：南藏本、北藏本、徑山本無。

【資料】

①南藏本、北藏本第六五則；覺心本、徑山本第七一則。

72 問：「正修行底人，莫被鬼神測得也無〔一〕？」師云：「測得。」云：「過在什麼處？」師云：「過在覓處。」云：「與麼即不修行也。」師云：「修行。」

【校注】

〔一〕正修行底人，莫被鬼神測得也無：正修行，修習佛法，明心見性，扶助衆生，達到了悟境界。大方廣佛華嚴經卷四：「於佛教法，能正修行，悉能了知諸法本性，能大饒益成熟衆生，常樂勤求諸佛功德，皆是文殊師利童子之所教化。」禪宗認爲，修行到了此脱落境界，可以鬼神莫測。虚堂和尚語録卷三：「上堂：『佛法在正，不在乎盛。在正則鬼神莫測其由，在盛則鬼神能妬其福。』」宏智禪師廣録卷五：「所以雪竇又道：『田地穩密底，佛祖不能知，爲甚麽擡脚不起？神通遊戲底，鬼神莫能測，爲甚麽放脚不下？要得周旋相應麽，直須虚處而靈，空時而應。藏身處没蹤跡，没蹤跡處莫藏身。』」莊子口義卷十：「言我未能無跡，故人得而見之，所以心服而敬我也。趙州曰：『老僧修行無力，爲鬼神覰破。』即此意也。」

【資料】

①南藏本、北藏本第六六則；覺心本、徑山本第七二則。

②正法眼藏卷二。

73　問：「孤月當空，光從何生？」師云：「月從何生？」

【資料】

①南藏本、北藏本第六七則；覺心本、徑山本第七三則。

②五燈全書卷七。

74　問：「承和尚有言：『道不屬修〔一〕，俱〔二〕莫染污。』如何是不染污？」師云：「檢校〔三〕内外。」云：「還自檢校也無？」師云：「檢校。」云：「自己有什麽過，自檢校？」師云：「你有什麽事？」

【校注】

〔一〕道不屬修：禪宗認爲人人自有本性，只要識得本性，無需修行。宗範卷上：「問：『如何修道？』師曰：『道不屬修，若言修道，修成還壞，即同聲聞。若言不修，即同凡夫，了得自性本來具足。』」五燈全書卷一百二十江西泐潭元白可尊宿：「上堂：『道不屬修，屬修非道。心不屬知，屬知非心。』」

〔二〕俱：南藏本、北藏本作「但」。

〔三〕檢校：南藏本、北藏本此則以下都作「撿校」。查核察看。智覺禪師自行録：「何謂檢校？我此身從旦至中，從中至暮，從暮至夜，從夜至曉，乃至一時一刻，一念一頃，有幾心幾行幾善幾惡？（中略）上已檢心，次復檢口（中略）次復檢身（中略）如上校察，自救無功，何有時閑，議人善惡？」

【資料】

①南藏本、北藏本第六八則；覺心本、徑山本第七四則。

75 師上堂，云：「此事如明珠在掌，胡來胡現，漢來漢現〔一〕。老僧把一枝草作丈六金身〔二〕用，把丈六金身作一枝草用。佛即是煩惱，煩惱即是佛。」問：「佛與誰人爲煩惱？」師云：「與一切人爲煩惱。」云：「如何免得？」師云：「用免作麼？」

【校注】

〔一〕明珠在掌，胡來胡現，漢來漢現：明珠，明月之珠，又稱摩尼珠，有澄濁水之德。大般涅槃經卷九：「譬如明珠置濁水中，以珠威德，水即爲清。」胡，胡人。漢，漢人。明珠可以映照胡、漢之人。禪宗以明珠現胡現漢，隱喻本性澄明，不被聲色所惑，善惡好壞、高下迷悟歷歷分明。祖堂集卷七雪峰和尚：「師示衆云：『明鏡相似，胡來胡現，漢來漢現。』有人舉似玄沙，玄沙云：『明鏡來時作摩生？』其僧却歸雪峰，舉似玄沙語。師云：『胡漢俱隱也。』」五燈會元卷十三雲居懷岳禪師：「曰：『忽遇四方八面來時作麼生？』師曰：『胡來胡現，漢來漢現。』」禪籍中又作「明鏡當臺，胡來胡現，漢來漢現」。

〔二〕丈六金身：佛有法身、報身和化身。一般將佛之化身稱作「丈六金身」。後漢書西域傳天竺：「世傳明帝夢見金人，長大，頂有光明，以問群臣。或曰：『西方有神，名曰佛，其形長丈六尺而黄金色。』」佛説觀無量壽佛經：「阿彌陀佛神通如意，於十方國變現自在，或現大身滿虚空中，或現小身丈六八尺，所現之形皆真金色。」

【資料】

①南藏本、北藏本無此則；覺心本、徑山本第七五則。

②景德傳燈録卷十趙州觀音院從諗禪師：「上堂示衆，云：『如明珠在掌，胡來胡現，漢來漢現。老僧把一枝草爲丈六金身用，把丈六金身爲一枝草用。佛是煩惱，煩惱是佛。』時有僧問：『未審佛是誰家煩惱？』師云：『與一切人煩惱。』僧云：『如何免得？』師云：『用免作麽？』」

③聯燈會要卷六趙州觀音從諗禪師：「示衆云：『此事如明珠在掌，胡來胡現，漢來漢現。老僧將一枝草作丈六金身，將丈六金身作一枝草。佛即是煩惱，煩惱即是佛。』」

④五燈會元卷四趙州從諗禪師：「上堂：『如明珠在掌，胡來胡現，漢來漢現。老僧把一枝草爲丈六金身用，把丈六金身爲一枝草用。佛是煩惱，煩惱是佛。』僧問：『未審佛是誰家煩惱？』師云：『與一切人煩惱。』曰：『如何免得？』師曰：『用免作麽？』」

⑤正法眼藏卷二、佛祖歷代通載卷十七、指月録卷十一、五燈全書卷七。

76 師〔一〕示衆，云：「老僧此間即以本分事接人，若教老僧隨伊根機〔二〕接人，自有三乘十二分教〔三〕接伦了也。若是不會，是誰過歟？已後遇著作家漢〔四〕，也道老僧不辜伦。但有人問，以本分事接人。」

【校注】

〔一〕師：南藏本、北藏本無。

〔二〕根機：丁福保佛學大辭典解釋人之性譬如木而曰根，根之發動處曰機。修行興廢，道法進退皆由根機決定。金光明最勝王經卷七：「世尊護念説教法，隨彼根機令習定。」

〔三〕三乘十二分教：三乘，即小乘、中乘、大乘。小乘即聲聞乘，中乘即緣覺乘，大乘即菩薩乘。祖庭事苑卷一：「一聲聞，二緣覺，三菩薩。乘以運載，進趣無窮也。」十二分教，佛典依内容和文體分爲十二種，稱爲十二分教，或十二部經。釋氏要覽卷中三寶：「十二分教，亦云十二部經。一修多羅（契經），二祇夜（應頌），三和伽羅（授記），四伽他（調頌），五尼陀羅（因緣），六優陀那（自説），七伊帝目多（本事），八闍陀伽（本生），九毗佛略（方廣），十阿浮達摩（未有），十一婆陀（譬喻），十二優婆提舍（論議）。」

〔四〕作家漢：機用傑出的禪家高手，亦稱作家。不能語荒田隨筆卷下之下：「今見家屋書篇，多依唐晚宋元言語而成名字，謂作家漢活衲子等種種稱謂。」碧巖録卷五〖四一〗：「若非投子，被趙州一問，也大難酬對。只爲他是作家漢，舉著便知落處。」祖堂集卷六洞山和尚：「南泉因歸宗齋，垂語云：『今日爲歸宗設齋，歸宗還來也無？』衆無對。師出來，禮拜云：『請師徵起。』南泉便問，師對曰：『待有伴則來。』南泉趒跳下來，撫背云：『雖是後生，敢有彫啄之分。』師曰：『莫壓良爲賤。』因此名播天下，呼爲作家也。」

【資料】

①南藏本、北藏本第六九則；覺心本、徑山本第七六則。

②正法眼藏卷二、大慧普覺禪師語録卷三十、指月録卷十一、佛祖綱目卷三十二。

77 問：「從上至今，即心是佛〔一〕，不即心，還許學人商量〔二〕也無？」師云：「即心且置商量箇什麽？」

【校注】

〔一〕即心是佛：禪宗認爲人人皆有佛性，只要澄明本心便可透見自家佛性。禪籍中又作「是心即佛」、「即心即佛」、「心即是佛」、「是心是佛」。源自華嚴經「心佛及衆生，是三無差别」之思想。傅大士心王銘：「了本識心，識心見佛，是心是佛，是佛是心。（中略）慕道真士，自觀自心。知佛在内，不向外尋。即心即佛，即佛即心。」祖堂集卷三司空山本淨和尚：「若求作佛，即心是佛。若欲問道，無心是道。」大慧普覺禪師語録卷二：「上堂：『即心是佛，佛不遠人；無心是道，道非物外。三世諸佛，只以此心説法，只以此道度生。』」天台傳佛心印記：「證佛界性善，以至直指人心，見性成佛，即心是佛等。乃指真心成佛，非指妄心。故有人云：『即心是佛，真心耶？妄心耶？』答：『真心也。』」顯密圓通成佛心要集卷上：「一切妄相本無，真心本淨，即心是佛，非假外求。」

〔二〕商量：本指討論、計議。易兑：「商兑未寧。」三國魏王弼注：「商，商量裁制之謂也。」禪籍中指禪家交流機語，切磋道法。祖堂集卷七雪峰和尚：「潙山與仰山一夜語話次，潙山問仰山：『子一夜商量，成得什摩邊事？』」汾陽無德禪師語録卷上：「上堂，拈起拄杖云：『識得這箇，參學事畢還識麽？莫道喚甚麽作拄杖。如此之輩，如塵似沙，許爾商量，作麽生開口試道看？』」

【資料】

①南藏本、北藏本第七〇則；覺心本、徑山本第七七則。

②御選語録卷十六。

78 問：「古鏡〔一〕不磨，還照也無？」師云：「前生是因，今生是果。」

【校注】

〔一〕古鏡：古鏡因能映照萬物，禪宗以之比喻澄明本心、真如佛法。五燈會元卷七玄沙師備禪師：「雪峰上堂：『要會此事，猶如古鏡當臺，胡來胡現，漢來漢現。』師出衆曰：『忽遇明鏡來時如何？』峰曰：『胡漢俱隱。』師曰：『老和尚脚跟猶未點地在。』」碧巖録卷三〔二八〕：「爾等諸人，各有一面古鏡，森羅萬象，長短方圓，一一於中顯現。」禪僧常常用古鏡磨前磨後向禪師提問，禪師的回答大致有如下幾種：（一）未磨前昏暗，磨後可以照見萬物。禪宗頌古聯珠通集卷三十八南康軍雲居曉舜禪師：「遂問：『古鏡未磨時如何？』師曰：『黑似漆。』曰：『磨後如何？』師曰：『照天照地。』」（二）未磨前能照見萬物，磨後昏暗。宗鑑法林卷八未詳法嗣：「龍池傳別云：『古鏡未磨時如何？』云：『見明不見暗。』云：『磨後如何？』云：『見暗不見明。』」(三)磨前磨後没有差别。大慧普覺禪師語録卷九：「秉拂僧問：『古鏡未磨時如何？』師云：『火不待日而熱。』進云：『磨後如何？』師云：『風不待月而凉。』」(四)磨前磨後，不執著於此。古尊宿語録卷二十三廣教歸省禪師語録：「問：『古鏡未磨時如何？』師云：『磨他作什麽？』進云：『磨後如何？』師云：『堪作什麽？』」本則中趙州禪師以「前生是因，今生是果」作答，標明事物間有因果關係，磨鏡與否和能否照鑒本心有因果聯繫。

【資料】

①南藏本、北藏本第七一則；覺心本、徑山本第七八則。

79 問：「三刀〔一〕未落時如何？」師云：「森森地〔二〕。」云：「落後如何？」師〔三〕云：「迥迥〔四〕地。」

【校注】

〔一〕三刀：禪籍中有三種所指。(一)續高僧傳卷二十五幽州北狄帝示階沙門：「貞觀年中，遼西柳城靺鞨名帝示階者，年十八時逃入高麗，拾得二寸許銅像，不知何神明，安皮袋中，每有飲噉酒肉，拔出祭之。逢高麗捉獲，具説：『我是北邊鞅鞨。』不信，謂是細作。斫之三刀，不傷皮肉，疑是神人。問有何道術。答曰：『無也。唯供養神明而已。』乃出示之，曰：『此我國中佛也。』因説本末，看像背上有三刀痕，遂放之令往唐國，彼大有佛事，可諮問也。」（佛祖統紀卷三十八，釋氏稽古略卷二，集神州三寶感通録卷中、卷下，辨正論第六，法苑珠林卷十四，大唐内典録卷十，開元釋教録卷十八，法華經大成音義卷九）（二）舍利弗阿毗曇論卷十九非問分煩惱品第十一之二：「何謂三刀？欲刀、恚刀、癡刀，是名三刀。何謂復有三刀？身刀、口刀、意刀，是名復有三刀。」（三）刀之利鈍之名。妙法蓮華經文句卷四上：「譬三刀斫木，利一中二鈍者三下，利鈍之名不失，木斷之處是同。」本則中當指欲刀、恚刀、癡刀或身刀、口刀、意刀，即可以斬斷心中各種紛擾雜染的鋒利之刀。

〔二〕森森地：茂密、濃密，引申指昏暗的，陰暗的。一切經音義卷十六：「森森，所今反，説文：『言多木，長貌也。』今取其意耳。」五代齊己短歌寄鼓山長老：「行圍坐遶同一色，森森影動旃檀香。」

〔三〕師：南藏本、北藏本無。

〔四〕迥迥地：徑山本作「迴」。正字通酉集辵部：「迥與迴音義通。」光禿貌。宗鏡録卷九十八：「若道別有法有祖，賺汝到底，但向方寸中看，迥迥明朗，但無欲無依，便得決了。」無準師範禪師語録卷二：「上堂，拈拄杖，示衆云：『人人有個水牯牛，迥迥地常露現前，只爲耽於睡眠，役於塵事，失於管帶，一向走入深草裏去，竟無尋處。』」

【資料】

①南藏本、北藏本第七二則；覺心本、徑山本第七九則。

80 問：「如何是出三界〔一〕底人？」師云：「籠罩不得。」

【校注】

〔一〕三界：凡夫生死往來的世界分爲三界，欲界、色界、無色界。欲界是有淫食二欲的衆生所住的世界；色界是無淫食二欲，但有色相的衆生所住的世界；無色界是色相俱無，但住心識於深妙禪定的衆生所住的世界。此三界都是凡夫往來的世界，修佛者以跳出三界爲目的。净土十疑論第五疑：「問：『具縛凡夫，惡業厚重，一切煩惱，一毫未斷。西方净土，出過三界，具縛凡夫，云何得生？』」集諸經禮懺儀卷下：「流轉三界，不出火宅。」又：「至心迴向，流浪三界内，癡愛入胎獄，生已歸老死，沉没於苦海。」雲門匡真禪師廣録卷上：「問：『如何得速超三界去？』師云：『如何得速超三界去？』進云：『是。』師云：『是即休。』」

【資料】

①南藏本、北藏本第七三則；覺心本、徑山本第八〇則。

81 問：「牛頭未見四祖〔一〕，百鳥銜花供養；見後，爲什麼百鳥不銜花供養？」師云：「應世〔二〕，不應世。」

【校注】

〔一〕牛頭未見四祖：祖堂集卷九九峰和尚：「『牛頭未見四祖，豈不是聖？』師云：『是也，聖境未亡。』」又卷十五盤山和尚：「問：『牛頭未見四祖時如何？』師云：『有量之事，龍鬼可尋。』進曰：『見四祖後如何？』師云：『脱量之機，龍鬼難尋。』」牛頭未見四祖前，有百鳥銜花是因他身處聖境，見後没有百鳥銜花，是因他超脱了聖境，獲得了真正的清浄本心。横川和尚語録卷下：「問：『牛頭未見四祖時如何？』師云：『百鳥銜花。』問：『見四祖後如何？』師云：『百鳥不銜花。』乃云：『心清浄是佛，心光明是法。阿那個不清浄光明？至於大河大地，日月星辰，悉皆清浄光明。』」圓悟佛果禪師語録卷二：「問：『牛頭未見四祖時如何？』師云：『天地莫能知。』進云：『見後如何？』師云：『古今成榜樣。』」死心悟新禪師語録：「上堂，舉僧問投子：『牛頭未見四祖時如何？』子云：『與人爲師。』僧云：『見後如何？』子云：『不與人爲師。』師云：『投子只解閉門作活，未能垂手利人，雲巖則不然。牛頭未見四祖時如何？紫氣氤氲。見後如何？與天下人作榜樣。』」此語成爲了禪林中師僧間的常用話頭。禪師的作答千奇百怪。

〔二〕應世：應世俗之請，行種種方便廣傳教法。大方廣佛華嚴經卷五十六：「修菩薩行，不離佛地。超出世間，法身圓滿，應世受生，普現種種諸方便身。」鳩摩羅什法師大義卷上次問修三十二相并答：「是故菩薩應世之身，有三十二相，於生死中，種其因緣。」僧寶正續傳卷六徑山杲禪師：「師平居絶無應世意，圓悟在蜀聞之，囑丞相張公德遠曰：『杲首座不出，無可支臨濟法道者。』」

【資料】

①南藏本、北藏本第七四則；覺心本、徑山本第八一則。

82 問：「白雲自在〔一〕時如何？」師云：「爭似春風處處閑。」

【校注】

〔一〕白雲自在：比喻飄然灑落毫無拘束的禪心。祖堂集卷十鏡清和尚：「因歎景禪吟：（前略）瑩凈寧閑追路絶，青山渌障白雲馳。」又卷十四紫玉和尚：「僧云：『如何得出離去？』師云：『青山不礙白雲飛。』」五燈會元卷十三同安丕禪師：「問：『依經解義，三世佛冤。離經一字，即同魔説。此理如何？』師曰：『孤峰迥秀，不掛煙蘿。片月行空，白雲自在。』」圓悟佛果禪師語録卷九：「示衆云：『涼夜群動寂，禪庭正清虛。明月印空闊，白雲任卷舒。當陽好定奪，還有作家無？』」

【資料】

①南藏本、北藏本第七五則；覺心本、徑山本第八二則。

②禪宗頌古聯珠通集卷十九、禪林類聚卷十四。

83 問：「如何是露地白牛〔一〕？」師云：「月下不用色〔二〕。」云：「食噉何物〔三〕？」師云：「古今嚼不著〔四〕。」云：「請師答話。」師云：「老僧合與麽〔五〕？」

【校注】

〔一〕露地白牛：空地上的白牛，比喻纖毫未染的清净之地。妙法蓮華經卷二譬喻品有「白牛」之説：「爾時長者，各賜諸子等一大車，其車高廣，衆寶莊校。（中略）駕以白牛，膚色充潔，形體姝好，有大筋力，行步平正，其疾如風。」比喻大乘佛法。禪宗以「露地白牛」比喻極則之法，是禪宗修行追求的最高境界。祖堂集卷七夾山和尚：「師曰：『法花經以何爲極則？』對云：『露地白牛爲極則。』」撫州曹山元證禪師語録：「秖如露地白牛，是法身極則，亦須轉却，免他坐一色無辨處。」雲門匡真禪師廣録卷上：「問：『如何是露地白牛？』師云：『覿機無改路。』」楞嚴經寶鏡疏卷四：「外不由塵，内不循根，靈光獨耀，迥脱根塵，所謂露地白牛者矣。」

〔二〕月下不用色：真正的開悟境界就如同皎潔的月色，毫無雜染。禪師以此語暗示僧徒不要被外在的表象所惑，純純一色才是悟境。建中靖國續燈録卷二十湖州上方日益禪師：「問：『如何是露地白牛？』師云：『雪堆上看取。』」宏智禪師廣録卷六：「一切處穩，一切處閑。露地白牛，純純一色。」

〔三〕食噉何物：如何保持清净本心。建中靖國續燈録卷二藍田真禪師：「問：『如何是露地白牛？』師云：『莫教喫人苗稼。』」

〔四〕古今嚼不著：比喻擺脱了古今一切相對概念，獲得了超凡聖心。真心直説：「特然起憎愛心，令取憎愛境界，若心不起，是心無礙，如露地白牛，不傷苗稼也。」古尊宿語録卷二十三汝州葉縣廣教歸省禪師：「露地白牛，非凡非聖。」

〔五〕合與麽：原作「答與麽」，依覺心本、徑山本改。指應該這樣。雲門匡真禪師廣録卷中：「舉：『湖南報慈垂語云：我有一句子遍大地。僧便問：如何是遍大地底句？慈云：無空缺。』師云：『不合與麽道。』別云：『何不庵外問？』」又卷下：「因齋次，問僧：『者裏還有超佛越祖之談麽？』僧云：『有。』師云：『什麽處去也？』無對。代云：『新羅國裏。』又云：『和尚恐某甲不實。』代前語云：『喫飯時不合與麽道。』」禪林僧寶傳卷十七天寧楷禪師：「青以拄杖付楷曰：『理合與麽。』」亦減省作「合與」，明覺禪師語録卷一：「師云：

『然則一期折挫雪峰，且投子是作家爐鞴。我當時若作雪峰，待投子道不是性僊漢，只向伊道：鉗槌在我手裏。諸上座，合與投子著得箇什麽語？若能道得，便乃性僊，平生光揚宗眼。若也顢頇，頂上一槌莫言不道。』」

【資料】

①南藏本、北藏本第七六則；覺心本、徑山本第八三則。

84　師示衆云：「擬心即差〔一〕。」僧便問：「不擬心時如何？」師打二〔二〕下云：「莫是老僧辜負闍梨麽？」

【校注】

〔一〕擬心即差：生思慮、分別計較之心則無法獲得開悟。金剛經纂要刊定記卷四：「不動即無染義也。擬心即差，尚名爲染，况貪信敬名利等，豈得非愆。」黄龍慧南禪師語録：「上堂，云：『擬心即差，動念即乖。不擬不動，土木無殊。』」禪源諸詮集都序卷上之二：「論云：『心不見心。』荷澤大師云：『擬心即差。』故北宗看心是失真旨，心若可看，即是境界。」傳法心要：「故學道人，直下無心，默契而已，擬心即差。」

〔二〕二：南藏本、北藏本、徑山本作「三」。

【資料】

①南藏本、北藏本第七七則；覺心本、徑山本第八四則。
②五燈全書卷七、御選語録卷十六。

85　問：「凡有問答，落在意根〔一〕。不落意根，師如何對？」師云：「問。」學云：「便請師道。」師云：「莫向這裏是非〔二〕。」

【校注】

〔一〕意根：（一）六根之一。眼耳鼻舌身意爲六官，根爲能生之義，意根對法境而生意識。維摩經義疏卷四不思議品：「眼爲見，耳爲聞，鼻舌身三根爲覺，意根稱知。」注大乘入楞伽經卷二：「言一切根者，謂意根起識而能分別一切諸法，名一切根識，即第六意識。」釋迦譜卷五：「因於識故而生意根，以意根故而生於色。」寒山詩我見利智人：「心不逐諸緣，意根不妄起。」（二）五根之一。長阿含十報法經卷上：「五根，一爲信根，二爲精進根，三爲意根，四爲定根，五爲慧根。」本則所指爲六根之一的意根。

〔二〕莫向這裏是非：這，南藏本、北藏本、徑山本作「者」。不要在這裏妄作評論。古尊宿語録卷四鎮州臨濟（義玄）慧照禪師語録：「夫大善知識始敢毀佛毀祖，是非天下，排斥三藏教，駡辱諸小兒，向逆順中覓人。」廬山蓮宗寶鑑卷三念佛正宗説：「諸禪者不諒佛之所詮，概見乎教内，紛然自相是非古今，何嘗稍息。」

【資料】

①南藏本、北藏本第七八則；覺心本、徑山本第八五則。
②御選語録卷十六。

86　問：「龍女親獻佛〔一〕，未審將什麽獻？」師以兩手作獻勢。

【校注】

〔一〕龍女親獻佛：佛經中有龍女獻珠成佛的典故。妙法蓮華經卷四提婆達多品：「時舍利弗語龍女言：『汝謂不久得無上道，是事難信，所以者何？女身垢穢，非是法器。云何能得無上菩提？佛道懸曠，經無量劫，勤苦積行，具修諸度，然後乃成。又女人身猶有五障：一者不得作梵天王；二者帝釋；三者魔王；四者轉輪聖王；五者佛身。云何女身速得成佛？』爾時龍女有一寶珠，價直三千大千世界，持以上佛，佛即受之。龍女謂智積菩薩、尊者舍利弗言：『我獻寶珠，世尊納受，是事疾不？』答言：『甚疾。』女言：『以汝神力，觀我成佛，復速於此。』當時衆會，皆見龍女忽然之間變成男子，具菩薩行，即往南方無垢世界，坐寶蓮華成等正覺，三十二相八十種好，普爲十方一切衆生演説妙法。」宗鏡録卷七十六：「龍女靈山親獻佛，貧兒衣裏枉蹉跎。」汾陽無德禪師語録卷上：「問：『龍女獻珠成佛，學人無珠可獻，還得成佛也無？』師云：『寶覺非功，罔陳獻德。』」

【資料】

①南藏本、北藏本第七九則；覺心本、徑山本第八六則。

87　師〔一〕示衆，云：「此間佛法，道難即易〔二〕，道易即難。别處難見易識，老僧者裏即易見難識。若能會得，天下横行。忽有人問：『什麽處來？』若向伊道『從趙州來』，又謗趙州；若道『不從趙州來』，又埋没〔三〕自己。諸人，且作麽生對他？」僧問：「觸目是謗，和尚如何得不謗去？」師云：「若道不謗，早是謗了也。」

【校注】

〔一〕師：南藏本、北藏本無。

〔二〕易：此則中「易」字，覺心本、南藏本、北藏本皆作「昜」。「昜」，「陽」的古字。説文勿部：「昜，開也。」段玉裁注：「此陰陽正字也。」形近而誤。

〔三〕埋没：掩埋，隱没。汾陽無德禪師語録卷上：「僧纔禮拜，師便打云：『我早是無端入荒草，爾更待平地上掘坑，彼此相埋没，作麼道來道來？』僧無語。」雲門匡真禪師廣録卷上：「論功紀德，已是埋没前賢，畫樣起模，適足糊塗後學。」法演禪師語録卷上：「師在白雲授帖，拈起示衆云：『大衆，只恁麼會得，埋没宗風，過犯不小。幸有見成公案，請維那對衆宣讀。』」

【資料】

①南藏本、北藏本第八〇則；覺心本、徑山本第八七則。

②禪宗頌古聯珠通集卷二十、五燈全書卷七。

88 問：「如何是正修行路〔一〕？」師云：「解修行即得。若不解修行，即參差落佗因果裏。」又云：「我教你道，若有問時，但向伊道：『趙州來。』忽問：『趙州説什麼法？』但向伊道：『寒即言寒，熱即言熱〔二〕。』若更問道：『不問者箇事。』但云：『問什麼事？』若再問：『趙州説什麼法？』便向伊道：『和尚來時，不教〔三〕傳語。上座若要知趙州事，但自去問取。』」

【校注】

〔一〕正修行路：佛、菩薩普化傳教，使衆人獲得開悟解脱。大方廣圓覺修多羅了義經：「一切衆生皆證圓覺，逢善知識依彼所作因地法行，爾時修習便有頓漸。若遇如來無上菩提正修行路，根無大小，皆成佛果。」華嚴綱要卷六十：「今善財乃未證之人，今從文殊發起浄信，參多知識，决擇正解，一一皆得一種解脱，是爲正修行路。」角虎集卷上曹溪澄印德清禪師：「佛祖修行之要，唯有禪浄二門，兼以萬行莊嚴，是爲正修行路。比來學人參禪者，多被邪師過謬，引入邪見稠林，墮我慢魔，增外道種，是大可憂，况十無一人得解脱處。」憨山老人夢遊集卷七示非石玉禪人：「良由最初發心，不從生死上著脚，亦不知生死爲何物。將謂與己無干，瞢然夜行，故不得正修行路。」

〔二〕寒即言寒，熱即言熱：體現了禪宗平常心是道的思想。禪籍中又作「冬寒夏熱」。大慧普覺禪師語録卷二十一：「然則事不孤起，起必有由。若一向作葛藤會又争得！不見昔日子胡和尚有言：『祖師西來也只箇冬寒夏熱，夜暗日明。』」天聖廣燈録卷十二浙西善權山徹禪師：「問：『祖意教意是同是别？』師云：『冬寒夏熱。』進云：『冬寒夏熱，此理如何？』師云：『炎天宜散袒，冬後更深藏。』」

〔三〕教：覺心本、南藏本、北藏本、徑山本作「交」。

【資料】

①南藏本、北藏本第八一則；覺心本、徑山本第八八則。

89　問：「不顧前後〔一〕時如何？」師云：「不顧前後且置，你問阿誰〔二〕？」

【校注】

〔一〕前後：一切相對概念。祖堂集卷十五盤山和尚：「大道無中，復誰前後？長空絶際，何用量之？」聯燈會要卷四明州大梅法常禪師：「行住坐卧，本無前後。」又卷十七潭州芙蓉清旦禪師：「同中有異，異中有同，同異不相知，步步無前後。」嘉泰普燈録卷十九潭州慧通清旦禪師：「個中隱顯現全身，頭頭透脱無前後。」

〔二〕阿誰：疑問代詞，猶言誰，何人。阿，詞綴，禪籍中還用於疑問代詞「那個」、「那裏」前表示疑問。祖堂集卷四石頭和尚：「侍者去彼問：『如何是解脱？』師曰：『阿誰縛汝？』『如何是浄土？』師曰：『阿誰垢汝？』『如何是涅槃？』師曰：『誰將生死與汝？』」

【資料】

①南藏本、北藏本第八二則；覺心本、徑山本第八九則。

90　師〔一〕示衆云：「迦葉傳與阿難〔二〕，且道達磨傳與什麽人〔三〕？」問：「且如二祖得髓，又作麽生？」師云：「莫謗二祖。」師又云：「達磨也有語：『在外者得皮，在裏者得骨〔四〕。』且道更在裏者得什麽？」問：「如何是得髓底道理？」師云：「但識取皮。老僧者裹，髓也不立。」云：「如何是髓？」師云：「與麼皮也摸未着。」

【校注】

〔一〕師：南藏本、北藏本無。

〔二〕迦葉傳與阿難：按照禪宗譜系，釋迦牟尼逝世後，迦葉成爲教團領袖，被尊爲西天第一祖，後付法於阿難，獨自至雞足山入定，以待彌勒佛出世。其傳見於佛本行集經、祖堂集。阿難，禪宗西天第二祖，釋迦牟尼叔父斛飯王之子，係釋迦牟尼的堂弟。

〔三〕達磨傳與什麼人：達磨，爲東土禪宗初祖，後傳法於二祖慧可。其傳見於祖堂集、景德傳燈録。

〔四〕得皮、得骨、得髓：禪宗以得皮、得骨、得髓形容僧徒領悟禪師禪法的深淺。祖堂集卷二菩提達摩和尚：「大師語諸人言：『有三人得我法：一人得我髓，一人得我骨，一人得我肉。得我髓者惠可，得我骨者道育，得我肉者尼總持。』」石田法薰禪師語録卷四讚佛祖達磨：「我東土人，一性純真。被他明破，不直半文。皮肉骨髓，狼藉分争。」續古尊宿語要卷五東禪蒙菴岳和尚語：「達磨九年面壁來，得皮得髓分優劣。」明覺禪師語録卷五偈頌送道成禪者：「曹溪流非止水，一點忽來千波自起。直須釣鰲釣鯨，莫問得皮得髓。君不見，石頭有言兮，聖不慕他，靈不在己，成禪成禪，誰家之子。」

【資料】

①南藏本、北藏本第八三則；覺心本、徑山本第九〇則。

91　問：「與麼堂堂〔一〕，豈不是和尚正位〔二〕？」師云：「還知有不肯者麼？」學云：「與麼即别有位。」師云：「誰是别者？」學云：「誰是不别者？」師云：「一任叫。」

【校注】

〔一〕堂堂：光耀，明亮。生經卷四佛説負爲牛者經：「觀察佛身及聖衆形，諸菩薩德，巍巍無量，光光堂堂，猶星中月，威神照遠，不可稱計。」碧巖録卷七〖六二〗：「佛性堂堂顯現，住相有情難見。若悟衆生無我，我面何殊佛面。」唐方干送婺州許録事詩：「之官便是還鄉路，白日堂堂著錦衣。」

〔二〕正位：是佛家修行追求的境界，禪悟後能夠達到虚無形質，空無障礙的狀態。注維摩詰經卷四菩薩品：「正位者永與邪别也。」撫州曹山元證禪師語録：「因有僧問五位君臣旨訣。師曰：『正位即空界，本來無物。偏位即色界，有萬象形。正中偏者，背理就事，偏中正者，舍事入理。』」祖堂集卷十安國和尚：「因長慶在招慶時，法堂東角立次，云：『者裏好置一个問。』時有人便問：『和尚爲什摩不居正位？』慶云：『爲你與摩來。』」景德傳燈録卷十八福州安國弘瑫禪師：「問：『常居正位底人，還消得人天供養否？』師曰：『消不得。』曰：『爲什麼消不得？』師曰：『是什麼心行？』曰：『什麼人消得？』師曰：『著衣喫飯底消得。』」

【資料】

①南藏本、北藏本第八四則；覺心本、徑山本第九一則。

92　問：「上上人〔一〕一撥便轉〔二〕，下下人來時如何？」師云：「汝是上上，下下？」云：「請和尚答話。」師云：「話未有主在。」云：「某甲七千里來，莫作心行〔三〕。」師云：「據你者一問，心行莫不得麽？」此僧一宿便去。

【校注】

〔一〕上上人：又作「上人」，有上等根器，道法精深者，與「下下人」相對。楞伽師資記卷一：「知學者有四種人：有形有解有證，上上人；無行有解有證，中上人；有行有解無證，中下人；有行無解無證，下下人也。」壇經自序品：「惠能向别駕言：『欲學無上菩提，不得輕於初學。下下人有上上智，上上人有没意智。』」五燈會元卷十八徑山智策禪師：「上人不耘而秀，不扶而直。」

〔二〕一撥便轉：一經點撥，便能領悟。祖堂集卷四丹霞和尚：「師曰：『真師子兒，一撥便轉。』」大慧普覺禪師語録卷六：「師云：『靈利衲僧一撥便轉。』」金剛經注解卷三究竟無我分：「有利根者，一撥便轉；性頑鈍者，只在夢中。」

〔三〕莫作心行：心行，心之所念如遷流者，故曰「心行」，即意識心機。禪宗有「言語道斷，心行處滅」之説，真理無法用言語表達，也無法用心念思量。佛説華手經卷六求法品：「出世間法則無言説，言語道斷，心行處滅。是故如來，雖復言説，而無所著。」「莫作心行」即「心行處滅」。五燈會元卷二永嘉玄覺禪師：「理明則言語道斷，何言之能議？旨會則心行處滅，何觀之能思？」

【資料】

①南藏本、北藏本第八五則；覺心本、徑山本第九二則。
②御選語録卷十六。

93 問：「不紹傍來者〔一〕如何？」師云：「誰？」學云：「惠延。」師云：「問什麼？」學云：「不紹傍來者。」師以手撫之。

【校注】

〔一〕不紹傍來者：不依靠、依賴外物。傍來，外來的。大方廣佛華嚴經隨疏演義鈔卷三：「又諸經疏所明法相，多是傍來，如法華經。」僧徒認爲自己已經達到了不依外物，全然超脱的境界，趙州通過呼名使應的方法，使禪僧露出馬脚，表明他依舊没有放下執著，剥落一切情塵欲累。

【資料】

①南藏本、北藏本第八六則；覺心本、徑山本第九三則。

94 問：「如何是衲衣下事〔一〕？」師云：「莫自瞞。」

【校注】

〔一〕衲衣下事：明心見性，超脱生死的禪門大事，常常被作爲禪門師僧間的話頭。禪師對「衲衣下事」的解讀也各不相同。景德傳燈録卷十六黄山月輪禪師：「問：『如何是衲衣下事？』師曰：『石牛水上卧，東西得自由。』」天聖廣燈録卷二十二韶州鄧林山善誌禪師：「問：『如何是衲衣下事？』師云：『舉意即乖。』」五燈會元卷九京兆府米和尚：「問：『如何是衲衣下事？』師曰：『醜陋任君嫌，不掛雲霞色。』」大慧普覺禪師語録卷五：「僧問香林：『如何是衲衣下事？』林云：『臘月火燒山。』」

【資料】

①南藏本、北藏本第八七則；覺心本、徑山本第九四則。

②五燈全書卷七。

95 問：「真如凡聖，皆是夢言〔一〕，如何是真言〔二〕？」師云：「更不道者兩箇。」學云：「兩箇且置〔三〕，如何是真言？」師云：「唵嘟啉㗶〔四〕。」

【校注】

〔一〕真如凡聖，皆是夢言：祖堂集卷十五盤山和尚：「所以古人道：『靈源獨耀，道本無生。大智非明，真空絶跡。真如凡聖，皆是夢言。佛及涅槃，並爲增語。』禪德，切須自看，無人替代。」真如，佛家稱事物之真性，即永恒的真理。盤山和尚認爲所謂的永恒真理都如夢中言，虚假不可信，領悟禪佛，必須親力親爲，無所依傍。此語係盤山禪師提舉的話頭，後爲禪林所習用。法演禪師語録卷上：「上堂云：『真如凡聖，皆是夢言。佛及衆生，並爲增語。』」

〔二〕真言：梵語Mantra，音譯曼怛羅、曼荼羅，又作陀羅尼、咒、明、神咒、密言、密語、密號、密諦。指佛教經典中的要言密語。大日經開題：「真言者，梵曰漫怛羅，即是真語如語不妄不異之義也。」唐白居易海州刺史裴君夫人李氏墓誌銘：「諷釋典，持真言，棲心空門。」在密教相當於如來三密中的語密。大日經義釋演密鈔卷二：「釋曰：『密宗一一文言無非字門，秘密加持而爲體性。雖有顯言，從宗體俱屬秘藏。』」

〔三〕置：覺心本作「致」。

〔四〕唵[口部]啉[口發]：佛教中的密言密語。

【資料】

①南藏本、北藏本第八八則；覺心本、徑山本第九五則。

②正法眼藏卷二、御選語録卷十六。

96 問：「如何是趙州？」師云：「東門、西門、南門、北門〔一〕。」

【校注】

〔一〕東門、西門、南門、北門：僧徒問趙州參禪悟佛的核心，趙州以四門作答，意指不分道路，不分門徑，人人皆可參禪悟佛。嘉泰普燈録卷八東京智海普融道平禪師：「上堂：『趙州有四門，門門通大道。玉泉有四路，路路透長安。門門通大道，畢竟誰親到？路路透長安，分明進步看。』」

【資料】

①南藏本、北藏本第八九則；覺心本、徑山本第九六則。

②聯燈會要卷六趙州觀音從諗禪師：「僧問：『如何是趙州？』師云：『東門、西門、南門、

北門。』」

③五燈會元卷四趙州從諗禪師：「問：『如何是趙州？』師曰：『東門、西門、南門、北門。』」

④宏智禪師廣録卷二、石田法薫禪師語録卷一、古尊宿語録卷四十八、禪宗正脉卷二、指月録卷十一、教外别傳卷六、五燈嚴統卷四、五燈全書卷七。

97　問：「如何是定〔一〕？」師云：「不定。」學云：「爲什麽不定？」師云：「活物，活物。」

【校注】

〔一〕定：心住於一境而不散亂，參禪者追求禪定，在外離一切相，在内心性不亂。壇經敦煌本：「離相不亂即定，外離相即禪。内外不亂即定，外禪内定，故名禪定。」景德傳燈録卷二十二隋州雙泉師寬禪師：「問：『如何是定？』師曰：『蝦蟆跳不出斗。』」閲經十二種梵網戒光菩薩心地品：「如何是定？不寂而滅，念念寂滅，是名爲定。」

【資料】

①南藏本、北藏本第九〇則；覺心本、徑山本第九七則。

98　問：「不隨諸有〔一〕時如何？」師〔二〕云：「合與麽。」學云：「莫便是學人本分事？」師云：「隨也，隨也。」

【校注】

〔一〕諸有：一切之有。衆生果報，有因有果，故謂之有。「有」包括三有、四有、七有、九有、二十五有等，故總謂之諸有。大乘義章卷八：「生死果報，是有不無，故名爲有。」三有乃至二十五有是衆生沉浮的生死海，故又有「諸有海」之説。

〔二〕師：南藏本、北藏本無。

【資料】

①南藏本、北藏本第九一則；覺心本、徑山本第九八則。

99　問：「古人三十年，一張弓兩下箭，只射得半箇聖人〔一〕。今日請師全射。」師便起去。

【校注】

〔一〕只射得半箇聖人：係石鞏與三平和尚間的一段機鋒對答，禪師以此句暗示没有遇到真正的參禪悟道者。祖堂集卷十四石鞏和尚：「三平和尚參師，師架起弓箭，叫云：『看箭！』

三平擗開胸受。師便抛下弓箭云：『三十年在者裏，今日射得半个聖人。』三平住持後云：『登時將謂得便宜，如今看却輸便宜。』」聯燈會要卷五撫州石鞏慧藏禪師：「師自後凡有僧來，以弓架箭示之。一日，三平來，師喚云：『看箭！』平撥開胸云：『此是殺人箭，活人箭又作麼生？』師扣弓絃三下，平便作禮。師云：『三十年架一張弓兩隻箭，只射得半個聖人。』遂拗折弓箭。」汾陽無德禪師語録卷中：「石鞏常張弓架箭。凡見僧來，云：『看箭！』三平纔見便擘開胸。鞏云：『三十年一張弓兩隻箭，只射得半箇聖人。』便拗折。張弓架箭喚君迴，不省宗師特意來。箇箇盡隨迷醉走，句中認影影難開。三平猶未全提得，霹靂雷聲遍九垓。」

【資料】

①南藏本、北藏本第九二則；覺心本、徑山本第九九則。

100　師示衆云：「至道無難，唯嫌揀擇。才有言語，是揀擇，是明白〔一〕？老僧却不在明白裏。是你向什麼處見祖師〔二〕？」問〔三〕：「和尚既不在明白裏，護惜什麼處〔四〕？」師云：「我亦不知。」學云：「和尚既自不知，爲什麼道不在明白裏？」師云：「問事即得。」禮拜退〔五〕。

【校注】

〔一〕是明白：據南藏本、北藏本、徑山本補。

〔二〕是你向什麽處見祖師：南藏本、北藏本、徑山本作「是你還護惜也無」。

〔三〕問：南藏本、北藏本此句前用「〇」與上一句分隔。

〔四〕護惜什麽處：南藏本、北藏本、徑山本作「又護惜箇什麽處」。護惜，珍惜愛護。般若心經秘鍵開門訣卷上：「護惜之猶可如守護眼目，護持身命義也。」唐鮑溶采蓮曲：「殷勤護惜纖纖指，水菱初熟多新刺。」

〔五〕禮拜退：南藏本、北藏本、徑山本作「禮拜了退」。

【資料】

①南藏本、北藏本第九三則；覺心本、徑山本第一〇〇則。

②聯燈會要卷六、列祖提綱録卷七。

101　師〔一〕示衆云：「法本不生，今則無滅〔二〕。更不要道才語是生，不語是滅〔三〕。諸人且作麽生是不生不滅〔四〕底道理？」問：「早〔五〕是不生不滅麽？」師云：「者漢只認得箇死語〔六〕。」

【校注】

〔一〕師：南藏本、北藏本無。

〔二〕法本不生，今則無滅：佛家認爲諸法没有生滅之分，自然天成。維摩詰所説經卷中入不二法門品：「生滅爲二，法本不生，今則無滅。得此無生法忍，是爲入不二法門。」樂邦文類卷五：「一切法本無生無滅，平等空寂，何用强勸捨此求彼。」宗鏡録卷二十二：「萬法本無生滅，如真金隨工匠而器成，即金體不變；似虚谷任因緣而響發，與法性無違。」

〔三〕滅：原作「默」，依南藏本、北藏本、徑山本改。

〔四〕不生不滅：不生也不滅，是「常住」的别名，即獲得解脱，進入没有生死的永生境界。宗鏡録卷三十一：「解脱者，不生不滅。」翻譯名義集卷五：「滅即解脱，度即般若。大經云：『涅言不生，槃言不滅。不生不滅，名大涅槃。』」

〔五〕早：原作「草」，依南藏本、北藏本、徑山本改。

〔六〕死語：落入意識知解中的語句，無法令人開悟的言句。南石文琇禪師語録卷四：「但當體取如來意，莫墮尋常死語中。」續指月録卷十一嵩山龍潭深禪師：「上堂：『山僧當年，於般若經顛倒夢想處，得個究竟涅槃，然後知一切聖賢，皆以究竟涅槃，成了個顛倒夢想。及乎見我遇老和尚，問他：古冢不爲家，如何是禪？老和尚曰：此是死語。山僧道：如何是活語？被老漢劈面一掌曰：得恁麽死郎當。』」

【資料】

①南藏本、北藏本第九四則；覺心本、徑山本第一〇一則。

②正法眼藏卷三、五燈全書卷七。

102　問：「至道無難，唯嫌揀擇。才有言語，是揀擇。和尚如何示人？」師云：「何不盡引古人語？」學云：「某甲只道得到者裏。」師云：「只這『至道無難，唯嫌揀擇』。」

【資料】

①南藏本、北藏本第九五則；覺心本、徑山本第一〇二則。

②聯燈會要卷六趙州觀音從諗禪師：「僧問：『至道無難，唯嫌揀擇。和尚如何爲人？』師云：『何不引盡此語？』云：『某甲只念得到這裏。』師云：『只這至道無難，唯嫌揀擇。』」

③五燈會元卷四趙州從諗禪師：「問：『至道無難，唯嫌揀擇。纔有語言，是揀擇。和尚如何爲人？』師曰：『何不引盡此語？』僧曰：『某甲祇念得到這裏。』師曰：『至道無難，唯嫌揀擇。』」

④禪宗正脉卷二、教外別傳卷六、五燈嚴統卷四。

103　上堂，示衆〔一〕云：「看經也在生死裏，不看經也在生死裏〔二〕。諸人且作麽生出得去？」僧便問：「只如俱不留時如何？」師云：「實即得，若不實，争能出得生死？」

【校注】

〔一〕示衆：南藏本、北藏本、徑山本無。

〔二〕看經也在生死裏，不看經也在生死裏：禪宗認爲看經或者不看經，并不是開悟的根本，只有明心才能真正見性。祖堂集卷十五龐居士：「看經須解義，解義始修行。若依了義教，即入涅槃城。如其不解義，多見不如盲。」景德傳燈録卷十四澧州藥山惟儼禪師：「師看經，有僧問：『和尚尋常不許人看經，爲什麽却自看？』師曰：『我只圖遮眼。』」續傳燈録卷十杭州靈隱玄本禪師：「師見僧看經，乃問：『看甚麽經？』僧無語。乃示頌曰：『看經不識經，徒勞損眼睛，欲得不損眼，分明識取經。』」

【資料】

①南藏本、北藏本第九六則；覺心本、徑山本第一〇三則。

②禪宗頌古聯珠通集卷十九。

104　問：「利劍〔一〕鋒頭快時如何？」師云：「老僧是利劍，快在什麽處？」

【校注】

〔一〕利劍：禪宗以利劍比喻迅捷的禪思機語。景德傳燈録卷十六鄂州巖頭全豁禪師：「僧問：『利劍斬天下，誰是當頭者？』師曰：『暗。』擬再問。師咄曰：『遮鈍漢出去。』」明覺禪師語録卷二：「僧問：『萬里無雲仲一問，青天喫棒意如何？』師云：『軍隨印轉。』僧云：『恁麽則在和尚手裏。』師云：『利劍不斬死漢。』」

【資料】

①南藏本、北藏本第九七則；覺心本、徑山本第一〇四則。

105　問：「大難到來，如何迴避？」師云：「恰好。」

【資料】

①南藏本、北藏本第九八則；覺心本、徑山本第一〇五則。

106　上堂，良久：「大衆總來也未？」對云：「總來也。」師云：「更待一人〔一〕來，即説話。」僧云：「候無人來，即説似和尚。」師云：「大難得人。」

【校注】

〔一〕一人：即佛。佛本於衆生中，唯此一人得道成佛。妙法蓮華經卷二譬喻品：「其中衆生，悉是吾子。（中略）唯我一人，能爲救護。」菩薩本緣經卷中月光王品：「婆羅門汝今當知，是諸衆生三毒所惱，流轉生死，無有脱期。老病死法，常害衆生，唯我一人，能獨出離。」

【資料】

①南藏本、北藏本第九九則；覺心本、徑山本第一〇六則。
②五燈全書卷七。

107　師〔一〕示衆云：「心生即種種法生，心滅即種種法滅〔二〕。你諸人作麽生？」僧乃問：「只如不生不滅時如何？」師云：「我許你者一問。」

【校注】

〔一〕師：南藏本、北藏本無。
〔二〕心生即種種法生，心滅即種種法滅：楞嚴經集注卷一：「由心生故種種法生，由法生則種種心生。」入楞伽經卷九：「心生種種生，心滅種種滅。」般泥洹經卷上：「道從心生，心浄者乃得道。」禪宗常引此語開悟僧徒，佛法真如由心而生。壇經付囑品：「汝等自心是佛，更莫狐疑。外無一物而能建立，皆是本心生萬種法。」景德傳燈録卷五慧能大師：「一日師謂衆曰：『諸善知識，汝等各各净心聽吾説法。汝等諸人，自心是佛，更莫狐疑。外無一物而能建立，皆是本心生萬種法。故經云：心生種種法生，心滅種種法滅。』」聯燈會要卷七明州大梅法常禪師：「示衆云：『汝等各自回心達本，莫逐其末，但得其本，其末自至。若欲識本，唯了自心。此心元是一切世間出世間法根本故。心生則種種法生，心滅則種種法滅。心且不附一切善惡而生，萬法本自如如。』」鎮州臨濟慧照禪師語録：「爾欲得作佛，莫隨萬物。心生種種法生，心滅種種法滅，一心不生，萬法無咎。世與出世，無佛無法，亦不現前。」

【資料】

①南藏本、北藏本第一〇〇則；覺心本、徑山本第一〇七則。

②五燈全書卷七、御選語録卷十六。

108　師因參次云：「明又未明，道昏欲曉。你在阿那頭？」僧云：「不在兩頭。」師云：「與麽即在中間也⑴。」云：「若在中間，即在兩頭？」師云：「這僧多少時，在老僧這裏，作與麽語話，不出得三句裏。然直饒出得，也在三句裏。你作麽生？」僧云：「某甲使得三句。」師云：「何不早與麽道？」

【校注】

〔一〕兩頭、中間：禪宗提倡將所有的對立和矛盾都統一起來，調和成前後一致的有機整體，而區分中間和兩頭都會導致分别心的産生，都與禪的思想背道而馳，澄明清浄的本心便在分别中迷失。大慧普覺禪師語録卷八：「以拂子擊禪床一下云：『若向這裏證得去，在内不寂，在外不常，在無不滅，在有不增。不住兩頭，不居中位。』」袁州仰山慧寂禪師語録：「溈山一日指田問師：『這丘田，那頭高，這頭低。』師云：『却是這頭高，那頭低。』溈山云：『爾若不信，向中間立，看兩頭。』師云：『不必中間立，亦莫住兩頭。』」

【資料】

①南藏本、北藏本第一〇一則；覺心本、徑山本第一〇八則。

②御選語録卷十六。

109　問：「如何是通方〔一〕？」師云：「離却金剛禪〔二〕。」

【校注】

〔一〕通方：不限於一經一論的研究方法。禪林寶訓卷二：「是知通方上士，將返常合道，不守一而不應變也。」碧巖録卷一〖二〗：「如今人不會古人意，只管咬言嚼句，有甚了期？若是通方作者，始能辨得這般説話。」圓悟佛果禪師語録卷三：「一塵飛而翳天，一芥墮而覆地；一華開而見佛，一葉落而知秋。物物頭頭，明明歷歷。事有千差，理歸一揆。須是通方作者始解證明。」又卷二十偈頌送諸化士九首（其一）：「豁達靈明印脚跟，用來了不隔纖塵。歷遊華藏毗盧界，把住牟尼百億身。八寶七珍皆我有，左穿右穴與誰鄰。勞生衮衮堪垂手，乃是通方自在人。」

〔二〕金剛禪：佛家認爲的邪魔外道。首楞嚴義疏注經卷九：「世有金剛禪二會子，頗是此類，斯皆魔著，卒受王難。」民間的秘密宗教組織亦稱金剛禪。宋葉夢得避暑録話卷下：「近世江浙有事魔喫菜者，云其原出於五斗米而誦金剛經，其説皆與今佛者之言異，故或謂之金剛禪。」宋陸遊條對狀之七：「妖幻邪人，平時誑惑良民，結連素定，待時而發，則其爲害未易可測，伏緣此色人處處皆有（中略）江西謂之金剛禪，福建謂之明教。」水滸傳第九十七回：「盜竊天地之精英，假借鬼神之運用，在佛家謂之金剛禪邪法，在仙家謂之幻術。若認此法便可超凡入聖，豈非毫釐千里之謬。」

【資料】

①南藏本、北藏本第一〇二則；覺心本、徑山本第一〇九則。

110 師〔一〕示衆云：「衲僧家直須〔二〕坐斷報化佛頭〔三〕始得。」問：「坐斷報化佛頭是什麽人？」師云：「非你境界。」

【校注】

〔一〕師：南藏本、北藏本無。

〔二〕直須：應當，應該。唐杜秋娘金縷衣詩：「有花堪折直須折，莫待無花空折枝。」南唐馮延巳三臺令詩：「年少，年少，行樂直須及早。」宋辛棄疾水調歌頭再用韻答李子永：「百煉都成繞指，萬事直須稱好，人世幾輿臺。」

〔三〕坐斷報化佛頭：禪宗以此形容超凡入聖的開悟境界。建中靖國續燈録卷十七霍丘歸才禪師：「若於遮裏悟去，迥脱根塵，不拘文字，便乃坐斷報化佛頭，高步毗盧頂上。」圓悟佛果禪師語録卷九：「脚跟下切須薦取，若也薦得，坐斷報化佛頭，不落古今，不拘得失。」大慧普覺禪師語録卷二十三：「直下信得及，更無第二念，便坐斷報化佛頭，徑超生死。」笑隱大欣禪師語録卷一中天竺禪寺語録：「指法座云：『坐斷報化佛頭，不落玄妙階級。』」

【資料】

①南藏本、北藏本第一〇三則；覺心本、徑山本第一一〇則。

111　師〔一〕示衆云：「大道只在目前，要且難覩〔二〕。」僧乃問：「目前有何形段〔三〕令學人覷？」師云：「任你江南江北〔四〕。」學云：「和尚豈無方便〔五〕爲人？」師云：「適來問什麽？」

【校注】

〔一〕師：南藏本、北藏本無。

〔二〕大道只在目前，要且難覷：禪宗認爲處處皆有佛法禪旨，但是人們常常被外在的聲色所迷惑，難見真如佛法。此語爲禪林所習用。景德傳燈録卷二十九梁寶誌和尚大乘贊十首（其一）：「大道常在目前，雖在目前難睹。若欲悟道真體，莫除聲色言語。」大慧普覺禪師語録卷二：「師云：『八尺眉毛頷下生。』乃云：『大道只在目前，要且目前難睹，欲識大道真體，不離聲色言語。若即聲色言語求道真體，正是撥火覓浮漚；若離聲色言語求道真體，大似含元殿裏更覓長安。』」應庵曇華禪師語録卷一：「上堂：『大道只在目前，要且目前難睹。欲識大道真體，不離聲色言語，言語動用了無交涉，且大道真體在什麽處？』良久云：『可憐傅大士，處處失樓閣。』」

〔三〕形段：可視可見的外在表現形態，高妙的禪法無法用具體可見的形態來表達。歷代法寶記無相禪師：「道無形段可修，法無形段可證。」

〔四〕江南江北：大江南北。明覺禪師語録卷二：「爾從江南江北來，笠子下爲什麽摉破？」净心誡觀法卷下：「江南江北求菩提，菩提共行不相識。」列祖提綱録卷六嗣法師翁忌提綱：「湖南舊説老楊岐，失却金毛獅子兒。江南江北無覓處，龍門今日順風吹。」

〔五〕方便：引導教化僧徒的方式、手段。景德傳燈録卷九京兆大薦福寺弘辯禪師：「方便者，隱實覆相，權巧之門也。被接中下，曲施誘迪，謂之方便。」

【資料】

①南藏本、北藏本第一〇四則；覺心本、徑山本第一一一則。

②五燈全書卷七。

112　問：「入法界〔一〕來還知有也無？」師云：「誰入法界？」學云：「與麽即入法界，不知去也？」師云：「不是寒灰死木，花錦成現百種〔二〕。」有學云：「莫是入法界處用也無？」師云：「有什麽交涉〔三〕？」

【校注】

〔一〕入法界：法界，世間各類事物的現象及其本質。入法界，言了悟萬物的現象及其本質，即獲得開悟。大方廣佛華嚴經卷十二十行品：「若見清浄真法界，甚深微妙第一義。」法苑義鏡卷三釋善珠記：「一真法界名爲勝義，餘名世俗。」宗鏡録卷二十三：「若了人法二空，見真唯識性，即常在三昧，住真法界矣。」

〔二〕不是寒灰死木，花錦成現百種：入法界之人，即證悟之人，心中如山花綻放，枯木重榮，處處皆有禪機；不得證悟之人，則如寒灰死木，難以超脱。禪關策進天目斷崖義禪師示衆：「若要超凡入聖，永脱塵勞，直須去皮換骨，絶後再蘇，如寒灰發焰，枯木重榮。」未得證悟，禪籍中又作「枯木朽株」、「寒灰死火」、「寒灰枯木」。密庵和尚語録：「身心若枯木寒灰，大棒打不回頭。」汾陽無德禪師語録卷下三玄三要頌：「第一要，根境俱亡絶朕兆，山崩海竭灑揚塵，蕩盡寒灰始爲妙。」

〔三〕交涉：交相關涉，有所關聯。唐慧琳一切經音義卷三：「交涉。時葉反。晉灼曰：『涉，入也。』漢書：『涉，踐也。』説文：『從二水作𣴎。』古字，隸書今省去一水作涉。」注華嚴法界觀門：「即此一亦能攝多入多，即能即所，即攝即入，即一即多，一切一時，溥收無礙，故云交涉，謂交相關涉也。」禪籍中有「打交涉」的用法。大慧普覺禪師語録卷三十答湯丞相：「況世間虚幻不實之法，更有甚麼心情，與之打交涉也。」

【資料】

①南藏本、北藏本第一〇五則；覺心本、徑山本第一一二則。

113 問：「若是實際理地〔一〕，什麼處得來？」師云：「更請闍梨宣一〔二〕遍。」

【校注】

〔一〕實際理地：真實無二，清净無染的禪悟境界。景德傳燈録卷二十鄧州中度和尚：「問：『如何是實際理地不受一塵，佛事門中不捨一法？』師曰：『真常塵不染，海納百川流。』」居士分燈録卷下周敦頤：「又扣東林總禪師，總曰：『吾佛謂：實際理地即真實，無妄誠也。』」

〔二〕一：底本此處漫漶，依覺心本、南藏本、北藏本、徑山本補。

【資料】

①南藏本、北藏本第一〇六則；覺心本、徑山本第一一三則。

114 問：「萬境俱起，還有惑〔一〕不得者也無〔二〕？」師云：「有。」學云：「如何是惑不得者？」師〔三〕云：「你還信有佛法否？」學云：「信有佛法。古人道了如何是惑不得者？」師〔四〕云：「爲什〔五〕麽不問老僧？」學云：「問了也。」師云：「惑也。」

【校注】

〔一〕惑：覺心本此則中「惑」皆作「或」。

〔二〕萬境俱起，還有惑不得者也無：萬境俱起，則心生困惑。禪者修證，就是要獲得不被萬境所干擾迷惑的澄明境界。宗鏡録卷四十五：「在三界内，未入止觀門，非習學之者，情牽萬境，意起百思。」寒山詩：「水清澄澄瑩，徹底自然見。心中無一事，水清衆獸現。」對無可避免的萬境世界，禪師以平常心處之。祖堂集卷二摩拏羅尊者：「心隨萬境轉，轉處實能幽。隨流認得性，無喜復無憂。」圓悟佛果禪師語録卷十二：「或有人問：『萬境來侵時如何？』亦對他道：『莫管他。』」

〔三〕師：南藏本、北藏本無。

〔四〕師：南藏本、北藏本無。

〔五〕什：南藏本、北藏本作「甚」。

【資料】

①南藏本、北藏本第一〇七則；覺心本、徑山本第一一四則。

②御選語録卷十六。

115　問：「未審古人與今人還相近也無？」師云：「相近即相近，不同一體。」學云：「爲什麽不同？」師云：「法身不説法〔一〕。」學云：「法身不説法，和尚爲人也無？」師云：「我向個裏〔二〕答話。」學云：「爭道法身不説法？」師云：「我向個裏救你，阿爺佗終不出頭。」

【校注】

〔一〕法身不説法：法身，清净自性，成就一切功德之身；佛之真身。大乘義章卷十八：「言法身者，解有兩義：一顯本法性以成其身，名爲法身；二以一切諸功德法而成身，故名爲法身。」湯用彤漢魏兩晋南北朝佛教史：「法身者，聖人成道之神明耳。」禪宗主張不立文字，見性成佛，真正的開悟無需依靠語言文字的解説。袁州仰山慧寂禪師語録：「師卧次，僧問云：『法身還解説法也無？』師云：『我説不得，别有一人説得。』云：『説得底人，在甚麽處？』師推出枕子。」天聖廣燈録卷十一鎮州臨濟慧照禪師語録：「山僧見處，法身即不解説法。」

〔二〕個裏：此則「個裏」，原皆作「恵裏」，各本皆同。依虚雲本、净慧本改。個裏，此中、其中。明何孟春餘冬序録卷四外篇：「云間志方言：謂人曰『渠』，自稱曰『儂』，何如曰『寧馨』，謂『虹』曰『鱟』。言罷必綴以休，及事際、受記、薄相之類，并見於蘇志。又如謂『此』曰『個裏』。」圓悟佛果禪師語録卷一：「開堂，拈疏示衆云：『靈山單傳密旨，曹溪嫡嗣正音。盡在箇裏，請表白拈出。』」

【資料】

①南藏本、北藏本第一〇八則；覺心本、徑山本第一一五則。

116 問：「學人道不相見時還回互〔一〕也無？」師云：「測得回互。」學云：「測佗不得，回互箇什麽？」師云：「不與麽是你自己。」學云：「和尚還受測也無？」師云：「人即〔二〕轉近，道即轉遠也。」學云：「和尚爲什麽自隱去？」師云：「我今見〔三〕共你語話。」學云：「争道不轉？」師云：「合與麽著。」

【校注】

〔一〕回互：原作「回牙」，覺心本、南藏本、北藏本作「回㸦」，徑山本作「回互」。「牙」爲「互」的俗體「㸦」之訛誤，依覺心本、南藏本、北藏本、徑山本改。下「測得回互」之「回互」同。回互，交錯，融合。舊唐書音樂志：「太宗製破陣舞圖：左圓右方，先偏後伍，魚麗鵝貫，箕張翼舒，交錯屈伸，首尾回互，以象戰陣之形。」唐元稹捉捕歌：「網羅布參差，鷹犬走回互。盡力窮窟穴，無心自還顧。」圓悟佛果禪師語録卷十八：「春蘭與秋菊，一一各當時。底處無回互，怨誰分髓皮。」

〔二〕即：原無，依覺心本、南藏本、北藏本、徑山本補。下文有「道即轉遠」，前後呼應，前句當有「即」字。

〔三〕見：徑山本作「現」。

【資料】

①南藏本、北藏本第一〇九則；覺心本、徑山本第一一六則。

117　師〔一〕示衆云：「教化得底人是今生事，教化不得底人是第三生冤。若不教化，恐墮却一切衆生。教化亦是冤。是你還教化也無？」僧云：「教化。」師云：「一切衆生，還見你也無？」學云：「不見。」師云：「爲什麽不見？」學云：「無相〔二〕。」師云：「即今還見老僧否？」學云：「和尚不是衆生。」師云：「自知罪過即得。」

【校注】

〔一〕師：南藏本、北藏本無。

〔二〕無相：與「有相」相對，是脱離世俗之外在有相而獲得的真如實相。大方廣佛華嚴經疏卷七：「言無相者，示真如相，身即體義，在纏不染，出障非浄。」大乘義章卷二：「言無相者，釋有兩義：一就理彰名，理絶衆相，故名無相；二就涅槃法相解釋，涅槃之法，捨離十相，故曰無相。」

【資料】

①南藏本、北藏本第一一〇則；覺心本、徑山本第一一七則。

②五燈全書卷七、御選語録卷十六。

118　師〔一〕示衆云：「龍女心親獻〔二〕，盡是自然事。」問：「既是自然，獻時爲什麼？」師云：「若不獻，爭知自然？」

【校注】

〔一〕師：南藏本、北藏本無。

〔二〕龍女心親獻：見卷上第86則「龍女親獻佛」注。

【資料】

①南藏本、北藏本第一一一則；覺心本、徑山本第一一八則。

119　師〔一〕示衆云：「八百箇作佛漢〔二〕，覓一箇道人難得。」

【校注】

〔一〕師：南藏本、北藏本無。

〔二〕作佛漢：作佛，是參禪者的終極目標，希望通過教化修行成佛。作佛漢，是不明自性，却執著於成佛的人。亦作「作佛漢子」。宗範卷上調習：「趙州云：『千億個盡覓作佛漢，於中覓作無心底難得。』」景德傳燈録卷二十八諸方廣語趙州從諗和尚語：「佛法在什麼處？遮裏一千人盡是覓作佛漢子，於中覓一箇道人無。」

【資料】

①南藏本、北藏本第一一二則；覺心本、徑山本第一一九則。

②景德傳燈録卷二十八諸方廣語趙州從諗和尚語：「上堂：『（中略）佛法在什麼處？遮裏一千人盡是覓作佛漢子，於中覓一箇道人無。』」

③聯燈會要卷六趙州觀音從諗禪師：「示衆云：『（中略）這裏千人萬人，盡是覓佛漢子，覓一個道人無。』」

④五燈會元卷四趙州從諗禪師：「上堂：『（中略）千人萬人，盡是覓佛漢子，於中覓一個道人無。』」

⑤圜悟佛果禪師語録卷十四、正法眼藏卷四、五燈全書卷七、御選語録卷十六。

120　問：「只如無佛無人處，還有修行也無？」師云：「除却者兩箇，有百千萬億。」學云：「道人來時，在什麼處？」師云：「你與麼即不修行也。」其僧禮拜。師云：「大有處著你在〔一〕。」

【校注】

〔一〕大有處著你在：大有，有很多。大有……在，某一類人或某一類物爲數衆多。朱子語類卷六十三：「聖賢事業，大有事在。」大慧普覺禪師語録卷四：「僧喝一喝云：『三十年後，大有人笑在。』」虚堂和尚語録卷二：「枯木重榮，及乎子細思量，元來前頭，大有雪在。」景德傳燈録卷十六袁州盤龍山可文禪師：「師曰：『和尚恁麼語話，諸方大有人不肯在。』」著，執著，黏滯於虚妄不實之物。壇經敦煌本：「見一切法，不著一切法。遍一切處，不著一切處。」大有處著你在，或作「大有著你處在」，心中的雜染滯礙尚多，難以開悟。御選語録卷十六趙州真際從諗禪師：「師上堂云：『兄弟但改往修來，若不改，大有著你處在。』」

【資料】

①南藏本、北藏本第一一三則；覺心本、徑山本第一二〇則。

②御選語録卷十六。

121 問：「白雲不落時如何？」師〔一〕云：「老僧不會上象。」學云：「豈無賓主？」師云：「老僧是主，闍梨是賓。白雲在什麼處？」

【校注】

〔一〕師：南藏本、北藏本無。

【資料】

①南藏本、北藏本第一一四則；覺心本、徑山本第一二一則。

122　問：「大巧若拙〔一〕時如何？」師云：「喪却棟梁材。」

【校注】

〔一〕大巧若拙：禪宗反對分別對立的觀念，在禪宗看來巧即拙，拙即巧。天如惟則禪師語録卷三示能大拙長老蜀中歸山：「拙到無可拙處，謂之大拙。纖毫拙不盡者，到不得大拙田地。此之大拙，却非大巧若拙之拙，亦非巧盡拙出之拙。」憨山老人夢遊集卷四十五憨山緒言：「人以大巧，我用至拙。人巧以失，我拙以得。故善事道者，棄巧取拙，無不獲。」宏智禪師廣録卷一真州長蘆崇福禪院語録：「雪雲冉冉兮路岐絶，明明靈靈兮唯己自知，大辯若訥兮大巧若拙。」

【資料】

①南藏本、北藏本第一一五則；覺心本、徑山本第一二二則。

123　師〔一〕示衆云：「佛之一字〔二〕，吾不喜聞。」問：「和尚還爲人〔三〕也無？」師云：

「爲人。」學云：「如何爲人？」師云：「不識玄旨，徒勞念静〔四〕。」學云：「既是玄，作麼生是旨？」師云：「我不把本。」學云：「者箇是玄，如何是旨？」師云：「答你是旨。」

【校注】

〔一〕師：南藏本、北藏本無。

〔二〕佛之一字：即佛寶，是佛教中的三寶之一。佛爲覺者的意思，能自覺亦能他覺，所以是世界上的真寶。仁王護國般若波羅蜜多經疏卷一：「三寶最吉祥，故我經初説佛之一字，即是佛寶。」

〔三〕爲人：接引、啓悟學人。圓悟佛果禪師語録卷十五：「大宗師爲人，雖不立窠臼露布，久之學徒妄認亦成窠臼露布也。」五燈會元卷十一幽州譚空和尚：「鎮州牧有姑爲尼，行脚回，欲開堂爲人。」

〔四〕不識玄旨，徒勞念静：出自信心銘：「違順相争，是爲心病。不識玄旨，徒勞念静。」玄旨，玄妙的旨趣，禪宗謂真正的佛法大意。對禪法的領悟不能徒靠外在守静的形式，更要參悟其中蘊含的深意。

【資料】

①南藏本、北藏本第一一六則；覺心本、徑山本第一二三則。

②御選語録卷十六。

124　師〔一〕示衆云：「各自有禪，各自有道。忽有人問你：『作麽生是禪是道？』作麽生祇對佗？」僧乃問：「既各有禪、道，從上至今語話爲什麽？」師云：「爲你遊魂。」學云：「未審如何爲人？」師乃退身不語。

【校注】

〔一〕師：南藏本、北藏本無。

【資料】

①南藏本、北藏本第一一七則；覺心本、徑山本第一二四則。

125　師示衆〔一〕云：「不得閑過，念佛念法。」僧乃問：「如何是學人自己念？」師云：「念者是誰〔二〕？」學云：「無伴。」師叱：「者驢〔三〕。」

【校注】

〔一〕師示衆：南藏本、北藏本無「師」字，「示衆」作「示僧」。

〔二〕念者是誰：念，是對所見之境的記憶不忘。成唯識論卷五：「云何爲念，於曾習境，令心明記不忘爲性。」禪宗認爲念是一種内在的自修自爲，僧徒向禪師詢問如何獲得念的境界，禪師以此語暗示僧徒念者是自己，念的修習全在己身。大覺禪師語録卷下示左馬禪門：「或是非未決，或方寸擾攘，但舉此話頭勿令忘却，仍舊一一收歸在自身中看。起念者是誰，無念者又是誰？如是返觀久久，般若圓成有洞明時節。」

〔三〕驢：對僧人的斥駡語。禪籍中又常用「屢」作「驢」的借字，作「瞎屢」、「瞎屢生」、「禿屢生」、「屢生子」等。鎮州臨濟慧照禪師語録：「好人家男女，被這一般野狐精魅所著，便即捏怪瞎屢生，索飯錢有日在。」又「禿屢生，有甚死急，披他師子皮，却作野干鳴。」虚堂和尚語録卷二：「僧打圓相云：『者箇作麽生明？』師云：『明之則瞎。』僧云：『謝師指示。』師云：『屢生子！』」

【資料】

①南藏本、北藏本第一一八則；覺心本、徑山本第一二五則。

②大慧普覺禪師語録卷三、宗鑑法林卷十九。

126　上堂示衆云：「若是第一句與祖佛爲師，第二句與人天爲師，第三句自救無療〔一〕。」有僧問：「如何是第一句？」師云：「與祖佛爲師。」師又云：「大好〔二〕從頭起。」學人再問，師云：「又却人天去也。」

【校注】

〔一〕第一句，第二句，第三句：此爲臨濟義玄接引學人的三種方法。鎮州臨濟慧照禪師語録：「山僧今日見處，與祖佛不別。若第一句中得，與祖佛爲師。若第二句中得，與人天爲師。若第三句中得，自救不了。」續傳燈録卷三潭州石霜楚圓慈明禪師：「第一句薦得，堪與佛祖爲師；第二句薦得，堪與人天爲師；第三句薦得，自救不了。道吾則不然。第一句薦得，和泥合水；第二句薦得，無繩自縛；第三句薦得，四稜著地。」人天，人道和天道。無療，徑山本作「不了」。

〔二〕大好：好一個，帶有諷刺的語氣。五燈會元卷二净居玄機禪師：「峰曰：『汝名甚麼？』師曰：『玄機。』峰曰：『日織多少？』師曰：『寸絲不掛。』遂禮拜退。纔行三五步，峰召曰：『袈裟角拖地也。』師回首。峰曰：『大好寸絲不掛。』」聯燈會要卷七紫桐和尚：「僧問：『如何是紫桐境？』師云：『你眼裏著得沙麼？』云：『大好紫桐境也不識。』師云：『老僧不諱此事。』其僧出去。」

【資料】

①南藏本、北藏本第一一九則；覺心本、徑山本第一二六則。

127 師〔一〕示衆云：「是佗不是不將來，老僧不是不秖對〔二〕。」僧云：「和尚將什麽秖對？」師長吁一聲云：「和尚將者〔三〕箇秖對。」「莫辜負學人也無？」師云：「你適來肯我，我即辜負你；若不肯我，我即不辜負你〔四〕。」

【校注】

〔一〕師：南藏本、北藏本無。

〔二〕秖對：應對、應答。亦作「衹對」。拈八方珠玉集卷中：「或有人問蔣山：『亡僧遷化，向什麽處去？』秖對他道：『萬古虛空元不動，還受享祭也無？』」祖堂集卷十五五洩和尚：「石頭云：『受業在什摩處？』師不衹對，便拂袖而出。」

〔三〕者：覺心本、南藏本、北藏本、徑山本作「這」。

〔四〕適來肯我，我即辜負你；若不肯我，我即不辜負你：肯，認同，看重。景德傳燈録卷十九太原孚上座：「異日雪峰見師，乃指日示之。師搖手而出。雪峰曰：『汝不肯我。』師曰：『和尚搖頭，某甲擺尾，什麽處不肯和尚？』」禪宗有呵佛罵祖之風，禪師鼓勵僧徒大膽地超越前賢，提出己見。趙州禪師用看似矛盾的話語暗示僧徒不要一味地迷信前賢，禪旨佛理要靠自心領悟。祖堂集卷七巖頭和尚：「師對云：『豈不聞道：智慧過師，方傳師教，智慧若與師齊，他後恐減師德。』」

【資料】

①南藏本、北藏本第一二〇則；覺心本、徑山本第一二七則。

128 師〔一〕示衆云：「老僧今夜答話去也，解問者〔二〕出來。」有僧〔三〕才出禮拜。師云：「比來〔四〕抛磚引玉，只得箇墼子〔五〕。」

【校注】

〔一〕師：南藏本、北藏本無。

〔二〕解問者：提問者。正法眼藏卷二上：「明安云：『如今老僧舉起也，有解問者，致將一問來。』」

〔三〕僧：底本漫漶作「曾」，依南藏本、北藏本、徑山本改。

〔四〕比來：原來，從前。永嘉證道歌：「無罪福，無損益，寂滅性中莫問覓。比來塵鏡未曾磨，今日分明須剖析。」敦煌變文集醜女緣起：「比來醜陋前生種，今日端嚴遇釋迦。」

〔五〕抛磚引玉，只得箇墼子：抛磚引玉，相傳唐人趙嘏有詩名，至吴，常建欲得其詩，知其必遊靈巖寺，遂先題詩二句於壁，嘏遊寺見詩，補續二句以成一絶。常建詩不及趙嘏，故人謂建乃抛磚引玉。墼子，土坯，土塊。急就篇卷三：「墼壘廥廄庫東箱。」顔師古注：「墼者，抑泥土爲之，令其堅激也。」禪師想要通過引導的方式啓發僧徒開悟，但僧徒不明禪師之意，没有獲得開悟，又作「抛磚引墼」。

【資料】

①南藏本、北藏本第一二一則；覺心本、徑山本第一二八則。

②景德傳燈録卷十趙州觀音院從諗禪師：「大衆晚參，師云：『今夜答話去也，有解問者出來。』時有一僧便出禮拜。師云：『比來抛磚引玉，却引得箇墼子。』保壽云：『射虎不真，徒勞没羽。』長慶問覺上座云：『那僧纔出禮拜，爲什麽便收伊爲墼子？』覺云：『適來那邊亦有人恁麽問。』慶云：『向伊道什麽？』云：『也向伊恁麽道。』玄覺云：『什麽處却成墼子去？叢林中道纔出來便成墼子，只如每日出入行住坐卧，不可總成墼子也。且道，遮僧出來具眼不具眼？』」

③聯燈會要卷六趙州觀音從諗禪師：「師小參，示衆云：『今夜答話去也，有會問者出來。』時有僧，纔出禮拜，師云：『抛磚引玉，引得箇墼子。』」

④五燈會元卷四趙州從諗禪師：「大衆晚參，師曰：『今夜答話去也，有解問者出來。』時有一僧便出禮拜。師曰：『比來抛磚引玉，却引得箇墼子。』」

⑤明覺禪師語録卷三、圓悟佛果禪師語録卷十六又卷十八、大慧普覺禪師語録卷九、指月録卷十一、教外別傳卷六、五燈嚴統卷四。

129 問：「狗子還有佛性也無〔一〕？」師云：「無。」學云：「上至諸佛，下至螘子〔二〕，皆有佛性。狗子爲什麽無？」師云：「爲伊有業識性〔三〕在。」

【校注】

〔一〕狗子還有佛性也無：趙州公案。禪宗認爲人人皆有佛性，禪僧問狗子有没有佛性，趙州以「無」作答，意在暗示僧徒心中已有分别念，内心的佛性便被遮蔽。後爲歷代禪師在接引僧徒時所習用。禪關策進：「評曰：『此後代提公案、看話頭之始也。然不必執定無字，或無字，或萬法，或須彌山，或死了燒了等，或參究念佛，隨守一則，以悟爲期，所疑不同，悟則無二。』」智覺普明國師語録卷一：「復舉：『趙州因僧問：狗子還有佛性也無？州云：無。』師云：『者箇一字不作玄妙會，却作無味談。殊不知趙州還云有，畢竟舌頭端的落在何處。』」

〔二〕螘子：蟻。楚辭章句卷九招魂：「赤螘若象。」王逸注：「螘，蚍蜉也。小者爲螘，大者謂之蚍蜉也。螘，一作蟻。」廣韻紙韻：「螘，爾雅曰：『蚍蜉大，螘小者。』」

〔三〕業識性：爲佛教十二因緣中的行緣識，指人投胎時心動的一念。大乘起信論：「一者名爲業識，謂無明力不覺心動故。」禪宗認爲業識性如同邪思惡念，會障蔽人的澄明本心，應當徹底剿絶。廬山蓮宗寶鑑卷七念佛正願説：「所謂塵勞業識邪思惡念，猶如浮雲障覆自性，光明不現。故令發大誓願，自斷除之永不令起。」

【資料】

①南藏本、北藏本第一二二則；覺心本、徑山本第一二九則。

②聯燈會要卷六趙州觀音從諗禪師：「僧問：『狗子還有佛性也無？』師云：『無。』五祖演頌云：『趙州露刃劍，寒霜光焰焰。更擬問如何，分身作兩段。』妙喜頌云：『有問狗佛性，趙州答云無。言下滅胡族，猶爲不丈夫。』僧云：『上至諸佛，下及螻蟻，皆有佛性。狗子爲甚麼却無？』師云：『爲伊有業識在。』真净文頌云：『言有業識在，誰云意不深。海枯終見底，人死不知心。』」

③五燈會元卷四趙州從諗禪師：「問：『狗子還有佛性也無？』師曰：『無。』曰：『上至諸佛，下至螻蟻，皆有佛性。狗子爲甚麼却無？』師曰：『爲伊有業識在。』」

④法演禪師語録卷下、宏智禪師廣録卷二、五家正宗贊卷一、禪宗正脉卷二、指月録卷十一、佛祖綱目卷三十二、教外别傳卷六、佛頂國師語録卷一、五燈嚴統卷四、佛光國師語録卷九、御選語録卷十六。

130 問：「如何是法身〔一〕？」師云：「應身〔二〕。」云：「學人不問應身。」師云：「你但管應身。」

【校注】

〔一〕法身：佛之真身，又名自性身或法性身，即諸佛所證的真如法性之身。佛説無言童子經卷下：「如來、至真、等正覺身，則爲法身，廣長無極，無有相好而不方圓，身無邊際不可度量。」大方廣寶篋經卷下：「如來者名爲法身。」宗鏡録卷七十九：「所謂真如，以彼轉識，説爲境界。而此證者，無有境界，唯真如智，名爲法身。」

〔二〕應身：佛三身之一，應萬物所需而化現的佛身。大方廣佛華嚴經卷二十七：「願一切衆生，得隨應身，教化調伏一切衆生。」景德傳燈録卷二十八諸方廣語池州南泉普願和尚語：「曰：『報化既非真佛，法身是真佛否？』師曰：『早是應身也。』」

【資料】

①南藏本、北藏本第一二三則；覺心本、徑山本第一三〇則。

131　問〔一〕：「朗月當空〔二〕時如何？」師〔三〕云：「闍梨名什麼？」學云：「專甲〔四〕。」師云：「朗月當空在什麼處？」

【校注】

〔一〕問：覺心本無。

〔二〕朗月當空：比喻禪悟之心，猶如一輪明月高懸於空。祖堂集卷十一佛日和尚：「朗月當空掛，冰霜不自寒。」汾陽無德禪師語録卷上：「上堂云：『一切衆生本源佛性，譬如朗月當空，只爲浮雲翳障，不得顯現。』」

〔三〕師：南藏本、北藏本無。

〔四〕專甲：即某甲。南藏本、北藏本、徑山本作「某甲」。唐五代時，「厶」既是「某」字的俗簡體，也是「專」的俗簡體。禪籍中有將「某甲」減省作「厶甲」，又有書手轉寫作「專甲」，并在禪籍中大量使用，「專甲」具有了和「某甲」相同的意義，用作第一人稱代詞，指「我」。汾陽無德禪師語録卷上：「河東運使鄭工部，入院相見茶話次，工部云：『專甲留一偈，贈師得否？』」古尊宿語録卷十并州承天嵩禪師語録：「鄭工部至。茶話次，云：『汾陽有個昭禪師，愛看讀，某甲留一偈。』師云：『略請見示。』」

【資料】

①南藏本、北藏本第一二四則；覺心本、徑山本第一三一則。

132 問：「正當二八時如何？」師云：「東東西西〔一〕。」學云：「如何是東東西西？」師云：「覓不著。」

【校注】

〔一〕東東西西：往來奔走。佛光國師語録卷一：「上堂：『東東西西，絡絡索索，一時抖擻，説與諸人了也。未審在那一句中見吾？若道句在言外，意在聲前，山僧入拔舌地獄。』」禪籍中又作「東西」。祖堂集卷四藥山和尚：「師曰：『你來去爲阿誰？』對曰：『替渠東西。』師曰：『何不教伊並頭行。』」

【資料】

①南藏本、北藏本第一二五則；覺心本、徑山本第一三二則。

133　問：「學人全不會時如何？」師云：「我更不會。」云：「和尚還知有也無？」師云：「我不是木頭，作麼不知？」云：「大好不會。」師拍掌笑之。

【資料】

①南藏本、北藏本第一二六則；覺心本、徑山本第一三三則。

134　問：「如何是道人〔一〕？」師云：「我向道，是佛人〔二〕。」

【校注】

〔一〕道人：得道之人。釋氏要覽卷上稱謂：「道人，智度論云：『得道者，名爲道人。餘出家者，未得道者，亦名道人。』」景德傳燈録卷十五湖州道場山如訥禪師：「問：『如何是道人？』師曰：『行運無蹤跡，起坐絶人知。』」

〔二〕佛人：追求成佛的人。趙州隨機造出「佛人」一詞，意在打破僧徒對「道人」的執迷。

【資料】

①南藏本、北藏本第一二七則；覺心本、徑山本第一三四則。

②御選語録卷十六。

135 問：「凡有言句，舉手動足，盡落在學人綱中。離此外，請師道。」師云：「老僧齋了未喫茶。」

【資料】

①南藏本、北藏本第一二八則；覺心本、徑山本第一三五則。

②御選語録卷十六。

136 馬大夫問：「和尚還修行也無？」師云：「老僧若修行，即禍事。」云：「和尚既不修行，教什麽人修行？」師云：「大夫是修行底人。」云：「某甲何名修行？」師云：「若不修行，争得撲在人王〔一〕位中，餧〔二〕得來赤凍紅地〔三〕，無有解出期〔四〕。」大夫乃下淚拜謝。

【校注】

〔一〕人王：帝王。阿育王經卷五因緣品：「我本爲人王，於宮得自在。」

〔二〕餧：同「餒」，飢餓。集韻賄韻：「餧，或作餒。」説文食部：「餒，飢也。」荀子富國：「若夫兼而覆之，兼而愛之，兼而制之，歲雖凶敗水旱，使百姓無凍餧之患，則是聖君賢相之事也。」

〔三〕赤凍紅地：赤地，因旱災或蟲害而造成的不毛之地。韓非子十過：「晉國大旱，赤地三年。」漢書夏侯勝傳：「蝗蟲大起，赤地數千里。」顔師古注：「言無五穀之苗。」鐔津文集卷七議旱對：「歲旱，論者有來訪予曰：『今兹五月不雨及餘七月，吴疆赤地千里，稼穡槁矣。』」凍地，寒冷無法耕種之地。紅地，不適宜耕種的紅色黏土地。三種土地皆不適宜耕種，禪宗借以比喻困境。

〔四〕解出期：禪籍中又作「出期」，謂出離生死苦惱的日期。阿毗達磨大毗婆沙論卷六十一：「從此命終墮無間獄，受諸劇苦難有出期。」百喻經卷一殺商主祀天喻：「生死曠路永無出期。」

【資料】

①南藏本、北藏本第一二九則；覺心本、徑山本第一三六則。

②指月録卷十一、佛祖綱目卷三十三、先覺宗乘卷四、宗統編年卷十五、五燈全書卷七、御選語録卷十六。

137 師〔一〕示衆云："闍梨不是不將來，老僧不是不秖對。"又云："闍梨莫擎拳合掌〔二〕，老僧不將禪牀拂子對。"

【校注】

〔一〕師：南藏本、北藏本無。

〔二〕擎拳合掌：拱手合十作禮，即作揖。汾陽無德禪師語録卷中："擎拳合掌，供養三尊。"西巖了慧禪師語録卷下法語別川道士："塵中相見頭顱別，座上交談語咲同。摎到了無同別處，擎拳合掌各西東。"宋史浩如夢令飲婦人酒詞："容止忒精神，一似觀音形像。歸向，歸向，見者擎拳合掌。"

【資料】

①南藏本、北藏本第一三〇則；覺心本、徑山本第一三七則。

②五燈全書卷七。

138　問：「思憶不及處如何？」師云：「過者邊來。」云：「過者邊來，即是及處。如何是思不及處？」師豎起手云：「你喚作什麽？」云：「喚作手。和尚喚作什麽？」師云：「百種名字我亦道。」云：「不及和尚百種名字，且喚什麽？」師云：「與麽即你思憶不及處。」僧禮拜。師云：「教你思憶得及者。」云：「如何是？」師云：「釋迦教、祖師教是你師。」云：「祖與佛古人道了也。如何是思憶不及處？」師再舉指云：「喚作什麽？」僧良久。師云：「何不當頭〔一〕道着，更疑什麽？」

【校注】

〔一〕當頭：當面。虚堂和尚語録卷七偈頌曾禪人唯之：「當頭一諾未爲親，大道難將語默分。」碧巖録卷二〔一四〕：「若當頭薦得，便可歸家穩坐。若薦不得，且伏聽處分。」敦煌變文集燕子賦：「雀兒及燕子，皆總立王前，鳳凰親處分，有理當頭宣。」

【資料】

①南藏本、北藏本第一三一則；覺心本、徑山本第一三八則。

139　問：「如何是和尚家風〔一〕？」師〔二〕云：「老僧耳背，高聲問。」僧再問。師云：「你問我家風，我却識你家風。」

【校注】

〔一〕家風：禪師接引僧徒，弘揚禪法的風格。「如何是和尚家風」常常被作爲僧徒問道的話頭，禪師的回答更是五花八門，各不相同。五燈會元卷四大隨法真禪師：「問：『如何是和尚家風？』師曰：『赤土畫簸箕。』曰：『未審此理如何？』師曰：『簸箕有本，米跳不出。』」雲門匡真禪師廣録卷上：「問：『如何是和尚家風？』師云：『久雨不晴。』」汾陽無德禪師語録卷上：「禮拜起問：『如何是和尚家風？』師云：『我家廣大，無種不有。』」

〔二〕師：南藏本、北藏本無。

【資料】

①南藏本、北藏本第一三二則；覺心本、徑山本第一三九則。

②嘉泰普燈録卷十一舒州太平佛鑑惠懃禪師：「一日，聞祖舉：僧問趙州：『如何是和尚家風？』曰：『老僧耳聾，高聲問將來。』僧高聲再問，州曰：『你問我家風，我却識你家風了也。』」

③五燈會元卷十九太平慧懃禪師：「一日，聞祖舉：僧問趙州：『如何是和尚家風？』州曰：『老僧耳聾，高聲問將來。』僧再問，州曰：『你問我家風，我却識你家風了也。』」

140 問：「萬境俱起時如何？」師云：「萬境俱起。」云：「一問一答是起，如何是不起？」師云：「禪牀是不起底。」僧才禮拜次，師云：「記得問答？」云：「記得。」師云：「試舉〔一〕看。」僧擬舉，師問〔二〕。

【校注】

〔一〕舉：舉例，復述。祖堂集卷十三福先招慶和尚：「二祖於達摩邊，承領个什麼事？還有人舉得麼？若有人舉得，出來舉看；若無人舉得，大衆側聆，待厶甲爲衆舉當時事。」五燈會元卷一六祖慧能大鑑禪師：「嘗有僧舉卧輪禪師偈曰：『卧輪有伎倆，能斷百思想。對境心不起，菩提日日長。』」

〔二〕師問：原無此二字，依南藏本、北藏本、徑山本補。

【資料】

①南藏本、北藏本第一三三則；覺心本、徑山本第一四〇則。

141　問：「如何是目前佛？」師云：「殿裏底。」云：「者箇是相貌佛〔一〕，如何是佛？」師云：「即心是〔二〕。」云：「即心猶是限量〔三〕，如何是佛？」師云：「無心是。」學云：「有心無心，還許學人揀〔四〕也無？」師云：「有心無心總被你揀了也，更教〔五〕老僧道什麼即得？」

【校注】

〔一〕相貌佛：言只具有佛的外在形象，而非可以教化僧徒濟世衆生的真如佛祖。佛家認爲「法身非相」，佛之真身非聲色可求，故有相之佛非真如佛祖。嘉泰普燈録卷三十雜著丞相張無盡居士金剛經三十二分説：「色見聲求，是行邪道。於茲妙契，獨露真常。故受之以法身非相分。」金剛經采微卷上：「如來所説身相者，即法身非相也。」楞嚴經正見卷九：「法身非相，相必有顯。」

〔二〕即心是：係「即心是佛」之省語。擁有了悟心便領悟了佛法。景德傳燈録卷五司空山本净禪師：「師曰：『若欲求佛，即心是佛；若欲會道，無心是道。』曰：『云何即心是佛？』師曰：『佛因心悟，心以佛彰。』」大慧普覺禪師語録卷二一：「即心是佛，佛不遠人；無心是道，道非物外。三世諸佛，只以此心説法，只以此道度生。以此道度生，無生可度；以此心説法，無法可説。無法可説，是真説法；無生可度，是真度生。當知三世諸佛亦如是，現前大衆亦如是。」敦煌變文集新書卷二維摩詰經講經文：「即佛是心，即心是佛，心外無法，法外無心，净穢同體，無有分別。」

〔三〕限量：限定止境。大乘本生心地觀經卷二報恩品：「如是妙果名現報利益，是真報身有始無終，壽命劫數無有限量。」

〔四〕揀：辨別、選擇。對禪語做出判斷和評議。景德傳燈録卷二十一漳州羅漢院桂琛禪師：

「汝喚什麼作平實，把什麼作圓常？傍家行脚，理須甄別，莫相埋没。得些聲色名字貯在心頭，道我會解，善能揀辨。汝且會箇什麼？揀箇什麼？」黄龍慧南禪師語録偈頌趙州喫茶二首其二：「相逢相問知來歷，不揀親疏便與茶。翻憶憧憧往來者，忙忙誰辨滿甌花。」

〔五〕教：覺心本作「交」。

【資料】

①南藏本、北藏本第一三四則；覺心本、徑山本第一四一則。

②景德傳燈録卷十趙州觀音院從諗禪師：「僧問：『如何是佛？』師云：『殿裏底。』僧云：『殿裏者豈不是泥龕塑像？』師云：『是。』僧云：『如何是佛？』師云：『殿裏底。』」

③聯燈會要卷六趙州從諗禪師：「僧問：『如何是佛？』師云：『殿裏底。』云：『殿裏底豈不是泥龕塑像？』師云：『是。』云：『如何是佛？』師云：『殿裏底。』」

④五燈會元卷四趙州從諗禪師：「問：『如何是佛？』師曰：『殿裏底。』曰：『殿裏者豈不是泥龕塑像？』師曰：『是。』曰：『如何是佛？』師曰：『殿裏底。』」

142　問：「遠遠投師，未審家風如何？」師云：「不説似人。」學云：「爲什麼不説似人？」師云：「是我家風。」學云：「和尚既不説似人，争奈四海來投。」師云：「你是海〔一〕，我不是海。」學云：「未審海内事如何？」師〔二〕云：「老僧釣得一箇。」

【校注】

〔一〕海：原作「道」，依南藏本、北藏本、徑山本改。

〔二〕師：南藏本、北藏本無。

【資料】

①南藏本、北藏本第一三五則；覺心本、徑山本第一四二則。

143 問：「祖佛近不得底，是什麼人？」師云：「不是祖佛。」學云：「争奈近不得何？」師云：「向你道不是祖佛，不是衆生，不是物，得麼？」學云：「是什麼？」師云：「若有名字，即是祖佛、衆生也。」學云：「不可只與麼去也。」師云：「卒未與你去在。」

【資料】

①南藏本、北藏本第一三六則；覺心本、徑山本第一四三則。

144 問：「如何是平常心？」師云：「狐狼〔一〕野干〔二〕是。」

【校注】

〔一〕狐狼：野獸。佛教有十六小地獄，狐狼是其中之一。起世經卷二地獄品：「諸比丘，此八大地獄，各各復有十六小地獄，周匝圍繞，而爲眷屬。是十六獄，悉皆縱廣五百由旬。何等十六？所謂黑雲沙地獄，糞屎泥地獄，五叉地獄，飢餓地獄，燋渴地獄，膿血地獄，一銅釜地獄，多銅釜地獄，鐵磑地獄，函量地獄，雞地獄，灰河地獄，斫截地獄，劍葉地獄，狐狼地獄，寒冰地獄。」

〔二〕野干：獸名。唐慧琳一切經音義卷七十阿毗達磨俱舍論卷二：「野干，梵語『悉伽羅』。形色青黃，如狗，群行夜鳴，聲如狼也。字又作『射干』。」百喻經卷三野干爲折枝所打喻：「譬如野干，在於樹下，風吹枝折，墮其脊上，即便閉目，不欲看樹，捨棄而走，到於露地，乃至日暮，亦不肯來。」敦煌變文集伍子胥變文：「狀似被趁野干，遂使狂夫莨菪。」又作「射干」。漢書司馬相如傳上：「其上則有宛雛孔鸞，騰遠射干。」顏師古注引張揖曰：「射干似狐，能緣木。」王先謙補注引沈欽韓曰：「射干蓋佛書所謂野干。翻譯名義：『悉伽羅比云：野干似狐而小，形色青黃如狗，群行，夜鳴如狼。』廣志：『巢於絶岩高木也。』」

【資料】

①南藏本、北藏本第一三七則；覺心本、徑山本第一四四則。

145 問：「作何方便〔一〕，即得聞於未聞？」師云：「未聞且置〔二〕，你曾聞箇什麽來？」

【校注】

〔一〕方便：禪師根據學人的不同根器，特别是中下根器者，靈活采用的各種接引方法。景德傳燈録卷九京兆大薦福寺弘辯禪師：「方便者，隱實覆相，權巧之門也。被接中下，曲施誘迪，謂之方便。」

〔二〕置：覺心本、南藏本、北藏本作「致」。

【資料】

①南藏本、北藏本第一三八則；覺心本、徑山本第一四五則。

②五燈全書卷七、御選語録卷十六。

146 問：「承教有言：『隨色摩尼珠〔一〕。』如何是本色〔二〕？」師召僧名，僧應喏。師云：「過者邊來。」僧便過。又問：「如何是本色？」師云：「且隨色走。」

【校注】

〔一〕隨色摩尼珠：摩尼，梵語音譯，珍珠、珠寶。隨色摩尼珠，隨外境的不同而變換顏色，變換中抛却了摩尼寶珠的純净本色。楞嚴經疏解蒙鈔卷十：「佛經云：有三阿僧祇百千名號，隨世界應處立名，如隨色摩尼珠，觸青即青，觸黃即黃。寶本色，如指不自觸，刀不自割，鏡不自照，隨像所現之處，各各不同。此心與虛空齊壽。若入三昧門，無不是三昧；若入無相門，總是無相。隨立之處，盡得宗門。語言啼笑，屈伸俯仰，各從性海所發，故得宗名。」聯燈會要卷一釋迦牟尼佛：「世尊一日以隨色摩尼珠問五方天王云：『此珠作何色？』天王互説異色。世尊藏其珠，却舉手問：『此珠作何色？』天王云：『佛手中無珠，色從何有？』世尊嘆云：『汝何迷倒之甚！吾將世珠示之，便强説有青黃赤白；吾將真珠示之，便總不知。』時五方天王聞語悉悟道。」五燈會元卷七化度師鬱禪師：「問：『如何是隨色摩尼珠？』師曰：『青黃赤白。』曰：『如何是不隨色摩尼珠？』師曰：『青黃赤白。』」

〔二〕本色：本來面目，本心本性。禪宗認爲識得自己的本來面目就可開悟成佛。圓悟佛果禪師語録卷十六法語示宗覺大師：「唯本色衲子，自既了悟透徹。」虛堂和尚語録卷四法語示蓬萊宣長老：「本色衲僧，具透關眼，風驚草動，悉辨來機。」

【資料】

①南藏本、北藏本第一三九則；覺心本、徑山本第一四六則。

147 問：「平常心底人，還受教化也無？」師云：「我不歷佗門户〔一〕。」學云：「與麼則莫沉却那邊人〔二〕麽？」師云：「大好平常心。」

【校注】

〔一〕門户：禪師接引僧徒的不同方法。五燈會元卷十二丞熙應悦禪師：「上堂：『我宗無語句，徒勞尋露布。現成公案已多端，那堪更涉他門户。』」又卷十八報慈淳禪師：「而今開張門户，各説異端，可謂古路坦而荆棘生，法眼正而還自翳，孤負先聖，埋没己靈。」大慧普覺禪師語録卷二十二：「從上諸佛諸祖爲人，皆有如是體裁。自是後來兒孫失其宗旨，遂各立門户，造妖揑怪耳。」

〔二〕那邊人：與現象界相對的，獲得了覺悟、超越了輪迴的禪者。五燈會元卷六雲蓋智罕禪師：「問：『如何是那邊人？』師曰：『鋒前不露影，句後覓無蹤。』」又卷十三曹山智炬禪師：「撫州曹山羌慧智炬禪師，初問先曹山曰：『古人提持那邊人，學人如何體悉？』山曰：『退步就己，萬不失一。』」宏智禪師廣録卷四：「上堂：『百草頭上平生事，鬧市門前百億身。及盡許如閑影響，體明空劫那邊人。那邊人何所有？白雲斷處青山秀。』」

【資料】

①南藏本、北藏本第一四〇則；覺心本、徑山本第一四七則。

②祖堂集卷十八趙州和尚：「問：『如何是平常心？』師云：『虎狼、野干是。』僧云：『還教

化也無？』師云：『不歷你門户。』僧云：『與摩莫平沉那个人也無？』師云：『太好平常心！』」

148　問：「如何是學人〔一〕保任底物？」師云：「盡未來際〔二〕揀不出。」

【校注】

〔一〕學人：原無「人」字，依南藏本、北藏本、徑山本補。

〔二〕盡未來際：未來際，未來世的邊際。大悲經卷二：「如是衆生從前際來，劫數長遠，生死流轉，不可得知，於未來際亦復如是。」未來無邊無際而假視爲有，稱作「盡未來際」。大慧普覺禪師語録卷四：「世出世間一切諸法，盡在裏許，諸人還信得及麽？若信得及，出三界越苦海，盡未來際悉得受用。」

【資料】

①南藏本、北藏本第一四一則；覺心本、徑山本第一四八則。

149　問：「如何是大修行底人〔一〕？」師〔二〕云：「寺裏綱維〔三〕是。」

【校注】

〔一〕大修行底人：能够超脱生死、明心見性、自證自悟的修行者。大乘入楞伽經卷二：一切法品：「爾時大慧菩薩普觀未來一切衆生，復請佛言：『願爲我説具修行法，如諸菩薩摩訶薩成大修行。』佛言：『大慧，菩薩摩訶薩具四種法成大修行，何者爲四？　謂觀察自心所現故，遠離生住滅見故，善知外法無性故，專求自證聖智故。　若諸菩薩成此四法，則名爲大修行者。』」聯燈會要卷四池州南泉普願禪師：「師參次，有一老人，隨衆聽法，衆人退，老人亦退。　忽一日不退。　師問：『面前立者何人？』老人云：『某甲非人也，過去迦葉佛時，曾住此山。　因學人問：大修行人，還落因果也無？　某甲對云：不落因果。　五百生墮野狐身。　今請和尚代一轉語。』遂理前問。　師云：『不昧因果。』老人言下大悟。」

〔二〕師：南藏本、北藏本無。

〔三〕綱維：寺廟中的執事僧，綱領寺内維持佛事者，寺主、上座、綱維三者，謂之三綱。　釋氏要覽卷下住持：「或有同法同食，或同法別食主事三員，謂之三綱。　若罟綱之巨繩，提之則正也。　一上座梵云悉替摩，二寺主梵云毗呵囉莎彌，三綱維梵云羯磨陀那，此云知事。」

【資料】

①南藏本、北藏本第一四二則；覺心本、徑山本第一四九則。

150　問：「學人才到，總不知門户頭事〔一〕如何？」師云：「上座名什麼？」學云：「惠南。」師云：「大好不知。」

【校注】

〔一〕門户頭事：以眼耳鼻舌身意六根感知外在事物。宏智禪師廣録卷九：「見聞知覺，門户疏通。」佛光國師語録卷七法語示雲光入道：「一切境界，六根門頭看。」佛照禪師語録卷下法語示覺禪首座：「若退步就己，迴光返照，何愁不得悟入？是故閉却六門頭，不落見聞境界。直向赤肉團下，冥心體究看。」

【資料】

①南藏本、北藏本第一四三則；覺心本、徑山本第一五〇則。
②御選語録卷十六。

151　問：「學人欲學，又謗於和尚，如何得不謗去？」師云：「你名什麼？」學云：「道皎。」師云：「静處去，者米囤子〔一〕。」

【校注】

〔一〕米囤子：糧倉。御選語録卷十二圓明百問：「問：『老鼠鑽入米囤裏，且道是鼠吃米，米吃鼠？』」禪師以此語斥罵僧徒無能不開悟，其義如同「酒囊飯袋」。

【資料】

①南藏本、北藏本第一四四則；覺心本、徑山本第一五一則。

②御選語録卷十六。

152 問：「如何是和尚大意？」師云：「無大無小〔一〕。」學云：「莫便是和尚大意麽？」師云：「若有纖毫，萬劫〔二〕不如。」

【校注】

〔一〕無大無小：禪宗主張消除一切分别對立，不執著於世間萬法的任何一端。大般若波羅蜜多經卷四百四十二第二分佛母品：「依深般若波羅蜜多，能如實知彼諸有情所有大心，無大無小，無去無來，無生無滅，無住無異，無染無浄。所以者何？心之自性畢竟離故。」宗鏡録卷九十六：「菩薩欲得修學無量義者，應當觀察一切諸法，自本來今，性相空寂，無大無小，無生無滅，非住非動，不進不退，猶如虚空，無有二法。」

〔二〕萬劫：南藏本、北藏本作「万刼」。劫，佛家稱世界從形成到毁滅的過程爲一劫，萬劫猶萬世，世界經歷了上萬次成壞，形容時間極長。大智度論卷三十八釋往生品：「時中最小者，六十念中之一念；大時名劫。」祖庭事苑卷四雪竇祖英下釋「過量劫」：「日月歲數謂之時，成住壞空謂之劫。」唐李白短歌行詩：「白日何短短，百年苦易滿。蒼穹浩茫茫，萬劫太極長。」唐元稹悟禪三首寄胡果詩：「不恨百年促，翻悲萬劫長。」宋蘇軾登常山絶頂廣麗亭詩：「人生如朝露，白髮日夜催。棄置當何言，萬劫終飛灰。」

【資料】

①南藏本、北藏本第一四五則；覺心本、徑山本第一五二則。

153 問：「『萬法本閑，而人自鬧〔一〕』是什麼人語？」師云：「出來便死。」

【校注】

〔一〕萬法本閑，而人自鬧：慧忠國師語，盛傳於禪林。祖庭事苑卷一雪竇後録：「青蘿夤緣，語出忠國師碑，乃草堂沙門飛錫撰。其間數語，叢林率多舉唱，如：『青蘿夤緣，直上寒松之頂。白雲淡泞，出没太虚之中。萬法本閑，而人自鬧。』」

【資料】

①南藏本、北藏本第一四六則；覺心本、徑山本第一五三則。

②五燈全書卷七。

問：「不是佛，不是物〔一〕，不是衆生，這箇是斷語〔二〕，如何是不斷語？」師云：「天上天下，唯我獨尊〔三〕。」

【校注】

〔一〕不是佛，不是物：趙州之師南泉示衆語，後爲禪林經常參究的話頭。虚堂和尚語録卷六：「江西馬祖説即心即佛，王老師不恁麽道：『不是心，不是佛，不是物。』」法演禪師語録卷上：「上堂云：『永嘉道：取不得，捨不得，不可得中只麽得。祖師道：不是心，不是物，不是佛。』」

〔二〕斷語：斬斷尋常世俗的言語。金剛般若疏卷三：「今問上不可取不可説，已明心行斷語言絶，今何因緣更復明絶？」楞嚴經講録卷一：「世尊復設一計以審定，阿難答言下四句，是阿難墮在計中矣。汝亦如是者，乃佛之總斷語，猶言汝計心在身内。」

〔三〕天上天下，唯我獨尊：傳説佛出世時便説此語。祖堂集卷一釋迦牟尼佛：「又普曜經云：『佛初生時，放大光明，照十方界，地涌金蓮，自然捧足。東西南北各行七步，觀察四方，一手指天，一手指地，作師子吼：天上天下，唯我獨尊。』」禪家用此語，多含有自心是佛的寓義。明覺禪師語録卷一：「問：『不除妄想不求真底，是什麽人？』師云：『一宿覺。』進云：『與麽則天上天下，唯我獨尊？』師云：『一撥便轉。』」

【資料】
①南藏本、北藏本第一四七則；覺心本、徑山本第一五四則。
②五燈全書卷七。

155　問：「如何是毗盧圓相〔一〕？」師云：「老僧自小出家，不曾眼花。」學云：「和尚還爲人也無？」師云：「願你長見毗盧圓相。」

【校注】
〔一〕毗盧圓相：毗盧，毗盧舍那之略，法身佛的通稱，爲密教大日如來。唐慧琳一切經音義卷二十一：「毗盧遮那，案梵本毗字，應音云：無廢反。此云種種也。毗盧遮那，云光明遍照也；言佛於身智，以種種光明，照衆生也。或曰：毗，遍也；盧遮那，光照也。謂佛以身智無礙光明，遍照理事無礙法界也。」毗盧原爲太陽之意，象徵佛智廣大無邊。宏智禪師廣録卷一：「盡法界以成身，毗盧頂後看神光。」圓相，接界之處，其形團圓也。佛頭頂之相，或高僧開悟時頭頂所現之相。佛祖統紀卷二十八往生公卿傳：「賈純仁，霅川人。官至郢倅，潛心浄業，長齋念佛。因微疾，西向宴坐而逝，頂上白光圓相，異香滿室。」聯燈會要卷六趙州觀音從諗禪師作「毗盧頂相」。頂相，頭頂的肉髻。毗盧頂相即佛之頂相，一切人天皆不可見。禪宗喻指高妙佛法。

【資料】

①南藏本、北藏本無此則；覺心本、徑山本第一五五則。

②景德傳燈録卷十趙州觀音院從諗禪師：「僧問：『如何是毗盧圓相？』師云：『老僧自幼出家，不曾眼花。』僧云：『豈不爲人？』師云：『願汝常見毗盧圓相。』」

③聯燈會要卷六趙州觀音從諗禪師：「問：『如何是毗盧頂相？』師云：『老僧不曾眼花。』」

④密庵和尚語録、曇芳守忠禪師語録卷上、宗門拈古彙集卷十七、宗鑑法林卷十六。

156 問：「佛祖在日，佛祖相傳。佛祖滅後，什麽人傳？」師云：「古今總是老僧分上。」學云：「未審傳箇什麽？」師云：「箇箇總屬生死〔一〕。」云：「不可埋没却祖師也。」師云：「傳箇什麽？」

【校注】

〔一〕箇箇總屬生死：趙州認爲所能傳授的只是生死之法，真正的佛法是無法傳授的。以此啓發僧徒要自參自悟。

【資料】

①南藏本、北藏本第一四八則；覺心本、徑山本第一五六則。

157 問："凡聖俱盡〔一〕時如何？"師云："願你作大德〔二〕。老僧是障佛祖漢〔三〕。"

【校注】

〔一〕凡聖俱盡：超越了凡聖對立的分别念，是一種禪悟境界。壇經機緣品："平等如夢幻，不起凡聖見。"聯燈會要卷二天台雲居智禪師："清净性中，無有凡聖。"又："見有净穢、凡聖，亦是大病。"

〔二〕大德：對佛的尊稱。釋氏要覽卷上稱謂："大德，智度論云：『梵語婆檀陀，秦言大德。律中多呼佛爲大德。』"祖堂集卷十九臨濟和尚："大德，心法無形，通貫十方，在眼曰見，在耳曰聞，在手執捉，在脚雲奔。"禪籍中亦用作高僧的尊稱。祖堂集卷二惠能和尚："時中使薛簡啓師云：『京城禪師大德教人，要假坐禪，然方得道。』"

〔三〕障佛祖漢：迷障佛性，不得開悟之人。佛説大迦葉問大寶積正法經卷一："菩提大行人，謗毁行輕慢。棄背正真心，邪妄而分别。如斯四惡行，迷障佛菩提。"

【資料】

①南藏本、北藏本第一四九則；覺心本、徑山本第一五七則。

158　問：「遠聞趙州到來，爲什麽不見？」師云：「老僧罪過。」

【資料】

①南藏本、北藏本第一五〇則；覺心本、徑山本第一五八則。

159　問：「朗月當空，未審室中事如何〔一〕？」師云：「老僧自出家，不曾作活計〔二〕。」學云：「争奈學云：「與麽即和尚不爲今時〔三〕也？」師云：「自疾不能救，焉能救諸疾？」學云：「争奈學人無依何？」師云：「依即躡着地，不依即一任東西〔四〕。」

【校注】

〔一〕室中事如何：僧徒詢問禪師獲得悟心的方法。

〔二〕作活計：原指爲謀生而勞作，禪家用以比喻參禪習佛的修行行爲。祖堂集卷七巖頭和尚：「若是得意底人，自解作活計。舉措悉皆索索底，時長恬恬底。」潭州潙山靈祐禪師語録：「縱有百千妙義，抑揚當時，此乃得坐披衣，自解作活計始得。」

〔三〕今時：當下、當今的情境、機緣。禪宗認爲如果有了今時、明時等時間分別概念，便落入了第二義，無法獲得最上乘的禪旨佛法。大慧普覺禪師語録卷二十一：「纔涉語言，便唤作落今時，亦謂之兒孫邊事。」又卷二十九：「才開口，便喚作落今時。亦謂之根本上事，亦謂之浄極光通達，以悟爲落在第二頭，以悟爲枝葉邊事。」

〔四〕一任東西：任意行事，無所羈縛。影響集二十四氣省懷詩其二：「明月清風留不住，逍遥自在任東西。」

【資料】

①南藏本、北藏本第一五一則；覺心本、徑山本第一五九則。

②祖堂集卷十八趙州和尚：「問：『朗月處空時人盡委，未審室内事如何？』師云：『自少出家，不作活計。』學曰：『與摩則不爲今時去也。』師云：『老僧自疾不能救，争能救得諸人疾？』學曰：『與摩則來者無依。』師云：『依則榻著地，不依則一任東西。』」

160 問：「在心心不測時如何？」師云：「測阿誰？」學云：「測自己。」師云：「無兩箇〔一〕。」

【校注】

〔一〕無兩箇：唯一一個，别無第二個。禪師以此語譏諷僧徒愚鈍至極。虚堂和尚語録卷六：「元來一星子，不曾改過。者般瞎禿得人憎，天上人間無兩箇。」

【資料】

①南藏本、北藏本第一五二則；覺心本、徑山本第一六〇則。

161 問："不見邊表〔一〕時如何？"師指净瓶云："是什麽？"學云："净瓶。"師云："大好不見邊表。"

【校注】

〔一〕邊表：邊際。信心銘："極小同大，妄絶境界；極大同小，不見邊表。"宗鏡録卷二一："豎徹三際，横亘十方，無有界量，邊表不可得，故稱法界，爲萬物之根。"

【資料】

①南藏本、北藏本第一五三則；覺心本、徑山本第一六一則。

②指月録卷十一。

162 問："如何是歸根〔一〕？"師云："擬即差〔二〕。"

【校注】

〔一〕歸根：比喻事物總有一定的歸宿。語出壇經付囑品："大師七月八日，忽謂門人曰：『吾欲歸新州，汝等速理舟楫。』大衆哀留甚堅。師曰：『諸佛出現，猶示涅槃。有來必去，理亦常然。吾此形骸，歸必有所。』衆曰：『師從此去，早晚可回？』師曰：『葉落歸根，來時無口。』」嘉泰普燈録卷一廬山開先善暹禪師：「但請孤運其照，各究其源，謂之落葉歸根。」五燈會元卷十三重雲智暉禪師：「上堂，僧問：『如何是歸根得旨？』師曰：『早是忘却，不憶塵生。』」

〔二〕擬即差：只要心中稍起動念，便與歸根之旨差距萬里。無準師範禪師語録卷一：「上堂：『擬即差，動即隔，忘伎倆，絶聲色，兩手揶揄懡㦬休，東村有個王大伯，喝一喝。』」

【資料】

①南藏本、北藏本第一五四則；覺心本、徑山本第一六二則。

②五燈全書卷七。

163 問：「不離言句，如何得獨脱〔一〕？」師云：「離言句是獨脱。」學云：「適來無人教某甲來。」師云：「因什麽到此？」學云：「和尚何不揀出？」師云：「我早箇揀了也。」

【校注】

〔一〕獨脱：獨立、超脱，無所依頼。虚堂和尚語録卷二：「僧禮拜。師乃云：『一絲不掛，猶涉廉纖，獨脱無依，未爲極則。』」圓悟佛果禪師語録卷十四法語上示世祥禪人：「處聖不增，居凡不減，獨脱根塵，迥超物表。」

【資料】

①南藏本、北藏本第一五五則；覺心本、徑山本第一六三則。

②指月録卷十一。

164 問：「非心不即智〔一〕，請和尚一句。」師云：「老僧落你後。」

【校注】

〔一〕非心不即智：禪宗認爲明心方能見性，澄明本心，可以獲得開悟。楞嚴經講録：「於真性之用，曰净明者，謂此心即智也。污不能染，境不能蔽，而靈照卓然，即妙明心也。」

【資料】

①南藏本、北藏本第一五六則；覺心本、徑山本第一六四則。

165 問：「如何是畢竟〔一〕？」師云：「畢竟。」學云：「那箇畢竟是？」師云：「老僧是畢竟，你不解問者話。」學云：「不是不問。」師云：「畢竟在什麽處？」

【校注】

〔一〕畢竟：參悟佛法，超脱生死的禪門大事，是禪門師僧修行想要達到的終極境界。又作「畢竟事」、「究竟事」。祖堂集卷十六南泉和尚：「師與歸宗同行二十年。行脚煎茶次，師問：『從前記持商量語句已知，離此後有人問畢竟事作麽生？』歸宗云：『這一片田地，好个卓庵。』」五燈會元卷二十雲居法如禪師：「眼曰：『此皆學解，非究竟事。欲了生死，當求妙悟。』」

【資料】

①南藏本、北藏本第一五七則；覺心本、徑山本第一六五則。

166　問：「不挂寸絲〔一〕時如何？」師云：「不挂什麽？」學云：「不挂寸絲。」師〔二〕云：「大好不挂寸絲。」

【校注】

〔一〕不挂寸絲：成語字面指魚類不受鉤絲的掛礙，禪林用來比喻蕩盡妄情俗念，心無掛礙，不爲塵世所牽累，是一種極高的修持境界。又作「一絲不掛」。祖堂集卷十六南泉和尚：「師問陸亘大夫：『十二時中作麽生？』對云：『寸絲不掛。』」五燈會元卷二温州净居尼玄機：「峰曰：『汝名甚麼？』師曰：『玄機。』峰曰：『日織多少？』師曰：『寸絲不掛。』遂禮拜退，纔行三五步，峰召曰：『袈裟角拖地也。』師回首。峰曰：『大好寸絲不掛。』」徹悟禪師語録卷下：「又不慕諸聖，不重己靈者，此謂寸絲不掛，心佛兩忘，徹底撒開，迥無依倚，外遺世界，内脱身心，一念不生，萬縁坐斷。」

〔二〕師：南藏本、北藏本無。

【資料】

①南藏本、北藏本第一五八則；覺心本、徑山本第一六六則。

②祖堂集卷十八趙州和尚：「問：『寸絲不掛時如何？』師云：『不掛什摩？』僧云：『不掛寸絲。』師云：『太好不掛。』」

③御選語録卷十六。

167 問：「如救頭然〔一〕底人如何？」師〔二〕云：「便學。」學云：「什麼處？」師〔三〕云：「莫占佗位次。」

【校注】

〔一〕如救頭然：然，徑山本作「燃」。説文火部：「然，燒也。」廣韻仙韻：「然，俗作燃。」集韻仙韻：「然，俗作燃。」正字通巳集火部：「燃，俗然字。」佛經、禪籍中「如救頭然」亦多作「如救頭燃」。佛本行經卷五魔勸舍壽品：「吾身若留住，及度世之後。卿等勤奉法，用吾色身爲。但當力精進，盡形奉禁戒。方便求覺慧，急如救頭燃。」如救頭然，言救滅燒頭之火，比喻解除危險，救護危難。請觀音經疏闡義鈔卷四：「經如救頭然者，金光明云：『譬如男女如火燒頭，如火燒衣，救令速滅，火若未滅，不得暫安，懺悔亦爾。此則然字是燒然也。』」大莊嚴論經卷六：「是故我今當專心持禁戒，設頭上火然，衣服亦焚燒，我當堅精進，修行調順法。」佛經中還作「如救自頭燃」，本事經卷六三法品：「晝夜處空閑，絶世諸緣務。勤修戒心慧，如救自頭燃。」作「如救頭火」，金光明最勝王經玄樞卷二：「恒見衆生小發機心惡轉法輪，故常發心行道無間，如救頭火。」「頭燃」、「頭然」當都是指頭上起火。瑜伽師地論略纂卷十一精進品：「云如滅頭然者，『然』謂生然，言急當如救頭。」

〔二〕師：南藏本、北藏本無。

〔三〕師：南藏本、北藏本無。

【資料】

①南藏本、北藏本第一五九則；覺心本、徑山本第一六七則。

168 問：「空劫〔一〕中阿誰爲主？」師〔二〕云：「老僧在裏許坐〔三〕。」學云：「説甚麼法？」師〔四〕云：「説你問底。」

【校注】

〔一〕空劫：四劫中的最後一劫。四劫是世界從初創至毀滅的四個階段，包括成劫、住劫、壞劫和空劫。空劫，世界進入毀滅後，萬物未生，只有虛空的時期。俱舍論疏卷十二分別世品：「從空劫後方有成劫。」

〔二〕師：南藏本、北藏本無。

〔三〕坐：南藏本、北藏本作「也」。

〔四〕師：南藏本、北藏本無。

【資料】

①南藏本、北藏本第一六〇則；覺心本、徑山本第一六八則。

169 問：「承古有言：『虛明自照〔一〕。』如何是自照？」師〔二〕云：「不稱佗照。」學云：「照不著處如何？」師〔三〕云：「你話墮〔四〕也。」

【校注】

〔一〕虛明自照：本爲禪宗三祖僧璨大師法語。信心銘：「狐疑盡净，正信調直。一切不留，無可記憶。虚明自照，不勞心力。非思量處，識情難測。」言澄明心性，消除分別念，便可領悟佛法禪旨的深邃含意。後爲歷代禪師接引僧徒時所習用。大慧普覺禪師語録卷二十三示妙明居士：「然心何有垢？心何有濁？謂分別善惡雜毒所鍾。（中略）此體本來無染，非使然也。分別不生，虚明自照，便是這些道理。」宏智禪師廣録卷一：「上元示衆云：『半夜誰傳無盡燈，黄梅席上許盧能。虚明自照非心力，分付叢林了事僧。』」

〔二〕師：南藏本、北藏本無。

〔三〕師：南藏本、北藏本無。

〔四〕墮：陷入言辭知解，不契禪法。禪籍中常以「墮根」、「墮坑落塹」作比。五燈會元卷十九龍門清遠禪師：「圓明了知，不由心念。抵死要道，墮坑落壍。」

【資料】

①南藏本、北藏本第一六一則；覺心本、徑山本第一六九則。

②五燈全書卷七。

170 問：「如何是的〔一〕？」師云：「一念未起時〔二〕。」

【校注】

〔一〕的：佛法真諦。禪籍中又作「的的大意」、「的的意」。詳見卷上第68則。

〔二〕一念未起時：一念，佛家認爲極短的時間，有六十刹那爲一念之説。「一念未起時」，尤言時間極短。禪宗認爲在極短的時間只要澄明本心，即可瞬間開悟成佛。摩訶止觀卷三：「一念六十刹那，秖是一念從假入空得慧眼，照真諦而得成佛。」

【資料】

①南藏本、北藏本第一六二則；覺心本、徑山本第一七〇則。

171 問：「如何是法王〔一〕？」師云：「州裏大王是。」云：「和尚不是。」師云：「你擬造反〔二〕去，都來一箇王不認。」

【校注】

〔一〕法王：王有最勝、自在之義，佛爲法門之主，因能自在教化衆生，故稱法王。無量壽經卷下：「佛爲法王尊超衆聖，普爲一切天人之師。」釋迦方志卷上中邊篇：「凡人極位名曰輪王，聖人極位名曰法王。」

〔二〕反：覺心本、南藏本、北藏本作「返」。

【資料】

①南藏本、北藏本第一六三則；覺心本、徑山本第一七一則。

172 問：「如何是佛心〔一〕？」師云：「你是心，我是佛。奉不奉，自看。」學云：「師即不無，還奉得也無？」師云：「你教化我看。」

【校注】

〔一〕佛心：如來之心，覺悟、慈悲之心。佛説觀無量壽佛經：「諸佛心者，大慈悲是。」

【資料】

①南藏本、北藏本第一六四則；覺心本、徑山本第一七二則。

173 問：「三身〔一〕中那箇是本來身〔二〕？」師云：「闕一不可。」

【校注】

〔一〕三身：佛有三身，或作法身、報身、應身。圓覺經夾頌集解講義：「佛有法身、報身、應身。法身有二種，理體法身，用中法身。報身亦有二種，有自報、他報。應身亦有二種，有勝應、有劣應。」或作法身、應身、化身。金光明最勝王經卷二分別三身品：「善男子！一切如來有三種身。云何爲三？一者化身，二者應身，三者法身。如是三身具足，攝受阿耨多羅三藐三菩提，若正了知，速出生死。」又作法身、受用身、化身。浴佛功德經：「諸佛、世尊具有三身，謂法身、受用身、化身。」分合不同，皆可泛指佛所具之身。大乘本生心地觀經卷三報恩品：「永斷生死苦輪迴，得證三身菩提果。」樂邦文類卷一首楞嚴經勢至獲念佛圓通：「佛具三身，心破三惑。」

〔二〕本來身：超脱了外在肉身的内在精神本源，只有返觀澄明本心，方能透見自己的本來身。景德傳燈録卷六池州杉山智堅禪師：「僧問：『如何是本來身？』師云：『舉世無相似。』」又卷九福州大安禪師：「僧云：『離却五蘊，如何是本來身？』師云：『地水火風，受想行識。』」

【資料】

①南藏本、北藏本第一六五則；覺心本、徑山本第一七三則。

②宗門拈古彙集卷十七、五燈全書卷七、宗鑑法林卷十六。

174 問：「未審此土誰爲祖師？」師云：「達磨來這邊總是。」學云：「和尚是第幾祖？」師云：「我不落位次〔一〕。」學云：「在什麽處？」師〔二〕云：「在你耳裏。」

【校注】

〔一〕落位次：落，陷入。禪籍中還有「落草」（陷入言辭理據）、「落根塵」（陷入情識塵俗之中）、

「落二落三」（陷入第二、第三義中）的説法。落位次，言陷入凡塵排位、次序的執著念中。夔州卧龍字水禪師語録卷三雜偈示中樹熊居士：「欲啼還笑都無意，別有商量落位次。翻復追尋聲臭前，何常不是如來地。」

〔二〕師：南藏本、北藏本無。

【資料】

①南藏本、北藏本第一六六則；覺心本、徑山本第一七四則。

175 問：「不棄本，不逐末〔一〕，如何是正道〔二〕？」師〔三〕云：「大好出家兒〔四〕。」學云：「學人從來不曾出家。」師〔五〕云：「歸依佛，歸依法。」學云：「未審有家可出也無？」師〔六〕云：「直湏出家。」學云：「向什麽〔七〕處安排伱？」師〔八〕云：「且〔九〕向家裏坐。」

【校注】

〔一〕不棄本，不逐末：棄本逐末本指丟棄農桑，從事工商等其他事業。漢書食貨志下：「民心動摇，棄本逐末，耕者不能半，姦邪不可禁。」禪宗以追逐外物，迷失本心爲棄本逐末。天聖廣燈録卷九百丈懷海禪師：「求佛求菩提及一切有無等法，是棄本逐末。」建中靖國續燈録卷十三慧林禪院佛陀禪師：「衆生棄本逐末，背覺合塵，一失其源，迷而不復。」大慧普覺禪師語録卷二十示羅知縣：「心術是本，文章學問是末，近代學者，多棄本逐末，尋章摘句，學華言巧語以相勝。而以聖人經術，爲無用之言。」

〔二〕正道：一切聖人所修聖道，包括正見、正思維、正語、正業、正命、正精進、正念、正定八類。亦稱「八正道」。維摩義記卷四：「一切聖人所修八正悉名正道。」大般涅槃經卷上：「道諦者，八正道：一正見、二正念、三正思惟、四正業、五正精進、六正語、七正命、八正定。此八法者，諦是聖道。」

〔三〕師：南藏本、北藏本無。

〔四〕出家兒：即出家人，指脱離了塵俗生活的僧尼。祖堂集卷六洞山和尚：「夫出家兒，心不依物，是真修行，何有悲戀？」大慧普覺禪師語録卷二十一：「我出家兒在外打入，士大夫在内打出。」宗門武庫：「大抵出家人，本爲生死事大。」

〔五〕師：南藏本、北藏本無。

〔六〕師：南藏本、北藏本無。

〔七〕什麽：南藏本、北藏本作「甚」。

〔八〕師：南藏本、北藏本無。

〔九〕且：南藏本、北藏本作「直」。

【資料】

①南藏本、北藏本第一六七則；覺心本、徑山本第一七五則。

176　問：「明眼人〔一〕見一切，還見色〔二〕也無？」師云〔三〕：「打却著。」學云：「如何打得？」師〔四〕云：「莫用力。」學云：「不用力，如何打得？」師〔五〕云：「若用力，即乖〔六〕。」

【校注】

〔一〕明眼人：法眼明亮的禪者。碧巖録卷一〔八〕：「若是明眼人，有照天照地底手脚，直下八面玲瓏。」楊岐方會和尚後録：「僧以坐具摵一摵。師云：『與麼則楊岐燒香供養去也。』僧云：『明眼人難瞞。』」

〔二〕色：六塵之一，除此還有聲、香、味、觸、法。眼根的認識對象，如顔色、形貌等。大般涅槃經卷十三聖行品：「眼所見者，則名爲色。」佛教認爲六塵會污染人們清净的心靈，使真性不能顯發。

〔三〕師云：原無「云」字，依覺心本、南藏本、北藏本、徑山本補。南藏本、北藏本無「師」字。

〔四〕師：南藏本、北藏本無。

〔五〕師：南藏本、北藏本無。

〔六〕乖：違背、背離。易序卦：「家道窮必乖，故受之以睽。睽者，乖也。」莊子天運：「三皇之知，上悖日月之明，下睽山川之精，中墮四時之施。」成玄英疏：「睽，乖離也。」

【資料】

①南藏本、北藏本第一六八則；覺心本、徑山本第一七六則。

177　問：「祖佛大意合爲什麽人？」師〔一〕云：「只爲今時。」學云：「争奈不得何？」師〔二〕云：「誰之過？」學云：「如何承當？」師〔三〕云：「如今無人承當得。」學〔四〕云：「與麽即無依倚也？」師云：「又不可無却老僧。」

【校注】

〔一〕師：南藏本、北藏本無。

〔二〕師：南藏本、北藏本無。

〔三〕師：南藏本、北藏本無。

〔四〕學：原無，依南藏本、北藏本、徑山本補。

【資料】

①南藏本、北藏本第一六九則；覺心本、徑山本第一七七則。

178　問：「了事底人〔一〕如何？」師〔二〕云：「正大修行〔三〕。」學云：「未審和尚還修行也無？」師〔四〕云：「著衣喫飯〔五〕。」學云：「著衣喫飯尋常事，未審修行也無？」師〔六〕云：「你且道我每日作什麽？」

【校注】

〔一〕了事底人：内心了悟，超脱生死，獲得大徹大悟的人。佛果克勤禪師心要卷下示張國太：「心如太虚，森羅萬象無不包含，印定頭頭處處得大解脱，乃名了事底人。」聯燈會要卷二十九净慈慧暉禪師：「任汝頭頭上了，物物上明。只唤作了事底人，須知有尊貴邊事，直饒如兩鏡相照，光影互融，亦只唤作光影邊事。」

〔二〕師：南藏本、北藏本無。

〔三〕正大修行：正大，弘正極大。易大壯：「正大，而天地之情可見矣。」王弼注：「弘正極大，則天地之情可見矣。」佛家指無所束縛，不滯一物的修行境界。般若心經釋疑：「二六一竅，而觀之者，俱患能所之病，皆非正大之觀也。惟有大觀，而無其所因，其無所始，得去住自由，縱横爽快，雖曰無所惟不滯一切境物之所。」正大修行，是趙州禪師勉勵學人即便獲得了内心的了悟，仍需精進修行。

〔四〕師：南藏本、北藏本無。

〔五〕著衣喫飯：體現了禪宗「平常心是道」的宗門主張。「平常心」就是不執著、不强求，順應自然，平和處事的人生態度。景德傳燈録卷二十八諸方廣語江西大寂道一禪師：「道不用修，但莫污染，但有生死心，造作趣向皆是污染。若欲直會其道，平常心是道，謂平常心無造作，無是非，無取捨，無斷常，無凡無聖。（中略）只如今行住坐卧、應機接物盡是道。」聯燈會要卷十五黄龍悟新禪師：「問：『如何是佛？』師云：『著衣喫飯。』」

〔六〕師：南藏本、北藏本無。

【資料】

①南藏本、北藏本第一七〇則；覺心本、徑山本第一七八則。

179 崔郎中問：「大善知識〔一〕，還入地獄〔二〕也無？」師云：「老僧末上〔三〕入。」崔云：「既是大善知識，爲什麽入地獄？」師云：「老僧若不入，争得見郎中？」

【校注】

〔一〕大善知識：善知識，正直有德行，善於教導他人向道學佛得勝益的師友，與惡知識相對。道行般若經卷六：「常隨善知識，不與惡知識相隨，常求佛法，願欲生異方佛刹，用是故，常與佛相見供養之。」大善知識，善知識中的偉大者。

〔二〕地獄：梵語名爲那落迦、泥犁。爲六道中最苦的地方，因處地下，故名。大乘義章卷八六道義四門分别：「若正解之，言地獄者，就處名也。地下牢獄，是其生處，故云地獄。」俱舍論記卷八分别世品：「地下有獄名爲地獄，此乃義翻，梵名那落迦。若依正理二十二釋五趣名云：『那落名人，迦名爲惡。人多造惡，顛墜其中。』」

〔三〕末上：開頭，最初。圓悟佛果禪師語録卷十九：「舉，世尊生下，周行七步，目顧四方，一手指天，一手指地，自云：『天上天下，惟我獨尊。』右脇誕金軀，九龍噴香水。嶷嶷步四方，周匝蓮華起。末上先施第一機，高風亘古鎮巍巍。」與「末上」相對，還有「末後」的説法，表示結尾，最後。續傳燈録卷四居素禪師：「問：『如何是末上一句？』師曰：『金剛樹下。』曰：『如何是末後一句？』師曰：『拘尸城邊。』」

【資料】

①南藏本、北藏本無此則；覺心本、徑山本第一七九則。

②景德傳燈録卷十趙州觀音院從諗禪師：「人問：『和尚還入地獄否？』師云：『老僧末上入。』曰：『大善知識爲什麽入地獄？』師云：『若不入，阿誰教化汝？』」

③聯燈會要卷六趙州觀音從諗禪師：「有官人問：『和尚還入地獄也無？』師云：『老僧末上入。』云：『既是大善知識爲甚麽却入地獄？』師云：『我若不入，教阿誰教化你？』」

④五燈會元卷四趙州從諗禪師：「官人問：『和尚還入地獄否？』師曰：『老僧末上入。』曰：『大善知識爲甚麽入地獄？』師曰：『我若不入，阿誰教化汝？』」

⑤佛祖歷代通載卷十七、五燈全書卷七。

180 問：「毫釐有差時如何？」師〔一〕云：「天地懸隔〔二〕。」云：「毫釐無差時如何？」師〔三〕云：「天地懸隔。」

【校注】

〔一〕師：南藏本、北藏本無。

〔二〕毫釐有差、天地懸隔：毫、釐都是極微小的度量單位。俗語謂稍有差池便相差千里，形容小誤差會帶來大錯誤。此諺最早見於漢戴德大戴禮記卷三保傅：「易曰：『正其本，萬物理。失之毫釐，差之千里。』故君子慎始也。」漢董仲舒春秋繁露卷六立元神：「君人者，國之元。發言動作，萬物之樞機。樞機之發，榮辱之端也。失之毫釐，駟不及追。故爲人君者，謹本詳始，敬小慎微。」禪籍中指對佛法的領悟稍有偏差，便會相隔天地，終難契會。形容要認真領悟佛法，不要輕視細小的失誤。五燈會元卷一三祖僧璨鑑智禪師：「師信心銘曰：『至道無難，唯嫌揀擇。但莫憎愛，洞然明白。毫釐有差，天地懸隔。欲得現前，莫存順逆。』」又作「差之毫氂，過犯山嶽」，五燈會元卷十三雲居道膺禪師：「上堂：『（中略）差之毫氂，過犯山嶽。不見古人道，學處不玄，盡是流俗；閨閤中物，捨不得俱爲滲漏。』」

〔三〕師：南藏本、北藏本無。

【資料】

①南藏本、北藏本第一七一則；覺心本、徑山本第一八〇則。

②五燈全書卷七。

181　問：「如何是不睡底眼？」師〔一〕云：「凡眼、肉眼。」又云：「雖未得天眼〔二〕，肉眼力如是。」學云：「如何是睡底眼？」師〔三〕云：「佛眼、法眼是睡底眼。」

【校注】

〔一〕師：南藏本、北藏本無。

〔二〕天眼：佛有十力，其中之一是具有天眼，可以見一切諸色，及衆生未來生死之相。長阿含十報法經卷下：「佛爲天眼已浄過度人間，見人往來死生如有知，是爲九力。」信佛功德經：「唯佛世尊，以清浄天眼過於肉眼，悉見衆生生滅好醜善趣惡趣，乃至生於天界，皆如實知，是即名爲佛最勝法。」

〔三〕師：南藏本、北藏本無。

【資料】

①南藏本、北藏本第一七二則；覺心本、徑山本第一八一則。

182 問：「大庾嶺頭趁〔一〕得及，爲什麽提不起？」師拈起衲衣，云：「你甚處得者箇來？」學〔二〕云：「不問者箇。」師云：「與麽即提不起。」

【校注】

〔一〕大庾嶺頭趁得及，爲什麽提不起：事見祖堂集卷二弘忍和尚：「當時七百餘人，一齊趁盧行者。衆中有一僧，號爲慧明，趁得大庾嶺上，見衣鉢不見行者。其上座便近前，以手提之，衣鉢不動，便委得自力薄，則入山覓行者。高處望見行者在石上坐。（中略）明上座云：『不爲衣鉢，特爲佛法來。不知行者辭五祖時有何密語密意，願爲我説！』」

〔二〕學：原無，依南藏本、北藏本、徑山本補。

【資料】

①南藏本、北藏本第一七三則；覺心本、徑山本第一八二則。

183 問：「不合不散〔一〕，如何辨？」師云：「你有一箇，我有一箇。」云：「者箇是合，如何是散？」師云：「你便合〔二〕。」

【校注】

〔一〕不合不散：没有合與散的分別對立，萬物圓融統一。大般若波羅蜜多經卷三百五十九初分多問不二品：「佛言：『善現，若菩薩摩訶薩如實了知一切法不合不散，是菩薩摩訶薩如是當知一切法略廣相。』」摩訶般若波羅蜜經卷四句義品：「菩薩句義是一切法，皆不合不散，無色無形無對。」出生無邊門陀羅尼經：「菩薩若修此陀羅尼者，不應分別有爲無爲，亦不取不著，不增不減，不成不壞，不合不散，不生不滅。」

〔二〕合：南藏本、北藏本作「答」，形近而誤。

【資料】

①南藏本、北藏本第一七四則；覺心本、徑山本第一八三則。

184　問：「如何是不錯路〔一〕？」師云：「識心見性〔二〕是不錯路。」

【校注】

〔一〕不錯路：能够明心見性的正確修禪之法。大慧普覺禪師語録卷三：「上堂舉：『僧問趙州：如何是不錯路？州云：識心見性是不錯路。』師云：『棒打石人頭，嚗嚗論實事。不用作禪會，不用作道會。若要不錯路，須是識心見性始得。且那箇是識底心，那箇是見底性？有般底聞恁麼道，便道：有水皆含月，無山不帶雲。』」

〔二〕識心見性：明見本心，是參禪的目的，也是禪悟的實質。壇經敦煌本：「不識本心，學法無益；識心見性，即悟大意。」景德傳燈録卷四保唐無住禪師：「舉要而言，識心即離念，見性即解脱，離識心見性外，更有法門證無上菩提者，無有是處。」

【資料】

①南藏本、北藏本第一七五則；覺心本、徑山本第一八四則。

②大慧普覺禪師語録卷三、禪林類聚卷三、了庵清欲禪師語録卷三、無明慧經禪師語録卷二、列祖提綱録卷三十三。

185 問：「明珠在掌，還照也無？」師云：「照即不無，喚什麼作珠？」

【資料】

①南藏本、北藏本第一七六則；覺心本、徑山本第一八五則。

186 問：「靈苗無根〔一〕時如何？」師云：「你從什麼處來？」云：「太原來。」師云〔二〕：「大好無根。」

【校注】

〔一〕靈苗無根：靈苗，猶本心本性，契悟之心。紫柏尊者全集卷一：「靈苗，心之譬也。」百丈清規證義記卷八：「長般若之靈苗，成菩提之妙果。」無根，不受對立二分法的束縛。山庵雜録卷上：「靈苗不屬陰陽種，根本元從劫外來。」

〔二〕云：原無，依南藏本、北藏本、徑山本補。

【資料】

①南藏本、北藏本第一七七則；覺心本、徑山本第一八六則。

187　問：「學人擬作佛時如何？」師云：「大煞費力生〔一〕。」云：「不費力時如何？」師云：「與麽即作佛去也。」

【校注】

〔一〕費力生：生，形容詞詞尾。費力生，指耗費精力，花費力氣。

【資料】

①南藏本、北藏本第一七八則；覺心本、徑山本第一八七則。

②祖堂集卷十八趙州和尚：「問：『學人擬作佛去時如何？』師云：『費心力。』僧云：『不費心力時如何？』師云：『作佛去。』」

③五燈全書卷七。

188 問：「學人昏鈍，在一浮沉〔一〕，如何得出？」師只據坐〔二〕。云：「某〔三〕甲實問和尚。」師云：「你甚處作一浮一沉？」

【校注】

〔一〕浮沉：借水勢之上下起伏，比喻追隨世俗。禪宗反對修行者執著於世俗的盛衰、得失。觀心論疏卷五：「不受二邊浮沉之惱名忍。」明覺禪師語録卷二：「勞勞世務逐浮沉，一性澄明亘古今。」

〔二〕據坐：「據」此處同「踞」。踞坐，坐時兩脚和臀部著地，兩膝上聳。四分律删繁補闕行事鈔卷下主客相待篇：「坐法有二：一結加趺，二踞坐。跪有二：一長跪，即兩膝及足指至地；二互跪，右膝至地各有所立。」三千云：「不得於上座前踞坐。踞坐五法：一不交足，二不雙竪兩足，三不却踞，兩手掉梢兩足，四不得揞拄一足申一足，五不上足。」

〔三〕某：覺心本作「厶」。

【資料】

①南藏本、北藏本第一七九則；覺心本、徑山本第一八八則。

189 問：「不在凡，不在聖，如何免得兩頭路〔一〕？」師云：「去却兩頭來答你。」僧不審〔二〕。師云：「不審，從什麼處起？在者裏〔三〕，從老僧起，在市裏時，從什麼處起？」云：「和尚爲什麼不定？」師云：「我教你何不道『今日好風』？」

【校注】

〔一〕兩頭路：分别對立的思想。禪宗反對二元對立的思想，有「截斷兩頭」、「坐斷兩頭」的説法。宏智禪師廣録卷五：「截斷兩頭路，中間不隔絲。」黄龍慧南禪師語録：「夫出家者，須稟大夫決烈之志，截斷兩頭，歸家穩坐。」

〔二〕不審：不知道，不明白。戰國策楚策四：「汗明憱焉，曰：『明願有問君，而恐固，不審君之聖孰與堯也？』」曹溪大師别傳：「不審和尚初付囑時，更有何言教？願垂指示。」三寶感應要略録卷中：「於復問：『不審母在何處？』答：『母依貪財墮餓鬼中。』」

〔三〕在者裏：徑山本後有一「時」字。

【資料】

①南藏本、北藏本第一八〇則；覺心本、徑山本第一八九則。

190 問：「如何是大闡提底人〔一〕？」師云：「老僧答你還信否？」云：「和尚重言，那敢不信？」師云：「覓箇闡提人難得。」

【校注】

〔一〕大闡提底人：闡提，爲「一闡提」之略。一闡提，一闡提迦的省稱，爲梵語音譯詞，指難以成佛或不想成佛的人。此又有兩種：一爲起大邪見，斷一切善根者，名斷善闡提；二爲大悲菩薩，發願度盡衆生，方成佛道，而衆生至多，故亦成佛無期者，名大悲闡提。「大闡提人」，梵漢合璧詞，在「闡提」上加一個稱人的類詞綴「人」，用「大」指超群、非同一般者。撫州曹山元證禪師語録：「上堂，僧問：『如何是大闡提人？』師曰：『不懼業。』」又：「纔有纖毫奉重得味，不成知有自己事也，故曰大闡提。」筠州洞山悟本禪師語録：「師問雲居：『大闡提人殺父害母，出佛身血破和合僧，如是種種孝養何在？』居云：『始得孝養。』」

【資料】

①南藏本、北藏本第一八一則；覺心本、徑山本第一九〇則。

②五燈全書卷七。

191　問：「大無慚愧〔一〕底人，什麽處著得？」師云：「此間著不得。」云：「忽然出頭〔二〕，争向？」師云：「將取去。」

【校注】

〔一〕無慚愧：一是指没有羞愧。大慧普覺禪師語録卷三十答湯丞相：「第二生，受癡福，無慚愧，不做好事，一向作業。」遊心安樂道：「或有衆生，作衆惡業，雖不誹謗方等經典，如此愚人，多造衆惡，無有慚愧。」二是指修行開悟，超脱慚愧榮耀之分别心。雪峰真覺禪師語録卷上：「問：『如何是諸佛？』師云：『莫觸諱。』進云：『如何是不觸諱？』師云：『解無慚愧。』」

〔二〕出頭：出來。祖堂集卷六洞山和尚：「師曰：『爲肯者説，不爲不肯底。只如不肯底人，教伊出頭來，我要見。』（中略）居云：『出來則肯也。』」聯燈會要卷二十鼎州德山宣鑑禪師：「你是僂儸兒，今何不出來？破布袋裏盛錐子，不出頭，是好手。」

【資料】

①南藏本、北藏本第一八二則；覺心本、徑山本第一九一則。

192 問：「用〔一〕處不現時如何？」師云：「用即不無，現是誰？」

【校注】

〔一〕用：禪法的運用。景德傳燈録卷十長沙景岑禪師：「因庭前向日，仰山云：『人人盡有遮箇事，只是用不得。』師云：『恰是請汝用。』仰山云：『作麽生用？』師乃蹋倒仰山。仰山云：『直下似箇大蟲！』自此諸方謂爲岑大蟲。」

【資料】

①南藏本、北藏本第一八三則；覺心本、徑山本第一九二則。

②御選語録卷十六。

193 問：「空劫中還有人修行也無？」師云：「喚什麽作空劫？」云：「無一物是。」師云：「者箇始稱修行，喚什麽作空劫？」

【資料】

①南藏本、北藏本無此則；覺心本、徑山本第一九三則。

②景德傳燈録卷十趙州觀音院從諗禪師：「僧問：『空劫中還有人修行也無？』師云：『汝喚什麼作空劫？』僧云：『無一物是。』師云：『遮箇始稱得修行，喚什麼作空劫？』僧無語。」

③五燈會元卷四趙州從諗禪師：「問：『空劫中還有人修行也無？』師曰：『汝喚甚麼作空劫？』曰：『無一物是。』師曰：『這箇始稱得修行，喚甚麼作空劫？』僧無語。」

④教外別傳卷六、五燈嚴統卷四、御選語録卷十六。

194 問：「如何是出家？」師云：「不履高名，不求苟得〔一〕。」

【校注】

〔一〕不履高名，不求苟得：苟得，底本、覺心本、徑山本、御選語録卷十六趙州真際從諗禪師皆作「垢壞」，據景德傳燈録卷十趙州觀音院從諗禪師、五燈會元卷四趙州從諗禪師改。垢壞，污染損壞。大毗盧遮那成佛經疏卷五入漫荼羅具緣品之餘：「或見經夾，净白無垢，整齊嚴飾，字色分明，記説種種殊勝之事，則爲善相。若卷帙垢壞、字義殘缺之類，當知不善。」正法念處經卷五十八觀天品：「手足破裂，貧窮無食，衣服垢壞，飢渴所惱，寒熱辛苦，如是無量苦惱，不可堪忍。」」「垢壞」與前句「不履高名」意義不合。苟得，不當得而得。禮記曲禮上：「臨財毋苟得。」孔穎達疏：「非義而取，謂之苟得。」大唐西域記卷二：「於財無苟得，於義有餘讓。」景德傳燈録卷二十七善慧大士：「臨財無苟得，臨難無苟免。」「垢壞」當爲「苟得」。阿那律八念經：「求財以道，不貪苟得。」「不履高名，不求苟得」，不貪圖功名，不謀求利益。這是出家人的内心修爲。

【資料】

①南藏本、北藏本無此則；覺心本、徑山本第一九四則。

②景德傳燈録卷十趙州觀音院從諗禪師：「僧問：『如何是出家？』師云：『不履高名，不求苟得。』」

③五燈會元卷四趙州從諗禪師：「問：『如何是出家？』師曰：『不履高名，不求苟得。』」

④無異元來禪師廣録卷十一、五燈嚴統卷四、宗鑑法林卷十六、御選語録卷十六。

195 問：「不指一法〔一〕，如何是和尚法？」師云：「老僧不説茆山法。」云：「既不説茆山法，如何是和尚法？」師云：「向你道不説茆山法。」云：「莫者箇便是也無？」師云：「老僧未曾將者箇示人。」

【校注】

〔一〕一法：領悟禪機，透得禪旨的唯一之法。大方廣佛華嚴經卷十三：「唯以一法而得出離。」大慧普覺禪師語録卷二十四示成機宜：「一法遍含一切法。」碧巖録卷二〖一四〗：「森羅及萬象，皆是一法之所印。」斷際心要：「諸佛皆傳心法，將謂心上別有一法可證可取。」

【資料】

①南藏本、北藏本第一八四則；覺心本、徑山本第一九五則。

196　問：「如何是目前獨脱一路〔一〕？」師云：「無二亦無三。」云：「目前有路，還許學人進前也無？」師云：「與麼即千里萬里〔二〕。」

【校注】

〔一〕獨脱一路：獨脱，獨立超脱，無所依倚。祖堂集卷九黄山和尚：「黄峰獨脱物外秀，年來月往冷秋秋。」聯燈會要卷二十八明州阿育王大覺懷璉禪師：「不受纖塵，獨脱自在。」獨脱一路，獨立超脱，無所依賴的開悟門徑。五燈全書卷八十七巴縣竹林紫芝藏禪師：「各見本來面目，惟有竹林獨脱一路，迴出衆流，於無言處顯言，向無用中發用。」圓悟佛果禪師語録卷十二：「德山和尚道：『但有文字語言，皆是依草附木竹木精靈，須是獨脱一路，猶較些子。』」

〔三〕千里萬里：與禪法相去甚遠。碧巖録卷九〔八五〕：「見之不取蹉過了也，已是千里萬里。」圓悟佛果禪師語録卷九：「擬議不來則千里萬里，當鋒薦得則坐斷要津，此猶是化門之説。」

【資料】

①南藏本、北藏本第一八五則；覺心本、徑山本第一九六則。

②五燈全書卷七。

197 問：「如何是毗盧向上事〔一〕？」師云：「老僧在你脚底。」云：「和尚爲什麼在學人脚底？」師云：「你元來不知有向上事。」

【校注】

〔一〕毗盧向上事：毗盧，見卷上第155則。向上事，修禪人領悟微妙禪法，進入無上至真的境界。僧徒詢問「向上事」，禪師都用迂迴的方式作答，暗示僧徒通過語言的傳授是無法進入至真境界的。撫州曹山元證禪師語録：「『如何是向上事？』曰：『向汝道，則恐落類邊去。』」雲門匡真禪師廣録卷上：「問：『如何是向上事？』師云：『截却汝肚腸，換却匙筋，拈將鉢盂來看。』」明覺禪師語録卷三：「僧云：『如何是佛向上事？』云：『拄杖頭上挑日月。』」

【資料】

①南藏本、北藏本第一八六則；覺心本、徑山本第一九七則。

②祖堂集卷十八趙州和尚：「問：『如何是佛向上事？』師云：『我在你脚底。』僧云：『師爲什麽在學人脚底？』師云：『爲你不知有佛向上事。』」

198　問：「如何是合頭〔一〕？」師云：「是你不合頭。」云：「如何是不合頭？」師云：「前句辨〔二〕取。」

【校注】

〔一〕合頭：相應，符合。祖堂集卷六洞山和尚：「鳳池云：『守著合頭則出身無路。』」圓悟佛果禪師語録卷十五示張國太：「只言卜度下語要求合頭，此豈是要透生死？」禪籍中又有「合頭語」、「合頭句」，表示與禪法相契合的言語。祖堂集卷十三報慈和尚：「學人便問：『既是道得十成，和尚爲什麽亦擗脊打他？』師云：『不見道：一句合頭語，萬劫系驢橛。』」宏智禪師廣録卷一：「現成處處合頭句，具足人人知見香。」

〔二〕辨：原作「弁」，南藏本、北藏本作「辯」，依徑山本改。

【資料】

①南藏本、北藏本第一八七則；覺心本、徑山本第一九八則。

199 問：「如何是〔一〕和尚的的意？」師云：「止止不須説，我法妙難思〔二〕。」

【校注】

〔一〕是：原無，依徑山本補。

〔二〕止止不須説，我法妙難思：妙法蓮華經卷一方便品：「止止不須説，我法妙難思。諸增上慢者，聞必不敬信。」禪宗常借此語表示玄妙禪思無法用言語道斷。禪宗無門關〖四九〗：「傍人問云：『畢竟作如何結斷？』安晚合十指爪曰：『止止不須説，我法妙難思。』」宗鏡録卷九：「止止不須説，即是絶言；我法妙難思，即是絶思。」

【資料】

①南藏本、北藏本第一八八則；覺心本、徑山本第一九九則。

200 問：「澄澄絶點時〔一〕如何？」師云：「墮坑落壍〔二〕。」云：「有什麽過？」師云：

「你屈著與麽人。」

【校注】

〔一〕澄澄絶點時：比喻修行達到了澄明無染的境界。寒山詩：「欲知真出家，心净無繩索。澄澄絶玄妙，如如無倚托。」祖堂集卷十九靈雲和尚：「進曰：『直得純清絶點時如何？』師云：『由是真常流注。』」圓悟佛果禪師語録卷一：「明明無覆藏，明明絶點翳。寛若太虚，清如古鏡。」嘉泰普燈録卷十二照堂了一禪師：「六門未息，一處不通；絶點純清，含生難到。」

〔二〕墮坑落塹：比喻落入言辭知解，不契禪法。詳見卷上第169則。

【資料】

①南藏本、北藏本第一八九則；覺心本、徑山本第二〇〇則。

201　問：「未審出家誓求無上菩提〔一〕時如何？」師云：「未出家，被菩提使；既出家，使得菩提〔二〕。」

【校注】

〔一〕無上菩提：最高的道法，最高的智慧，只有佛可以證得。佛説發菩提心破諸魔經卷上：

「謂若有人，自能發生阿耨多羅三藐三菩提心已，復勸他人發如是心，於此經法自所聽受修習記念，復爲他人廣説其義，於輪迴身不生厭倦，樂欲利樂一切衆生，住平等智自解脱已，欲令一切衆生皆得解脱，自利利他得安隱樂，以己善利普施一切天人大衆。婆羅門！以是義故，名爲無上菩提；修是行者名爲菩薩乘人。」佛説三轉法輪經：「乃於諸天魔梵沙門婆羅門一切世間，捨離煩惱，心得解脱，便能證得無上菩提。」悲華經卷二大施品：「無上菩提，甚深難得。」菩薩立四弘誓願，所有大乘修行者皆要牢記和實踐，即衆生無邊誓願度，煩惱無盡誓願斷，法門無量誓願學，佛道無上誓願成。誓求無上菩提，是其中之一。所有出家修行者，皆以證得無上菩提爲修行的最高目標。大慧普覺禪師語録卷十九：「學道須是鐵漢，著手心頭便判。直取無上菩提，一切是非莫管。」紫柏尊者全集卷五：「吾曹變形毁服，割情絶俗，爲求無上菩提。」

〔二〕未出家，被菩提使；既出家，使得菩提：修行即爲證得菩提，而不要因形式上的修行將本有的菩提丢棄。壇經機緣品：「莫學馳求者，終日説菩提。」祖堂集卷三牛頭和尚：「無三界可出，無菩提可求。人與非人，性相平等。」

【資料】

①南藏本、北藏本第一九〇則；覺心本、徑山本第二〇一則。

②五燈全書卷七。

202　有秀才見師手中拄杖，乃云：「佛不奪衆生願〔一〕，是否？」師云：「是。」秀才云：「某〔二〕甲就和尚乞取手中拄杖，得否？」師云：「君子不奪人所好〔三〕。」秀才云：「專甲〔四〕不是君子。」師云：「老僧亦不是佛。」

【校注】

〔一〕佛不奪衆生願：佛能滿足人及一切有情識之物的願望。大寶積經卷八十一：「無上最勝尊，妙聲覆真實。能令聞者喜，滿諸衆生願。」大方廣佛華嚴經卷三十五：「菩提心者如賢德瓶，滿足一切衆生願故。」

〔二〕某：覺心本作「厶」。

〔三〕君子不奪人所好：禪籍俗語，君子不搶走别人喜愛的東西。元劉祁歸潛志卷十三：「君子不奪人所好，己所不欲勿施于人，豈有假人物而不歸之者耶？」

〔四〕專甲：南藏本、北藏本、徑山本作「某甲」。

【資料】

①南藏本、北藏本第一九一則；覺心本、徑山本第二〇二則。

②大慧普覺禪師語録卷四、禪宗頌古聯珠通集卷十八、指月録卷十一、宗門拈古彙集卷十

七、列祖提綱録卷十五、宗鑑法林卷十六、御選語録卷十六。

203 師因出外，見婆子插田〔一〕，云：「忽遇猛虎，作麽生？」婆云：「無一法可當情〔二〕。」師云：「唅〔三〕。」婆子云：「唅。」師云：「猶〔四〕有者箇在。」

【校注】

〔一〕插田：插秧。宋翁卷鄉村四月詩：「鄉村四月閑人少，纔了蠶桑又插田。」

〔二〕無一法可當情：滅一切見聞覺知，内心守空寂。華嚴經金師子章注：「直辯真性本空，無一法可當情者，喻金與師子二相俱泯，内外無寄。」正法眼藏卷一下：「無思無念，無一法可當情。」石溪心月禪師語録卷中：「徹底放下，了無一法可當情。」

〔三〕唅：南藏本、北藏本此則中「唅」皆作「除」，形近而誤。集韻模韻：「唅，吐也。」

〔四〕猶：原作「難」，依覺心本、南藏本、北藏本、徑山本改。

【資料】

①南藏本、北藏本第一九二則；覺心本、徑山本第二〇三則。

②五燈全書卷七、御選語録卷十六。

204　有秀才辭去云：「專甲〔一〕在此括撓〔二〕和尚多時，無可報答和尚。待佗日，作一頭驢來報答和尚。」師云：「教老僧爭得鞍？」

【校注】

〔一〕專甲：南藏本、北藏本、徑山本作「某甲」。

〔二〕括撓：聒擾，打擾。受款待後表示謝意的謙詞。

【資料】

①南藏本、北藏本第一九三則；覺心本、徑山本第二〇四則。

②先覺宗乘卷五。

205　師到道吾處，纔入僧堂，吾云：「南泉一隻箭來。」師云：「看箭〔一〕。」吾云：「過也。」師云：「中也。」

【校注】

〔一〕看箭：禪師的機鋒應對語。機鋒是禪宗在否定佛經語言的同時創立的一種語言藝術，是一種敏捷而深刻的思辨性語句。禪師通過犀利的語言應接學人或勘辨禪者。機指射箭的弩機，鋒指箭鋒。弩機一觸即發，箭鋒犀利無比。禪宗以語言之箭，向僧徒或對機者發出進攻，通過語言的比拼引導僧徒開悟，或是争出禪悟的高低。禪籍中還有「殺人箭」、「活人箭」之説。詳見卷上第99則。

【資料】

①南藏本、北藏本第一九四則；覺心本、徑山本第二〇五則。

②指月録卷十一、教外別傳卷六、佛光國師語録卷一、五燈嚴統卷四、五燈全書卷七。

趙州和尚語録卷上終

【校勘】

趙州和尚語録卷中

206　師上堂，示衆〔一〕：「金佛不度爐，木佛不度火，泥佛不度水，真佛内裏坐。菩提涅槃〔二〕，真如〔三〕佛性，盡是貼體衣服，亦名煩惱〔四〕。不問即無煩惱。實際理地，什麽處著？一心不生，萬法無咎〔五〕。但究理〔六〕而坐二三十年，若不會，截取老僧頭去。夢幻空花，徒勞把捉〔七〕。心若不異，萬法亦然〔八〕。既不從外得，更拘什麽？如羊相似，更亂拾物安口中〔九〕作麽？老僧見藥山和尚道：『有人問著，但交〔一〇〕合取狗口。』老僧亦道：『合取狗口。』取我是垢，不取我是浄。一似獵狗相似，專欲得物喫。佛法向什麽處著？一千人萬人盡是覓佛漢子〔一一〕，覓一箇道人無。若與空王爲弟子，莫教心病最難醫〔一二〕。未有世界，早有此性；世界壞時，此性不壞。從一見老僧後，更不是別人，只是箇主人公。者箇更向外覓作麽？與麽時，莫轉頭換面，即失却也〔一三〕。」

【校注】

〔一〕示衆：南藏本、北藏本作「云」，覺心本、徑山本作「示衆云」。

〔二〕涅槃：梵語音譯詞，又譯作「泥洹」、「泥畔」等。指超越生死輪迴的覺悟境界，是佛教修行的最高理想。景德傳燈録卷二十五漳州羅漢院守仁禪師：「問：『如何是涅槃？』師曰：『生死。』」又卷二十八諸方廣語越州大珠慧海和尚語：「師曰：『見性者即非凡夫，頓悟上乘超凡越聖。迷人論凡論聖，悟人超越生死涅槃。』」

〔三〕真如：事物的真性、真相，佛教認爲是永恒不變的真理。景德傳燈録卷一第八祖佛陀難提：「虚空無内外，心法亦如此。若了虚空故，是達真如理。」

〔四〕煩惱：衆生因執著於虚妄事物及種種分别而産生的迷惑、苦惱。

〔五〕一心不生，萬法無咎：此句源自禪宗三祖僧璨禪師的信心銘：「二由一有，一亦莫守。一心不生，萬法無咎。無咎無法，不生不心。」後爲歷代禪師接引學人時常舉之法語。心中不生分别念，則可萬慮俱消。宗鏡録卷七十五：「一心不生，萬法無咎。如今厭生患老，隨思隨造，捨妄捨身，業果恒新。若能了生無生，知妄無妄，一念心寂，萬慮俱消。」

〔六〕究理：推求道理。止觀義例卷下：「究理極以至無言。」净土論卷中：「究理者撿諸經藏，有隱顯二説。」

〔七〕夢幻空花，徒勞把捉：「捉」原作「促」，形近而誤，依覺心本、南藏本、北藏本、徑山本改。本自信心銘：「夢幻空花，何勞把捉。得失是非，一時放却。」空花，虚空中的花。虚空中本無花，病眼錯看作有花。夢幻和空花皆虚幻不實之物，無法用手抓住。禪宗認爲妄情俗念皆如夢幻空花，徒勞妄想，對修行毫無益處。黄龍慧南禪師語録：「諸佛無心，故證無上道。凡夫有心，故墮在生死。所以教中道：夢幻空花，如水中月；生死涅槃，同空花相。」

〔八〕心若不異，萬法亦然：「然」，徑山本作「如」。語出信心銘。

〔九〕如羊相似，更亂拾物安口中：鎮州臨濟慧照禪師語録：「今時學者總不識法，猶如觸鼻羊，逢著物安在口裏，奴郎不辨，賓主不分。」比喻禪僧盲目修行。

〔一〇〕交：南藏本、北藏本、徑山本作「教」。

〔一一〕覓佛漢子：忙忙碌碌四處求佛的人。嘉泰普燈録卷十二繼成禪師：「上堂：『茫茫盡是覓佛漢，舉世難尋閑道人。』」

〔一二〕若與空王爲弟子，莫教心病最難醫：空王，佛的别名。觀念阿彌陀佛相海三昧功德法門：「過去有佛，名曰空王。」心病，思想上的疑慮；頭腦中纏繞的各種煩惱。形容心中的煩惱最難消除。禪宗喻指心中的凡塵俗念最難根除。又作「心病最難療」。楚石梵琦禪師語録卷三：「一切諸苦皆可醫，惟有禪和子，心病最難醫。」

〔一三〕也：南藏本、北藏本無。

【資料】

①南藏本、北藏本第二〇九則；覺心本第二〇六則；徑山本第二二一則。皆另起一卷首

則。南藏本、北藏本第十五卷；覺心本卷中；徑山本第十四卷。

②景德傳燈録卷二十八諸方廣語趙州從諗和尚語：「趙州從諗和尚上堂云：『金佛不度爐，木佛不度火，泥佛不度水，真佛内裏坐。菩提涅槃，真如佛性，盡是貼體衣服，亦名煩惱。不問即無煩惱。且實際理什麼處著得？一心不生，萬法無咎。汝但究理，坐看三二十年，若不會道，截取老僧頭去。夢幻空華，何勞把捉。心若不異，萬法一如。既不從外得，更拘執作什麼？如羊相似，亂拾物安向口裏。老僧見藥山和尚道：「有人問著者，便教合却口。」老僧亦教合却口。取我是浄。一似獵狗，專欲喫物。佛法在什麼處？遮裏一千人，盡是覓作佛漢子，於中覓一個道人無。若與空王爲弟子，莫教心病最難醫。未有世間時，早有此性；世界壞時，此性不壞。從一見老僧後，更不是别人，只是一個主人公。遮個更用向外覓物作什麼？正恁麼時，莫轉頭換腦。若轉頭換腦，即失却去也。』」

③聯燈會要卷六趙州觀音從諗禪師：「示衆云：『金佛不度爐，木佛不度火，泥佛不度水，真佛内裏坐。菩提涅槃，真如佛性，盡是帖體衣服，亦名煩惱。不問即無煩惱。且實際理地，甚麼處著？一心不生，萬法無咎。汝但究理而坐二三十年，若不會，截取老僧頭去。夢幻空花，徒勞把捉。心若不異，萬法一如。既不從外得，更拘執個甚麼？如羊相似，亂拾物安口裏。老僧見藥山和尚道：「有人問著，便教合取口。」老僧亦教合取口。取我是垢，不取我是浄。一似獵狗相似，專欲喫物。佛性義在甚處？這裏千人萬人，盡是覓佛漢子，覓一個道人無。若與空王

爲弟子，莫教心病最難醫。未有世界，早有此性；世界壞時，此性不壞。自從一見老僧後，更不是別人，只是個主人公。這個更用向外覓作麼？正恁麼時，莫轉頭換腦。若轉頭換腦，即失却去也。』」

④五燈會元卷四趙州從諗禪師：「上堂：『金佛不度爐，木佛不度火，泥佛不度水，真佛内裏坐。菩提涅槃，真如佛性，盡是貼體衣服，亦名煩惱。實際理地，甚麼處著？一心不生，萬法無咎。汝但究理坐看三二十年，若不會，截取老僧頭去。夢幻空華，徒勞把捉。心若不異，萬法一如。既不從外得，更拘執作麼？如羊相似，亂拾物安向口裏。老僧見藥山和尚道：「有人問著，但教合取狗口。」老僧亦教合取狗口。取我是垢，不取我是净。一似獵狗，專欲得物喫。佛法在甚麼處？千人萬人盡是覓佛漢子，於中覓一箇道人無。若與空王爲弟子，莫教心病最難醫。未有世界，早有此性；世界壞時，此性不壞。一從見老僧後，更不是别人，祇是箇主人公。這箇更向外覓作麼？正恁麼時，莫轉頭換腦。若轉頭換腦，即失却也。』」

⑤正法眼藏卷四、古尊宿語録卷十四、大光明藏卷中、佛祖歷代通載卷十七、指月録卷十一、御選語録卷十一。

207 問：「百骸俱潰散，一物鎮長靈〔一〕時如何？」師云：「今朝又風起。」

【校注】

〔一〕百骸俱潰散，一物鎮長靈：禪籍慣用語。百骸，肉身。莊子齊物論：「百骸、九竅、六藏，賅而存焉，吾誰與爲親？」成玄英疏：「百骸，百骨節也。」白居易何處堪避暑詩：「從心至百骸，無一不自由。」長靈，精神，神思。三國魏阮籍清思賦：「焉長靈以遂寂兮，將有歙乎所之。」陳伯君箋注：「長靈，謂亡之神思。易繫辭：『無思也，無慮也，寂然不動，感而遂通天下之故。』」俗語形容身體消亡而精神尚存。祖堂集卷四丹霞和尚：「師又有翫珠吟：『識得衣中寶，無明醉自惺。百骸俱潰散，一物鎮長靈。』」

【資料】

①南藏本、北藏本第一九五則；覺心本第二〇七則；徑山本第二〇六則。
②五燈全書卷七。

208　問：「三乘十二分教即不問，如何是祖師西來意？」師云：「水牯牛生兒〔一〕，也好看取。」云：「未審此意如何？」師云：「我亦不知。」

【校注】

〔一〕水牯牛生兒：水牯牛，公水牛。水牯牛無法生兒，禪師以此語暗示僧徒要用言語解説祖師西來意，如同水牯牛生兒一般，决然無法做到。禪籍中又有「特牛生兒」、「石女生兒」等説法。景德傳燈録卷十四澧州藥山惟儼禪師：「僧問：『己事未明，乞和尚指示。』師良久曰：『吾今爲汝道一句亦不難，只宜汝於言下便見去，猶較些子。若更入思量，却成吾罪過。不如且各合口免相累。』及大衆夜參不點燈，師垂語曰：『我有一句子，待特牛生兒即向汝道。』」宗鏡録卷四十一：「問：『豈無今時學路，何乃頓斷方便之門？』答：『中下之機，不無學路；童蒙之訓，豈斷今時？故楞伽經云：宗通爲菩薩，説通爲童蒙。助觀之門，深有利益。若一向背己徇文，執學而辨，則對木人而待語，期石女以生兒，空歷塵沙，終無得理。』」

【資料】

①南藏本、北藏本第一九六則；覺心本第二〇八則；徑山本第二〇七則。

209 問：「萬國來朝〔一〕時如何？」師云：「逢人不得唤。」

【校注】

〔一〕萬國來朝：形容禪師道法高深，衆人前來訪問求道。續古尊宿語要卷五木庵永和尚：「天上人間無比類，萬國來朝仰聖明。」

【資料】

①南藏本、北藏本第一九七則；覺心本第二〇九則；徑山本第二〇八則。

210　問：「十二時中如何淘汰〔一〕？」師云：「奈河〔二〕水濁，西水流急。」云：「還得見文殊也無？」師云：「者矇瞳漢〔三〕，什麽處去來？」

【校注】

〔一〕淘汰：拋棄妄情俗念，澄明心境。從容庵録卷三〖四十七〗趙州柏樹：「淘汰知見。」石溪心月禪師雜録：「一歌一詠，以淘汰業識，疏通性源。」

〔二〕奈河：地獄三川之一，亡人皆要渡過，此處有奪衣婆和懸衣翁二鬼。佛説地藏菩薩發心因緣十王經：「前大河即是葬頭，見渡亡人，名奈河津。」

〔三〕矇瞳漢：糊塗，不明事理的人。禪籍中又作「朦漢」、「懵鈍漢」。祖堂集卷三慧忠國師：「師却謂代宗曰：『問山不識山，問地不識地，問字不識字，問筭不解筭，何處引得這个朦漢來？』」汾陽無德禪師語録卷中：「又問：『更解何事？』云：『設有解者，對師説不得。』代云：『已醜惡也。』師呵云：『阿那裏引這懵鈍漢來。』」

【資料】

①南藏本、北藏本第一九八則；覺心本第二一〇則；徑山本第二〇九則。

211　問：「如何是道場〔一〕？」師云：「你從道場來，你從道場去，脱體是道場，何處更不是〔二〕？」

【校注】

〔一〕道場：修禪習佛的地方。汾陽無德禪師語録卷中：「仰云：『和尚只得其體，不得其用。』潙云：『放子三十棒，摘茶更莫别思量。處處分明是道場，體用共推真應物。』」明覺禪師語録卷一：「竇公云：『終日拈香擇火，不知身是道場。』」佛祖統紀卷三十九法運通塞志隋煬帝：「九年，詔改天下寺曰道場。」

〔二〕脱體是道場，何處更不是：脱體，全體。言處處皆是道場，處處皆可參佛覓道。祖堂集卷二惠能和尚：「一行三昧者，於一切處行住坐卧，皆一直心，即是道場，即是净土，此之名爲一行三昧。」聯燈會要卷五汾陽大達無業國師：「觸目無非佛事，舉足皆是道場。」

【資料】

①南藏本、北藏本第一九九則；覺心本第二一一則；徑山本第二一〇則。

212 問：「萌芽未發時〔一〕如何？」師云：「齅〔二〕著即腦裂。」云：「不齅時如何？」師云：「無者閒工夫。」

【校注】

〔一〕萌芽未發時：萌芽，分別對立念。心中未生分別對立念。撫州曹山元證禪師語録：「『三更初夜月明前。』揀云：『黑白未交時辨取。』又云：『萌芽未生之時。』」觀心玄樞：「是以但徇其名言者，只爲不見自性。發萌芽於境上，起覺觀於心中。」

〔二〕齅：説文鼻部：「齅，以鼻就臭也。」正字通亥集鼻部：「齅，許救切。休去聲。説文：『以鼻就臭也。』增韻：『鼻收氣也。』」

【資料】

①南藏本、北藏本第二〇〇則；覺心本第二二二則；徑山本第二二一則。

②五燈全書卷七。

213 問：「如何數量？」師云：「一二三四五。」云：「數量不拘底事〔一〕如何？」師云：「一二三四五。」

【校注】

〔一〕數量不拘底事：不被數量等凡俗知解束縛。禪宗反對落入數量分別的意識之中。五燈會元卷九定山神英禪師：「問：『不落數量，請師道。』師提起數珠曰：『是落不落。』」

【資料】

①南藏本、北藏本第二〇一則；覺心本第二一三則；徑山本第二一二則。

②五燈全書卷七。

214 問：「什麼世界即無晝夜〔一〕？」師云：「即今〔二〕是晝是夜？」云：「不問即今。」師云：「爭奈老僧何？」

【校注】

〔一〕什麼世界即無晝夜：晝夜代表對立分別念。禪宗追尋没有對立分別的澄明境界。

〔二〕即今：現在，當下。唐高適送桂陽孝廉詩：「即今江海一歸客，他日雲霄萬里人。」祖堂集卷五龍潭和尚：「師曰：『你即今是什摩？』尼曰：『現是女身，何得不識？』」

【資料】

①南藏本、北藏本第二〇二則；覺心本第二一四則；徑山本第二一三則。

215　問：「迦葉上行衣〔一〕，不踏曹溪〔二〕路，什麽人得披？」師云：「虚空〔三〕不出世，道人〔四〕都不知。」

【校注】

〔一〕迦葉上行衣：迦葉，亦稱大迦葉。釋迦牟尼佛的十大弟子之一，古印度摩竭陀國人，婆羅門種姓。傳説釋迦佛在靈山大會上拈花微笑，只有迦葉領會佛意，以微笑默契，佛便當衆宣布將「正法眼藏」傳給迦葉，迦葉成爲了西天禪宗第一祖。祖堂集卷二惠能和尚：「如來以心之法付囑摩訶迦葉，如是相傳，至於達摩。」迦葉上行衣，比喻佛祖所傳之法。天聖廣燈録卷二十一蘄州四祖山譚禪師：「問：『迦葉上行衣，何人合得披？』師云：『大庾嶺頭提不起，方知不是我同人。』」

〔二〕曹溪：六祖惠能於廣東韶州府曹溪説法度生，後人遂以「曹溪」代表六祖。

〔三〕虚空：虚與空都是無的别名，虚無形質，空無障礙。念佛鏡卷下念佛對坐禪門：「無相即是虚空。」壇經機緣品：「汝之本性，猶如虚空，了無一物可見。」

〔四〕道人：成佛得道之人。

【資料】

①南藏本、北藏本第二〇三則；覺心本第二一五則；徑山本第二一四則。

②祖堂集卷十八趙州和尚：「問：『迦葉上行衣，什麼人合得被？』師云：『七佛虛出世，道人都不知。』」

216 問：「如何是混而不雜〔一〕？」師云：「老僧菜食長齋〔二〕。」云：「還得超然〔三〕也無？」師云：「破齋〔四〕也。」

【校注】

〔一〕混而不雜：萬物和諧交融，圓融統一。禪宗頌古聯珠通集卷三十六：「問：『如何是用而不雜？』師曰：『明月堂前垂玉露，水精殿裏璨真珠。』頌曰：『混而不雜體常虛，雪月交光類莫如。應處萬端無掛礙，片雲自在卷還舒。』」宗門或問：「且如眼之放光也，森羅萬象，洞鑒分明。混而不雜，分而不離。重重涉入，彼此互容。此不礙彼，彼不礙此。」

〔二〕長齋：佛教戒律中規定過午不食，中午十二時後進食則爲非時食。遵守過午不食者爲持齋，長期如此謂之持長齋。佛祖歷代通載卷九：「上自天監以來，事佛長齋，日止一食，惟菜羹糲飯。」唐張籍贈箕山僧詩：「久住空林下，長齋耳目清。」

〔三〕超然：離塵脱俗，超越情識分別獲得内心開悟。祖堂集卷二菩提達摩和尚：「楊衍又問曰：『（中略）何名法祖？』師以偈答曰：『（中略）不與凡聖同躔，超然名之曰祖。』」古尊宿語録卷一大鑒下一世（南嶽懷讓大慧禪師）：「馬祖一蒙開悟，心地超然。侍奉十秋，日益深奥。」

〔四〕破齋：佛教徒出家後一日之内有八關齋戒，包括不殺、不盗、不淫、不妄語、不飲酒、身不塗飾香鬘、不自歌舞、於高廣之床座不眠坐、不過中食。此中前八者爲戒而非齋，第九者爲齋戒，即持齋之時進食則稱破齋。破齋後會遭受破齋之罪，墮入地獄。菩薩戒義疏卷下：「破齋者，謂非時食。」盂蘭盆經疏新記卷下：「針咽鬼謂腹大如山，咽如針孔，謂破齋夜食盗竊衆僧之食故。」

【資料】

①南藏本、北藏本第二〇四則；覺心本第二一六則；徑山本第二一五則。

217　問：「如何是古人之言？」師云：「諦聽，諦聽〔一〕。」

【校注】

〔一〕諦聽：仔細聽。唐白居易霓裳羽衣歌：「當時乍見驚心目，凝視諦聽殊未足。」

【資料】

①南藏本、北藏本第二〇五則；覺心本第二一七則；徑山本第二一六則。

②嘉泰普燈録卷十八福州西禪懶庵鼎需禪師：「上堂，舉：『僧問趙州：「如何是古人言？」

州云：「諦聽，諦聽。」』師曰：『諦聽即不無，切忌喚鐘作甕。』」

③五燈會元卷二十西禪鼎需禪師：「上堂，舉：『僧問趙州：「如何是古人言？」州云：「諦聽，諦聽。」』師曰：『諦聽即不無，切忌喚鐘作甕。』」

④續古尊宿語要卷五。

218 問：「如何是學人本分事？」師云：「與麼嫌什麼？」

【資料】

①南藏本、北藏本第二〇六則；覺心本第二一八則；徑山本第二一七則。

219 問：「萬法歸一〔一〕，一歸何所？」師云：「我在青州作一領布衫，重七斤。」

【校注】

〔一〕萬法歸一：禪門中常用話頭。萬法，世間萬物，一切真如本體。萬事萬物都歸於一，彼此没有殊異分别。翻譯名義集卷七：「萬法是真如，由不變故；真如是萬法，由隨緣故。」

【資料】

①南藏本、北藏本無此則；覺心本第二一九則；徑山本第二一八則。

②景德傳燈録卷十趙州觀音院從諗禪師：「僧問：『萬法歸一，一歸何所？』師云：『老僧在青州作得一領布衫，重七斤。』」

③聯燈會要卷六趙州觀音從諗禪師：「僧問：『萬法歸一，一歸何處？』師云：『我在青州作一領布衫，重七斤。』」

④五燈會元卷四趙州從諗禪師：「問：『萬法歸一，一歸何所？』師曰：『老僧在青州作得一領布衫，重七斤。』」

⑤碧巖録卷五、圓悟佛果禪師語録卷八、宏智禪師廣録卷四、大慧普覺禪師語録卷四、禪宗正脉卷二、佛祖綱目卷三十二、教外别傳卷六、五燈嚴統卷四。

220　問：「如何是出家兒〔一〕？」師云：「不朝天子，父母返拜〔二〕。」

【校注】

〔一〕出家兒：出家人。祖堂集卷六洞山和尚：「夫出家兒，心不依物，是真修行，何有悲戀。」

〔二〕不朝天子，父母返拜：形容出家人擺脱塵俗的禮儀束縛。五燈會元卷八傾心法瑫禪師：「問：『如何是不朝天子，不羨王侯底人？』師曰：『每日三條線，長年一衲衣。』」薦福承古禪師語録：「出家人受父母返拜，人天瞻敬。」竹窗隨筆：「予作正訛集，謂：『反者還也。在家父母，不受出家子拜，而還其禮，非反拜其子也。』一僧忿然曰：『法華經言，大通智勝如來既成佛已，其父輪王向之頂禮。是反拜其子，佛有明訓，因刻之經末。』予合掌云：『汝號甚麽如來？』僧謝不敢。又問：『汝既未是如來，垂成正覺否？』僧又謝不敢。予謂曰：『既不敢，且待汝垂成正覺，更端坐十劫，實受大通如來位，納父母拜未晚。汝今是僧，未是佛也。佛爲僧立法，不爲佛立法也。且世人謗佛無父無君，吾爲此懼，正其訛謬，息世譏嫌，冀正法久住。汝何爲不畏口業，甘心乎師子蟲也？悲夫！』」

【資料】

①南藏本、北藏本第二〇七則；覺心本第二二〇則；徑山本第二一九則。

221　問：「覿面事〔一〕如何？」師云：「你是覿面漢。」

【校注】

〔一〕覿面事：覿面，當面。覿面事，直接相見的禪悟大道。禪籍中僧徒常以此語詢問禪師。景德傳燈録卷十六福州雪峰義存禪師：「問：『如何是覿面事？』師曰：『千里未是遠。』」五燈會元卷十杭州永明寺道潛禪師：「問：『如何是覿面事？』師曰：『背後是甚麽？』」

【資料】

①南藏本、北藏本第二〇八則；覺心本第二二一則；徑山本第二二〇則。

222　問：「如何是佛向上人〔一〕？」師云：「只者牽耕牛底是。」

【校注】

〔一〕佛向上人：達到修行禪法的最高境界。筠州洞山悟本禪師語録：「問：『如何是佛向上人？』師曰：『非佛。』」金陵清涼院文益禪師語録：「問：『如何是佛向上人？』師云：『方便呼爲佛。』」

【資料】

①南藏本、北藏本第二一〇則；覺心本、徑山本第二三二則。

223　問：「如何是急？」師云：「老僧與麽道，你作麽生？」云：「不會。」師云：「向你道：『急急〔一〕着靴水上立，走馬到長安，靴頭猶未濕。』」

【校注】

〔一〕急急：急忙，趕緊。宋姜夔鷓鴣天詞：「移家徑入藍田縣，急急船頭打鼓催。」景德傳燈録卷十八福州玄沙師備禪師：「直下永劫不教有一物與汝作眼見，何不急急究取，未必道我且待三生兩生久積浄業。」虚堂和尚語録卷二：「臘月苦寒風雪吹，急急抽身早是遲。」

【資料】

①南藏本、北藏本第二二一則；覺心本、徑山本第二二三則。

②續古尊宿語要卷四、五燈全書卷七。

224 問：「四山相逼〔一〕時如何？」師云：「無路是趙州。」

【校注】

〔一〕四山相逼：四山，比喻人之生老病死四種相。人的生老病死就如同四座大山，傾壓而來，無所躲避。大般涅槃經卷二十九：「四山即是衆生生老病死，生老病死常來切人。」景德傳燈録卷十五舒州投子山大同禪師：「問：『四山相逼時如何？』師曰：『五藴皆空。』」

【資料】

①南藏本、北藏本第二二二則；覺心本、徑山本第二二四則。

②聯燈會要卷六趙州觀音從諗禪師：「問：『四山相逼時如何？』師云：『無路是趙州。』」

③大慧普覺禪師語録卷八、楚石梵琦禪師語録卷十、宗鑑法林卷十九、五燈全書卷七。

225 問：「古殿無王時如何？」師咳嗽一聲。云：「與麼即臣啓陛下。」師云：「賊身已露〔一〕。」

【校注】

〔一〕賊身已露：流露出心中的妄情俗念，比喻世俗紛擾之心尚未斷除。法演禪師語録卷上：「上堂舉：藥山久不上堂。（中略）主事云：『和尚許爲衆説法，何故一言不措？』山云：『經有經師，論有論師，爭怪得老僧？』師云：『雖然以己妨人，争奈賊身已露。』」大慧普覺禪師語録卷一：「三聖云：『我逢人即出，出則不爲人。』卓一下云：『賊身已露，放過不可。』」

【資料】

①南藏本、北藏本第二一三則；覺心本、徑山本第二二五則。

226　問：「和尚年多少？」師云：「一串數珠〔一〕數不盡。」

【校注】

〔一〕數珠：佛教徒誦經時用來攝心計數的成串的珠子，每串多爲一百零八顆，也稱念珠、佛珠，一百零八顆念珠代表世俗人的一百零八種煩惱，通過撥動念珠，可以獲得内心的寧静。釋氏要覽卷中道具：「數珠，牟梨曼陀羅咒經云：『梵語鉢塞莫，梁云數珠。此乃是引接下根，牽課修業之具也。』木槵子經云：『昔有國王名波流梨，白佛言：我國邊小，頻年寇疫，穀貴民困，我常不安。法藏深廣，不得遍行，惟願垂示法要。佛言：大王若欲滅煩惱，當貫木槵子一百八箇，常自隨身，志心稱南無佛陀、南無達磨、南無僧伽名，乃過一子。如是漸次，乃至千萬，能滿二十萬遍，身心不亂，除諂曲，捨命得生炎摩天。若滿百萬遍，當除百八結業，獲常樂果。王言：我當奉行。』百八結者，小乘見修，合論煩惱，共有一百八數。」

【資料】

①南藏本、北藏本第二一四則；覺心本、徑山本第二三六則。

②景德傳燈録卷十趙州觀音院從諗禪師：「有人問：『師年多少？』師云：『一串念珠數不盡。』」

③祖庭事苑卷二。

227 問：「和尚承嗣什麽人？」師云：「從諗〔一〕。」

【校注】

〔一〕從諗：趙州以此作答，啓發學人破除趙州承嗣南泉的成見，曉悟人人本來是佛，皆可成佛的禪門要旨。

【資料】

①南藏本、北藏本第二二五則；覺心本、徑山本第二二七則。

228 問：「外方〔一〕忽有人問趙州説什麽法，如何秖對？」師云：「鹽貴米賤〔二〕。」

【校注】

〔一〕外方：外地，其他地方。兩部大法相承師資付法記卷下：「或有在京傳持，或有外方弘教。」傳教大師將來越州録：「今歸本鄉，今欲請當州印信，外方學徒等，將示法元由矣。」

〔二〕鹽貴米賤：禪旨佛法藴含於日用生活中。聯燈會要卷五濛溪和尚：「問僧：『甚處來？』云：『定州來。』師云：『定州近日有甚奇特事？』云：『某甲到彼，只聞鹽貴米賤，别無奇特事。』師云：『我這裏也只是粗茶淡飯，别無奇特事，你來這裏覓甚麽？』」禪籍中又作「米貴麥賤」、「米賤油鹽貴」等。天聖廣燈録卷十六廣教院賜紫歸省禪師：「問：『如何是佛法大意？』師云：『米貴麥賤。』」

【資料】

①南藏本、北藏本第二二六則；覺心本、徑山本第二二八則。

229 問：「如何是佛？」師〔一〕云：「你是佛麽〔二〕？」

【校注】

〔一〕師：南藏本、北藏本無。

〔二〕你是佛麽：禪宗認爲人人自有佛性，無需向外尋求。禪宗又將不識自身佛性，忙忙碌碌向外求佛的行爲稱爲「擔頭覓頭」、「騎驢覓驢」、「貪看天上月，忘却室中燈」等。明覺禪師語録卷四：「僧問歸宗：『如何是佛？』宗云：『我向你道，還信麽？』云：『和尚言重，争得不信。』宗云：『只汝便是。』」

【資料】

①南藏本、北藏本第二一七則；覺心本、徑山本第二二九則。

230 問：「如何是出家？」師云：「争得見老僧？」

【資料】

①南藏本、北藏本第二一八則；覺心本、徑山本第二三〇則。

231 問：「佛祖不斷處如何？」師云：「無遺漏。」

【資料】

①南藏本、北藏本第二一九則；覺心本、徑山本第二三一則。

232　問："本源請師指示。"師云："本源無病。"云："了處〔一〕如何？"師云："了人〔二〕知。"云："與麽時如何？"師云："與我安名字着。"

【校注】

〔一〕了處：了，清楚，明白。了處，獲得禪悟，領悟禪旨。大慧普覺禪師語録卷二十示真如道人："既了其義，即了此心。既了此心，試於了處微細揣摩。元無可了，於無可了處，剔起便行。"

〔二〕了人：明白人，開悟之人。

【資料】

①南藏本、北藏本第二二〇則；覺心本、徑山本第二三二則。

233　問："純一無雜〔一〕時如何？"師云："大煞好一問。"

【校注】

〔一〕純一無雜：澄明清澈，毫無雜染的禪悟境界。圓悟佛果禪師語録卷十四：「要須根本明徹，理地精至，純一無雜。纔有是非，紛然失心。」大慧普覺禪師語録卷二十一：「近世士大夫多欲學此道，而心不純一者，病在雜毒入心，雜毒既入其心，則觸途成滯。觸途成滯，則我見增長。我見增長，則滿眼滿耳只見他人過失。」禪宗認爲與「純一無雜」相對的修行禁忌是「雜用心」。徑中徑又徑卷四勵行法斷愛門：「毋雜用心者，謂本參正念外，才起一念雜想，即便掃除，攝歸正念。」

【資料】

①南藏本、北藏本第二三二則；覺心本、徑山本第二三三則。

234 問：「無爲寂静底人，莫落在沉空〔一〕也無？」師云：「落在沉空。」云：「究竟如何？」師云：「作驢作馬〔二〕。」

【校注】

〔一〕沉空：大乘佛教常以「沉空滯寂」、「趣寂沉空」否定小乘佛教對空和個人解脱的追求。大乘佛教認爲沉於雜染，滯於静空者，皆不能獲得開悟。楞嚴經講録卷二：「凡沉空滯跡者，皆不能契也。」楞伽經宗通卷七：「諸菩薩觀如地獄苦，沉空滯寂，不見佛性。」壇經懺悔品：「不可沉空守寂，即須廣學多聞，識自本心，達諸佛理，和光接物，無我無人，直至菩提。」圓覺經要解卷下：「住涅槃者趣寂沉空，背性成迷，故有染污。」

〔二〕作驢作馬：指任運而爲，是一種禪悟境界。禪宗認爲事物的發展變化、人的命運前途都由機緣決定，所以不必執著强求，任運自然，隨緣修行。禪籍中又作「東家作驢，西家作馬」。祖堂集卷十七岑和尚：「問：『南泉遷化，向什摩處去？』師云：『東家作驢，西家作馬。』僧云：『學人不會。』師云：『要騎則騎，要下則下。』」

【資料】

①南藏本、北藏本第二三二則；覺心本、徑山本第二三四則。

235　問：「如何是祖師西來意？」師云：「床脚是。」云：「莫便是也無？」師云：「是即脱取去。」

【資料】

①南藏本、北藏本第二三三則；覺心本、徑山本第二三五則。

②景德傳燈録卷十趙州觀音院從諗禪師：「僧問：『如何是祖師意？』師乃敲床脚。僧云：

『只遮莫便是否？』師云：『是即脱取去。』」

③聯燈會要卷六趙州觀音從諗禪師：「僧問：『如何是祖師西來意？』師敲床脚示之。僧云：『莫只這是麽？』師云：『若是便脱取去。』」

④五燈會元卷四趙州從諗禪師：「問：『如何是祖師意？』師敲牀脚。僧曰：『秖這莫便是否？』師曰：『是即脱取去。』」

⑤大慧普覺禪師語録卷四。

236 問：「澄澄絶點時如何？」師云：「老僧者裏不着客作漢〔一〕。」

【校注】

〔一〕客作漢：客於別家作務的低賤之人。妙法蓮華經卷二信解品：「爾時窮子，雖欣此遇，猶故自謂客作賤人。由是之故，於二十年中常令除糞。」禪宗比喻不能明見自家佛性，依循別家禪法，苦苦求佛求道之人。五燈會元卷三紫玉道通禪師：「于頔相公問：『如何是黑風吹其船舫，漂墮羅刹鬼國？』師曰：『于頔客作漢，問恁麽事作麽！』于公失色。」禪籍中又作「客作兒」。拾得詩：「後來出家子，論情入骨癡。本來求解脱，却見受驅馳。終朝遊俗舍，禮念作威儀。博錢沽酒喫，翻成客作兒。」

【資料】

①南藏本、北藏本第二二四則；覺心本、徑山本第二三六則。

②祖堂集卷十八趙州和尚：「問：『澄澄絶點時如何？』師云：『我此間不著這个客作漢。』」

③景德傳燈録卷十趙州觀音院從諗禪師：「僧問：『澄澄絶點時如何？』師云：『遮裏不著客作漢。』」

④聯燈會要卷六趙州觀音從諗禪師：「問：『澄澄絶點時如何？』師云：『這裏不著客作漢。』」

⑤五燈會元卷四趙州從諗禪師：「問：『澄澄絶點時如何？』師曰：『這裏不著客作漢。』」

⑥密菴和尚語録、五燈嚴統卷四。

237　問：「鳳飛不到〔一〕時如何？」師云：「起自何來？」

【校注】

〔一〕鳳飛不到：僧徒以比喻的方式向禪師詢問獲得開悟的門徑。天聖廣燈録卷十四汝州寶應禪院顒禪師：「問：『鳳飛不到時如何？』師云：『忽聞庭樹撲殺鵶梟。』」

【資料】

①南藏本、北藏本第二二五則；覺心本、徑山本第二三七則。

238

問：「實際理地，不受一塵〔一〕時如何？」師云：「一切總在裏許。」

【校注】

〔一〕實際理地，不受一塵：塵，一切世間之事法，污染真性者。真實無二清浄無染的禪悟境界不受塵俗污染。景德傳燈録卷二十鄧州中度和尚：「問：『如何是實際理地不受一塵，佛事門中不捨一法？』師曰：『真常塵不染，海内百川流。』」

【資料】

①南藏本、北藏本第二三六則；覺心本、徑山本第二三八則。

②五燈全書卷七。

239

問：「如何是一句〔一〕？」師應喏。僧再問。師云：「我不患聾。」

【校注】

〔一〕一句：詳見卷上第25則。

【資料】

①南藏本、北藏本第二三七則；覺心本、徑山本第二三九則。

240　問：「初生孩子，還具六識〔一〕也無？」師云：「急流水上打毬子〔二〕。」

【校注】

〔一〕六識：即眼識、耳識、鼻識、舌識、身識、意識。是六根對於色聲香味觸法六境産生的六種覺知。天如惟則禪師語録卷九宗乘要義：「因我六根與彼六塵相爲對待，從而眼色和合，虚妄有見；耳聲和合，虚妄有聞；鼻香和合，虚妄有嗅；舌味和合，虚妄有嘗；身觸和合，虚妄有覺；意法和合，虚妄有知。此見聞嘗嗅覺知謂之六識。」

〔二〕急流水上打毬子：此段對話在五燈會元有所增益，五燈會元卷四趙州從諗禪師：「問：『初生孩子，還具六識也無？』師曰：『急水上打毬子。』僧却問投子：『急水上打毬子，意旨如何？』子曰：『念念不停留。』」「急水上打毬子，念念不停留」構成歇後語，其後的「念念不停留」解釋了趙州之語，比喻佛法禪旨，不容擬議，對佛法的領會要靠瞬間頓悟。禪籍中又作「急水灘頭毛毬子」，聯燈會要卷十二襄州石門慈照聰禪師：「僧問：『古人急水灘頭毛毬子，意旨如何？』師云：『雲開日朗。』」

【資料】

①南藏本、北藏本第二三一八則；覺心本、徑山本第二四〇則。

②聯燈會要卷六趙州觀音從諗禪師：「問：『初生孩子，還具六識也無？』師云：『急水上打

毬子。』」

③五燈會元卷四趙州從諗禪師：「問：『初生孩子，還具六識也無？』師曰：『急水上打毬子。』僧却問投子：『急水上打毬子，意旨如何？』子曰：『念念不停留。』」

④白雲守端禪師語録卷下、碧巖録卷八、慈受懷深禪師廣録卷三、聯燈會要卷二十一、嘉泰普燈録卷二十一、禪宗正脉卷二、指月録卷十一、呆庵莊禪師語録卷五、教外別傳卷六、⿱𤇾气絶老人天奇直注雪竇顯和尚頌古卷下、五燈嚴統卷四、御選語録卷十六。

241 問：「頭頭〔一〕到來時如何？」師云：「猶較老僧百步。」

【校注】

〔一〕頭頭：事事、處處。廬山蓮宗寶鑑卷二處處逢源：「心心念念彌陀佛，頭頭處處古毗盧。」雲門匡真禪師廣録卷下附德山緣密頌雲門三句語函蓋乾坤：「乾坤并萬象，地獄及天堂。物物皆真現，頭頭總不傷。」

【資料】

①南藏本、北藏本第二三九則；覺心本、徑山本第二四一則。

②祖堂集卷十八趙州和尚：「問：『頭頭到這裏時如何？』師云：『猶較老僧一百步。』」

242 問：「如何是和尚家風？」師云：「老僧自小出家，抖擻破活計。」

【資料】

①南藏本、北藏本第二三〇則；覺心本、徑山本第二四二則。

243 問：「請和尚〔一〕離四句道。」師云：「老僧常在裏許。」

【校注】

〔一〕和尚：原無，依覺心本、南藏本、北藏本、徑山本補。

【資料】

①南藏本、北藏本第二三一則；覺心本、徑山本第二四三則。

244 問：「扁鵲醫王，爲什麽有病？」師云：「扁鵲醫王不離牀枕。」又云：「一滴甘露，普潤大千〔一〕。」

【校注】

〔一〕一滴甘露，普潤大千：甘露，梵語阿密哩多，意譯作甘露，異名天酒、美露。味甘如蜜，天人所食。佛教比喻涅槃境界。大般涅槃經卷五如來性品：「是處無死，即是甘露。是甘露著，即真解脱。」通過普法傳教，爲衆生打開通往涅槃境界的門户。

【資料】

①南藏本、北藏本第二三二則；覺心本、徑山本第二四四則。

245 問：「如何是露地白牛？」師云：「者畜生。」

【資料】

①南藏本、北藏本第二三三則；覺心本、徑山本第二四五則。

②天聖廣燈録卷十臨濟義玄禪師：「師到杏山，問：『如何是露地白牛？』山云：『吽吽！』師云：『啞那？』山云：『長老作麽生？』濟云：『者畜生！』」

246 問：「如何是大人相〔一〕？」師側目視之〔二〕。僧〔三〕云：「猶是隔階趁附在。」師云：「老僧無工夫，趁得者閑漢〔四〕。」

【校注】

〔一〕大人相：非凡之人或具有上等根器人的法相。文殊師利所説般若波羅蜜經：「爾時世尊出大人相，肉髻光明，殊特希有，不可稱説。」佛説觀普賢菩薩行法經：「普賢菩薩，即於眉間放大人相，白毫光明。」景德傳燈録卷九潭州潙山靈祐禪師：「師問雲巖云：『聞汝久在藥山，是否？』巖云：『是。』師云：『藥山大人相如何？』雲巖云：『涅槃後有。』師云：『涅槃後有如何？』雲巖云：『水灑不著。』雲巖却問師：『百丈大人相如何？』師云：『巍巍堂堂，煒煒煌煌。聲前非聲，色後非色。蚊子上鐵牛，無汝下嘴處。』」大慧普覺禪師語録卷七：「孚上座正是一枚賊漢，於鼓山面前納一場敗闕，懡儸而歸，却來雪峰處拔本。大似屋裏販揚州，若非雪峰有大人相，這賊向甚處容身。」

〔二〕師側目視之：原作「師云側耳視之」。覺心本作「師側耳視之」。依南藏本、北藏本、徑山本改。

〔三〕僧：原無，依南藏本、北藏本補。

〔四〕閑漢：禪宗詈罵語，無所事事之人。

【資料】

①南藏本、北藏本第二三四則；覺心本、徑山本第二四六則。

247　問〔一〕：「纔有心念〔二〕，落在人天〔三〕；直無心念，落在眷屬〔四〕時如何？」師云：「非但老僧，作家亦畣你不得。」

【校注】

〔一〕問：徑山本作「僧問」。

〔二〕心念：心識意念，心思。中阿含經卷二十長壽王品：「心念，心思。」

〔三〕人天：人趣和天趣。佛家認爲衆生都處於生死輪迴之中，人趣和天趣是衆生輪迴的兩個去處。行五戒（殺生、偷盜、邪淫、妄語、飲酒）者進入人趣，行十善（不殺生、不偷盜、不邪淫、不妄語、不兩舌、不惡口、不綺語、不貪、不嗔、不癡）者進入天趣。因佛最常濟度人趣和天趣，又被尊爲「人天師」。觀經疏傳通記觀經序分義傳通記卷一：「言人天者，五戒等是人，十善等是天。」

〔四〕眷屬：常親近佛、菩薩者。佛爲首迦長者説業報差別經：「常得親近諸佛菩薩大威德者，以爲眷屬。」

【資料】

①南藏本、北藏本第二三五則；覺心本、徑山本第二四七則。

②五燈全書卷七。

248　問：「凡有施爲〔一〕，盡落糟粕。請師不施爲答。」師叱尼云：「將水來添鼎子沸。」

【校注】

〔一〕施爲：運用機鋒，實踐禪法。祖堂集卷十七福州西院和尚：「問：『一切施爲，盡是法身用。如何是法身？』師云：『一切施爲，盡是法身用。』」

【資料】

①南藏本、北藏本第二三六則；覺心本、徑山本第二四八則。

249 問：「如何是般若波羅蜜〔一〕？」師云：「摩訶般若波羅蜜〔二〕。」

【校注】

〔一〕般若波羅蜜：「蜜」，南藏本、北藏本作「密」。梵語音譯，指以大智慧到達彼岸。般若，大智慧。波羅蜜，到達彼岸。古尊宿語録卷二大鑑下三世（百丈懷海大智禪師）語録之餘：「般若波羅蜜是自己佛性。」

〔二〕摩訶般若波羅蜜：梵語音譯。即般若波羅蜜。摩訶，大。禪師以僧徒的問話作爲答語，暗示僧徒苦苦尋求的答案即在問題之中。

【資料】

①南藏本、北藏本第二三七則；覺心本、徑山本第二四九則。

250 問：「如何是咬人師子〔一〕？」師云：「皈依〔二〕佛，皈依法，皈依僧。莫咬老僧。」

【校注】

〔一〕咬人師子：比喻勇猛精進的參禪者。五燈會元卷十二大陽如漢禪師：「曰：『觀音門大啓也。』師曰：『師子咬人。』」大慧普覺禪師語録卷十八：「况復説理説事，絲來線去，正是師子咬人，狂狗趁塊，無常迅速。」

〔二〕皈依：南藏本、北藏本皆作「皈依」，「皈」與「皈」形近而誤。詳見卷上第58則。

【資料】

①南藏本、北藏本第二三八則；覺心本、徑山本第二五〇則。

②宗門拈古彙集卷十六。

251 問：「離却言句，請師道。」師咳嗽。

【資料】

①南藏本、北藏本第二三九則；覺心本、徑山本第二五一則。

252 問：「如何得不謗古人，不負恩去？」師云：「闍梨作麽生？」

【資料】

①南藏本、北藏本第二四〇則；覺心本、徑山本第二五二則。

253 問："如何是一句？"師云："道什麽？"

【資料】

①南藏本、北藏本第二四一則；覺心本、徑山本第二五三則。

254 問："如何是一句？"師云："兩句〔一〕。"

【校注】

〔一〕一句、兩句：一句是超越一切言語的佛法真理，是没有分别的禪悟境界，兩句則落入分别念中。景德傳燈録卷二十一漳州羅漢院桂琛禪師："僧問：'如何是羅漢一句？'師曰：'我若向爾道，成兩句也。'"又卷二十四金陵清凉休復禪師："問：'諸餘即不問，如何是悟空一句？'師曰：'兩句也。'"

【資料】

①南藏本、北藏本第二四二則；覺心本、徑山本第二五四則。

255 問：「唯佛一人是善知識〔一〕如何？」師云：「魔語〔二〕。」

【校注】

〔一〕唯佛一人是善知識：天聖廣燈録卷九百丈懷海禪師：「且依得了義教，猶有相親分。若是不了義教，秖合聾俗人前説。秖如今但不依住一切有無諸法，亦不住無依，住亦不作不依住知解，是名大善知識，亦云唯佛一人是大善知識，爲無兩人，餘者盡名外道，亦名魔説。」

〔二〕魔語：助邪揚惡，壞亂佛法的言語。釋浄土群疑論卷五：「魔語、鬼語，壞亂佛法，實無一念願生之心。見他長時專誠苦行，故爲此語，壞他浄意，自損損他。」楞嚴經正脉疏卷九：「如贊殺盗淫而言無礙，勸住三有而謂真實，即皆魔語耳。」

【資料】

①南藏本、北藏本第二四三則；覺心本、徑山本第二五五則。

②御選語録卷十六。

256 問：「如何是菩提〔一〕？」師云：「者箇是闡提。」

【校注】

〔一〕菩提：漢譯作「覺」，指斷盡煩惱，覺知法性的大智慧。大智度論卷三十七釋習相應品：「菩提名爲佛智慧。」注維摩詰經卷四：「道之極者稱曰菩提，秦無言以譯之。菩提者，蓋是正覺無相之真智乎？其道虚玄，妙絶常境，聽者無以容其聽，智者無以運其智，辯者無以措其言，像者無以狀其儀。」

【資料】

①南藏本、北藏本第二四四則；覺心本、徑山本第二五六則。

257　問：「如何是大人相？」師云：「好箇兒孫〔一〕。」

【校注】

〔一〕兒孫：僧徒，弟子。雲門匡真禪師廣録卷中：「或云：『達磨西來爲什麽難得兒孫？』」法演禪師語録卷中：「達磨西來事久多變，後代兒孫門風無限。」宗門武庫：「五祖和尚初參圓照禪師，會盡古今因緣，惟不會僧問興化：『四面八方來時如何？』化云：『打中間底。』僧禮拜。化云：『我昨日赴箇村齋，至中路被一陣狂風暴雨，却向古廟裏嚲得過。』遂請益照。照云：『此是臨濟門風，爾去問他兒孫。』祖遂來參浮山遠，請益此公案。」

【資料】

①南藏本、北藏本第二四五則；覺心本、徑山本第二五七則。

258 問：「如〔一〕寂寂無依〔二〕時如何？」師云：「老僧在你背後。」

【校注】

〔一〕如：覺心本、南藏本、北藏本、徑山本皆無。

〔二〕寂寂無依：寂寂，寂然。獨自没有依靠，禪宗比喻脱離了俗塵煩惱，孤立灑脱，進入定心一處的境界。大方廣佛華嚴經疏卷五十三：「寂然無依，心言路絶即三昧義，觸類皆然，故三昧無量。」華嚴經談玄抉擇卷四：「寂然無依故三昧，觸類皆寂故無量。」

【資料】

①南藏本、北藏本第二四六則；覺心本、徑山本第二五八則。

259 問：「如何是伽藍？」師云：「別更有什麽？」云：「如何是伽藍中人〔一〕？」師云：「老僧與闍梨。」

【校注】

〔一〕伽藍中人：伽藍，寺院，詳見卷上第14則。伽藍中人，即出家人。僧徒借「伽藍中人」之問，旨在詢問禪師如何修習禪法。禪籍中禪師常常使用婉曲的方式作答。宏智禪師廣録卷一：「『且道，如何是伽藍中人？』良久云：『鷺倚雪巢猶可辨，烏投漆立事難明。』」景德傳燈録卷十二汝州西院思明禪師：「曰：『如何是伽藍中人？』師曰：『玃兒貉子。』」又卷二十四處州福林澄和尚：「曰：『如何是伽藍中人？』師曰：『瞻禮即有分。』」

【資料】

①南藏本、北藏本第二四七則；覺心本、徑山本第二五九則。

260 問：「二龍争珠，誰是得者〔一〕？」師云：「老僧只管看。」

【校注】

〔一〕二龍争珠，誰是得者：禪宗反對一切分別對立念，二龍争珠，有得者有失者，禪僧提出此問便已落入二元對立的分別念中。景德傳燈録卷十七益州北院通禪師：「問：『二龍争珠，誰是得者？』師曰：『得即失。』」

【資料】

①南藏本、北藏本第二四八則；覺心本、徑山本第二六〇則。

②聯燈會要卷六趙州觀音從諗禪師：「僧問：『二龍争珠，誰是得者？』師云：『老僧只管看。』」

③五燈會元卷四趙州從諗禪師：「問：『二龍争珠，誰是得者？』師曰：『老僧祇管看。』」

④明覺禪師語録卷二、指月録卷十一、教外別傳卷六、五燈嚴統卷四、御選語録卷十六。

261 問：「如何是離因果底人〔一〕？」師云：「不因闍梨問，老僧實不知。」

【校注】

〔一〕離因果底人：因果，佛家認爲因者能生，果者爲因所生，有因才有果，有果必有因。十住毗婆沙論卷十二譬喻品：「從因有事成名爲果。」宗鏡録卷八十六：「如是因者，招果爲因（中略）如是果者，克獲爲果。」菩薩本生鬘論卷十：「因果相扶，類於形影。」脱離因果是一種超越自然，獲得開悟的高妙境界。中邊分別論卷上：「出離因果故，立名聲聞乘。」脱離因果二元束縛，獲得完滿解脱之人爲「離因果底人」。

【資料】

①南藏本、北藏本第二四九則；覺心本、徑山本第二六一則。

262　問：「衆盲摸象，各説異端〔一〕。如何是真象？」師云：「無假，自是不知。」

【校注】

〔一〕衆盲摸象，各説異端：語出佛教典故。大般涅槃經卷三十二：「爾時大王，即喚衆盲各各問言：『汝見象耶？』衆盲各言：『我已得見。』王言：『象爲何類？』其觸牙者即言象形如蘆菔根，其觸耳者言象如箕，其觸頭者言象如石，其觸鼻者言象如杵，其觸脚者言象如木臼，其觸脊者言象如床，其觸腹者言象如甕，其觸尾者言象如繩。」衆多盲人一同摸象，他們看不見整體，只能説出自己手摸到的部分，因而對大象的認識評價各不相同。比喻對事物的認識不全面，就以偏概全，各持己見。禪籍中另作「如盲摸象，各説異端」。五燈會元卷十一葉縣歸省禪師：「上堂：『（中略）有時句到意不到，妄緣前塵，分别影事。有時意到句不到，如盲摸象，各説異端。』」後世有成語「衆盲摸象」、「盲人摸象」。

【資料】

①南藏本、北藏本第二五〇則；覺心本、徑山本第二六二則。

263　問：「如何是第一句？」師咳嗽。云：「莫便是否？」師云：「老僧咳嗽也不得？」

【資料】

①南藏本、北藏本第二五一則；覺心本、徑山本第二六三則。

264　問：「大海還納衆流〔一〕也無？」師云：「大海道不知。」云：「因什麼不知？」師云：「終不道我納衆流。」

【校注】

〔一〕大海還納衆流：語本大寶積經卷二十九文殊師利普門會：「如海納衆流，而無有厭足。」唐李白金門答秀才詩：「巨海納百川，麟閣多才賢。獻書入金闕，酌醴奉瓊筵。」大海可以容納百川，佛教比喻修習佛法没有厭足。禪籍中比喻禪法廣大無邊，無所不包。雪峰義存禪師語録卷下：「欲令百川同歸一源，衆流而臻大海。」御選語録卷十九御選當今法會皇四子和碩寶親王長春居士覺海論：「修而無修，證而無證，譬之百川歸海，而海不自識其容納也。」禪籍中又作「海納百川流」。五燈會元卷六鄧州中度禪師：「問：『如何是實際理地不受一塵，佛事門中不捨一法？』師曰：『真常塵不染，海納百川流。』」

【資料】

①南藏本、北藏本第二五二則；覺心本、徑山本第二六四則。

265　問：「如何是毗盧師〔一〕？」師云：「毗盧，毗盧。」

【校注】

〔一〕毗盧師：毗盧，毗盧舍那之略，法身佛的通稱，爲密教大日如來。毗盧原爲太陽之意，象徵佛智廣大無邊。宏智禪師廣録卷一：「盡法界以成身，毗盧頂後看神光。」佛教中指超脱了空間和數量分别的高妙之人。法華經大竅卷三化城喻品：「所謂毗盧師，法身主，不落方所，不涉數量者是也。」禪籍中僧徒常常向禪師提出關於「毗盧師」和「法身主」的問題，但是禪師都避而不答。袁州仰山慧寂禪師語録：「問：『如何是毗盧師？』師乃叱之。」景德傳燈録卷十五舒州投子山大同禪師：「問：『如何是毗盧？』師曰：『已有名字。』曰：『如何是毗盧師？』師曰：『未有毗盧時會取。』」

【資料】

①南藏本、北藏本第二五三則；覺心本、徑山本第二六五則。

266　問：「諸佛還有師也無？」師云：「有。」云：「如何是諸佛師？」師云：「阿彌陀佛〔一〕，阿彌陀佛。」

【校注】

〔一〕阿彌陀佛：意譯作「無量光」或「無量壽」，故亦稱無量壽佛，是西方極樂世界的教主。觀無量壽佛經疏：「無量壽者，天竺稱阿彌陀佛。」

【資料】

①南藏本、北藏本第二五四則；覺心本、徑山本第二六六則。

②祖堂集卷十八趙州和尚：「有人問：『諸佛還有師也無？』師云：『有。』僧進曰：『如何是諸佛師？』師云：『阿彌陀佛。』又師云：『佛是弟子。』有僧問長慶：『趙州與摩道阿彌陀佛，是道底語？是嗟底語？』長慶云：『若向兩頭會，盡不見趙州意。』僧進云：『趙州意作摩生？』長慶便彈指一聲。」

267 問：「如何是學人師〔一〕？」師云：「雲有出山勢，水無投澗聲。」云：「不問者個。」師云：「是你師不認。」

【校注】

〔一〕學人師：修得禪法之人，引導僧徒開悟的人。景德傳燈録卷十二鎮州大悲和尚：「僧曰：『真是學人師。』師曰：『今日向弟子手裏死。』」瓊樓吟稿節鈔慚愧吟三十首第十七首：「慚愧不妨時在念，聖人原是學人師。」

【資料】

①南藏本、北藏本第二五五則；覺心本、徑山本第二六七則。

②祖堂集卷十八趙州和尚：「問：『如何是學人師？』師云：『雲有出山勢，水無投澗聲。』僧云：『不問這个。』師云：『是你師不問。』」

268　問：「諸方盡向口裏道〔一〕，和尚如何示人？」師脚跟打火爐示之。云：「莫便是也無？」師云：「恰認得老僧脚跟。」

【校注】

〔一〕口裏道：用言辭解説佛法，是禪宗反對的一種開悟方式。五燈會元卷十三瑞州洞山良價悟本禪師：「問：『如何是正問正答？』師曰：『不從口裏道。』」

【資料】

①南藏本、北藏本第二五六則；覺心本、徑山本第二六八則。

②大慧普覺禪師語録卷十六、列祖提綱録卷十五。

269 問：「不行大道時如何？」師云：「者販私鹽漢〔一〕。」云：「却行大道時如何？」師云：「還我公驗〔二〕來。」

【校注】

〔一〕販私鹽漢：私自販鹽的人。比喻平庸無能之人。密庵和尚語録：「上堂：『默時説，説時默。寒山逢拾得，拈箇禿掃帚，東掃西掃，忽然撞著豐干禪師騎虎出來，放下笤帚，把手呵呵大笑，恰似販私鹽底草賊。』」續傳燈録卷十五洪州泐潭洪英禪師：「師曰：『不到烏江畔，知君未肯休。』僧便喝。師曰：『驚我。』僧拍一拍。師曰：『也是死中得活。』僧禮拜。師曰：『將謂收燕破趙之才，元來只是販私鹽賊。』」

〔二〕公驗：官府開具的證明、憑證。宋吴曾能改齋漫録事始二：「唐宣宗時，中書門下奏：『若官度僧尼有闕，則擇人補之，仍申祠部給牒。其欲遠遊尋師者，須有本州公驗。』乃知本朝僧尼出遊給公驗，自唐已然矣。」虚堂和尚語録卷一：「上堂，拈主丈云：『（中略）且道：有何憑據？』卓主丈：『公驗分明。』」公驗即憑據。

【資料】

①南藏本、北藏本第二五七則；覺心本、徑山本第二六九則。

270　問：「如何〔一〕是本來身？」師云：「自從識得老僧後，只者漢更不別。」云：「與麽即與和尚隔生〔二〕去也。」師云：「非但今生，千生萬生亦不識老僧。」

【校注】

〔一〕如何：南藏本、北藏本脱漏「何」字。

〔二〕隔生：隔世，形容相去甚遠，不是同類。宋蘇軾狄韶州煮蔓菁蘆菔羹詩：「中年失此味，想像如隔生。」緇門警訓卷七：「道我四事具足，方可發心，只恐做手脚不迭，便是隔生隔世去也。」

【資料】

①南藏本、北藏本第二五八則；覺心本、徑山本第二七〇則。

②祖堂集卷十八趙州和尚：「問：『如何是本來人？』師云：『自從識得老僧後，只這个漢更無別。』僧云：『與摩則共和尚隔生也。』師云：『非但今生，千生與萬生，也不識老僧。』」

271　問：「如何是祖師西來意？」師云：「東壁上挂葫蘆〔一〕，多少時也？」

【校注】

〔一〕東壁上挂葫蘆：「挂」，徑山本作「掛」。趙州公案，歷代禪師多有拈提。建中靖國續燈録卷十八澧州夾山靈泉自齡禪師：「上堂，良久，顧大衆云：『日裏走金烏，誰云一物無？趙州東壁上，掛個大葫蘆。參！』」續傳燈録卷三十二西禪懶庵鼎需禪師：「頂門豎亞摩醯眼，肘後斜縣奪命符。瞎却眼，卸却符，趙州東壁掛葫蘆。」古林清茂禪師語録卷四：「明朝慶賀新年，各各起居輕利。然雖如是，只如多處添少處減。趙州東壁掛葫蘆，金剛手中八稜棒。」

【資料】

①南藏本、北藏本第二五九則；覺心本、徑山本第二七一則。

②五燈全書卷七。

272 問：「方圓不就時如何？」師云：「不方不圓〔一〕。」云：「與麽時如何？」師云：「是方是圓。」

【校注】

〔一〕不方不圓：禪宗提倡打破一切分別對立，進入圓融統一的境界。建中靖國續燈録卷六智海正覺禪師：「僧曰：『如何是禪？』師云：『不方不圓。』僧曰：『便恁麽會時如何？』師云：『伶俐人難得。』」五燈會元卷十七靈巖重確禪師：「不方不圓，不上不下。驢鳴狗吠，十方無價。」

【資料】

①南藏本、北藏本第二六〇則；覺心本、徑山本第二七二則。

②祖堂集卷十八趙州和尚：「問：『方圓不就時如何？』師云：『不方不圓。』云：『與摩時作摩生？』師云：『是方是圓。』」

273　問：「道人相見時如何？」師云：「呈漆器〔一〕。」

【校注】

〔一〕呈漆器：日用生活中也處處有禪義。禪宗頌古聯珠通集卷十九：「頌曰：『作家相見時，堂堂呈漆器，烏龜落漆桶，也有第一義。』」

【資料】

①南藏本、北藏本第二六一則；覺心本、徑山本第二七三則。

②聯燈會要卷六趙州觀音從諗禪師：「問：『道人相見時如何？』師云：『呈漆器。』」

③五燈會元卷四趙州從諗禪師：「問：『道人相見時如何？』師曰：『呈漆器。』」

④明覺禪師語録卷二、禪宗頌古聯珠通集卷十九、石田法薰禪師語録卷二、禪林類聚卷十

七、增集續傳燈録卷五、五燈嚴統卷四、宗門拈古彙集卷十六、宗鑑法林卷十七。

274 問：「諦〔一〕爲什麽觀〔二〕不得？」師云：「諦即不無，觀即不得。」云：「畢竟如何？」師云：「失諦。」

【校注】

〔一〕諦：真實不虚的道理。大毗盧遮那成佛經疏卷十八：「諦者，即是如來真實句。」二諦義卷上：「諦是實義，有於凡實，空於聖實，是二皆實。」

〔二〕觀：以正慧觀察事理。大乘義章卷二：「粗思名覺，細思名觀。」

【資料】

①南藏本、北藏本第二六二則；覺心本、徑山本第二七四則。

275 問：「行又不到，問又不到時如何？」師云：「到以不到，道人看如涕唾〔一〕。」云：「其中事如何？」師唾地。

【校注】

〔一〕涕唾：鼻涕和口水。西漢揚雄解嘲：「蔡澤，山東之匹夫也，顩頤折頞，涕唾流沫。」

【資料】

①南藏本、北藏本第二六三則；覺心本、徑山本第二七五則。

276 問：「如何是祖師西來意？」師云：「如你不喚作，祖師意猶未在。」云：「本來底如何？」師云：「四目相覩，更無第二主宰〔一〕。」

【校注】

〔一〕更無第二主宰：佛家認爲「我」體常一，有支配主宰萬物的作用，故「我」即主宰。成唯識論卷一：「我謂主宰。」除「我」之外，别無第二主宰，即禪宗所謂「人人皆有佛性」的觀點。圓覺經大疏釋義鈔卷三：「起心動念，彈指謦咳揚扇，因所作所爲，皆是佛性全體之用，更無第二主宰。」

【資料】

①南藏本、北藏本第二六四則；覺心本、徑山本第二七六則。

277 問：「不具形儀〔一〕，還會也無？」師云：「即今還會麽？」

【校注】

〔一〕形儀：儀容儀表。蘇悉地羯羅經略疏卷五分别成就品：「形謂形體，儀謂威儀。行者形體威儀，增大增廣，故云形儀廣大，是即四德之一也。」唐黄滔丈六金身碑：「翌日，我公禮閲之，乃與夢中一類其形儀，長短大小無少差。」

【資料】

①南藏本、北藏本第二六五則；覺心本、徑山本第二七七則。

278 問：「如何是大無慚愧底人？」師云：「皆具不可思議〔一〕。」

【校注】

〔一〕不可思議：佛教語。指思維和語言無法達到的高妙境界。維摩詰所説經卷中不思議品：「諸佛菩薩有解脱名不可思議。」維摩義記：「不思據心，不議就口，解脱真德，妙出情妄心言不及，是故名爲不可思議。」

【資料】

①南藏本、北藏本第二六六則；覺心本、徑山本第二七八則。

279 問：「學人擬向南方學些子〔一〕佛法去，如何？」師云：「你去南方，見有佛處急走過，無佛處不得住。」云：「與麽即學人無依也。」師云：「柳絮，柳絮。」

【校注】

〔一〕些子：一點兒，數量少。祖堂集卷四石頭和尚：「思曰：『速去速來。你若遲晚些子，不見吾；你若不見吾，不得床下大斧。』」大覺禪師語録卷上：「山僧亦有些子火種，包藏久矣。」禪籍中又作「些些」、「些子個」、「些些子」。

【資料】

①南藏本、北藏本第二六七則；覺心本、徑山本第二七九則。

②五燈全書卷七。

280 問：「如何是急切處〔一〕？」師云：「一問一畣。」

【校注】

〔一〕急切處：禪門悟道的緊要關鍵處。沙彌律儀毗尼日用合參卷下：「僧問趙州：『急切處請師道。』州云：『尿是小事，須是老僧自去始得。』」景德傳燈録卷十七洛京白馬遁儒禪師：「問：『如何是學人急切處？』師曰：『俊鳥猶嫌鈍，瞥然早已遲。』」

【資料】

①南藏本、北藏本第二六八則；覺心本、徑山本第二八〇則。

281 問：「不藉三寸〔一〕，還假今時〔二〕也無？」師云：「我隨你道，你作麽生會？」

【校注】

〔一〕不藉三寸：三寸，舌頭。史記留侯世家：「今以三寸舌爲帝者師，封萬户，位列侯，此布衣之極，於良足矣。」唐司馬貞索隱：「春秋緯云：『舌在口，長三寸，象斗玉衡。』」古尊宿語録卷二十五筠州大愚（守）芝和尚語録：「問：『不落三寸時如何？』師云：『乾三長，坤六短。』」言不借助語言文字言説禪法。

〔二〕今時：這裏指凡情俗念，相對意識。祖堂集卷十鏡清和尚：「好晴好雨奇行持，若隨語會落今時。」大慧普覺禪師語録卷十七：「况祖師門下客，却道纔開口便落今時，且喜没交涉。」無異元來禪師廣録卷二十六：「命根斷後，方得言詮。不然，盡落今時，永沉苦海。」

【資料】

①南藏本、北藏本第二六九則；覺心本、徑山本第二八一則。

282　問：「如何是和尚家風？」師云：「茫茫宇宙人無數〔一〕。」云：「請和尚不答話。」師云：「老僧合與麽。」

【校注】

〔一〕茫茫宇宙人無數：禪林習用語。禪師常以此語暗示僧徒禪旨佛理無法言説。大慧普覺禪師語録卷十：「靈雲見桃華，頌云：『總道見桃華悟道，此語不知還是無。茫茫宇宙人無數，那箇男兒是丈夫。』」續傳燈録卷八開元智孜禪師：「上堂：『寒空落落大地漫漫，雲生洞口水出高原。若也把定則十方世界恍然，若也放行則東西南北坦然。茫茫宇宙人無數，一箇箇鼻孔遼天。』」

【資料】

①南藏本、北藏本第二七〇則；覺心本、徑山本第二八二則。

283　問：「二龍争珠，誰是得者〔一〕？」師云：「失者無虧，得者無用。」

【校注】

〔一〕二龍争珠，誰是得者：景德傳燈録卷十三汝州首山省念禪師：「問：『二龍争珠，誰是得者？』師曰：『得者失。』僧曰：『不得者又如何？』師曰：『珠在什麽處？』」比喻忙忙碌碌向外尋求反倒迷失了自己的佛性，看似有所得，實則失了悟道本心。

【資料】

①南藏本、北藏本第二七一則；覺心本、徑山本第二八三則。

284 問：「如何是大人相？」師云：「是什麼？」

【資料】

①南藏本、北藏本第二七二則；覺心本、徑山本第二八四則。

285 有俗士〔一〕獻袈裟。問：「披與麼衣服，莫辜負古人也無？」師拋下拂子，云：「是古是今？」

【校注】

〔一〕俗士：未出家的人。祖堂集卷七雪峰和尚：「有俗士投師出家，師以偈住之。」

【資料】

①南藏本、北藏本第二七三則；覺心本、徑山本第二八五則。

286 問：「如何是沙門行〔一〕？」師云：「展手不展脚。」

【校注】

〔一〕沙門行：出家人不求功名果位的一種修行方式。六度集經卷三：「昔者菩薩爲沙門行，恒處山林，慈心悲愍。」佛開解梵志阿颰經：「願棄愛欲，修沙門行。」歷代法寶記：「今時律師，只爲名聞利養，如猫覓鼠，細步徐行，見是見非，自稱戒行，此并是滅佛法，非沙門行。」撫州曹山元證禪師語録卷下：「轉却沙門稱斷邊事，不入諸勝報位，始得名爲沙門行。」「如何是沙門行」成爲禪宗的常見話頭。景德傳燈録卷八洪州水老和尚：「問：『如何是沙門行？』師云：『動則影現，覺則冰生。』」又卷二十四興元府玄都山澄和尚：「問：『如何是沙門行？』師曰：『一切不如。』」大慧普覺禪師語録卷三：「上堂舉，雲門問曹山：『如何是沙門行？』山云：『喫常住苗稼者。』」

【資料】

①南藏本、北藏本第二七四則；覺心本、徑山本第二八六則。

287 問：「牛頭未見四祖時如何？」師云：「飽柴飽水〔一〕。」云：「見後如何？」師云：「飽柴飽水。」

【校注】

〔一〕飽柴飽水：比喻内心寧静，没有雜染。汾陽無德禪師語録卷中：「古人抱志坐牛頭，信師示話示無休。飽柴飽水心安静，真正無私是趙州。」佛國禪師語録卷下：「癡憨終日坐煙巒，飽柴飽水無餘事，禪道文章何處安。」

【資料】

①南藏本、北藏本第二七五則；徑山本第二八七則。

②汾陽無德禪師語録卷中、禪宗頌古聯珠通集卷八、指月録卷一一、天童和尚辟妄救略説卷九、五燈全書卷七。

288 問：「如何是學人自己？」師云：「喫粥了也未？」云：「喫粥也。」師云：「洗鉢盂去〔一〕。」

【校注】

〔一〕喫粥了也、洗鉢盂去：禪宗公案。趙州暗示僧徒禪旨佛理就藴藏在平常簡單的日用生活中。從容庵録卷三〔四十二〕南陽净瓶：「洗鉢添瓶，盡是法門佛事。般柴運水，無非妙用神通。爲甚麽不解放光動地？」

【資料】

①南藏本、北藏本第二七六則；覺心本、徑山本第二八八則。

②景德傳燈録卷十趙州觀音院從諗禪師：「僧問：『學人迷昧，乞師指示。』師云：『喫粥也未？』僧云：『喫粥也。』師云：『洗鉢去。』其僧忽然省悟。」

③聯燈會要卷六趙州觀音從諗禪師：「僧問：『學人乍入叢林，乞師指示。』師云：『喫粥了也未？』云：『喫粥了。』師云：『洗鉢盂去。』其僧言下大悟。」

④五燈會元卷四趙州從諗禪師：「問：『學人乍入叢林，乞師指示。』師曰：『喫粥了也未？』曰：『喫粥了也。』師曰：『洗鉢盂去。』其僧忽然省悟。」

⑤建中靖國續燈録卷二十一、大光明藏卷中、禪宗正脉卷二、指月録卷十一。

289 問：「如何是毗盧師？」師云：「白驝〔一〕來也未？」云：「來也。」師云：「牽去餵草。」

【校注】

〔一〕白驝：原無「白」字，底本空一格，依覺心本、南藏本、北藏本、徑山本補。南藏本、北藏本、徑山本作「白駝」。正字通亥集馬部：「驝，俗駝字。」白駝，駱駝中的一種，佛家認爲有辟邪之用。佛説除恐災患經：「『國遭災患，非邪所摧，疫火所燒，死亡無數，當以何義，設何方便，以除災害？』婆羅門議言：『當於諸城門設祠祀壇。』或有議言：『當於城中四衢路頭，立大祠祀，禳却害氣。』或有議言：『當用白馬、白駝、白牛、白羊、白雞、白狗種種百頭，而以祠祀鎮厭解除，以禳却之。』」

【資料】

①南藏本、北藏本第二七七則；覺心本、徑山本第二八九則。

290 問：「如何是無師智〔一〕？」師云：「老僧不曾教闍梨。」

【校注】

〔一〕無師智：無師自通的大智慧。大方廣佛華嚴經卷三十九：「無師智力自在，自然覺悟一切法故。」大方廣佛華嚴經疏卷十八：「或自披尋，聞乃約法開悟約義，必不假人委曲指授，不故由他，究竟則是佛無師智。」

【資料】

①南藏本、北藏本第二七八則；覺心本、徑山本第二九〇則。

②御選語録卷十六。

291 問：「如何是親切一句〔一〕？」師云：「話墮〔二〕也。」

【校注】

〔一〕親切一句：超越一切言語的佛法真理，是禪僧常常追尋的問題。佛光國師語録卷三：「僧問：『句裏呈機，言前定旨，請師親切一句。』師云：『半句也無。』」正法眼藏卷三：「問：『如何是親切一句？』曰：『達摩無當門齒。』」一山國師語録卷上：「僧云：『只如一夏已過，布袋頭開，親切一句如何垂示？』師云：『不勞懸石鏡，天曉自雞鳴。』」

〔二〕話墮：禪宗機鋒對法，不契合禪義者爲話墮。祖堂集卷十一保福和尚：「師云：『忽然山河大地又作摩生？』對云：『喚什摩作山河大地？』師云：『汝話墮也。』」斷際心要：「問：『纔向和尚處發言，爲甚麽便言話墮？』師云：『汝自是不解語人，有甚麽墮負。』」從容庵録卷三〖四十四〗興陽妙翅：「有謂不因僧話墮，争顯興陽機鋒者。」

【資料】

①南藏本、北藏本第二七九則；覺心本、徑山本第二九一則。

②御選語録卷十六。

292 問：「不借口〔一〕，還許商量〔二〕也無？」師云：「正是時。」云：「便請師商量。」師云：「老僧不曾出。」

【校注】

〔一〕借口：憑藉言辭闡説佛法。

〔二〕商量：禪家交流機語，切磋禪法。祖堂集卷七雪峰和尚：「潙山與仰山一夜語話次，潙山問仰山：『子一夜商量，成得什摩邊事？』」雲門匡真禪師廣録卷下辨親疏：「黑豆未生前，商量已成顛。更尋言語會，特地隔西天。」

【資料】

①南藏本、北藏本第二八〇則；覺心本、徑山本第二九二則。

293 問：「二祖斷臂〔一〕，當爲何事？」師云：「粉骨碎身〔二〕。」云：「供養什麼人？」師云：「來者供養。」

【校注】

〔一〕二祖斷臂：二祖惠可爲求佛法，自行斷臂。祖堂集卷二菩提達摩和尚：「時大和十年十二月九日，爲求法故，立經于夜，雪乃齊腰。天明，師見問曰：『汝在雪中立，有如何所求耶？』神光悲啼，泣淚而言：『唯願和尚開甘露門，廣度群品。』師云：『諸佛無上菩提，遠劫修行。汝以小意而求大法，終不能得。』神光聞是語已，則取利刀自斷左臂，置於師前。師語神光云：『諸佛、菩薩求法，不以身爲身，不以命爲命。汝雖斷臂求法亦可在。』遂改神光名爲惠可。」

〔二〕粉骨碎身：身體粉碎，犧牲性命。唐蔣防霍小玉傳：「平生志願，今日獲從，粉骨碎身，誓不相捨。」又作「粉身碎骨」，宋蘇軾叶嘉傳：「臣山藪猥士，幸惟陛下採擇至此。可以利生，雖粉身碎骨，臣不辭也。」亦作「碎身粉骨」，妙法蓮華經講經文：「誓願不爲（遠）於説者，碎身粉骨效驅奔。」

【資料】

①南藏本、北藏本第二八一則；覺心本、徑山本第二九三則。

②古尊宿語録卷三十六投子（大同）和尚語録：「問：『二祖斷臂當爲何事？』師云：『粉骨碎身。』」

294　問：「無邊身菩薩〔一〕，爲什麼不見如來頂相〔二〕？」師云：「你是闍梨。」

【校注】

〔一〕無邊身菩薩：如來之異名。宛陵録：「問：『無邊身菩薩，爲什麼不見如來頂相？』師云：『實無可見，何以故？無邊身菩薩便是如來。』」

〔二〕如來頂相：如來的三十二相之一，頂上有肉髻，一切人天皆不可見，梵語作烏瑟膩沙。大法炬陀羅尼經卷四：「如來頂相，肉髻圓滿，一切天人所不能見。」唐慧琳一切經音義卷四：「烏瑟膩沙，梵語也，如來頂相之號也。觀佛三昧海經云：『如來頂上肉髻，團圓當中涌起，高顯端嚴，猶如天蓋。』」

【資料】

①南藏本、北藏本第二八二則；覺心本、徑山本第二九四則。

295　問：「晝是日光，夜是火光。如何是神光？」師云：「日光火光。」

【資料】

①南藏本、北藏本第二八三則；覺心本、徑山本第二九五則。

②景德傳燈録卷十六雪峰義存禪師：「師問僧：『什麽處來？』對曰：『神光來。』師曰：『晝喚作日光，夜喚作火光，作麽生是神光？』僧無對。師自代曰：『日光火光。』」

③五燈會元卷七雪峰義存禪師：「問僧：『甚處來？』曰：『神光來。』師曰：『晝喚作日光，夜喚作火光，作麽生是神光？』僧無對。師自代曰：『日光火光。』」

④五燈全書卷七。

296　問：「如何是恰問處？」師云：「錯。」云：「如何是不問處？」師云：「向前一句裏辨〔一〕取。」

【校注】

〔一〕辨：原作「弁」，同音而誤，依徑山本改，南藏本、北藏本作「辯」。詳見卷上第198則。

【資料】

①南藏本、北藏本第二八四則；覺心本、徑山本第二九六則。

297　問：「如何是大人相？」師以手摸面，叉手斂容〔一〕。

【校注】

〔一〕斂容：顯出端莊的面容。金剛經注疏卷上：「斂容祇肅，顯有專一之心。」

【資料】

①南藏本、北藏本第二八五則；覺心本、徑山本第二九七則。

298 問：「如何是無爲〔一〕？」師云：「者箇是有爲〔二〕。」

【校注】

〔一〕無爲：佛教將「爲」看做是造作，「無爲」就是無因緣造作，進入無生無滅、無所掛礙的絶對境界。又稱「無爲法」。祖堂集卷二惠能和尚：「今日始知佛性不念善惡，無思無慮，無造無作，無住無爲。」又卷三慧忠國師：「佛身無爲，無所掛礙。」信心銘：「智者無爲，愚人自縛。」

〔二〕有爲：造作，因緣所生之事物。祖堂集卷十四百丈和尚：「此法無實亦無虚，若能一生心如木石相似，不爲陰界、五欲、八風之所漂溺，則生死因斷，去住自由，不爲一切有爲因果所縛。」五燈會元卷二保唐無住禪師：「夫造章疏，皆用識心，思量分别，有爲有作，起心動念，然可造成。」

【資料】

①南藏本、北藏本第二八六則；覺心本、徑山本第二九八則。

299 問：「如何是祖師西來意？」師云：「欄中失却牛。」

【資料】

①南藏本、北藏本第二九七則；覺心本、徑山本第二九九則。

②景德傳燈録卷九江州龍雲臺禪師：「有僧問：『如何是祖師西來意？』師云：『老僧昨夜欄裏失却牛。』」

③建中靖國續燈録卷二十八、禪宗頌古聯珠通集卷二十、禪林類聚卷四、五燈全書卷七、宗鑑法林卷十八。

300 問：「學人遠來，請和尚指示。」師云：「才入門，便好驀面〔一〕唾。」

【校注】

〔一〕驀面：驀，當着，對着。驀面，對着臉。祖堂集卷十九觀和尚：「師驀面與一唾云：『野狐精！』」

【資料】

①南藏本、北藏本第二八八則；覺心本、徑山本第三〇〇則。

301 問：「如何是直截一路〔一〕？」師云：「淮南船子〔二〕到也未？」云：「學人不會。」

師云：「且喜到來。」

【校注】

〔一〕直截一路：抛開一切束縛，直指人心，當下頓悟的參禪之道。兀庵普寧禪師語録卷中：「教中明得者，終是迂曲。教外明得者，不妨直截。唯直截一路，必能到家。必到大休大歇之場，盡未來際，得大自在。何故？離心意識參，出聖凡路學，方謂直截者也。」

〔二〕淮南船子：禪師以此語暗示僧徒回歸平常日用，便是「直截一路」的參禪方式。續傳燈録卷十一明州金鵝虚白禪師：「僧問：『如何是直截一路？』師曰：『鳥道羊腸。』」雲門匡真禪師廣録卷上：「問：『如何是直截一路？』師云：『主山後。』」

【資料】

①南藏本、北藏本第二八九則；覺心本、徑山本第三〇一則。

302 問：「柏樹子還有佛性也無？」師云：「有。」云：「幾時成佛？」師云：「待虚空落地〔一〕。」云：「虚空幾時落地？」師云：「待柏樹子成佛。」

【校注】

〔一〕虚空落地：虚與空都是無的别名，無形的虚空落地比喻不可實現之象。禪師以無法實現之象暗示僧徒高妙佛法不可言説。祖堂集卷九涌泉和尚：「進曰：『不唱目前則且置，宗乘中事如何言論？』師云：『待虚空落地，則向道者道。』」禪宗頌古聯珠通集卷二十：「趙州喫茶逆拔毒蛇，虚空落地鐵樹開花。」

【資料】

①南藏本、北藏本第二九〇則；覺心本、徑山本第三〇二則。

②祖堂集卷十八趙州和尚：「問：『柏樹子還有佛性也無？』師云：『有。』僧云：『幾時成佛？』師云：『待虚空落地。』僧云：『虚空幾時落地？』師云：『待柏樹子成佛。』」

③五燈會元卷四趙州從諗禪師：「問：『柏樹子還有佛性也無？』師曰：『有。』曰：『幾時成佛？』師曰：『待虚空落地。』曰：『虚空幾時落地？』師曰：『待柏樹子成佛時。』」

④大慧普覺禪師語録卷四、佛光國師語録卷八。

303　問：「如何是西來意？」師云：「因什麽向院裏罵老僧？」云：「學人有何過？」師云：「老僧不能就院裏罵得闍梨。」

【資料】

①南藏本第二九一則；覺心本、徑山本第三〇三則。

304 問：「如何是西來意？」師〔一〕云：「板齒生毛〔二〕。」

【校注】

〔一〕師：南藏本、北藏本無。

〔二〕板齒生毛：板齒，門牙。禪林傳説達摩大師來華時，被菩提流支一派打落了板齒。佛光國師語録卷七：「老僧板齒不關風。」瞎堂慧遠禪師廣録卷二：「（達摩大師）後至魏地少林，默坐九年，爲菩提流支三藏，打落板齒。」環溪惟一禪師語録：「達磨當年無板齒，只因强自出頭來。」天目明本禪師雜録：「達磨當門無板齒，口開露出鐵心肝。」板齒不可能生毛，比喻不可能出現的現象。

【資料】

①南藏本、北藏本第二九二則；覺心本、徑山本第三〇四則。

②五燈全書卷七、御選語録卷十六。

305 問：「貧子〔一〕來，將什麽過與？」師云：「不貧〔二〕。」云：「争奈覓和尚何？」師云：「只是守貧〔三〕。」

【校注】

〔一〕貧子：窮人，也作「貧兒」。經律異相卷三十六：「佛言：『過去有一貧子，窮困無業，賣薪自活。』」祖堂集卷八華嚴和尚：「有人問：『和尚尋常，爲什摩却被魔撓？』云：『賊不打貧兒家。』」

〔二〕不貧：人人皆有佛性，如同各有寶珠，識得自家佛性，即便身貧，但内心不貧。大覺禪師語録卷中：「只要時人知有，如貧子衣珠，不從人得。三世諸佛只是弄珠底人，十地菩薩是求珠底人。汝等正是伶俜乞丐，懷寶迷邦。」

〔三〕守貧：人人皆有寶珠，但却不被發現，比喻無法識得自性，明心見性。祖堂集卷十鏡清和尚：「問：『寶在衣中，爲什麼伶俜辛苦？』」

【資料】

①南藏本、北藏本第二九三則；覺心本、徑山本第三〇五則。

306　問：「無邊身菩薩，爲什麼不見如來頂相？」師云：「如隔羅縠〔一〕。」

【校注】

〔一〕如隔羅縠：不能直指佛法，参悟禪旨，如同隔紗望月，朦朧不見實相。從容庵録卷三〔三十七』潙山業識：「又教中説十地菩薩見性，如隔羅縠觀月，若作羅月亦可。然李白詩，有『蘿月掛朝鏡，松風鳴夜弦』，蘿字義長。天童以朦朧新月，隱映煙蘿，雖不圓明，已露圭角，頌出這僧半明半暗，若存若亡處。」景德傳燈録卷二十八汾州大達無業國師：「見性如隔羅縠，只爲情存聖量見在果因，未能逾越聖情過諸影跡。」

【資料】

①南藏本、北藏本第二九四則；覺心本、徑山本第三〇六則。

307 問：「諸天甘露〔一〕，什麽人得喫？」師云：「謝你將來。」

【校注】

〔一〕甘露：梵語阿密哩多，異名天酒、美露。味甘如蜜，天人所食。法華經句解：「甘露是諸天不死之藥，佛開法施令脱生死，名爲甘露。」

【資料】

①南藏本、北藏本第二九五則；覺心本、徑山本第三〇七則。

308 問：「超過乾坤底人〔一〕如何？」師云：「待有與麽人即報來。」

【校注】

〔一〕超過乾坤底人：乾坤，天地。仁王護國般若波羅蜜經疏神寶記卷四釋護國品：「乾以配天，坤以配地，故以乾坤名之，其實指言天地。」「超過乾坤底人」即超越天地的人，超凡入聖之人。

【資料】

①南藏本、北藏本第二九六則；覺心本、徑山本第三〇八則。

309

問：「如何是伽藍？」師云：「三門〔一〕、佛殿。」

【校注】

〔一〕三門：佛教寺院的正門。釋氏要覽卷上住處：「凡寺院有開三門者，只有一門亦呼爲三門者何也？佛地論云：『大宮殿，三解脱門，爲所入處。』大宮殿喻法空涅槃也。三解脱門謂空門，無相門，無作門。」亦指智慧、慈悲、方便三解脱。禪籍中有俗語「佛殿裏燒香，三門頭合掌」，謂按照佛教的軌儀制度行事，便是伽藍佛法。

【資料】

①南藏本、北藏本第二九七則；覺心本、徑山本第三〇九則。

310 問：「如何是不生不滅〔一〕？」師云：「本自不生，今亦無滅。」

【校注】

〔一〕不生不滅：禪宗認爲真如心體不生不滅。壇經行由品：「無上菩提，須得言下識自本心，見自本性，不生不滅。」普庵印肅禪師語録卷上：「得見自性清浄，便覺一切衆生，本自不生不滅。」亦指真如佛法没有生滅之分。雲門匡真禪師廣録卷中：「是諸法空相，不生不滅，不垢不浄。」

【資料】

①南藏本、北藏本第二九八則；覺心本、徑山本第三一〇則。

311 問：「如何是趙州主？」師云：「大王是。」

【資料】

①南藏本、北藏本第二九九則；覺心本、徑山本第三一一則。

②宗門玄鑑圖。

312 問：「急切處請師道。」師云：「尿是小事，須是老僧自去始得〔一〕。」

【校注】

〔一〕屎是小事，須是老僧自去始得：只有通過自修自爲才能獲得真正的開悟，佛法的修習無法通過他人來替代完成。聯燈會要卷十七建寧府開善道謙禪師：「元（宗元禪師）告之曰：『（中略）途中可替底事，我盡替你，只有五件事替你不得，你須自家知當。』師云：『五件者何事？願聞其要。』元云：『著衣、喫飯、屙屎、送尿、駝個死屍路上行。』師於言下領旨，不覺手舞足蹈。」

【資料】

①南藏本、北藏本第三〇〇則；覺心本、徑山本第三一二則。

②沙彌律儀毗尼日用合參卷下。

313 問：「如何是丈六金身？」師云：「腋下打領〔一〕。」云：「學人不會。」師云：「不會請人裁。」

【校注】

〔一〕腋下打領：禪籍有歇後語「袖頭打領，腋下剜襟——針鋒不露」，比喻對禪的領悟深藏不露。慈受懷深禪師廣録：「趙州布衫，更無樣度。袖頭打領，腋下剜襟，自然縫罅難尋，直是針鋒不露。」明覺禪師語録卷二：「有時云：『袖頭打領，腋下剜襟，諸方一任剪裁。南山起雲北山下雨，衲子作麽話會？』」

【資料】

①南藏本、北藏本第三〇一則；覺心本、徑山本第三一三則。

②正法眼藏卷二之上：「問：『如何是丈六金身？』曰：『袖頭打領，腋下剜襟。』僧云：『學人不會。』曰：『不會請人裁。』」

③御選語録卷十六。

314 問：「學人有疑時，如何？」師云：「大宜小宜〔一〕？」學云〔二〕：「大疑〔三〕。」師云：「大宜東北角，小宜僧堂後。」

【校注】

〔一〕大宜小宜：大宜，大便；小宜，小便。蓮峰禪師語録卷五：「示衆云：『不悟從於不疑，小悟從於小疑，大悟從於大疑。汝諸人倘曾十分息疑，任汝東司頭大宜，臭桶邊小宜，左之右之無所不宜。』」

〔二〕云：南藏本、北藏本作「人」。

〔三〕大疑：原作「不疑」，依覺心本、南藏本、北藏本、徑山本改。

【資料】

①南藏本、北藏本第三〇二則；覺心本、徑山本第三一四則。

②五燈會元卷四趙州從諗禪師：「問：『學人有疑時如何？』師曰：『大宜小宜？』曰：『大疑。』師曰：『大宜東北角，小宜僧堂後。』」

③教外别傳卷六、五燈嚴統卷四。

315　問：「如何是佛向上人？」師下禪床，上下觀瞻相，云：「者漢如許長大，截作三橛〔一〕也得，問什麽向上向下？」

【校注】

〔一〕橛：量詞，段、截。景德傳燈録卷九潭州潙山靈祐禪師：「仰山見二禪客歇，將一橛柴問云：『還道得麽？』俱無語。」聯燈會要卷八襄州常侍王公敬：「王拈起一隻箸。米云：『這野狐精。』王云：『這漢徹也。』大潙喆云：『米胡只得一橛，常侍看樓打樓。若是大潙，待他擲下筆，但云：我從來疑著汝。』」五燈會元卷四鄂州茱萸和尚：「鄂州茱萸山和尚，初住隨州護國。上堂，擎起一橛竹曰：『還有人虛空裏釘得橛麽？』時有靈虛上座出衆曰：『虛空是橛。』師擲下竹，便下座。」

【資料】

①南藏本、北藏本第三〇三則；覺心本、徑山本第三一五則。

316 尼問：「如何是密密意〔一〕？」師以手掐〔二〕之。云：「和尚猶有者箇在。」師云：「是你有者箇。」

【校注】

〔一〕密密意：又稱「密意」、「密語密意」，指超越了語言知解的禪宗道法。如能明心見性，便可以領悟禪旨佛理中的密密意。祖堂集卷十八仰山和尚：「惠明問云：『上來密意，即這个是，爲當別更有意旨？』行者云：『我今分明與汝說著，却成不密。汝若自得自己面目，密却在汝邊。』」大慧普覺禪師語録卷四答趙待製道夫：「盧行者謂道明上座曰：『汝若返照自己本來面目，密意盡在汝邊是也。密意者，便是日用得力處也。』」續傳燈録卷十二壽州霍丘歸才禪師：「僧問：『如何是祖師密密意？』師曰：『佛眼覷不見。』云：『爲什麼覷不見？』師曰：『密密意。』」

〔二〕掐：原作「恰」，依徑山本改。爲音近而誤。

【資料】

①南藏本、北藏本第三〇四則；覺心本、徑山本第三一六則。

②五燈會元卷四趙州從諗禪師：「尼問：『如何是密密意？』師以手掐之。尼曰：『和尚猶有這箇在。』師曰：『却是你有這箇在。』」

③禪宗頌古聯珠通集卷十八、禪宗正脉卷二、楞嚴經宗通卷八、指月録卷十一、教外別傳卷六、五燈嚴統卷四、宗鑑法林卷十六、御選語録卷十六。

317 師示衆云：「老僧三十年前在南方，火爐頭〔一〕有箇無賓主話〔二〕，直至如今無人舉着。」

【校注】

〔一〕火爐頭：火爐邊。續傳燈録卷二十五舒州龍門清遠佛眼禪師：「雖在南方火爐頭，不入他家虀瓮裏。」

〔二〕無賓主話：臨濟宗接引學人講究分辨「賓主」。「賓」指參禪學人或没有領悟佛法者，「主」指禪門宗匠或悟得禪法者。依據賓與主之間的不同情況，有「四賓主」的不同施設。明覺禪師語録卷一：「人天普集，合發明箇什麼事焉？可互分賓主，馳騁問答，便當宗乘去。」

禪林寶訓卷三：「自魏晉齊梁隋唐以來，始創招提聚四方學徒，擇賢者規不肖，俾智者導愚迷，由是賓主立，上下分矣。」續傳燈録卷十三南嶽西林崇奥禪師：「僧問：『一問一答賓主歷然，不問不答，如何辨別？』師曰：『坐底坐立底立。』」「無賓主話」體現了趙州反對賓主之分的接人方式。破庵祖先禪師語録：「師云：『趙州老老大大，有年無德，殊不知火爐頭無賓主話，觸目發輝，聞見歷然。』」

【資料】

①南藏本、北藏本第三〇五則；覺心本、徑山本第三一七則。

②祖堂集卷十八趙州和尚：「師示衆云：『我三十年前在南方，火爐頭舉無賓主話，直至如今無人道著。』有人舉問雪峰：『趙州無賓主話作麼生道？』雪峰便踏倒。」

③聯燈會要卷六趙州觀音從諗禪師：「師垂語云：『我向行脚到南方時，火爐頭有個無賓主話，直至如今無人舉著。』」

④五燈會元卷四趙州從諗禪師：「師謂衆曰：『我向行脚到南方，火爐頭有個無賓主話，直至如今無人舉著。』」

⑤雲門匡真禪師廣録卷下、圓悟佛果禪師語録卷四、虚堂和尚語録卷九、徹翁和尚語録卷上、續傳燈録卷三十五、教外别傳卷六、五燈嚴統卷四、五燈全書卷七、少林無孔笛卷二、槐安國語卷二。

318　問：「和尚受大王如是供養，將什麼報答？」師云：「念佛。」云：「貧子也解〔一〕念佛。」師云：「喚侍者將一錢與伊。」

【校注】

〔一〕解：會，能夠。拾得詩：「若解捉老鼠，不在五白猫。若能悟理性，那由錦繡包？」

【資料】

①南藏本、北藏本第三〇六則；覺心本、徑山本第三一八則。

②祖堂集卷十八趙州和尚：「問：『如何得報國王恩？』師云：『念佛。』僧云：『街頭貧兒也念佛。』師拈一个錢與。」又卷十九靈樹和尚：「鎮州大王請趙州，共師齋次。師問趙州：『大王請和尚齋，和尚將何報答？』趙州云：『念佛。』師云：『門前乞兒也解與摩道。』州云：『大王，將錢來與靈樹。』」

319　問：「如何是和尚家風？」師云：「屏風雖破，骨格猶存〔一〕。」

【校注】

〔一〕屏風雖破，骨格猶存：比喻内在具有的靈明覺性，不受外物的影響。竺仙和尚語録卷上：「師問僧云：『屏風雖破，骨子猶存。向骨子上道將一句來。』僧云：『骨子骨子。』師云：『恰似。』僧請師自道。師云：『莊嚴不得。』」虚堂集卷三〖三十七〗九峰相傳：「斯乃一切衆生本具靈明覺性，非吾强言，豈非天然貴，異迴出流倫。雖積代簪纓暫時落泊，其奈屏風雖破，古格猶存，特似家富兒奴體段終別。」

【資料】

①南藏本、北藏本第三〇七則；覺心本、徑山本第三一九則。

320 問：「如何是不遷〔一〕之義？」師云：「你道者野鴨子飛〔二〕，從東去？西去？」

【校注】

〔一〕不遷：不遷移，不變動。楚辭章句卷四：「離慜而不遷兮。」王逸注：「遷，徙也。」佛家將「不遷」視爲一種無生無滅的境界。大乘百法明門論疏卷下：「不遷動義名爲真如。」景德傳燈録卷五慧能大師：「常住不遷，名之曰道。」

〔二〕野鴨子飛：本自馬祖與百丈懷海禪師關於野鴨飛過的禪宗公案。天聖廣燈録卷八洪州百丈山大智禪師：「師爲馬祖侍者。一日，隨侍馬祖路行次，聞野鴨聲。祖云：『什麽聲？』師云：『野鴨聲。』良久，祖云：『適來聲向什麽處去？』師云：『飛過去。』祖迴頭，將師鼻使扭，師作痛聲。祖云：『又道飛過去。』師於言下有省。」祖堂集卷十五五洩和尚有此公案：「有一日，大師領大衆出西牆下遊行次，忽然野鴨子飛過去。大師問：『身邊什摩物？』政上座云：『野鴨子。』大師云：『什摩處去？』對云：『飛過去。』大師把政上座耳拽，上座作忍痛聲，大師云：『猶在這裏，何曾飛過？』政上座豁然大悟。」

【資料】

①南藏本、北藏本第三〇八則；覺心本、徑山本第三二〇則。

321　問：「如何是西來意？」師云：「什麽處得者消息來？」

【資料】

①南藏本、北藏本第三〇九則；覺心本、徑山本第三二一則。

②景德傳燈録卷二十五正勤希奉禪師：「僧問：『如何是祖師西來意？』師曰：『什麽處得遮箇消息？』」

322　問：「如何是塵中人〔一〕？」師云：「布施茶鹽〔二〕錢來。」

【校注】

〔一〕塵中人：俗世中人，没有超凡脱俗、領悟禪佛之人。又作「塵裏人」。拾得詩：「悠悠塵裏人，常樂塵中趣。我見塵中人，心多生愍顧。何哉愍此流，念彼塵中苦。」

〔二〕茶鹽：唐人煎茶時用鹽。東坡志林：「唐人煎茶，用薑用鹽，近世有用此二物者，輒大笑之。」唐陸羽茶經器：「鹺簋以瓷爲之，圓徑四寸，若合形，或瓶或罍，貯鹽花也。」明田藝蘅煮泉小品：「唐人煎茶多用姜鹽，故鴻漸云：『初沸水合量，調之以鹽味。』薛能詩：『鹽損添常戒，姜宜著更誇。』」

【資料】

①南藏本、北藏本第三一〇則；覺心本、徑山本第三二二則。

②祖堂集卷十八趙州和尚：「問：『如何是密室中人？』師展手云：『茶鹽錢布施。』有人問雲居：『趙州與摩道，意作摩生？』雲居云：『八十老公出場屋。』」

③御選語録卷十六。

323 問：「大耳三藏第三度覓國師不見〔一〕，未審國師在什麽處？」師云：「在三藏鼻孔裏。」

【校注】

〔一〕大耳三藏第三度覓國師不見：禪宗公案。西天大耳三藏與慧忠國師對機勘驗，結果因大耳三藏不能真正了悟佛法禪理而落敗。景德傳燈録卷五西京光宅寺慧忠國師：「時有西天大耳三藏到京，云：『得他心慧眼。』帝敕令與國師試驗。三藏才見師，便禮拜，立於右邊。師問曰：『汝得他心通耶？』對曰：『不敢。』師曰：『汝道老僧即今在什麼處？』曰：『和尚是一國之師，何得却去西川看競渡？』師再問：『汝道老僧即今在什麼處？』曰：『和尚是一國之師，何得却在天津橋上看弄猢猻？』師第三問語亦同前。三藏良久罔知去處。師叱曰：『遮野狐精。他心通在什麼處？』三藏無對。僧問仰山曰：『大耳三藏第三度爲什麼不見國師？』仰山曰：『前兩度是涉境心，後入自受用三昧，所以不見。』又有僧舉前語問玄沙，玄沙曰：『汝道前兩度還見麼？』玄覺云：『前兩度若見，後來爲什麼不見？且道利害在什麼處？』僧問趙州曰：『大耳三藏第三度不見國師，未審國師在什麼處？』趙州云：『在三藏鼻孔上。』僧問玄沙：『既在鼻孔上，爲什麼不見？』玄沙云：『只爲太近。』」

【資料】

①南藏本、北藏本第三一一則；覺心本、徑山本第三二三則。

②聯燈會要卷三西京光宅惠忠國師：「僧問趙州：『大耳三藏第三度不見國師，未審國師在甚麼處？』州云：『在三藏鼻孔裏。』」

③明覺禪師語録卷一、白雲守端禪師廣録卷一、宏智禪師廣録卷三、禪宗頌古聯珠通集卷八、五燈會元卷二、三教平心論卷下、佛祖歷代通載卷十四、空谷集卷一、指月録卷二、大佛頂首

楞嚴經臆説、袁州仰山慧寂禪師語録、五燈全書卷七、宗鑑法林卷七、永平元和尚頌古。

324 問：「盲龜值浮木孔〔一〕時如何？」師云：「不是偶然事〔二〕。」

【校注】

〔一〕盲龜值浮木孔：比喻難得一見或難以做到。佛説泥犁經：「佛言：『人在三惡道難得脱。譬如周匝八萬四千里水中有一盲龜，水上有一浮木有一孔，龜從水中百歲一跳出頭，寧能值木孔中不？』諸比丘言：『百千萬歲尚恐不入也。所以者何？有時木在東龜在西，有時木在西龜出東，有時木在南龜出北，有時木在北龜出南，有時龜適出頭，木爲風所吹在陸地。』」碧巖録卷二〔一九〕：「俱胝老垂慈接物，於生死海中，用一指頭接人，似下浮木接盲龜相似，令諸衆生得到彼岸。」

〔二〕不是偶然事：極難出現的奇異事，非凡人偶然可以做到，奇異事有其出現的必然因緣。大寶積經卷五十四：「極難得值過烏曇花，又似盲龜難遇浮孔，百千大劫時或一遇，我今奉見甚爲希有。」大般涅槃經疏卷四：「海底盲龜千年一出值浮木孔，入孔中居，此事甚難。若在人中，值世有佛，難復過此。」法苑珠林卷二十三：「盲龜遇浮木，相值甚爲難。惡道復人身，難值亦如是。我今值人身，應當不放逸。河沙等諸佛，未曾得值遇。今日得諮受，十力世尊言。佛所説妙法，我必當修行。若能善修習，濟拔極爲大。非他作已得，是故自精勤。」

【資料】

①南藏本、北藏本第三一二則；覺心本、徑山本第三二四則。

325 問：「久居巖谷時如何？」師云：「何不隱去〔一〕？」

【校注】

〔一〕何不隱去：景德傳燈録卷二十三襄州廣德延和尚：「作禮而問曰：『如何是和尚深深處？』曰：『隱身不必須巖谷，闤闠堆堆睹者希。』」要想達到修行的至高境界，「久居巖谷」的意念也須隱去。

【資料】

①南藏本、北藏本第三一三則；覺心本、徑山本第三二五則。

326 問：「如何是佛法大意？」師云：「禮拜着。」僧擬進話〔一〕次，師喚沙彌文遠，文遠到。師叱云：「適來去什麽處來？」

【校注】

〔一〕進話：學禪者進一步向禪師提問。

【資料】

①南藏本、北藏本第三一四則；覺心本、徑山本第三二六則。

327 問：「如何是自家本意〔一〕？」師云：「老僧不用牛刀〔二〕。」

【校注】

〔一〕自家本意：人人皆有的佛性。

〔二〕牛刀：宰牛用的刀。語出論語陽貨：「子之武城，聞弦歌之聲。夫子莞爾而笑曰：『割雞焉用牛刀？』」後常以牛刀喻大材器。

【資料】

①南藏本、北藏本第三一五則；覺心本、徑山本第三二七則。

328 問：「久響趙州石橋，到來只見掠彴子〔一〕。」師云：「闍梨只見掠彴子，不見趙州石橋〔二〕。」云：「如何是趙州〔三〕石橋？」師云：「過來，過來〔四〕。」

【校注】

〔一〕掠彴子：獨木橋。初學記卷七引廣志：「獨木之橋曰榷，亦曰彴。」漢書武帝紀：「初榷酒酤。」唐顔師古注：「榷者，步渡橋，爾雅謂之石杠，今之略彴是也。」法演禪師語録卷下：「掠彴不是趙州橋，明月清風安可比。」大通禪師語録卷五天津橋：「度馬度牛兼度人，趙州掠彴豈同倫。往來多少迷途者，本地風光罷問津。」

〔二〕趙州石橋：喻指趙州禪師接引教化僧徒之法。

〔三〕趙州：徑山本無。

〔四〕過來，過來：徑山本此後又作「又云：『度驢度馬。』」

【資料】

①南藏本、北藏本無此則；覺心本、徑山本第三二八則。

②五家正宗贊卷一、禪宗正脉卷二。

329　又僧問：「久響趙州石橋，到來只見掠彴子。」師云：「你只見掠彴子，不見趙州石橋。」云：「如何是石橋？」師云：「度驢度馬〔一〕。」

【校注】

〔一〕度驢度馬：此處言橋上可以通行車馬。禪籍中以雙關隱指趙州禪師道法高妙，可以接引啓發僧徒開悟。驢、馬是無知無識者，修禪者要像驢馬一般，不受情識意念的支配，方能獲得真正的開悟。五燈會元卷十棲賢澄湜禪師：「僧問：『趙州石橋，度驢度馬。三峽石橋，當度何人？』師曰：『蝦蟇蚯蚓。』」

【資料】

①南藏本、北藏本、徑山本無此則；覺心本第三二九則。

②景德傳燈録卷十趙州觀音院從諗禪師：「僧問：『久嚮趙州石橋，到來只見掠彴。』師云：『汝只見掠彴，不見趙州橋。』僧云：『如何是趙州橋？』師云：『過來。』又有僧同前問，師亦如前答。僧云：『如何是趙州橋？』師云：『度驢度馬。』僧云：『如何是掠彴？』師云：『箇箇度人。』雲居錫云：『趙州爲當扶石橋，扶掠彴？』」

③聯燈會要卷六趙州觀音從諗禪師：「僧問：『久響趙州石橋，到來只見略彴。』師云：『汝只見略彴，且不見石橋。』云：『如何是石橋？』師云：『度驢度馬。』」

④五燈會元卷四趙州從諗禪師：「問：『久嚮趙州石橋，到來衹見略彴。』師曰：『汝衹見略彴，且不見石橋。』曰：『如何是石橋？』師曰：『度驢度馬。』曰：『如何是略彴？』師曰：『箇箇度人。』後有如前問，師如前答。又僧問：『如何是石橋？』師曰：『過來！過來！』雲居錫云：『趙州

爲當扶石橋，扶略彴？』」

⑤指月録卷十一、教外别傳卷六、五燈嚴統卷四。

330　問：「和尚姓什麽？」師云：「常州有。」云：「甲子多少？」師云：「蘇州有。」

【資料】

①南藏本、北藏本第三一六則；覺心本第三三〇則；徑山本第三二九則。

②五燈會元卷四、指月録卷十一。

331　師〔一〕上堂云：「才有是非，紛然失心〔二〕。還有答話分〔三〕也無？」有僧出，撫侍者一下，云：「何不祗對和尚？」師便歸方丈。後侍者請益〔四〕：「適來僧是會？不會？」師云：「坐底見立底，立底見坐底。」

【校注】

〔一〕師：覺心本、南藏本、北藏本、徑山本無。

〔二〕才有是非，紛然失心：語出僧璨信心銘：「纔有是非，紛然失心。二由一有，一亦莫守。」辨明是非的同時也就失去了本心。禪宗提倡將所有的對立和矛盾都統一起來，調和成前後一致的有機整體，而辨明是非就會導致分別心的産生，就會與禪的思想背道而馳，澄明清浄的本心便在是非分別中迷失。祖堂集卷十三報慈和尚：「師問僧：『纔有是非，紛然失心。祖師與摩道，還有過也無？』對云：『不可道無。』」

〔三〕分：名詞性詞尾。

〔四〕請益：學人請師垂示。祖堂集卷四藥山和尚：「師曰：『汝從看經得？從人請益得？』對曰：『不從看經得，亦不從人請益得。』師曰：『大有人不看經，亦不從人請益。爲什麼不得？』對曰：『不道他無，自是不肯承當。』」「請益」在禪林清規中被程式化，入衆須知請益因緣：「今夜欲上方丈請益。晚預覆侍者，通方丈允。定鐘後，到侍司，同至方丈請益。炷香九拜云：『生死事大，望和上開示法要。』側立諦聽。示畢，又炷香，觸禮三拜而退。」

【資料】

①南藏本、北藏本第三一七則；覺心本第三三一則；徑山本第三三〇則。

332 問：「如何是道？」師云：「牆外底。」云：「不問者箇。」師云：「問什麽道？」云：「大道。」師云：「大道通長安〔一〕。」

【校注】

〔一〕大道通長安：禪籍有俗語「家家門首透長安」，比喻人人自有佛性，不必茫茫然向外尋求，佛祖就在每個人的心頭安坐。五燈會元卷二十資壽尼妙總禪師：「曰：『如何是人境俱不奪？』師曰：『處處緑楊堪系馬，家家門首透長安。』」

【資料】

①南藏本、北藏本第三一八則；覺心本第三三二則；徑山本第三三一則。

②五燈會元卷四趙州從諗禪師：「問：『如何是道？』師曰：『牆外底。』曰：『不問這箇。』師曰：『你問那箇？』曰：『大道。』師曰：『大道透長安。』」

③禪宗頌古聯珠通集卷十九、竺仙和尚語録卷上、佛國禪師語録卷上、佛光國師語録卷一。

333　問：「撥塵見佛〔一〕時如何？」師云：「撥塵即不無，見佛即不得〔二〕。」

【校注】

〔一〕撥塵見佛：禪宗認爲人人自有佛性，只是被各種塵俗欲累所蒙蔽，撥開這些欲累就可以見到自己的真如佛性，如同經卷上蒙上了一層塵土，拂去塵土就可以明見佛法。大方廣佛華嚴經卷五十一：「如有大經卷，量等三千界。在於一塵内，一切塵悉然。有一聰慧人，净眼悉明見。破塵出經卷，普饒益衆生。」

〔二〕撥塵即不無，見佛即不得：如果執著於佛法，則難以明心見佛。祖堂集卷十大普和尚：

「問：『撥塵見佛時如何？』師曰：『脱却枷來商量。』」從容庵録卷五〔六十八〕夾山揮劍：「僧舉，問石霜：『撥塵見佛時如何？』見即不撥，撥即不見。」大明高僧傳卷八釋真慈傳：「舉僧問雲門：『撥塵見佛時如何？』門曰：『佛亦是塵。』慈聞豁然，隨聲便喝，以手指胸曰：『佛亦是塵。』復呈頌曰：『撥塵見佛，佛亦是塵。』」

【資料】

①南藏本、北藏本第三一九則；覺心本第三三三則；徑山本第三三二則。

334　問：「如何是無疾之身〔一〕？」師云：「四大五陰〔二〕。」

【校注】

〔一〕無疾之身：超越了疾病苦難困擾的本來身。

〔二〕四大五陰：四大，地大、水大、火大、風大。地以堅硬爲性，水以潮濕爲性，火以温暖爲性，風以流動爲性。世間的一切有形物質，都有堅、濕、暖、動四性，故稱爲「大」。五陰，又稱五蘊，色蘊、受蘊、想蘊、行蘊、識蘊，是構成人身的五大要素。色指物質，受是感受，想是想象，行是意志和行爲，識是認識。此五者是積集而生起的，所以叫做「五蘊」。因爲又能把人的真性蓋覆，使人迷惑顛倒，造作諸業，故又名「五陰」。

【資料】

①南藏本、北藏本第三二〇則；覺心本第三三四則；徑山本第三三三則。

335　問：「如何是闡提？」師云：「何不問菩提〔一〕？」云：「如何是菩提？」師云：「只者便是闡提。」

【校注】

〔一〕菩提：又譯作「覺」，指能覺知法性，斷盡人煩惱的大智慧。舊譯爲道，指通往真理的道路。大智度論卷三十七釋習相應品：「菩提，名爲佛智慧。」又卷四十四釋句義品：「菩提，秦言無上智慧。」安樂集卷上：「圓通無礙，名曰菩提。」宗鏡録卷一百：「諸佛之所得，故曰菩提。」

【資料】

①南藏本、北藏本第三二一則；覺心本第三三五則；徑山本第三三四則。

336　師有時屈指云：「老僧喚作拳，你諸人喚作什麽？」僧云：「和尚何得將境示人〔一〕？」師云：「我不將境示人。若將境示闍梨，即埋没闍梨去也。」云：「争奈者箇何？」師便珍重〔二〕。

【校注】

〔一〕將境示人：境，眼、耳、鼻、舌、身、意六識所感覺、認識的對象。佛家認爲，一切境都是虚妄不實的，將虚妄不實之物示與學人，這是禪宗反對的接人方式。

〔二〕珍重：禪籍道别語，告辭。祖堂集卷十二荷玉和尚：「因一日參次，曹山乃問師：『大人還在也無？』對云：『在。』曹山云：『略要相見，還得麼？』對云：『請和尚進。』曹山乃倒卧。師便珍重而出。」碧巖録卷一〖四〗：「（德山）至夜間入室侍立，更深，潭云：『何不下去？』山遂珍重，揭簾而出。」

【資料】

①南藏本、北藏本第三二二則；覺心本第三三六則；徑山本第三三五則。

②汾陽無德禪師語録卷中、碧巖録卷五、大慧普覺禪師語録卷四、虚堂和尚語録卷一、竺仙和尚語録卷中、圓通大應國師語録卷上、從容庵録卷三、佛光國師語録卷七。

337 問：「一問一答，總落天魔外道〔一〕。設使無言，又犯他匡網〔二〕。如何是趙州家風？」師云：「你不解問。」云：「請和尚畣話。」師云：「若據你，合喫二十棒。」

【校注】

〔一〕天魔外道：天魔與外道，共同危害佛道者。大般涅槃經集解卷八：「天魔外道，阻亂佛法，假形僞説，以迷未達。從其化者，長居生死。」汾陽無德禪師語録卷上：「天魔外道，詐現吉凶，惑亂真源。」

〔二〕匡網：網，南藏本、北藏本作「綱」。約束、法度。四分律疏卷七：「綱網治過，除罪殄諍故爾。」四分律含註戒本疏發揮記卷三：「綱網，書云：『若網之在綱，有條而不紊。』」

【資料】

①南藏本、北藏本第三二三則；覺心本第三三七則；徑山本第三三六則。

338 師示衆云：「才有是非，紛然失心。還有答話分也無？」有僧出，將沙彌打一掌便出去。師便歸方丈。至來日問侍者：「昨日者師僧在什麽處？」侍者云：「當時便去也。」師云：「三十年弄馬騎，被驢子撲〔一〕。」

【校注】

〔一〕三十年弄馬騎，被驢子撲：禪籍慣用語。禪師的機語被僧徒或其他禪師識破或自己無言以對，在機鋒酬酢中敗下陣來，常用此語譏諷自己。意爲被水準低的人難倒，丢了面子。

帶有自嘲但又不服氣的口吻。禪籍中又作「三十年學騎馬，昨日被驢撲」、「三十年弄馬騎，今日被驢撲」、「三十年來弄馬騎」、「三十年行脚，今日爲人錯下注脚」等。祖堂集卷七巖頭和尚：「踈山參見師。師纔見，却佤頭佯佯而睡。踈山近前立久，師並不管。踈山便以手拍禪床，引手一下。師回頭云：『作什摩？』山云：『和尚且瞌睡。』師呵呵大笑云：『我三十年弄馬騎，今日被驢子撲。』」續傳燈録卷二十六慧目藴能禪師：「次問師：『黄巢過後還有人收得劍麽？』師亦豎起拳。潙曰：『也秖是菜刀子。』師曰：『殺得人即休。』遂近前欄胸築之。潙曰：『三十年弄馬騎，今日被驢子撲。』」

【資料】

①南藏本、北藏本第三二四則；覺心本第三三八則；徑山本第三三七則。

②大覺禪師語録卷中。

339 問：「與麽來底人，師還接也無？」師云：「接。」云：「不與麽來底人，師還接也無？」師云：「接。」云：「與麽來從師接，不與麽來師如何接？」師云：「止止不須説，我法妙難思〔一〕。」

【校注】

〔一〕止止不須説，我法妙難思：高妙的佛法無法用言語來表達。翻譯名義集卷五：「止止不須説，我法妙難思。言語道斷，故不須説。心行處滅，故妙難思。」

【資料】

①南藏本、北藏本無此則；覺心本第三三九則；徑山本第三三八則。

②祖堂集卷十八趙州和尚：「問：『與摩來底人，師還接也無？』師云：『接。』『不與摩來底人，師還接也無？』師云：『接。』僧云：『與摩來底人從師接，不與摩來底人師如何接？』師云：『止止不須説，我法妙難思。』」

③景德傳燈録卷十趙州觀音院從諗禪師：「僧問：『恁麼來底人，師還接否？』師云：『接。』僧云：『不恁麼來底，師還接否？』師云：『接。』僧云：『恁麼來者從師接，不恁麼來者如何接？』師云：『止止不須説，我法妙難思。』」

④五燈會元卷四趙州從諗禪師：「問：『恁麼來底人，師還接否？』師曰：『接。』曰：『不恁麼來底，師還接否？』師曰：『接。』曰：『恁麼來者從師接，不恁麼來者如何接？』師曰：『止止不須説，我法妙難思。』」

⑤新修科分六學僧傳卷七、教外別傳卷六、五燈嚴統卷四。

340　鎮府大王問：「師尊年有幾箇齒在？」師云：「只有一箇牙。」大王云：「爭喫得物？」師云：「雖然一箇，下下咬着〔一〕。」

【校注】

〔一〕下下咬着：趙州禪師以日常生活解釋高妙禪法。西巖了慧禪師語録卷上：「復舉：趙王問趙州云：『和尚年尊有幾個牙齒？』州云：『只有一個。』王云：『既只有一個，尋常將什麽吃飯？』州云：『雖只有一個，下下咬著。』師拈云：『大衆，常聞老趙州禪，在口皮邊，以此看來，直是粘牙綴齒。』」

【資料】

①南藏本、北藏本第三二五則；覺心本第三四〇則；徑山本第三三九則。

②五燈會元卷四趙州從諗禪師：「師因趙王問：『師尊年有幾箇齒在？』師曰：『祇有一箇。』王曰：『爭喫得物？』師曰：『雖然一箇，下下齩着。』」

③大慧普覺禪師語録卷三、五燈嚴統卷四、五燈全書卷七、宗鑑法林卷十八。

341 問：「如何是學人珠〔一〕？」師云：「高聲問。」僧禮拜。師云：「不解問，何不道：『高下即不問，如何是學人珠？』何不與麽問？」僧便再問。師云：「洎合放過者漢。」

【校注】

〔一〕學人珠：禪宗以珠比喻不被外物所染的澄明本心。

【資料】

①南藏本、北藏本第三二六則；覺心本第三四一則；徑山本第三四〇則。

342 問：「二邊寂寂〔一〕，師如何闡揚？」師云：「今年無風波〔二〕。」

【校注】

〔一〕二邊寂寂：二邊，世間萬物皆有「有邊」、「無邊」二相，即有與無的二元對立。大智度論卷五十七釋寶塔校量品：「若得是般若波羅蜜實相法，則不墮有無二邊，用中道通達布施、持戒等。」大方等大集經卷二十五寶髻菩薩品：「我與無我名爲二邊。」雜阿含經卷十：「世人顛倒依於二邊，若有、若無，世人取諸境界，心便計著。」「二邊寂寂」，即脱離有邊、無邊的對立，進入心行處滅，無有分別的禪悟境界。

〔二〕無風波：比喻内心寧静，不受外界俗塵的感染。宏智禪師廣録卷一：「本源無風波，真界絶涯畛。」

【資料】

①南藏本、北藏本第三二七則；覺心本第三四二則；徑山本第三四一則。

343 問：「大衆雲集，合談何事？」師云：「今日拽木頭，豎僧堂。」云：「莫只者個便是接學人也無？」師云：「老僧不解雙陸〔一〕，不解長行〔二〕。」

【校注】

〔一〕雙陸：古代一種博戲。事物紀原卷九博弈嬉戲投子：「續事始曰：『陳思王曹子建製雙陸，置投子二。』唐末有葉子戲，不知誰遂加至六。」祖庭事苑卷七：「雙陸，博戲也，如樗蒲，雉盧是也。」明謝肇淛五雜俎卷六人部二：「雙陸，一名握槊（中略）曰雙陸者，子隨骰行，若得雙陸，則無不勝也。又名『長行』，又名『波羅塞戲』。其法以先歸宮爲勝，亦有任人打子，佈滿他宮，使之無所歸者，謂之『無梁』，不成則反負矣。其勝負全在骰子，而行止之間，貴善用之。其制有北雙陸、廣州雙陸、南番、東夷之異。事始以爲陳思王制，不知何據。」紅樓夢第八十八回：「看見賈母與李紈打雙陸，鴛鴦旁邊瞧著。」中國藝術研究院紅樓夢研究所注：「又名『雙鹿』。古代博戲之一，傳自天竺（印度），盛于南北朝、隋、唐。下鋪一特製盤子，雙方各用十六枚（一説十五枚）棒槌形的『馬』立于自己一方，擲骰子的點數各占步數，先走到對方者爲勝。」禪師常借行棋之語闡明佛理。禪籍中常見的俗語有「雙陸盤中不喝彩」、「雙陸盤中信彩贏」等。

〔二〕長行：古代博戲。唐國史補卷下：「今之博戲，有長行最盛。其具有局、有子，子有黃黑各十五，擲采之骰有二。其法生於握槊，變於雙陸。天后夢雙陸而不勝，召狄梁公説之。

梁公對曰：『宮中無子之象是也。』後人新意，長行出焉。又有小雙陸、圍透、大點、小點、遊談、鳳翼之名，然無如長行也。」

【資料】

①南藏本、北藏本第三三八則；覺心本第三四三則；徑山本第三四二則。

②五燈全書卷七。

344　問：「如何是真實人體〔一〕？」師云：「春夏秋冬。」云：「與麼即學人難會。」師云：「你問我真實人體。」

【校注】

〔一〕真實人體：超越了外在束縛，坦坦蕩蕩的真自性。宏智禪師廣録卷五：「一切事消爍，一切心混融，浩浩蕩蕩，是一箇真實人體。」圓悟佛果禪師語録卷十三：「盡乾坤大地，只是箇真實人體，説什麼見聞覺知，纔跨門來，已是兩手分付，更無纖毫遺漏。」

【資料】

①南藏本、北藏本第三三九則；覺心本第三四四則；徑山本第三四三則。

345 問：「如何是佛法大意？」師云：「你名什麼？」云：「某〔一〕甲。」師云：「含元殿裏，金谷園中〔二〕。」

【校注】

〔一〕某：覺心本作「厶」。

〔二〕含元殿裏，金谷園中：含元殿，唐時長安中重要宫殿。谷山筆麈卷十三儀音：「唐高宗作蓬萊宫，正殿爲含元殿，含元之後爲宣政殿，宣政之北曰紫宸殿，則内朝聽政之所也，大會則於含元。」金谷，亦稱金谷澗，在河南洛陽西北。晉太康中石崇築園於此，稱作「金谷園」，其富麗奢華，世無與比。禪師以含元殿和金谷園作比，暗示僧徒人人本有佛性，不要迷失本心，忙忙碌碌向外馳求。大慧普覺禪師語録卷二：「若離聲色言語求道真體，大似含元殿裏更覓長安。」又卷八：「含元殿裏休問長安。」大覺禪師語録卷中：「正旦上堂：『新年頭佛法在在分明，著眼看不見，無求還現成。既是現成，因甚看不見？全身坐在含元殿，猶問長安有幾程。』」

【資料】

①南藏本、北藏本第三三〇則；覺心本第三四五則；徑山本第三四四則。

346　問：「如何是七佛〔一〕師？」師云：「要眠即眠，要起即起〔二〕。」

【校注】

〔一〕七佛：指過去的七佛，即毗婆尸佛、尸棄佛、毗舍浮佛、拘留孫佛、拘那含牟尼佛、迦葉佛、釋迦牟尼佛。

〔二〕要眠即眠，要起即起：對禪宗平常心是道的解釋。祖堂集卷十七岑和尚：「問：『如何是平常心？』師云：『要眠則眠，要坐則坐。』」

【資料】

①南藏本、北藏本第三三一則；覺心本第三四六則；徑山本第三四五則。

②五燈全書卷七。

347　問：「道非物外〔一〕，物外非道。如何是物外道？」師便打。云：「和尚莫打某〔二〕甲，已後錯打人去在。」師云：「龍蛇易辨〔三〕，衲子難瞞。」

【校注】

〔一〕物外：超脱塵世之外。圓悟佛果禪師語録卷二：「萬境森然，物外有玄機。」

〔二〕某：覺心本作「厶」。

〔三〕辨：原作「弁」，依南藏本、北藏本、徑山本改。

【資料】

①南藏本、北藏本第三三二則；覺心本第三四七則；徑山本第三四六則。

②祖堂集卷十八趙州和尚：「師問南泉：『古人道：道非物外，物外非道。如何是物外道？』泉便棒。師云：『莫錯打。』南泉云：『龍蚰易弁，納子難謾。』」

③景德傳燈録卷八南泉普願禪師：「趙州問：『道非物外，物外非道。如何是物外道？』師便打。趙州捉住棒云：『已後莫錯打人去。』師云：『龍蛇易辨，衲子難謾。』」

④明覺禪師語録卷三、保寧仁勇禪師語録、禪宗頌古聯珠通集卷十一、聯燈會要卷四、五燈會元卷三、宗鑑法林卷十六。

348 師見大王入院，不起，以手自拍膝，云：「會麼？」大王云：「不會。」師云：「自小出家今已老，見人無力下禪床。」

【資料】

①南藏本、北藏本第三三三則；覺心本第三四八則；徑山本第三四七則。

②景德傳燈録卷十趙州觀音院從諗禪師：「一日，真定帥王公攜諸子入院。師坐而問曰：

『大王會麼？』王云：『不會。』師云：『自小持齋身已老，見人無力下禪床。』王公尤加禮重。翌日令客將傳語，師下禪床受之。少間，侍者問：『和尚見大王來，不下禪床。今日軍將來，爲什麼却下禪床？』師云：『非汝所知。第一等人來，禪床上接；中等人來，下禪床接；末等人來，三門外接。』」

③聯燈會要卷六趙州觀音從諗禪師：「真定帥王公來，師坐而問云：『會麼？』王云：『不會。』師云：『自小持齋今已老，見人無力下繩床。』後軍將來，師却下繩床。侍者問：『和尚見大王，不下繩床。軍將來，爲甚麼却下繩床？』師云：『非汝所知。上等人來，繩床上接；中等人來，下繩床接；下等人來，三門外接。』」

④五燈會元卷四趙州從諗禪師：「真定帥王公攜諸子入院，師坐而問曰：『大王會麼？』王曰：『不會。』師云：『自小持齋身已老，見人無力下禪床。』王尤加禮重。翌日令客將傳語，師下禪床受之。侍者曰：『和尚見大王來，不下禪床。今日見軍將來，爲甚麼却下禪床？』師曰：『非汝所知。第一等人來，禪床上接；中等人來，下禪床接；末等人來，三門外接。』」

⑤五家正宗贊卷一、大光明藏卷中、釋氏通鑑卷十一、佛祖統紀卷四十二、佛祖歷代通載卷十七、禪宗正脉卷二、指月録卷十一、教外别傳卷六、五燈嚴統卷四。

349　問：「如何是忠言〔一〕？」師云：「你娘醜陋。」

【校注】

〔一〕忠言：忠直之言。荀子致士：「忠言、忠説、忠事、忠謀、忠譽、忠愬，莫不明通，方起以尚盡矣。」韓非子外儲説左上：「夫良藥苦於口，而智者勸而飲之，知其入而已己疾也；忠言拂於耳，而明主聽之，知其可以致功也。」壇經疑問品：「苦口的是良藥，逆耳必是忠言。」潙山警策注：「苦口忠言必須逆耳，聞當改過，銘刻於心。」

【資料】

①南藏本、北藏本第三三四則；覺心本第三四九則；徑山本第三四八則。

②御選語録卷十六。

350 問：「從上至今不忘底人如何？」師云：「不可得繫心〔一〕，常思念十方〔二〕一切佛。」

【校注】

〔一〕繫心：專著於一。阿彌陀經通贊疏卷中：「若不偏指一方，即不繫心專注。」弘贊法華傳卷八：「精厲晨宵，繫心不散。」

〔二〕十方：東、南、西、北、東南、東北、西南、西北、上、下十個方位，泛指各地、各方。

【資料】

①南藏本、北藏本第三三五則；覺心本第三五〇則；徑山本第三四九則。

351　問：「如何是忠言？」師云：「喫鐵棒。」

【資料】

①南藏本、北藏本第三三六則；覺心本第三五一則；徑山本第三五〇則。

②御選語録卷十六。

352　問：「如何是佛向上事？」師便撫掌大笑〔一〕。

【校注】

〔一〕笑：南藏本、北藏本作「咲」。

【資料】

①南藏本、北藏本第三三七則；覺心本第三五二則；徑山本第三五一則。

353 問：「一燈然百千燈〔一〕，一燈未審從什麽處發？」師便趯出一隻履，又云：「作家即不與麽問。」

【校注】

〔一〕一燈然百千燈：然，覺心本、南藏本、北藏本、徑山本皆作「燃」，正俗字。燈燈相傳，薪火不盡，佛教比喻佛法代代相傳，無有斷絶。維摩詰所説經卷上菩薩品：「譬如一燈燃百千燈，冥者皆明，明終不盡。」密庵和尚語録：「一燈燃百千燈，燈燈相續，重重無盡。」

【資料】

①南藏本、北藏本第三三八則；覺心本第三五三則；徑山本第三五二則。

②祖堂集卷十八趙州和尚：「問：『一燈燃百千燈，未審一燈是什摩燈？』師跳出隻履，又云：『若是作家，不與摩問。』」

③五燈全書卷七。

354 問：「歸根得旨，隨照失宗〔一〕時如何？」師云：「老僧不答者話。」云：「請和尚答話。」師云：「合與麽。」

【校注】

〔一〕歸根得旨，隨照失宗：語出僧璨信心銘。認識了事物的本源，就可以透見萬物的真實面目；如果只停留於表面外相，則不能認識事物的宗旨。宗鏡録卷九十八：「若識自家本心，唤作歸根得旨。」真歇清了禪師語録卷下拈古：「歸根得旨，隨照失宗。拈云：（中略）禪和子，你如今擬開口要話會，墮在言句，便是究妙失宗，機昧終始，唤作語滲漏，唤作隨照失宗，只被口頭聲色見聞知解流轉將去。只如古人道葉落歸根，來時無口又作麼生説？須彌頂上無根樹，不犯春風花自開。」

【資料】

①南藏本、北藏本第三三九則；覺心本第三五四則；徑山本第三五三則。

355　問：「如何是不思處〔一〕？」師云：「快道，快道。」

【校注】

〔一〕不思處：不思量。菩薩地持經卷三：「菩薩離不思處者，不隨愚心亂心，勤思常思頓思。」

【資料】

①南藏本、北藏本第三四〇則；覺心本第三五五則；徑山本第三五四則。

②御選語録卷十六。

356 問：「夜昇兜率，晝降閻浮〔一〕，其中爲什麽摩尼不現？」師云：「道什麽？」僧再問，師云：「毗婆尸佛〔二〕早留心，直至如今不得妙。」

【校注】

〔一〕夜昇兜率，晝降閻浮：見華嚴經昇兜率天宫品。

〔二〕毗婆尸佛：又譯作毗鉢尸、微鉢尸、毗婆沙、維衛、勝觀等，是過去七佛之第一佛，一切經音義卷十八：「毗鉢尸，或云毗婆尸，梵語前劫中佛名也。唐云勝觀也，或云微鉢尸。」

【資料】

①南藏本、北藏本無此則；覺心本第三五六則；徑山本第三五五則。

②祖堂集卷十八趙州和尚：「問：『夜昇兜率，晝降閻浮，其中摩尼爲什摩不現？』師云：『道什麽？』僧再問，師云：『不見道，毗婆尸佛早留心，直至如今不得妙。』」

③景德傳燈録卷十趙州觀音院從諗禪師：「僧問：『夜離兜率，晝降閻浮，於其中間摩尼爲什麽不現？』師云：『道什麽？』其僧再問，師云：『毗婆尸佛早留心，直至如今不得妙。』」

④聯燈會要卷六趙州觀音從諗禪師：「僧問：『晝生兜率，夜降閻浮，於中摩尼爲甚麽不

現？』師云：『道甚麽？』僧再問，師云：『毗婆尸佛早留心，直至如今不得妙。』」

⑤五燈會元卷四趙州從諗禪師：「問：『夜生兜率，晝降閻浮，於其中間摩尼珠爲甚麽不現？』師曰：『道甚麽？』其僧再問，師曰：『毗婆尸佛早留心，直至如今不得妙。』」

⑥應庵曇華禪師語録卷五、了庵清欲禪師語録卷三、五燈嚴統卷四、宗鑑法林卷十七。

357　問：「非思量處〔一〕如何？」師云：「速道，速道。」

【校注】

〔一〕非思量處：禪宗提倡當下開悟，不容擬議，思量過後便成第二義。非思量處，即没有分别處。宏智禪師廣録卷九：「非思量處，無住而住，離名象時，不爲而爲。」僧璨信心銘：「非思量處識情難測，真如法界無他無自。」

【資料】

①南藏本、北藏本第三四一則；覺心本第三五七則；徑山本第三五六則。

②御選語録卷十六。

358　問：「如何是衣中寶〔一〕？」師云：「者一問，嫌什麽？」云：「者箇是問，如何是寶？」師云：「與麽即衣也失却。」

【校注】

〔一〕衣中寶：衣服中寶珠，比喻人人自有佛性。源自佛經典故。妙法蓮華經卷四五百弟子受戒品：「譬如有人至親友家，醉酒而卧。是時親友官事當行，以無價寶珠繫其衣裏，與之而去。其人醉卧，都不覺知。起已遊行，到於他國。爲衣食故，勤力求索，甚大艱難，若少有所得，便以爲足。於後親友會遇見之，而作是言：『咄哉，丈夫！何爲衣食乃至如是。我昔欲令汝得安樂，五欲自恣，於某年日月，以無價寶珠繫汝衣裏。今故現在，而汝不知，勤苦憂惱，以求自活，甚爲癡也。』」祖堂集卷四丹霞和尚：「師又有翫珠吟：『識得衣中寶，無明醉自惺。百骸俱潰散，一物鎮長靈。』」禪籍中又作「衣珠」。全唐文卷三百二十七六祖能禪師碑銘：「大開寶藏，明示衣珠。」

【資料】

①南藏本、北藏本第三四二則；覺心本第三五八則；徑山本第三五七則。

359　問：「萬里無店時如何？」師云：「禪院裏宿。」

【資料】

①南藏本、北藏本第三四三則；覺心本第三五九則；徑山本第三五八則。

360　問："狗子還有佛性也無？"師云："家家門前通長安〔一〕。"

【校注】

〔一〕家家門前通長安：家家都有通往長安的道路，比喻人人都可以獲得開悟，不必忙忙碌碌向外尋求。禪籍中又作"家家門户透長安"、"家家門裏透長安"、"家家門首透長安"。密庵和尚語録："忽有問徑山：『如何是不錯底路？』只向他道：『家家門裏透長安。』"白雲守端禪師廣録卷二："上堂云：『馬大師道：「即心即佛。」又道："非心非佛。"諸人即今要見馬大師麽？處處緑楊堪繫馬，家家門首透長安。』"

【資料】

①南藏本、北藏本第三四四則；覺心本第三六〇則；徑山本第三五九則。

361　問："覿面相呈〔一〕，還盡大意也無？"師云："低口〔二〕。"云："收不得處如何？"師云："向你道低口。"

【校注】

〔一〕覿面相呈：覿面，當面。面對禪機，能夠超越語言文字等一切知解，直指禪法根本。祖堂集卷十五盤山和尚：「璇璣不動，寂爾無根。覿面相呈，更無餘事。」碧巖録卷四〔三七〕：「寂止無痕，覿面相呈，更無餘事。」圓悟佛果禪師語録卷一：「覿面相呈，見聞不隔。萬象不能藏覆，千聖無以等階。」

〔二〕低口：同「抵口」，閉嘴。嬌紅記第四出晚繡：「你五分心事，我已三分曉，何須抵口遮藏了？」

【資料】

①南藏本、北藏本第三四五則；覺心本第三六一則；徑山本第三六〇則。

362 問：「如何是目前一句〔一〕？」師云：「老僧不如你。」

【校注】

〔一〕目前一句：直指佛法核心，能引導僧徒當下開悟的一句話。建中靖國續燈録卷十七江寧府保寧寺子英禪師：「僧曰：『三句已蒙師指示，目前一句又如何？』師云：『孟夏漸熱。』」

【資料】

①南藏本、北藏本第三四六則；覺心本第三六二則；徑山本第三六一則。

363　問：「出來底是什麽人〔一〕？」師云：「佛菩薩。」

【校注】

〔一〕出來底是什麽人：出來底人，從現象界脱離出來，獲得徹悟的人。鎮州臨濟慧照禪師語録：「山僧向此間從頭打，手上出來手上打，口裏出來口裏打，眼裏出來眼裏打，未有一箇獨脱出來底，皆是上他古人閑機境。」應庵曇華禪師語録卷九：「德山、道吾三十年提持此事，未嘗見有一個獨脱出來底。圓鑑和尚道直饒獨脱出來，也是依草附木精靈。」

【資料】

①南藏本、北藏本第三四七則；覺心本第三六三則；徑山本第三六二則。

②御選語録卷十六。

364　問：「靈草未生〔一〕時如何？」師云〔二〕：「齅着即腦裂。」云：「不齅時如何？」師云：「如同立死漢〔三〕。」云：「還許學人和合〔四〕否？」師云：「人來莫向伊道。」

【校注】

〔一〕靈草未生：靈草，仙草，瑞草。文選班固西都賦：「於是靈草冬榮，神木叢生。」李善注：「神木、靈草，謂不死藥也。」靈草未生，禪籍中比喻祥瑞的徵兆没有出現。真歇清了禪師語録劫外録：「機輪密處，靈草未生。」聯燈會要卷二十一澧州夾山善會禪師：「眼不掛户，意不停玄。直得靈草不生，猶是五天之位。」

〔二〕云：原無，依南藏本、北藏本、徑山本補。

〔三〕立死漢：當下便死之人，禪宗比喻落入言詮，死於句下的修行者。

〔四〕和合：聚集諸緣，會合、集合。祖堂集卷十四大珠和尚：「師謂衆曰：『汝心是佛，不用將佛求佛。汝心是法，不用將法求法。佛法和合爲僧體，喚作一體三寶。』」

【資料】

①南藏本、北藏本第三四八則；覺心本第三六四則；徑山本第三六三則。

②五燈全書卷七。

365 問：「祖意與教意〔一〕同別？」師云：「才出家，未受戒，到〔二〕處問人。」

【校注】

〔一〕祖意與教意：祖意，禪門宗旨；教意，傳統佛教的宗旨。祖意和教意的同別問題是禪門師僧常舉的話頭。祖堂集卷十五大梅和尚：「又問：『如何是祖意？』馬師云：『即汝心是。』」又卷十七岑和尚：「『如何是教意？』師曰：『祖意即是。』問：『如何是祖師意？』師云：『教意即是。』學云：『与摩即教意与祖意無二去也。』師云：『十方佛土中，唯有一乘法，無二亦無三。』」景德傳燈録卷十一袁州仰山西塔光穆禪師：「問：『祖意與教意同別？』師曰：『同別且置，汝道瓶嘴裏什麽物出來入去？』」

〔二〕到：原作「則」，依南藏本、北藏本、徑山本改。

【資料】

①南藏本、北藏本第三四九則；覺心本第三六五則；徑山本第三六四則。

366　問：「如何是聖？」師云：「不凡。」云：「如何是凡？」師云：「不聖。」云：「不凡不聖〔一〕時如何？」師云：「好箇禪僧。」

【校注】

〔一〕不凡不聖：超越凡聖二元對立的禪悟境界。净名玄論卷三：「本令悟不凡不聖，不大不小，不二法門。而有凡聖大小者，皆是非凡非聖，非大非小，故能凡能聖，能大能小耳。」

【資料】

①南藏本、北藏本第三五〇則；覺心本第三六六則；徑山本第三六五則。

②御選語録卷十六。

367 問：「兩鏡相向〔一〕，那箇最明？」師云：「闍梨眼皮蓋須彌山〔二〕。」

【校注】

〔一〕兩鏡相向：兩面鏡子彼此相照，影中含影，彼此相入，比喻相互契合，心心相印。楞嚴經貫攝卷八：「向自己心佛，朗然安住，猶如兩鏡對照，影中含影，重重相入，傳耀無盡。所謂心不離佛，佛不離心也。」景德傳燈録卷十二韶州黄連山義初禪師：「僧問：『人王與法王相見時如何？』師曰：『兩鏡相照，萬像歷然。』」碧巖録卷三〔二四〕：「這老婆會他潙山説話，絲來線去，一放一收，互相酬唱。如兩鏡相照，無影像可觀，機機相副，句句相投。」

〔二〕闍梨眼皮蓋須彌山：須彌山，又譯作妙高山，由金、銀、琉璃、水晶四寶組成，諸山不能與之比高，是衆山之王。長阿含經卷二十一第四分世記經三災品：「以何因緣有須彌山？有亂風起，吹此水沫造須彌山，高六十萬八千由旬，縱廣八萬四千由旬，四寶所成，金、銀、水精、琉璃。」大智度論卷三十二釋初品：「一須彌山，高八萬四千由旬；若舉此一山，已爲希有，何况三千大千世界百億須彌山！」禪師以此語譏諷問禪者，偌大的須彌山就在眼前却看不見，因爲被自己愚鈍的内心所遮蔽。

【資料】

①南藏本、北藏本第三五一則；覺心本第三六七則；徑山本第三六六則。

②義雲和尚語録卷上、御選語録卷十六。

368　問：「學人近入叢林〔一〕，乞師指示。」師云：「蒼天！蒼天！」

【校注】

〔一〕叢林：寺院。祖庭事苑卷二：「梵語貧婆那，此云叢林。大論云：『僧伽，秦言衆。多比丘一處和合，是名僧伽。譬如大樹叢林，是名爲林。一一樹不名爲林，如一一比丘不名爲僧。諸比丘和合故名僧，僧聚處得名叢林。』又大莊嚴論云：『如是衆僧者，乃是勝智之叢林，一切諸善行，運集在其中。』」

【資料】

①南藏本、北藏本第三五二則；覺心本第三六八則；徑山本第三六七則。

369 問："前句已往，後句難明〔一〕時如何？"師云："唤作即不可。"云："請師分。"師云："問！問！"

【校注】

〔一〕前句已往，後句難明：禪門機語前後互參，彼此照應，但錯失禪機，就會陷入機語難明的困境。

【資料】

①南藏本、北藏本第三五三則；覺心本第三六九則；徑山本第三六八則。

370 問："高峻難上〔一〕時如何？"師云："老僧不向高峰頂。"

【校注】

〔一〕高峻難上：比喻行爲機敏，機鋒峻峭，難以應對。祖堂集卷五大顛和尚："侍郎向三平云：『和尚格調高峻，弟子罔措。今於侍者便却有入處。』"天聖廣燈録卷二十七越州雲門雍熙永禪師："學云：『玄機高峻緣難會，再乞慈悲爲指南。』"五燈會元卷五大顛寶通禪師："文公又一日白師曰：『弟子軍州事繁，佛法省要處，乞師一語。』師良久，公罔措。時三平爲侍者，乃敲禪床三下。師曰：『作麽？』平曰：『先以定動，後以智拔。』公乃曰：

『和尚門風高峻，弟子於侍者邊得箇入處。』」

【資料】

①南藏本、北藏本第三五四則；覺心本第三七〇則；徑山本第三六九則。
②御選語録卷十六。

371　問：「不與萬法爲侶者〔一〕，是什麽人？」師云：「非人。」

【校注】

〔一〕不與萬法爲侶者：達到至高修行境界的人。大慧普覺禪師語録卷二：「僧問：『不與萬法爲侶者是甚麽人？』師云：『是箇天上天下奈何不得底人。』」但禪師常常采取避而不答的方式，暗示僧徒「不與萬法爲侶者」是無法言説描述的。景德傳燈録卷八襄州居士：「後之江西參問馬祖云：『不與萬法爲侶者是什麽人？』祖云：『待汝一口吸盡西江水，即向汝道。』」五燈會元卷三龐蘊居士：「唐貞元初謁石頭，乃問：『不與萬法爲侶者是甚麽人？』頭以手掩其口。」汾陽無德禪師語録卷上：「問：『不與萬法爲侶者是什麽人？』師便喝：『這箇是野干鳴，未審是什麽人？』」

【資料】

①南藏本、北藏本第三五五則；覺心本第三七一則；徑山本第三七〇則。

372 問：「請師宗乘〔一〕中道一句子。」師云：「今日無錢與長官〔二〕。」

【校注】

〔一〕宗乘：各宗所弘揚的教義教典。禪宗將禪法稱爲宗乘。祖堂集卷二弘忍和尚：「慧明云：『某甲雖在黃梅剃髮，實不得宗乘面目。今蒙行者指授，也有入處，如人飲水，冷暖自知。』」學人常常向禪師詢問如何是「從上宗乘」，希望能夠參得最高妙的禪法。景德傳燈録卷十六郢州芭蕉和尚：「僧問：『從上宗乘如何舉唱？』師曰：『已被冷眼人覷破了。』」五燈會元卷三泐潭常興禪師：「問：『如何是宗乘極則事？』師曰：『秋雨草離披。』」

〔二〕今日無錢與長官：禪師以此語暗示僧徒禪旨佛理無法言說。

【資料】

①南藏本、北藏本第三五六則；覺心本第三七二則；徑山本第三七一則。

373 問：「學人不別問〔一〕，請師不別答〔二〕。」師云：「奇怪。」

【校注】

〔一〕別問：提出其他問題。雲門匡真禪師廣録：「問：『十方國土中唯有一乘法，如何是一乘法？』師云：『何不別問？』」天聖廣燈録卷二十六桂府壽寧院善義禪師：「初參芭蕉，乃問：『遊山來？學佛法來？禮拜老僧來？』師云：『離此外，請師別問。』」

〔二〕別答：有意答非所問，繞路説禪。景德傳燈録卷十八杭州龍華寺靈照禪師：「問：『是什麽即俊鷹俊鷂趁不及？』師曰：『闍梨別問，山僧別答。』問：『請師別答。』師曰：『十里行人較一程。』」

【資料】

①南藏本、北藏本第三五七則；覺心本第三七三則；徑山本第三七二則。

374　問：「三乘教外〔一〕，如何接人？」師云：「有此世界來，日月不曾換〔二〕。」

【校注】

〔一〕三乘教外：佛教有教內、教外二途，佛陀以言句傳授者，謂之教內之法；離言句，直指佛心者，謂之教外之法。禪宗以「不立文字，教外別傳」爲傳法宗旨，在諸宗中爲教外之法，其他諸宗皆爲教內之法。景德傳燈録卷七京兆章敬寺懷惲禪師：「祖師傳心地法門，爲是真如心，妄想心，非真非妄心？爲是三乘教外別立心？」白雲守端禪師廣録卷一：「三乘教外，直指人心，見性成佛。」

〔二〕日月不曾換：没有變化，没有分別。續傳燈録卷十一聖壽志昇禪師：「古今山河，古今日月，古今人倫，古今城廓，喚作平等法門，絶前後際。」楊岐方會和尚語録：「古今日月，依舊山河。」

【資料】

①南藏本、北藏本第三五八則；覺心本第三七四則；徑山本第三七三則。

②五燈全書卷七。

375 問：「三處不通〔一〕，如何離識〔二〕？」師云：「識是分外〔三〕。」

【校注】

〔一〕三處不通：三處，由於人有利鈍，行有淺深，故證入先後不定，遂分三處。一有利根菩薩初住位中，破無明惑，證入法界平等之理；二有菩薩於十回向後，衆行純熟，證入法界；三有菩薩於前行向中，功德具足，證入法界。梵網經直解：「入法界，有三處。因諸菩薩，根有利鈍，行有淺深，以所入不同故。一者，十住初心，以利根者，能破無明，即得證入法界平等之理，得不退轉；二者，十向終心，衆行純熟，破除二障，故得證入法界平等之理；三者，初地初心，於前行向十功德品具處，至於初地初心證入法界。三德圓融，三身自在，是名三處證入法界。」三處不通，則證入法界的三種方式被阻斷。

〔二〕識：心機意識，對外在世界的認識。

〔三〕分外：與分内相對，指心外之物。寶王三昧念佛直指卷下附破妄念佛説：「分内分外，辨境辨心，又教人捨外取内，背境向心，使憎愛轉多，分别更甚。」

【資料】

①南藏本、北藏本第三五九則；覺心本第三七五則；徑山本第三七四則。

376　問：「衆機來凑〔一〕，未審其中事如何？」師云：「我眼本正〔二〕，不説其中事。」

【校注】

〔一〕衆機來凑：機，根機，機緣。各種機緣匯合。禪宗永嘉集毗婆舍那頌：「佛種從緣起，是以萬機叢凑。達之者，則無非道場，色像無邊；悟之者，則無非般若。」建中靖國續燈録卷六撫州曹山寶積院雄禪師：「善應群方，萬機叢凑。」

〔二〕我眼本正：比喻内心自明，無需其他言教。祖堂集卷七雪峰和尚：「問：『古人有言：我眼本正，因師故邪。如何是我眼本正？』師云：『未逢達摩。』僧云：『我眼何在？』師云：『不從師得。』」大慧普覺禪師語録卷十三：「若自無疑，始有方便，爲他人决疑。若自有疑，如何爲人除得疑。擬欲除他疑，再與他添得一重疑。所謂我眼本正，因師故邪。」宗鏡録卷一：「是以初心始學之者，未自省發已前，若非聖教正宗，憑何修行進道？設不自生妄見，亦乃盡值邪師。故云：『我眼本正，因師故邪。』」

【資料】

①南藏本、北藏本第三六〇則；覺心本第三七六則；徑山本第三七五則。

377 問：「浄地不止〔一〕，是什麽人？」師云：「你未是其中人在。」云：「如何是其中人？」師云：「止也。」

【校注】

〔一〕浄地不止：浄地，清浄之地，比喻出離生死煩惱的境界。景德傳燈録卷八古寺和尚：「師云：『浄地上不要點污人家男女。』」祖庭鉗鎚録卷上眉州象耳山袁覺禪師：「本是浄地，屙屎作麽？」禪宗還有「浄地迷人」之説，禪林類聚卷八：「室内都無一點塵，貝葉若圖遮得眼，須知浄地亦迷人。」虚堂集卷二〖二十〗神山過橋：「莫將無事爲無事，往往事從無事生。雖是平田淺草，休教脚下煙生。堤防浄地迷人，莫使心頭火發。」即便進入出離生死煩惱的境界，若滯留於此，也會重新落入迷失境地，所以要「浄地不止」，即便進入浄地，還需繼續精進。

【資料】

①南藏本、北藏本第三六一則；覺心本第三七七則；徑山本第三七六則。

378 問：「如何是萬法之源〔一〕？」師云：「棟梁椽柱〔二〕。」云：「學人不會。」師云：「拱斗〔三〕叉手不會。」

【校注】

〔一〕萬法之源：萬法的本源。景德傳燈録卷十三終南山圭峰宗密禪師：「若直論本性，即非真非妄，無背無合，無定無亂，誰言禪乎？況此真性，非唯是禪門之源，亦是萬法之源，故名法性。」虚堂集卷四〖六十〗問百巖禪：「禪爲萬法之源，故名法性。」

〔二〕棟梁椽柱：棟梁，房屋的大梁。莊子人間世：「仰而視其細枝，則拳曲而不可爲棟梁。」舊唐書趙憬傳：「大厦永固，是棟梁榱桷之全也；聖朝致理，亦庶官群吏之能也。」椽柱，屋椽，用以支撑房頂，托灰與瓦者。一切經音義卷十四：「椽柱長攣反。考聲：『屋椽也。』説文：『榱也。』秦謂之椽，周謂之榱，齊魯謂之桷。」禪師以此語暗示僧徒萬法之源即在平常日用生活中。

〔三〕拱斗：覺心本作「栱斗」。天花板。通雅卷三十八宫室：「覆海，藻井也，一曰鬭八，一曰愚項。存中曰：『屋上覆撩』，古人謂之綺井，又謂之覆海。今令文文中謂之鬬八，吳人謂之愚項，唯宮室祠觀爲之。』智按，藻井乃今之拱斗，一曰升斗。若覆撩則古之棼橑，屋椽也。薄版曰望版，或用望甎，存中蓋謂重出之飛簷耳。升菴以爲天花版，蓋鬬八謂承仰版之拱斗也。」

【資料】

①南藏本、北藏本第三六二則；覺心本第三七八則；徑山本第三七七則。

379 問：「一物不將來〔一〕時如何？」師云：「放下着。」

【校注】

〔一〕一物不將來：禪宗言放下情塵欲累，做到心中無物。祖堂集卷六投子和尚：「問：『一物不將來，爲什麼却言放下著？』師云：『辛苦與摩來。』」佛頂國師語録卷二示醫士：「但道一物不將來時如何？看他雙肩擔荷這般重擔而不知重。」

【資料】

①南藏本、北藏本第三六三則；覺心本第三七九則；徑山本第三七八則。

②五燈會元卷四嚴陽善信尊者：「初參趙州，問：『一物不將來時如何？』州曰：『放下著。』

師曰：『既是一物不將來，放下箇甚麽？』州曰：『放不下，擔取去。』師於言下大悟。」

③黄龍慧南禪師語録、宏智禪師廣録卷二、大慧普覺禪師語録卷四、虚堂和尚語録卷四、從容庵録卷四、義雲和尚語録卷上。

380 問：「路逢達道人，不將語默對〔一〕，未審將什麽對？」師云：「人從陳州來，不得許州信。」

【校注】

〔一〕路逢達道人，不將語默對：達道人，道法高妙的人。禪宗謂領悟佛法，不依靠語言文字，真正的佛法禪理在文字之外。祖堂集卷七雪峰和尚：「問：『古人道：路逢達道人，莫將語默對。未審將什麽對？』師云：『喫茶去。』」圓悟佛果禪師語録卷九：「問云：『路逢達道人，不將語默對。既不將語默對，將何祇對？』師云：『吞聲削跡。』進云：『一言難啓口，千古意分明。』」又卷十三：「須知向上一路，不立文字語言。既不立文字語言，如何明得？所以道：『路逢達道人，不將語默對。』」

【資料】

①南藏本、北藏本第三六四則；覺心本第三八〇則；徑山本第三七九則。

②嘉泰普燈録卷二十一潭州大潙行禪師：「上堂舉，僧問趙州：『路逢達道人，不將語默對。未審將甚麼對？』州云：『人從陳州來，不得許州信。』師曰：『滿滿彎弓射不著，長長揮劍斫無痕。堪笑日月不到處，個中別是一乾坤。』」

381　問：「開口是有爲，如何是無爲？」師以手示之，云：「者箇是無爲。」云：「者箇是有爲，如何是無爲？」師云：「無爲。」云：「者箇是有爲。」師云：「是有爲。」

【資料】

①南藏本、北藏本第三六五則；覺心本第三八一則；徑山本第三八〇則。

382　師示衆云：「佛之一字，吾不喜聞。」

【資料】

①南藏本、北藏本第三六六則；覺心本第三八二則；徑山本第三八一則。

②祖堂集卷十八趙州和尚：「師有時云：『佛之一字，吾不喜聞。』」

③聯燈會要卷六趙州觀音從諗禪師：「師垂語云：『佛之一字，吾不喜聞。』」

383 問：「和尚還爲人也無？」師云：「佛，佛。」

【資料】

①南藏本、北藏本第三六七則；覺心本第三八三則；徑山本第三八二則。

②祖堂集卷十八趙州和尚：「僧問：『師還爲人不？』師云：『佛也，佛也。』」

384 問：「盡却今時，如何是的的處〔一〕？」師云：「盡却今時，莫問那箇。」云：「如何是的？」師云：「向你道，莫問。」云：「如何得見？」師云：「大無外，小無內〔二〕。」

【校注】

〔一〕的的處：的的，清楚明了。佛法的清楚明白處。

〔二〕大無外，小無內：至大無外，無所不包。至小無內，內不能破。本自莊子天下：「至大無外，謂之大一；至小無內，謂之小一。」朱子語類卷六十三中庸：「問：『至大無外，至小無內。』曰：『如云天下莫能載，是無外；天下莫能破，是無內。』」宗鏡録卷十一：「大乘者，所言大者，即衆生心性，能包能遍。至小無內，無一塵而能入；至大無外，無一法而不含。」宏智禪師廣録卷九：「應衆緣而間六根，入諸塵而住三昧。其小無內，其大無外。」

【資料】

①南藏本、北藏本第三六八則；覺心本第三八四則；徑山本第三八三則。

385 問：「離四句，絶百非時如何？」師云：「老僧不認得死。」云：「者箇是和尚分上事〔一〕？」師云：「恰是。」云：「請和尚指示。」師云：「離四句，絶百非，把什麼指示？」

【校注】

〔一〕分上事：即本分事，是禪人分内的大事，如獲得禪悟。詳見卷上第30則。祖堂集卷十八陸亘大夫：「大夫別時云：『則今和尚，不可思議，到處世界成就。』師云：『適來問底，總是大夫分上事。』」

【資料】

①南藏本、北藏本第三六九則；覺心本第三八五則；徑山本第三八四則。

386 問：「如何是和尚家風？」師云：「内無一物，外無所求〔一〕。」

【校注】

〔一〕内無一物，外無所求：形容修禪者達到澄明空净，心中了無一物的境界。祖堂集卷一釋迦牟尼佛：「爾時釋迦如來成道竟，示衆曰：『夫出家沙門者，斷欲去愛，識自心源。達佛本理，悟無爲法。内無所得，外無所求。心不繫道，亦不業結。無念無作，非修非證。不歷諸位而自崇敬，名之爲道。』」

【資料】

①南藏本、北藏本第三七〇則；覺心本第三八六則；徑山本第三八五則。

387 問：「如何是歸根得旨？」師云：「答你即乖。」

【資料】

①南藏本、北藏本第三七一則；覺心本第三八七則；徑山本第三八六則。

388 問：「如何是疑心〔一〕？」師云：「答你即乖也。」

【校注】

〔一〕疑心：禪宗有「大信大疑」之説，大疑之後才能獲得大信。大覺禪師語録卷下法語示唯原居士：「凡有妄念起時，便舉一個公案，或舉麻三斤，或看乾屎橛，但一心專注向此話上，大信大疑，信得及，疑得深。」密庵和尚語録：「大疑之下必有大悟。」宗門無盡燈論序：

「第四須知真實見性只在大疑大信之中，不可加知解分別。」祖堂集卷十二黄龍和尚：「問：『如何是大疑底人？』師云：『對一坐盤中弓落盞。』『如何是大不疑底人？』師云：『再坐盤中弓落盞。』」

【資料】

①南藏本、北藏本第三七二則；覺心本第三八八則；徑山本第三八七則。

389 問：「出家底人，還作俗否？」師云：「出家即是，座主出與不出，老僧不管。」云：「爲什麽不管？」師云：「與麽即出家也。」

【資料】

①南藏本、北藏本第三七三則；覺心本第三八九則；徑山本第三八八則。

390 問：「無師、弟子時如何？」師云：「無漏智性，本自具足〔一〕。」又云：「此是無師、弟子。」

【校注】

〔一〕無漏智性，本自具足：無漏智，謂三乘之人，離却煩惱無染的清淨智，能夠斷惑證理。妙法蓮華經方便品：「度脱諸衆生，入佛無漏智。」祖堂集卷三司空本浄山和尚：「無漏智性，本自具足。本來清浄，不假修行。」禪源諸詮集都序卷上之一：「若頓悟自心本來清浄，元無煩惱，無漏智性本自具足，此心即佛，畢竟無異，依此而修者，是最上乘禪，亦名如來清浄禪，亦名一行三昧。」宗鏡録卷五十九：「諸聖人無漏智慧，了諸法空。」斷際心要：「本來清浄，何假言説問答，但無一切心，即名無漏智。」

【資料】

①南藏本、北藏本第三七四則；覺心本第三九〇則；徑山本第三八九則。

391　問：「不見邊表時如何？」師云：「因什麼與麼？」

【資料】

①南藏本、北藏本第三七五則；覺心本第三九一則；徑山本第三九〇則。

392　問：「澄而不清，渾而不濁〔一〕時如何？」師云：「不清不濁。」云：「是什麼？」師云：「也可憐生。」云：「如何是通方？」師云：「離却金剛禪。」

【校注】

〔一〕澄而不清，渾而不濁：非清非濁。折疑論卷一：「溷而不淈溷昏一聲，淈古没反，皆濁義，謂濁而不濁，澄而不清澄清也，謂清而不清。」

【資料】

①南藏本、北藏本第三七六則；覺心本第三九二則；徑山本第三九一則。

393 問：「如何是囊中寶〔一〕？」師云：「嫌什麽？」云：「用不窮時如何？」師云：「自家底還重否？」又云：「用者即重，不用即輕。」

【校注】

〔一〕囊中寶：皮囊之中深藏的寶物，禪宗隱喻不可隨意言説示人的佛性。大智度論卷二十釋初品中四無量義：「囊中寶物，不開出則人不知。」建中靖國續燈録卷二饒州薦福承古禪師：「問：『知師久蘊囊中寶，今日當筵略借看。』師云：『莫。』僧曰：『和尚豈無方便？』師云：『莫。』」

【資料】

①南藏本、北藏本無此則；覺心本第三九三則；徑山本第三九二則。

②景德傳燈録卷十趙州觀音院從諗禪師：「僧問：『如何是囊中寶？』師云：『合取口。』法燈別云：『莫説似人。』」

③五燈會元卷四趙州從諗禪師：「問：『如何是囊中寶？』師曰：『合取口。』法燈別云：『莫説似人。』」

④教外別傳卷六、五燈嚴統卷四。

394　問：「如何是祖師的的意？」師唏唾〔一〕。云：「其中事如何？」師又唾地。

【校注】

〔一〕唏唾：唏，徑山本作「涕」。集韻齊韻：「嗁，説文：『號也。』或作啼、唏、嗁、渧、謕，通作嗁。」説文水部：「涕，泣也。」詩經陳風澤陂：「涕泗滂沱。」毛亨傳：「自目曰涕，自鼻曰泗。」玉篇口部：「嚏，丁計切。噴鼻也。」「涕唾」，古之醫籍中多見。黃帝内經素問卷十氣厥論：「此皆聚於胃，關於肺，使人多涕唾，而面浮腫，氣逆也。」景嶽全書卷十九咳嗽中作「唏唾」。證治準繩卷九十六幼科肺臟門咳嗽：「火乘肺者，咳嗽上壅，唏唾出血。」醫籍中「唏唾」與「涕唾」同，指病時鼻中流涕、口中嘔吐的症狀。「涕唾」在一般文獻中則指擤鼻涕、吐口水。鼻奈耶卷十：「彼六群比丘於浄園菜地大小便涕唾。」誡初心學人文：「臨盥漱不得高聲涕唾。」佛門戒律要求僧人在洗漱時不得高聲地擤鼻涕、吐口水。這一動作還可以表示鄙薄和輕視的心理。

【資料】

①南藏本、北藏本第三七七則；覺心本第三九四則；徑山本第三九三則。

395 問：「如何是沙門行？」師云：「離行〔一〕。」

【校注】

〔一〕離行：離一切行。大方廣佛華嚴經卷四十二離世間品：「菩薩摩訶薩爲自他故，求解脱道而無厭足，離一切行及一切法，於如來色身無所染著，精勤專求無礙智慧。」大般涅槃經卷八如來性品：「呵者，名心歡喜，奇哉世尊，離一切行，怪哉如來，入般涅槃，是故名呵。」禪籍中由「離」構成的動賓短語常有減省形式，如「離諸名相」、「離諸相」減省作「離相」，大慧普覺禪師語録卷九：「妙性圓明，離諸名相（中略）既是圓明離相，畢竟妄從何起？」宗鏡録卷二十三：「寂滅是菩提，離諸相故。」聯燈會要卷九鎮州臨濟義玄禪師：「離相離名人不委。」「離一切幻化」省作「離幻」，宏智禪師廣録卷五：「離一切幻化，離一切浮虚，方名真實事。」密庵和尚語録：「離幻即覺。」「離一切妄想」減省作「離妄」，法界次第初門卷下之上九種大禪初門：「菩薩禪定，離一切妄想，身心止息。」宏智禪師廣録卷九：「真精進而離妄。」「離一切心」減省作「離心」，景德傳燈録卷十杭州徑山鑒宗禪師：「泯絶外緣，離一切心，即汝真性。」宗鏡録卷七十三：「離心則無六塵境界。」

【資料】

①南藏本、北藏本第三七八則；覺心本第三九五則；徑山本第三九四則。

②御選語録卷十六。

396　問：「真休之處〔一〕，請師指？」師云：「指即不休。」

【校注】

〔一〕真休之處：大徹大悟的境界。佛果克勤禪師心要卷上：「直下坐斷，壁立千仞，凡亦不拘，聖亦不管，方是了事衲僧。身心如枯木朽株，寒灰死火，乃真休歇也。」憨山老人夢遊集卷三十七山居示衆二十五首其十八：「山林多寄興，寂寞幾能甘。不到真休處，終成落口談。」

【資料】

①南藏本、北藏本第三七九則；覺心本第三九六則；徑山本第三九五則。

②御選語録卷十六。

397 問：「無問時〔一〕如何？」師云：「乖常〔二〕語。」

【校注】

〔一〕無問時：頓悟入道要門論卷上：「若無問時，真身之名，亦不可立，何以故？譬如明鏡，若對物像時，即現像。若不對像時，終不見像。」

〔二〕乖常：反常。魏書太祖紀：「歸咎群下，喜怒乖常。」破邪論卷上：「一言合理則天下歸之，一事乖常則妻子背叛。」

【資料】

①南藏本、北藏本第三八〇則；覺心本第三九七則；徑山本第三九六則。

398 問：「四山相逼時如何？」師云：「無出跡。」

【資料】

①南藏本、北藏本第三八一則；覺心本第三九八則；徑山本第三九七則。

399 問：「到者裏道不得時如何？」師云：「不得道。」云：「如何道？」師云：「道不得處。」

【資料】

①南藏本、北藏本第三八二則；覺心本第三九九則；徑山本第三九八則。

400　問：「但有言句盡不出頂，如何是頂外事〔一〕？」師喚沙彌文遠，文遠應喏。師云：「今日早晚也。」

【校注】

〔一〕頂外事：頂，三千大千世界頂。禪僧以此語向禪師詢問超凡越俗的高妙之法。景德傳燈録卷十九泉州睡龍道溥大師：「僧問：『凡有言句，不出大千頂。未審頂外事如何？』師曰：『凡有言句，不是大千頂。』曰：『如何是大千頂？』師曰：『摩醯首羅天猶是小千界。』」

【資料】

①南藏本、北藏本第三八三則；覺心本第四〇〇則；徑山本第三九九則。

401　問：「如何是毗盧師？」師云：「莫惡口〔一〕。」

【校注】

〔一〕惡口：佛教以惡口爲十惡行之一。四十二章經：「衆生以十事爲善，亦以十事爲惡。身三，口四，意三。身三者，殺、盜、淫。口四者，兩舌、惡罵、妄言、綺語。」法苑珠林卷七十六：「惡口而兩舌，好出他人過。」宋洪邁容齋隨筆卷一六十四種惡口：「大集經載六十四種惡口之業。」

【資料】

①南藏本、北藏本第三八四則；覺心本第四〇一則；徑山本第四〇〇則。

402 問：「至道無難，唯嫌揀擇。如何得不揀擇？」師云：「天上天下，唯我獨尊。」云：「此猶是揀擇。」師云：「田厙〔一〕奴，什麼處是揀擇？」

【校注】

〔一〕厙：原作「厙」，南藏本、北藏本、徑山本亦作「厙」，依覺心本改。詳見卷上第36則。

【資料】

①南藏本、北藏本第三八五則；覺心本第四〇二則；徑山本第四〇一則。

②祖堂集卷十一永福和尚：「有人問趙州：『古人道：至道無難，唯嫌揀擇。如何是不揀擇底法？』趙州云：『天上天下，唯我獨尊。』僧云：『此猶是揀擇底法。』州云：『田舍奴。天上天下唯我獨尊，什摩處是揀擇？』」

③聯燈會要卷六趙州觀音從諗禪師：「僧問：『至道無難，唯嫌揀擇。如何是不揀擇？』師云：『天上天下，唯我獨尊。』云：『此猶是揀擇。』師云：『田厙奴，甚麼處是揀擇？』」

④五燈會元卷四趙州從諗禪師：「又問：『至道無難，唯嫌揀擇。如何是不揀擇？』師曰：『天上天下，唯我獨尊。』曰：『此猶是揀擇。』師曰：『田厙奴，甚處是揀擇？』僧無語。」

⑤禪宗正脉卷二、指月録卷十一、教外別傳卷六、五燈嚴統卷四、列祖提綱録卷七。

403　問：「如何是三界外〔一〕人？」師云：「争奈老僧在三界内。」

【校注】

〔一〕三界外：三界，欲界、色界、無色界。詳見卷上第80則。三界外，出離三界，獲得禪悟。汾陽無德禪師語録卷上：「騰身三界外，不落有無中。」佛祖統紀卷四十三：「此二十八爲三界内有生死，其上更有四梵天爲三界外，斷生死一災。」唐孟郊夏日謁智遠禪師詩：「吾師當幾祖，説法云無空。禪心三界外，宴坐天地中。」

【資料】

①南藏本、北藏本第三八六則；覺心本第四〇三則；徑山本第四〇二則。

404 問：「知有不有〔一〕底人如何？」師云：「你若更問，即故問老僧。」

【校注】

〔一〕知有不有：一種明心見性的禪悟境界。金剛般若經挾注：「如來常説：『説無法本破於有，若知有不有，遂悟。』」

【資料】

①南藏本、北藏本第三八七則；覺心本第四〇四則；徑山本第四〇三則。

405 師示衆云：「向南方趍〔一〕叢林〔二〕去，莫在者裏。」僧便問：「和尚者裏是甚處？」師云：「我者裏是柴林〔三〕。」

【校注】

〔一〕趍：徑山本作「趨」。

〔二〕叢林：禪林。大莊嚴論經卷一：「如是衆僧者，勝智之叢林，一切諸善行，運集在其中。」大智度論卷三共摩訶比丘僧釋論：「多比丘一處和合，是名僧伽。譬如大樹叢聚，是名爲林。」祖庭事苑卷二：「叢林，梵語貧婆那，此云叢林（中略）僧聚處得名叢林。」

〔三〕柴林：生長成片的柴木，禪宗以此與「叢林」相對，比喻蕭條之所。緇門警訓卷八賾禪師誡洗麵文：「叢林枯淡變柴林，日用蕭條古意深。」趙州禪師以「柴林」表自謙。

【資料】

①南藏本、北藏本第三八八則；覺心本第四〇五則；徑山本第四〇四則。

406　問：「如何是毗盧師？」師云：「性〔一〕是弟子。」

【校注】

〔一〕性：諸法永恒不變的自性、本體，亦即真如、佛性。景德傳燈録卷九黄檗希運禪師傳法心要：「諸佛菩薩與一切蠢動衆生同大涅槃性，性即是心，心即是佛。」

【資料】

①南藏本、北藏本第三八九則；覺心本第四〇六則；徑山本第四〇五則。

407 問：「歸根得旨時如何？」師云：「太慌忙生。」云：「不審。」師云：「不審，從甚處起？」

【資料】

①南藏本、北藏本第三九○則；覺心本第四○七則；徑山本第四○六則。

408 劉相公入院見師掃地，問：「大善知識爲什麽却掃塵〔一〕？」師云：「從外來〔二〕。」

【校注】

〔一〕掃塵：塵，比喻煩惱、塵根。謂消除世俗煩惱。五燈全書卷七十五維揚淨慧祥光本吉禪師：「示衆曰：『年年年盡日，掃盡一年塵。百年塵復在，不見掃塵人。』」禪籍中又作「淨掃塵根」，御選語録卷十九御選當今法會大學士張廷玉澄懷居士：「唱覺歌：淨掃塵根幻安身，先須認得本來心。」

〔二〕從外來：比喻没有獲得開悟，依舊在禪悟的門外。

【資料】

①南藏本、北藏本無此則；覺心本第四○八則；徑山本第四○七則。

②景德傳燈録卷十趙州觀音院從諗禪師：「師掃地，有人問云：『和尚是善知識，爲什麽有

塵？』師曰：『外來。』」

③聯燈會要卷六趙州觀音從諗禪師：「師掃地次，僧問：『大善知識爲甚麽却有塵？』師云：『外來底。』云：『既是清浄伽藍，爲甚麽有塵？』師云：『又一點也。』」

④五燈會元卷四趙州從諗禪師：「掃地次，僧問：『和尚是大善知識，爲甚麽掃地？』師曰：『塵從外來。』曰：『既是清浄伽藍，爲甚麽有塵？』師曰：『又一點也。』」

409　問：「利劍出匣〔一〕時如何？」師云：「黑。」云：「正問之時如何辨白〔二〕？」師云：「無者閑工夫。」云：「叉手向人前，争奈何？」師云：「早晚見你叉手。」云：「不叉手時如何？」師云：「誰是不叉手者？」

【校注】

〔一〕利劍出匣：利劍，佛家本用來比喻文殊之智慧，禪宗比喻以智慧斬斷一切生死煩惱。諸法集要經卷六：「智慧如利劍，於彼能除斷。離愚癡熱惱，令至於彼岸。」諸佛境界攝真實經卷中：「我今右手執大利劍，能斷衆生一切煩惱。」

〔二〕辨白：辨，原作「弁」，依南藏本、北藏本、徑山本改。辨析明白，分析清楚。

【資料】

①南藏本、北藏本第三九一則；覺心本第四〇九則；徑山本第四〇八則。

②御選語録卷十六。

410 問：「如何是沙門得力處〔一〕？」師云：「你什麼處不得力？」

【校注】

〔一〕得力處：參悟佛法的關鍵處。大明高僧傳卷六釋道謙傳：「一生參禪，無得力處。」從容庵録卷二〖三十二〗仰山心境：「此箇公案正是學人入門之勢，下手得力處。」禪門中禪師對「如何是沙門得力處」一類的提問，大都避而不答，或不作正面回答。景德傳燈録卷二十三潭州寶應清進禪師：「曰：『得力處乞師指示。』師曰：『瞌睡漢。』」雲門匡真禪師廣録卷下：「疎山問：『得力處道將一句來。』師云：『請和尚高聲問。』山便高聲問。師云：『和尚早朝喫粥麼？』」續傳燈録卷十六元豐清滿禪師：「問：『如何是衲僧得力處？』師曰：『月上青天。』」

【資料】

①南藏本、北藏本第三九二則；覺心本第四一〇則；徑山本第四〇九則。

②御選語録卷十六。

411 問："如何是和尚示學人處？"師云："目前無學人。"云："與麽即不出世〔一〕也。"師便珍重。

【校注】

〔一〕出世：超出世間，以修静行。景德傳燈録卷二十八諸方廣語南陽慧忠國師："師曰：『汝學出世無上正真之道，爲學世間生死斷常二見耶？』"

【資料】

①南藏本、北藏本第三九三則；覺心本第四一一則；徑山本第四一〇則。

412 問："祖意與教意同别？"師作拳安頭上。云："和尚猶有者箇在。"師卸下帽子，云："你道老僧有箇什麽？"

【資料】

①南藏本、北藏本第三九四則；覺心本第四一二則；徑山本第四一一則。

413 問："心又不停不住〔一〕時如何？"師云："是活物〔二〕，是者箇正被心識〔三〕使在。」云：「如何得不被心識使？」師便低頭。

【校注】

〔一〕心又不停不住：徑山本無。修行者的心没有安住於佛法，被虚妄的假象所惑。正法念處經卷五十七：「一切不實虚妄見中，妄見爲實，如旋火輪，乾闥婆城，鹿愛炎中，放逸虚妄，最爲不實，境界樂動，不停不住，無有如實。」

〔二〕活物：有生命、情識之物，可通過見聞覺知識得。與「死物」、「無情」相對。龍舒增廣净土文卷三普勸修持二：「其内鰶鰶地者爲活物，莫於死物上作活計，宜於活物上作活計（中略）凡貪種種外物以奉其身者，皆是死物上作活計也。世人雖未能免，此當於營生奉身之中，挪頃刻之暇回光自照，以留心於净土，乃活物上作活計也。」宗鏡録卷四十六：「或諂見聞性爲活物，或指幻化境作無情。」

〔三〕心識：心和識，同體異名，即指心。祖堂集卷一毗婆尸佛：「幻人心識本來空，罪福皆空無所住。」

【資料】

①南藏本、北藏本第三九五則；覺心本第四一三則；徑山本第四一二則。

414 問：「道從何生？」師云：「者箇即生也。道不屬生滅〔一〕。」云：「莫是天然也無？」師云：「者箇是天然，道即不與麽。」

【校注】

〔一〕生滅：依因緣和合而有，叫做「生」，依因緣分散而無，叫做「滅」。有生有滅是有爲法，不生不滅是無爲法。有爲法中的生滅是虚假的生滅，真正的生滅是無爲法中的不生不滅。佛説未生冤經：「因緣合會即有，謂之生；因緣離散即滅，謂之空。」楞嚴經正見卷二：「陰入處和合則謂之生，非和合則謂之滅，殊不知如來藏中本無生滅。」

【資料】

①南藏本、北藏本第三九六則；覺心本第四一四則；徑山本第四一三則。

415 問：「祖意與教意同别？」師云：「會得祖意，便會教意。」

【資料】

①南藏本、北藏本第三九七則；覺心本第四一五則；徑山本第四一四則。

②禪宗頌古聯珠通集卷十九、宗鑑法林卷十七。

416 問：「如何是異類中行〔一〕？」師云：「唵部啉〔二〕，唵部啉。」

【校注】

〔一〕異類中行：禪林常見話頭。異類，與佛果位相對的衆生之類。發願利生之菩薩自證得真理後，爲接化救度衆生，甘願放棄果位，返回塵俗，即在異類中行，作異類中人，接一切衆生，化一切有情。參見卷上第7則。

〔二〕唵部啉：佛教中的密言密語。

【資料】

①南藏本、北藏本第三九八則；覺心本第四一六則；徑山本第四一五則。

417 問：「高峻〔一〕難上時如何？」師云：「老僧自住峰頂。」云：「爭奈曹溪〔二〕路側何？」師云：「曹溪是惡。」云：「今時爲什麽不到？」師云：「是渠高峻。」

【校注】

〔一〕高峻：高聳峭拔，形容禪法高深玄妙。

〔二〕曹溪：地名。在廣東曲江縣雙峰山下，唐儀鳳二年（六七七），六祖慧能住持此地寶林寺。這裏後被視作禪宗祖庭，後人又以「曹溪」代指六祖慧能。全唐文卷九百一十五六祖大師法寶壇經略序：「次年春，師辭衆歸寶林，印宗與緇白送者千余人，直至曹溪。」

【資料】

①南藏本、北藏本第三九九則；覺心本第四一七則；徑山本第四一六則。

②御選語録卷十六。

418 問：「如何是寶月當空〔一〕？」師云：「塞却老僧耳。」

【校注】

〔一〕寶月當空：比喻内心澄明清浄，如朗月當空，普照萬物。黄龍慧南禪師語録：「上堂云：『摩尼在掌，隨衆色以分輝。寶月當空，逐千江而現影。諸仁者，一問一答，一棒一喝，是光影。一明一暗，一擒一縱，是光影。山河大地是光影，日月星辰是光影，三世諸佛一大藏教，乃至諸大祖師，天下老和尚，門庭敲磕，千差萬别，俱爲光影。』」佛光國師語録卷七示小師慧月：「你性如寶月，晝夜無圓缺。你若便受用，處處光皎潔。你若未能時，將己參自己。自己若分明，是名智慧光。此光照山河，男女無異相。你自放下看，光明自發現。」

【資料】

①南藏本、北藏本第四〇〇則；覺心本第四一八則；徑山本第四一七則。

419 問：「毫釐有差時如何？」師云：「麄〔一〕。」云：「應機〔二〕時如何？」師云：「屈。」

【校注】

〔一〕麄：徑山本作「麤」。說文鹿部：「麤，行超遠也。」段玉裁注：「鹿善驚躍，故從三鹿。引伸之爲鹵莽之偁。篇韻云：『不精也，大也，疏也。』皆今義也。俗作麄。今人概用粗。粗行而麤廢矣。」正字通亥集鹿部：「麤，粗本字。」

〔二〕應機：應對機鋒、機語時，根據情況采取不同的應對方式。宏智禪師廣録卷五：「應機而對，隨問而酬，豈不是恰恰相應底。」

【資料】

①南藏本、北藏本第四〇一則；覺心本第四一九則；徑山本第四一八則。

420 問：「如何是沙門行？」師展手拂衣。

【資料】

①南藏本、北藏本第四〇二則；覺心本第四二〇則；徑山本第四一九則。

421 問：「祖佛命不斷處〔一〕如何？」師云：「無人知。」

【校注】

〔一〕不斷處：相續没有間斷。大佛頂如來密因修證了義諸菩薩萬行首楞嚴經卷十：「相續之因，性不斷處，名之爲增；正相續中，中所離處，名之爲滅。」佛説大乘菩薩藏正法經卷三十四：「謂此菩薩於三摩地加持處，毗鉢舍那尋伺處，最上希望處，心樂欲處，相續不斷處（中略）如是諸法皆生入解。」

【資料】

①南藏本、北藏本第四〇三則；覺心本第四二一則；徑山本第四二〇則。
②御選語録卷十六。

422　問：「未審權機〔一〕喚作什麽？」師云：「喚作權機。」

【校注】

〔一〕權機：權宜教説稱爲「權」，根本大法稱爲「實」。碧巖録卷一〖四〗：「這一喝，也有權，也有實，也有照，也有用。」權機，指權宜説教的接機方式，與「實機」相對。當禪師闡説佛家永恒真理之時，衆生難明，便改用權宜之計，引導衆生開悟。圓悟佛果禪師語録卷十五：「一真一切真，一了一切了。總萬有於此心，握權機於方外。」了庵清欲禪師語録卷七偈頌賜隱禪人默法華經：「無人能到最深幽，權機可向生前薦。」永覺元賢禪師廣録卷二十普庵肅禪師：「大潙門頭覓影，華嚴海裏翻身。本莫測跡難尋，别顯權機祖意深。」

【資料】

①南藏本、北藏本第四〇四則；覺心本第四二二則；徑山本第四二一則。

423 問：「學人近入叢林，不會，乞師指示。」師云：「未入叢林，更是不會。」

【資料】

①南藏本、北藏本第四〇五則；覺心本第四二三則；徑山本第四二二則。

424 問：「從上古德〔一〕將何示人？」師云：「不因你問，老僧也不知有古德。」云：「請師指示。」師云：「老僧不是古德。」

【校注】

〔一〕古德：對先輩有德僧人的尊稱，與「先德」同義。祖堂集卷三慧忠國師：「又問：『古德曰：青青翠竹，盡是真如，鬱鬱黄花，無非般若。有人不許，是邪説；亦有人信，言不可思議。不知若爲？』」景德傳燈録卷二十八諸方廣語汾州大達無業國師語：「先賢古德，碩學高人，博達古今，洞明教綱。」

【資料】

①南藏本、北藏本第四〇六則；覺心本第四二四則；徑山本第四二三則。

425 問：「佛花未發〔一〕，如何弁〔二〕得貞實〔三〕？」師云：「是貞〔四〕？是實？」云：「是什麼人分上事？」師云：「老僧有分？闍梨有分？」

【校注】

〔一〕佛花未發：佛花，覺悟之花，又作「覺花」。緇門警訓卷五：「劫空田地佛花開，香風觸破娘生鼻。」佛花未發，喻未開化之時。

〔二〕弁：南藏本、北藏本作「辯」，徑山本作「辨」。

〔三〕貞實：貞，南藏本、北藏本、徑山本作「真」。法離迷情，斷絕虛妄。金剛般若波羅蜜經：「凡所有相皆是虛妄，無所有相，即是真實。」大乘義章卷二：「真實義者，法絶情妄，名爲真實。」

〔四〕貞：南藏本、北藏本、徑山本作「真」。

【資料】

①南藏本、北藏本第四〇七則；覺心本第四二五則；徑山本第四二四則。

②景德傳燈録卷十趙州觀音院從諗禪師：「僧問：『覺華未發時，如何辨貞實？』師云：『開也。』僧云：『是貞？是實？』師云：『貞是實，實是貞。』僧云：『什麽人分上事？』師云：『老僧有分？闍梨有分？』僧云：『某甲不招納如何？』師佯不聞。僧無語。師云：『去。』」

③五燈會元卷四趙州從諗禪師末句作：「師曰：『去！石幢子被風吹折。』」

④五燈嚴統卷四。

426 問：「如何是佛？」師云：「你是什麽人〔一〕？」

【校注】

〔一〕你是什麽人：禪師以此語暗示僧徒人人皆有佛性，若能明心便可參見自己的本來佛性。景德傳燈録卷十湖南長沙景岑禪師：「又問：『如何是佛？』師云：『衆生色身是。』」大慧普覺禪師語録卷二：「僧問歸宗：『如何是佛？』宗云：『我向汝道，汝還信否？』僧云：『和尚誠言，安敢不信。』宗云：『即汝便是。』僧云：『如何保任？』宗云：『一翳在眼，空華亂墮。』」宛陵録：「問：『如何是佛？』師云：『即心是佛，無心是道。』」

【資料】

①南藏本、北藏本第四〇八則；覺心本第四二六則；徑山本第四二五則。

427 問：「驀直路〔一〕時如何？」師云：「驀直路。」

【校注】

〔一〕驀直路：驀直，徑直，筆直。景德傳燈録卷二十七諸方雜舉徵拈代别語：「僧問：『徑山路何處去？』婆曰：『驀直去。』」驀直路，筆直的路。比喻直指人心，能夠令參禪者當下契入的修行路徑。禪籍中又作「徑直路」，古尊宿語録卷三十四舒州龍門佛眼和尚語録：「若起智斷治捺伏，却成别用心。有對待，被他二境回換。縱得，亦迂曲有分限，須行徑直路爲上。」浄業痛策又次妙能法師浄土感懷原韻十首其七：「釋迦滅度幾千年，可嘆衆生被業纏。幸有一條徑直路，朝朝趨向必生蓮。」

【資料】

①南藏本、北藏本第四〇九則；覺心本第四二七則；徑山本第四二六則。

428 問：「如何是玄中不斷玄？」師云：「你問我是不斷玄。」

【資料】

①南藏本、北藏本第四一〇則；覺心本第四二八則；徑山本第四二七則。

429 問：「覺花〔一〕未發時，如何弁〔二〕得真實？」師云：「已發也。」云：「未審是真是實？」師云：「真即實，實即真。」

【校注】

〔一〕覺花：徑山本作「佛花」。覺悟之花。參本卷第425則。大乘理趣六波羅蜜多經卷七：「是人開覺花，能成佛果位。」紫柏尊者全集卷十七佛贊觀音菩薩贊：「心開覺花，人心佛心。」

〔二〕弁：徑山本作「辨」。

【資料】

①南藏本、北藏本無此則；覺心本第四二九則；徑山本第四二八則。

430 問：「還有不報四恩三德〔一〕者也無？」師云：「有。」云：「如何是？」師云：「者幸恩負德漢〔二〕。」

【校注】

〔一〕四恩三德：德，南藏本、北藏本、徑山本作「有」。詳見卷上第59則。

〔二〕辜恩負德漢：禪門詈罵語，忘恩、背恩者。明覺禪師語録卷二：「師云：『者辜恩負德漢，有什麽交涉。當時入不得，豈是教爾入。今即摸索不著，累他雪峰。』」宗門武庫：「婆子詬駡曰：『雪竇抖擻屎腸説禪爲爾，爾得恁麽辜恩負德。』」餐香録：「山僧開十句法門：一要具慚愧，無慚愧者，人神共惡故；二要知佛恩，辜恩負德，非佛弟子故。」

【資料】

①南藏本、北藏本第四一一則；覺心本第四三〇則；徑山本第四二九則。

431　問：「貧子來，將什麽物與他？」師云：「不欠少〔一〕。」

【校注】

〔一〕欠少：缺少、不足。祖堂集卷九九峰和尚：「師云：『不是具足，不是欠少。』」雲門匡真禪師廣録卷下：「問僧：『甚處來？』僧云：『赴齋來。』師云：『將䞋錢來。』僧云：『和尚欠少箇什麽？』師云：『爾又欠少箇什麽？』僧云：『不欠少。』師云：『不欠少，又赴齋作什麽？』無對。」宗鏡録卷三十七：「念念中體常圓滿，塵沙萬德，不欠少一分。」

【資料】

①南藏本、北藏本第四一二則；覺心本第四三一則；徑山本第四三〇則。

②御選語録卷十六。

432 問：「如何是趙州正主〔一〕？」師云：「老僧是從諗。」

【校注】

〔一〕正主：拋却其他，獲得獨一無二的核心、根本。宗鏡録卷五十五：「心無有微，故得爲主。復爲四大所惱，主義不成，故無正主。」又：「問：『四大、六根中以何爲主？』答：『以心爲主。（中略）風有一微，爲心所制。心無有微，故得爲主。復爲四大所惱，主義不成，故無正主。』」圓悟佛果禪師語録卷一：「僧問：『如何是正主？』師云：『萬派皆歸海，千山必仰宗。』」

【資料】

①南藏本、北藏本第四一三則；覺心本第四三二則；徑山本第四三一則。

433 有婆子問：「婆是五障〔一〕之身，如何免得？」師云：「願一切人生天〔二〕，願婆婆永沉苦海〔三〕。」

【校注】

〔一〕五障：覺心本作「五彰」。五障，佛經中又稱五礙。指女子之身具有五種障礙，無法成爲梵天王、帝釋、魔王、轉輪聖王、佛等五者。妙法蓮華經卷四提婆達多品：「女身垢穢，非是法器。」又：「女人身猶有五障，一者不得作梵天王，二者帝釋，三者魔王，四者轉輪聖王，五者佛身。」

〔二〕生天：一切衆生修行十善，受其果報，或生欲界天，或生色界天，或生無色界天。

〔三〕苦海：塵世間的煩惱和苦難。大般涅槃經卷下：「一切衆生，沉淪苦海，亦如病人，遠於良醫，又似盲者，失所牽導。」

【資料】

①南藏本、北藏本第四一四則；覺心本第四三三則；徑山本第四三二則。

434　問：「朗月當空〔一〕時如何？」師云：「猶是堦下漢〔二〕。」云：「請師接上堦。」師云：「月落了來相見〔三〕。」

【校注】

〔一〕朗月當空：比喻内心澄明，無所遮蔽。

〔二〕堦下漢：没有登堂入室的人，比喻没有獲得開悟的參禪者。景德傳燈録卷八池州南泉普願禪師：「陸異日又謂師曰：『弟子亦薄會佛法。』師便問：『大夫十二時中作麽生？』陸云：『寸絲不掛。』師云：『猶是階下漢。』」

〔三〕月落了來相見：比喻領悟禪旨，獲得開悟之後。

【資料】

①南藏本、北藏本第四一五則；覺心本第四三四則；徑山本第四三三則。

②祖堂集卷八曹山和尚：「問：『朗月當空時如何？』師云：『猶是堦下漢。』僧曰：『請師接堦上。』師曰：『月落後相見。』」

③五燈會元卷十三曹山本寂禪師：「問：『朗月當空時如何？』師曰：『猶是階下漢。』曰：『請師接上堦。』師曰：『月落後來相見。』」

④五燈全書卷七。

435 師有時示衆云：「老僧初到藥山時得一句子〔一〕，直至如今齁齁〔二〕地飽。」

【校注】

〔一〕老僧初到藥山時得一句子：祖堂集卷四藥山和尚：「師夜不點火。僧立次，師乃曰：『我有一句子，待特牛生兒，即爲汝説。』」藥山此語盛傳於禪林，爲歷代禪師所引，暗示僧徒高妙的禪旨佛理都無法言説。撫州曹山元證禪師語録：「如藥山云：『我有一句子，未曾向人説。』」

〔二〕齁齁：廣韻侯韻：「齁，鼻息也。」正字通亥集鼻部：「謂鼻息大聲。」齁齁，熟睡時的鼻息聲。沙彌律儀毗尼日用合參卷下：「師久而開悟，而喜寢，鼻息鼾齁。聞者厭之。」祖堂集卷十九徑山和尚：「師歡喜，便上堂告衆曰：『南風吹來飽齁齁底。任你横來豎來，十字縱横，也不怕你。』」湛然圓澄禪師語録卷八旅泊歌：「行便吟，倦便坐。醉飽齁齁只貪卧，懶將名利掛胸襟。」宋蘇軾庚辰歲正月十二日天門冬酒熟予自漉之且漉且嘗遂以大醉二首其二：「醉鄉杳杳誰同夢，睡息齁齁得自聞。」

【資料】

①南藏本、北藏本第四一六則；覺心本第四三五則；徑山本第四三四則。

趙州和尚語録卷下

并對機勘弁偈頌等

436 師因在室坐禪次，主事〔一〕報和尚云〔二〕：「大王來禮拜。」大王禮拜了，左右問：「烈〔三〕士王來，爲什麽不起？」師云：「你不會。老僧者裏下等人來，出三門接；中等人來，下禪牀接；上等人來，禪牀上接。不可喚大王作中等、下等人也。恐屈大王。」大王歡喜，再三請入内供養。

【校注】

〔一〕主事：在禪林中主事包括監事、維那、典坐、直歲等四職，主管禪林事務。釋氏要覽卷下住持：「主事四員。一監寺，會要云：『監者，總領之稱。』所以不稱寺院主者，蓋推尊長老。二維那，此云『悦衆』，毗奈耶云『授事人』。三典座，僧祇律云：『典次付牀座。』此掌僧九事之一也。四直歲，三千威儀經：『具十德堪充直歲。』文多不録。今但掌園民直歲調也。」

〔二〕和尚云：徑山本無。

〔三〕烈：徑山本無。

【資料】

①南藏本、北藏本無此則；覺心本第四三七則；徑山本第四三五則。

②祖堂集卷十八趙州和尚：「大王禮拜師，師不下床。侍者問：『大王來，師爲什摩不下地？』師云：『汝等不會。上等人來，上繩床接；中等人來，下繩床接；下等人來，三門外接。』」

③五燈全書卷七、御選語録卷十六。

437 師因問周員外：「你還夢見臨濟也無？」員外豎起拳。師云：「那邊見。」外云：「者邊見。」師云：「什麼處見臨濟？」員外無對。師問周員外：「什麼處來？」云：「非來非去〔一〕。」師云：「不是老鵶飛來飛去。」

【校注】

〔一〕非來非去：即不來不去，没有來去的分別對立。楞伽師資記：「不出不入，不來不去，即是如來之義。」壇經宣詔品：「實性者，處凡愚而不減，在賢聖而不增，住煩惱而不亂，居禪定而不寂。不斷不常，不來不去，不在中間，及其内外，不生不滅，性相如如，常住不遷，名之曰道。」景德傳燈録卷四益州保唐寺無住禪師：「真心者，念生亦不順生，念滅亦不依寂。不來不去，不定不亂，不取不舍，不沉不浮，無爲無相，活潑潑平常自在。」

【資料】

①南藏本、北藏本第四一七則；覺心本第四三八則；徑山本第四三六則。
②御選語録卷十六。

438 師示衆云：「才有是非，紛然失心。還有答話分也無？」後有僧舉似〔一〕洛浦，洛浦扣齒。又舉似雲居，雲居云：「何必？」僧舉似師，師云：「南方大有人喪身失命〔二〕。」僧云：「請和尚舉。」師才舉，僧便指傍僧云：「者箇師僧喫却飯了，作什麽語話？」師休去〔三〕。

【校注】

〔一〕舉似：舉説言句告訴他人。祖堂集卷四丹霞和尚：「師勘僧曰：『什摩處來？』對曰：『山下來。』師曰：『喫飯也未？』對曰：『喫飯了也。』師曰：『將飯與闍梨喫底人還有眼也無？』僧無對。有人舉似潙山，潙山云：『有。』」

〔二〕喪身失命：丢掉了性命。禪宗比喻在機鋒酬酢中敗下陣來。祖堂集卷七雪峰和尚：「師示衆曰：『南山有鱉鼻蛇，是你諸人好看取！』衆無對。慶代云：『和尚與摩道，堂中多有人喪身失命。』」明覺禪師語録卷一：「舉保福示衆云：『此事如擊石火閃電光，構得構不得，未免喪身失命。』僧便問：『未審構得底人還免喪身失命也無？』」

〔三〕師休去：原無，依徑山本補。休，在機鋒較量中，一方認爲失利而作罷。景德傳燈録卷八五臺山隱峰禪師：「師到南泉，睹衆僧參次，南泉指浄瓶云：『銅瓶是境，瓶中有水。不得動著境，與老僧將水來。』師便拈浄瓶向南泉面前瀉，南泉便休。」

【資料】

①南藏本、北藏本無此則；覺心本第四三九則；徑山本第四三七則。

②景德傳燈録卷十趙州觀音院從諗禪師：「師上堂云：『纔有是非，紛然失心。還有答話分也無？』後有僧舉示洛浦，洛浦扣齒。又舉示雲居，雲居云：『何必？』僧回，舉示師，師云：『南方大有人喪身失命。』僧云：『請和尚舉。』師才舉前語，僧指傍僧云：『者箇師僧喫却飯了，作恁麼語話？』師乃休。」

③聯燈會要卷六趙州觀音從諗禪師：「示衆云：『纔有是非，紛然失心。還有答話分也無？』後僧舉似洛浦，浦扣齒。又舉似雲居，居云：『何必？』僧回，舉似師，師云：『南方大有人喪身失命。』僧云：『請和尚舉。』師纔舉，僧指傍僧云：『這僧作恁麼語話？』師便休去。」

④五燈會元卷四趙州從諗禪師：「上堂：『纔有是非，紛然失心。還有答話分也無？』僧舉似洛浦，浦扣齒。又舉似雲居，居曰：『何必？』僧回舉似師，師曰：『南方大有人喪身失

命。』曰：『請和尚舉。』師纔舉前話，僧指傍僧曰：『這箇師僧喫却了飯，作恁麼語話？』師休去。」

⑤大光明藏卷中、禪宗正脉卷二、指月録卷十一、教外別傳卷六、五燈嚴統卷四、列祖提綱録卷七。

439 師因看金剛經次，僧便問：「一切諸佛及諸佛阿耨菩提〔一〕，皆從此經出，如何是此經？」師云：「金剛般若波羅蜜經：如是我聞，一時佛在舍衛國〔二〕……」僧云：「不是。」師云：「我自理經也不得？」

【校注】

〔一〕一切諸佛及諸佛阿耨菩提：語出金剛般若波羅蜜經：「一切諸佛及諸佛阿耨多羅三藐三菩提法，皆從此經出。」

〔二〕如是我聞，一時佛在舍衛國：金剛經開篇的句子。如是我聞，是佛教經典的開篇語。釋尊於入滅之際，向多聞第一阿難傳習其一生所説之經藏，「如是」即經藏中佛的言行，「我聞」者爲阿難自言。因佛經爲佛入滅後阿難所編，故諸經開卷皆有此語。

【資料】

①南藏本、北藏本第四一八則；覺心本第四四〇則；徑山本第四三八則。

440　因僧辭去，師云：「闍梨出外，忽有人問：『還見趙州否？』你作麽生祇對？」云：「只可道見。」師云：「老僧是一頭驢〔一〕，你作麽生見？」僧〔二〕無語。

【校注】

〔一〕是一頭驢：驢没有覺知意識，禪師以驢自喻内心没有情塵欲累，清澈無礙。大慧普覺禪師語録卷三：「趙州雖好一頭驢，只是不會喫草。」

〔二〕僧：原無，依南藏本、北藏本、徑山本補。

【資料】

①南藏本、北藏本第四一九則，覺心本第四四一則，徑山本第四三九則。

②祖堂集卷十八趙州和尚：「僧辭次，師問：『外方有人問：還見趙州也無？作摩生向他道？』僧云：『只道見和尚。』師云：『老僧似一頭驢，汝作摩生見？』僧無對。」

③五燈全書卷七。

441　師問新到：「從什麽處來？」云：「南方來。」師云：「還知有趙州關麽？」云：「須知趙州關〔一〕者。」師叱云：「者販私鹽漢。」又云：「兄弟，趙州關也難過。」云：「如何是趙州關？」師云：「石橋是。」

【校注】

〔一〕趙州關：趙州，徑山本作「有不涉」。趙州關，趙州爲接引學人或傳佛傳法時所設的機語。大慧普覺禪師語録卷八：「庭前柏樹子，今日重新舉。打破趙州關，特地尋言語。既是打破關，爲甚麼却尋言語？當初將謂茅長短，燒了元來地不平。」密庵和尚語録：「僧問：『（中略）如何是趙州關？』師云：『天上天下，人透不過。』」從容庵録卷二〔十〕臺山婆子：「趙州以長沙爲友，以南泉爲師，故勘辨中，非得失勝負之可品格，天下謂之趙州關。」

【資料】

①南藏本、北藏本無此則；覺心本第四四二則；徑山本第四四〇則。

②景德傳燈録卷十趙州觀音院從諗禪師：「師問新到僧：『什麼處來？』僧云：『從南來。』師云：『還知有趙州關否？』僧云：『須知有不涉關者。』師云：『遮販私鹽漢。』」

③聯燈會要卷六趙州觀音從諗禪師：「師問僧：『甚處來？』云：『南方來。』師云：『還知有趙州關麼？』云：『須知有不涉關者。』師云：『這販私鹽賊。』」

④五燈會元卷四趙州從諗禪師：「問僧：『甚麼處來？』曰：『從南來。』師曰：『還知有趙州關否？』曰：『須知有不涉關者。』師曰：『這販私鹽漢。』」

⑤教外別傳卷六、五燈嚴統卷四。

442 有僧從雪峰來，師云：「上座莫住此間，老僧者裏只是避難所在。佛法盡在南方。」云：「佛法豈有南北〔一〕？」師云：「直饒你從雲居〔二〕、雪峰來也，只是箇擔板漢〔三〕。」云：「未審那邊事〔四〕如何？」師云：「你因什麽夜來尿牀〔五〕？」云：「達後如何？」師云：「又是阿屎〔六〕。」

【校注】

〔一〕佛法豈有南北：祖堂集卷二弘忍和尚：「大師問：『汝從何方而來？有何所求？』行者對曰：『從新州來，來求作佛。』師云：『汝嶺南人，無佛性也。』行者云：『人則有南北，佛性無南北。』」惠能禪師提出了佛法無南北之分的觀點。只因南北修證方式的不同，産生出南宗北宗的區别。

〔二〕雲居：徑山本作「雪峰」。

〔三〕擔板漢：擔板，挑扁擔。扁擔壓身，不得解脱。禪宗比喻受到情塵俗念的束縛，不知空無掛礙的澄明本心，無法真正獲得開悟之人。汾陽無德禪師語録卷中：「睦州唤僧大德，僧回首。州云：『擔板漢，垂慈只要總通靈，不是宗師妄自生。擔板直教須放下，免伊虚度百千生。』」

〔四〕那邊事：超凡越俗，超脱生死的禪悟境界。祖堂集卷十三報慈和尚：「帝云：『那邊事作麽生？』師云：『請向那邊問。』」圓悟佛果禪師語録卷四：「欲提持向上那邊事，直下無啓口處。」

〔五〕屎牀：禪林斥駡語，謂言行荒唐可笑。景德傳燈録卷十二越州清華全付禪師：「問：『如何是正法眼？』師曰：『不可青天白日尿床也。』」大慧普覺禪師語録卷二十四：「恁麽説話，大似無夢説夢，開眼尿床。恁麽寫底，也好與三十拄杖。」

〔六〕阿屎：阿，徑山本作「屙」。禪門詈駡語，形容没有明心見性，了悟禪法，内心被俗想俗念所縛。祖庭鉗鎚録卷上眉州象耳山袁覺禪師：「一日誦法華經，至『亦復不知何者是火，何者是舍』，乃豁然。制罷歸省，性見首肯之。圓悟再得旨住雲居，師至彼，以所得白悟。悟呵曰：『本是净地，屙屎作麽？』師所疑頓釋。」

【資料】

①南藏本、北藏本無此則；覺心本第四四三則；徑山本第四四一則。

②景德傳燈録卷十趙州觀音院從諗禪師：「新到僧參。師問：『什麽處來？』僧云：『南方來。』師云：『佛法盡在南方，汝來遮裏作什麽？』僧云：『佛法豈有南北邪？』師云：『饒汝從雪峰、雲居來，只是箇擔板漢。』」

③聯燈會要卷六趙州觀音從諗禪師：「師問僧：『甚處來？』云：『南方。』師云：『佛法盡在南方，汝來這裏作甚麽？』云：『佛法豈有南北？』師云：『饒汝從雪峰、雲居來，也只是箇擔版漢。』」

④五燈會元卷四趙州從諗禪師：「新到參，師問：『甚麼處來？』曰：『南方來。』師曰：『佛法盡在南方，汝來這裏作甚麼？』曰：『佛法豈有南北邪？』師曰：『饒汝從雪峰、雲居來，祇是箇擔板漢。』」

⑤指月録卷十一、教外別傳卷六、五燈嚴統卷四、御選語録卷十六。

443 示衆云〔一〕：「我此間有出窟師子，亦有在窟師子〔二〕，只是難得師子兒〔三〕。」時有僧彈指對之。師云：「是什麼？」云：「師子兒。」師云：「我喚作師子兒，早〔四〕是罪過。你更行趯踏。」

【校注】

〔一〕云：南藏本、北藏本無。

〔二〕出窟師子、在窟師子：師子，獸中之王，佛經中比喻佛之勇猛。出窟師子、在窟師子皆指自證而體悟澄明本心的開悟者。大日經教主義：「師子喻本地身，深窟喻自證。出窟師子即是本初，在窟師子更無異體。」景德傳燈録卷十五澧州夾山善會禪師：「問：『如何是出窟師子？』師曰：『虛空無影象，足下野雲生。』」又卷二十二福州羅山義聰禪師：「僧問：『如何是出窟師子？』師曰：『什麼處不震裂？』僧曰：『作何音響？』師曰：『聾者不聞。』」楚石梵琦禪師語録卷六：「僧問：『如何是在窟師子？』師云：『頭頂天。』進云：

『如何是出窟師子？』師云：『脚踏地。』」天聖廣燈録卷九百丈懷海禪師：「毗盧遮那佛，（中略）亦名在窟師子。」

〔三〕師子兒：佛經中常將釋迦牟尼比作師（獅）子，禪家將傑出、機敏的僧人稱作「師子兒」，謂其不愧是佛之後代。景德傳燈録卷十四鄧州丹霞天然禪師：「真師子兒一撥便轉。」宗鏡録卷三十六：「又頓悟者，不離此生，即得解脱。如師子兒，初生之時，是真師子，即修之時，即入佛位。」

〔四〕早：原作「是」，依覺心本、南藏本、北藏本、徑山本改。

【資料】

①南藏本、北藏本第四二〇則；覺心本第四四四則；徑山本第四四二則。

②祖堂集卷十八趙州和尚：「師示衆云：『我這裏亦有在窟師子，亦有出窟師子，只是無師子兒。』有僧出來彈指兩三下，師云：『作什麼？』僧云：『師子兒。』師云：『我喚作師子，早是罪過。你又更蹴踏作什麼？』」

③曇芳守忠禪師語録卷上、五燈全書卷七。

444 師〔一〕問：「新到〔二〕離什麼處？」云：「離雪峰。」師云：「雪峰有什麼言句示人？」云：「和尚尋常道，盡十方世界，是沙門一隻眼〔三〕，你等諸人向什麼處阿〔四〕？」師云：「闍梨若迴，寄箇鍬子去。」

【校注】

〔一〕師：原無，依南藏本、北藏本、徑山本補。

〔二〕新到：叢林中新到某寺掛搭的僧人，亦泛指一般新參的僧人。

〔三〕盡十方世界，是沙門一隻眼：十方世界，東南西北，上下四維。大方廣佛華嚴經卷三十九：「十方世界，無量無邊，無有分際。」比喻天地萬物圓融統一，沒有分別，消除對立。信心銘拈提：「盡十方界沙門一隻眼，盡十方界沙門一隻手，豈不是極大同小乎？直包容十方於方寸，收得三界於胸中，豈不是極大同小乎？千里長途一步步盡，無量妙義一言言盡，豈不是極大同小乎？」

〔四〕阿：南藏本、北藏本、徑山本作「屙」。

【資料】

①南藏本、北藏本第四二一則；覺心本第四四五則；徑山本第四四三則。

②祖堂集卷七雪峰和尚：「師云：『盡乾坤是一个眼，是你諸人向什摩處放不净？』慶對云：『和尚何得重重相欺？』有人持此語舉似趙州，趙州云：『上座若入閩，寄上座一个鍬子去。』」

③聯燈會要卷六趙州觀音從諗禪師：「師問僧：『發足甚處？』云：『雪峰。』師云：『有何言

句？』云：『尋常道，盡大地是沙門一隻眼，你等諸人向甚處屙？』師云：『上座若回，寄箇鍬子去。』」

④五燈會元卷四趙州從諗禪師：「師曰：『雪峰有何言句示人？』曰：『尋常道，盡十方世界，是沙門一隻眼，你等諸人向甚處屙？』，師曰：『闍梨若回，寄箇鍬子去。』」

⑤嘉泰普燈録卷八、指月録卷十一、教外別傳卷六、五燈嚴統卷四、五燈全書卷七。

445 師因捨衣俵〔一〕大衆次，僧便問：「和尚總捨却了，用箇什麽去？」師召云：「湖州子。」僧應諾。師云：「用箇什麽？」

【校注】

〔一〕俵：散發，分給。

【資料】

①南藏本、北藏本第四二三則；覺心本第四四六則；徑山本第四四四則。

446 師〔一〕示衆云：「未有世界〔二〕，早有此性〔三〕。世界壞時〔四〕，此性不壞。」僧問：「如何是此性？」師云：「五蘊四大。」云：「此猶是壞，如何是〔五〕此性？」師云：「四大五蘊。」

【校注】

〔一〕師：南藏本、北藏本無。

〔二〕世界：有情衆生所住的國土。佛所經過的過去、現在、未來爲世，東南西北上下爲界。世界有生有滅，不會永恒存在。首楞嚴經卷四：「世爲遷流，界爲方位。汝今當知東西南北東南西南東北西北上下爲界，過去未來現在爲世。」大毗盧遮那成佛經疏卷十二：「一切衆生世界之所依持。」

〔三〕此性：不生不滅，永恒存在之佛性。大智度論卷五十釋出到品：「譬如法性，不生不滅，不垢不净，無起無作，非住非不住。」勝天王般若波羅蜜經卷三法性品：「菩薩摩訶薩行般若波羅蜜，能知法性清净，如是無染無著，遠離垢穢，從諸煩惱超得解脱，此性即是諸佛法本，功德智慧因之而生，體性明净不可思量。」

〔四〕世界壞時：世界毀滅。明覺禪師語録卷二：「譬如世界壞時，大水競作，其間無量衆生，或没未没，互相悲號，仰望蒼蒼，皆云相救。」

〔五〕是：原無，依徑山本補。

【資料】

①南藏本、北藏本第四二三則；覺心本第四四七則；徑山本第四四五則。

②景德傳燈録卷二十八諸方廣語趙州觀音院從諗禪師語：「時有僧問：『承師有言：世界壞時，此性不壞。如何是此性？』師曰：『四大五陰。』僧曰：『此猶是壞底，如何是此性？』師曰：『四大五陰。』法眼云：『是一箇兩箇，是壞不壞，且作麽生會？試斷看。』」

③聯燈會要卷六趙州觀音從諗禪師：「時有僧問：『承聞和尚有言：世界壞時，此性不壞。如何是此性？』師云：『四大五蘊。』云：『此猶是壞底，如何是此性？』師云：『四大五蘊。』」

④五燈會元卷四趙州從諗禪師：「僧問：『承師有言：世界壞時，此性不壞。如何是此性？』師曰：『四大五陰。』曰：『此猶是壞底，如何是此性？』師曰：『四大五陰。』法眼云：『是一箇兩箇，是壞不壞，且作麽生會？試斷看。』」

⑤禪宗正脉卷二、指月録卷十一、教外別傳卷六、五燈嚴統卷四、列祖提綱録卷七、五燈全書卷七。

447　定州有一座主到。師問：「習何業？」云：「經律論，不聽便講。」師舉手示之：「還講得者箇麽？」座主茫〔一〕然不知。師云：「直饒你不聽便講得，也只是箇講經論漢〔二〕。若是佛法，未在。」云：「和尚即今語話，莫便是佛法否？」師云：「直饒你問得，答得，總屬經論，佛法未在。」主〔三〕無語。

【校注】

〔一〕茫：覺心本、南藏本、北藏本作「忙」。

〔二〕講經論漢：執著於佛典上的語言文字，而不能真正領悟佛理禪旨的人。

〔三〕主：原無，依南藏本、北藏本、徑山本補。

【資料】

①南藏本、北藏本第四二四則；覺心本第四四八則；徑山本第四四六則。

448 師因〔一〕問一行者〔二〕：「從什麼處來？」云：「北院來。」師云：「那院何似者院？」行者無對。有僧在邊立，師令代行者語。僧代云：「從那院來。」師笑之。師又令文遠代之，文遠云：「行者還是不取〔三〕師語話。」

【校注】

〔一〕因：南藏本、北藏本、徑山本無。

〔二〕行者：一指尚未出家，在寺院内幫忙做雜務者，他們留於寺内帶髮修行。釋氏要覽卷上師資：「行者，善見律云：『有善男子欲求出家，未得衣鉢，欲依寺中住者。』」一指行脚乞食的僧人，梵語稱「頭陀」。

〔三〕取：依從，聽從。祖堂集卷五長髭和尚：「小師應喏，便去南嶽般若寺受戒，後却去石頭參。石頭云：『從什摩處（來）？』對云：『從長髭來。』石頭曰：『今夜在此宿，還得摩？』對云：『一切取和尚處分。』」

【資料】

①南藏本、北藏本第四二五則；覺心本第四四九則；徑山本第四四七則。

449 師問座主：「所習何業？」云：「講維摩經。」師云：「維摩經步步是道場〔一〕。」座主在什麼處？」主〔二〕無對。師令全益代座主語，全益云：「只者一問，可識道場麽？」師云：「你身在道場裏，心在什麼處？速道取！」云：「和尚不是覓學人心。」師云：「是。」云：「只者一問一答是什麼？」師云：「老僧不在心所〔三〕裏，法過眼耳鼻舌身意而知解。」云：「既不在心數〔四〕裏，和尚爲什麼覓？」師云：「爲你道不得。」云：「法過眼耳鼻舌身意，而不解作麼生道不得？」師云：「喫我涕唾。」

【校注】

〔一〕步步是道場：道場，成道的地方。維摩詰所説經菩薩品：「直心是道場，無虛假故。發行是道場，能辨事故。深心是道場，增益功德故。菩提心是道場，無錯謬故。布施是道場，不望報故。持戒是道場，得願具故。忍辱是道場，於諸衆生心無礙故。精進是道場，不懈退故。禪定是道場，心調柔故。智慧是道場，現見諸法故。慈是道場，等衆生故。悲是道場，忍疲苦故。喜是道場，悦樂法故。捨是道場，憎愛斷故。神通是道場，成就六通故。解脱是道場，能背捨故。方便是道場，教化衆生故。（中略）緣起是道場，無明乃至老死皆無盡故。諸煩惱是道場，知如實故。衆生是道場，知無我故。一切法是道場，知諸法空故。（中略）如是，善男子，菩薩若應諸波羅蜜教化衆生，諸有所作，舉足下足，當知皆從道場來，住於佛法矣。」景德傳燈録卷十一福州靈雲志勤禪師：「當處解脱便是道場。」

〔二〕主：原無，依徑山本補。

〔三〕心所：是心所有法的簡稱，指内心所有的各種心理現象。俱舍論記卷四分別根品：「心之所有，故名心所。」

〔四〕心數：「心所」的異名。成實論卷五非有數品：「心所生法，名曰心數。心依心生，故名心數。」

【資料】

①南藏本、北藏本第四二六則；覺心本第四五〇則；徑山本第四四八則。

450　師問僧：「你曾看法華經麽？」云：「曾看。」師云：「經中道：『納衣在空閑，假名阿練若，誑惑世間人〔一〕。』你作麽生會？」僧擬禮拜。師云：「你披納衣來否？」云：「披來。」師云：「莫惑〔二〕我。」云：「如何得不惑〔三〕去？」師云：「自作活計，莫取老僧語。」

【校注】

〔一〕納衣在空閑，假名阿練若，誑惑世間人：納衣，即衲衣，又名糞掃衣，拾取他人棄之不用如糞掃一樣的賤物縫製的法衣。釋氏要覽卷上法衣：「納衣，又名五納衣，謂衣有五種故。十誦律云：一有施主衣，二無施主衣，三往還衣，四死人衣，五糞掃衣，此自有五種：一道路棄衣，二糞掃處衣，三河邊棄衣，四蟻穿破衣，五破碎衣，又有五種：一火燒衣，二水漬衣，三鼠咬衣，四牛嚼衣，五嬭母棄衣。已上衣，天竺人諱忌故，棄之，以不任用，義同糞掃故，共納成衣，名糞掃衣也。」阿練若，又譯作「寂静處」，指比丘所居住的寺院。翻譯名義集卷七：「阿蘭若，或名阿練若。大論翻遠離處，薩婆多論翻閑静處。天台云：不作衆事，名之爲閑。無憒鬧故，名之爲静。或翻無諍，謂所居不與世諍，即離聚落五里處也。」語出妙法蓮華經卷四勸持品。

〔二〕惑：原作「或」，依徑山本改。

〔三〕惑：原作「或」，依徑山本改。

【資料】

①南藏本、北藏本第四二七則；覺心本第四五一則；徑山本第四四九則。

②聯燈會要卷六趙州觀音從諗禪師：「師問僧：『曾看法華經麼？』云：『曾看來。』師云：『衲衣在空閑，假名阿練若，誑惑世間人。作麼生會？』僧擬議。師云：『你披衲衣來麼？』僧云：『披來。』師云：『莫惑我。』僧云：『如何得不惑去？』師云：『莫取我語。』」

③明覺禪師語録卷一、指月録卷十一。

451　師問座主：「所習何業？」云：「講維摩經。」師云：「那箇是維摩祖父？」云：「某甲是。」師云：「爲什麼却爲兒孫傳語？」無對。

【資料】

①南藏本、北藏本第四二八則；覺心本第四五二則；徑山本第四五〇則。

②祖堂集卷十八趙州和尚：「師問座主：『所業什摩？』對云：『講維摩經。』師云：『維摩還有祖父也無？』對云：『有。』師云：『阿那是維摩祖父？』對云：『則某甲便是。』師云：『既是祖父，爲什摩却與兒孫傳語？』座主無對。」

452 師一日上堂，僧纔出禮拜，師乃合掌珍重。又一日，僧禮拜。師云：「好好問。」云：「如何是禪？」師云：「今日天陰〔一〕，不畣話。」

【校注】

〔一〕天陰：比喻心性被迷，不得開悟。汾陽無德禪師語録卷上：「上堂云：『諸上座，古人道：天陰性地昏。今日天陰，性還昏麽？若是性昏，被他使唤，迷己爲物，都無生宰。』」楚石梵琦禪師語録卷十五：「迷即天陰性地昏，悟來日出心光曜。」

【資料】

①南藏本、北藏本第四二九則；覺心本第四五三則；徑山本第四五一則。

②五燈全書卷七。

453 問新到：「從何方來？」云：「無方面〔一〕來。」師乃轉背，僧將坐具〔二〕隨師轉。師云：「大好無方面。」

【校注】

〔一〕無方面：超越了東西南北，没有四方對立的禪悟境界。

〔二〕坐具：僧人隨身攜帶的一種器具，一般爲布製，在參禪或需要禮拜時展開。祖堂集卷七巖頭和尚：「後參德山。初到參，始擬展坐具設禮，德山以杖挑之，遠擲堦下。師因便下堦收坐具，相看主事，參堂。」

【資料】

①南藏本、北藏本第四三〇則；覺心本第四五四則；徑山本第四五二則。

②祖堂集卷十八趙州和尚：「新到展座具次，師問：『近離何方？』僧云：『無方面。』師起，向僧背後立。僧把座具起。師云：『太好無方面。』」

③御選語録卷十六。

454　問新到：「從什麽處來？」云：「南方來。」師云：「三千里外逢莫戲。」云：「不曾。」師云：「摘楊花〔一〕！摘楊花！」

【校注】

〔一〕摘楊花：趙州秘密語。竺仙和尚語録卷中：「州云：『摘楊花，摘楊花。』此是一卷秘密心經。」楊花，即柳絮。北周庾信春賦：「新年鳥聲千種囀，二月楊花滿路飛。」唐李白聞王昌齡左遷龍標遥有此寄詩：「楊花落盡子規啼，聞道龍標過五溪。」

【資料】

①南藏本、北藏本第四三一則；覺心本第四五五則；徑山本第四五三則。

②祖堂集卷十八趙州和尚：「有僧辭。『什摩處去？』對云：『南方去。』師云：『三千里外逢人莫喜。』僧云：『學人不會。』師云：『柳絮！　柳絮！』」

③建中靖國續燈録卷二十七越州天衣義懷禪師：「舉：趙州送僧，舉起拂子云：『有佛處不得住，無佛處急走過。三千里外逢人莫舉。』僧云：『恁麽則不去也。』州云：『摘楊花！　摘楊花！』」

④聯燈會要卷六趙州觀音從諗禪師：「有僧辭，師問：『甚麽處去？』云：『諸方學佛法去。』師云：『有佛處不得住，無佛處急走過。三千里外，逢人不得錯舉。』僧云：『恁麽則不去也。』師云：『摘楊花！　摘楊花！』」

⑤五燈會元卷四趙州從諗禪師：「僧辭，師曰：『甚處去？』曰：『諸方學佛法去。』師竪起拂子曰：『有佛處不得住，無佛處急走過。三千里外，逢人不得錯舉。』曰：『與麽則不去也。』師曰：『摘楊花！　摘楊花！』」

⑥禪宗正脉卷二、指月録卷十一、教外別傳卷六、五燈嚴統卷四。

455　豐干到五臺山下見一老人，干云：「莫是文殊也無？」老人云：「不可有二文殊〔一〕也。」干便禮拜。老人不見。有僧舉似師，師云：「豐干只具一隻眼〔二〕。」師乃令：「文遠作老人，我作豐干。」師云：「莫是文殊也無？」遠云〔三〕：「豈有二文殊也？」師云：「文殊！文殊！」

【校注】

〔一〕二文殊：禪宗反對分別對立念，二文殊便是心中有了一和二的分別。禪林僧寶傳卷九永明延壽禪師：「汝豈不聞首楞嚴曰：『我真文殊，無是文殊。若有是者，則二文殊。』然我今日，非無文殊，於中實無是非二相。」楚石梵琦禪師語録卷十七偈頌贈五臺體法師：「惟一文殊，無二文殊。」

〔二〕只具一隻眼：只有一隻眼睛。比喻執著於一，無法獲得深刻全面的認識。景德傳燈録卷二十五漳州羅漢智依大師：「單明自己，不悟目前，此人具一隻眼。」古尊宿語録卷二大鑑下三世（百丈懷海大智禪師）語録之餘：「第一須具兩隻眼，照破兩頭事，莫只帶一隻眼，向一邊行。」

〔三〕遠云：原無，依徑山本補。

【資料】

①南藏本、北藏本第四三二則；覺心本第四五六則；徑山本第四五四則。

②景德傳燈録卷二十七天台豐干禪師：「師尋獨入五臺山巡禮，逢一老翁，師問：『莫是文殊否？』曰：『豈可有二文殊？』師作禮未起，忽然不見。趙州沙彌舉似和尚，趙州代豐干云：『文殊！文殊！』」

③五燈會元卷二天台豐干禪師：「師尋獨入五臺，逢一老人，便問：『莫是文殊麽？』曰：『豈可有二文殊！』師作禮未起，忽然不見。趙州代曰：『文殊！文殊！』」

④宋高僧傳卷十九、聯燈會要卷二十一、兀庵普寧禪師語録卷上、指月録卷十一。

456 師問二新到：「上座曾到此間否？」云：「不曾到。」師云：「喫茶去〔一〕。」又問：「那一人曾到此間否？」云：「曾到。」師云：「喫茶去。」院主問：「和尚不曾到，教伊喫茶去，即且置〔二〕。曾到，爲什麽教伊喫茶去？」師云：「院主！」院主應喏〔三〕。師云：「喫茶去。」

【校注】

〔一〕喫茶去：趙州法語，暗示僧徒佛法即在日用生活中。

〔二〕置：原作「致」，依徑山本改。

〔三〕喏：徑山本作「諾」。正字通丑集口部：「六書故：『喏，應聲也。古無此字，疑即諾字。』

六書統言部：『諾，奴各切。古文從若從口，作喏。』據二説，諾、喏同俗。」

【資料】

①南藏本、北藏本第四三三則；覺心本第四五七則；徑山本第四五五則。

②祖堂集卷十八趙州和尚：「師問僧：『還曾到這裏摩？』云：『曾到這裏。』師云：『喫茶去！』師云：『還曾到這裏摩？』對云：『不曾到這裏。』師云：『喫茶去！』又問僧：『還曾到這裏摩？』對云：『和尚問作什摩？』師云：『喫茶去！』」

③聯燈會要卷六趙州觀音從諗禪師：「師問新到：『曾到此間否？』云：『曾到。』師云：『喫茶去。』又問一僧，僧云：『不曾到。』師云：『喫茶去。』院主問：『爲甚曾到此間喫茶去，不曾到此間也喫茶去？』師召院主，主應諾。師云：『喫茶去。』」

④五燈會元卷四趙州從諗禪師：「師問新到：『曾到此間麼？』曰：『曾到。』師曰：『喫茶去。』又問僧，僧曰：『不曾到。』師曰：『喫茶去。』後院主問曰：『爲甚麼曾到也云喫茶去，不曾到也云喫茶去？』師召院主，主應喏。師曰：『喫茶去。』」

⑤汾陽無德禪師語録卷中、大覺禪師語録卷中、廬山蓮宗寶鑑卷十、釋氏稽古略卷三、禪宗正脉卷二、指月録卷十一、佛祖綱目卷三十二、教外別傳卷六、五燈嚴統卷四、宗統編年卷十五。

457　師到雲居，雲居云：「老老大大〔一〕，何不覓箇住處？」師云：「什麽處住得？」雲居云：「前面有古寺基〔二〕。」師云：「與麽即和尚自住取。」師又到茱萸，茱萸云：「老老大大，何不覓箇住處去？」師云：「什麽處住得？」茱萸云：「老老大大，住處也不識。」師云：「三十年弄馬騎，今日却被驢撲。」

【校注】

〔一〕老老大大：對老年參禪者的詈駡語，言一把年紀，却没有開悟明理。普庵印肅禪師語録卷三：「修山主老老大大，拄杖亦不把。」破庵祖先禪師語録：「趙州老老大大，有年無德。」

〔二〕古寺基：古寺廟的基墌、基趾。高僧傳卷十揵陀勒：「洛東南有槃鵄山，山有古寺廟處，基墌猶存，可共修立。」

【資料】

①南藏本、北藏本第四三四則；覺心本第四五八則；徑山本第四五六則。

②祖堂集卷十八趙州和尚：「師又到一老宿處，老宿云：『老大人何不覓取住處？』師云：『什摩處是某甲住處？』老宿云：『老大人住處也不識！』師云：『三十年學騎馬，今日被驢撲。』」

③景德傳燈録卷十鄂州茱萸山和尚：「趙州諗和尚先到雲居，雲居問曰：『老老大大漢，何不覓箇住處？』諗曰：『什麽處住得？』雲居曰：『山前有古寺基。』諗曰：『和尚自住取。』後到師

處，師曰：『老老大大漢，何不住去？』諗曰：『什麽處住得？』師曰：『老老大大漢，住處也不知。』諗曰：『三十年弄馬伎，今日却被驢撲。』雲居錫云：『什麽處是趙州被驢撲處？』」

④聯燈會要卷六趙州從諗禪師：「師到雲居，居云：『老老大大，何不覓箇住處？』師云：『甚麽處是某甲住處？』居云：『山前有箇古寺基。』師云：『和尚自住取好。』後到茱萸，萸云：『老老大大，何不覓個住處？』師云：『甚麽處是某甲住處？』萸云：『老老大大，住處也不知。』師云：『三十年弄馬騎，今日被驢撲。』大潙喆云：『雲居、茱萸爲人如爲己，争奈趙州不入綣繢。然雖如是，不得雪霜力，焉知松柏操？』」

⑤五燈會元卷四鄂州茱萸和尚：「趙州到雲居，居曰：『老老大大，何不覓箇住處？』曰：『甚麽處住得？』居曰：『山前有箇古寺基。』州曰：『和尚自住取。』後到師處，師曰：『老老大大，何不覓箇住處？』州曰：『向甚處住？』師曰：『老老大大，住處也不知。』州曰：『三十年弄馬騎，今日却被驢撲。』雲居錫云：『甚麽處是趙州被驢撲處？』」

⑥正法眼藏卷一、指月録卷十一、五燈全書卷七。

458　師又到茱萸方丈，上下觀瞻。茱萸云：「平地喫交〔一〕作什麽？」師云：「只爲心麁〔二〕。」

【校注】

〔一〕平地喫交：無緣無故在平地上摔跤，無端遭受挫折。禪宗比喻根基淺薄愚鈍，難以教化。另有歇後語「平地上吃撲，盡大地人扶不起」。明覺禪師語録卷二：「大衆方集，山便掩却門。知事咨白：『既許爲大衆上堂，爲什麽一言不施？』山云：『經有經師，論有論師，爭怪得老僧？』師云：『可惜藥山老漢，平地上喫撲，盡大地人扶不起。』」

〔二〕心麁：麁，徑山本作「麤」。不仔細，不敏感。首楞嚴義疏注經卷二：「若以沉静其思審諦觀察，即刹那不停念念流變，此即微細四相遷流不息，凡夫心麁，殊不知覺。」

【資料】

①南藏本、北藏本第四三五則；覺心本第四五九則；徑山本第四五七則。

459 師一日將拄杖上茱萸法堂上，東西來去。萸云：「作什麽？」師云：「探水。」萸云：「我者裏一滴也無〔一〕，探箇什麽？」師將杖子倚壁，便下去。

【校注】

〔一〕我者裏一滴也無：機鋒語。比喻内心澄明清浄，毫無雜染。

【資料】

①南藏本、北藏本第四三六則；覺心本第四六〇則；徑山本第四五八則。

②景德傳燈録卷十趙州觀音院從諗禪師：「又到夾山，將拄杖入法堂。夾山曰：『作什麽？』曰：『探水。』夾山曰：『一滴也無，探什麽？』師倚杖而出。」

③聯燈會要卷六趙州觀音從諗禪師：「師到茱萸，將拄杖於法堂上，從西過東，從東過西。茱萸云：『作甚麽？』師云：『探水。』萸云：『我這裏一滴也無，探個甚麽？』師靠却拄杖，便去。琅玡覺云：『世亂奴欺主，時衰鬼弄人。』」

④無準師範禪師語録卷一、五家正宗贊卷一、禪宗正脉卷二、指月録卷十一、教外別傳卷六、五燈嚴統卷四。

460　臺山路上有一婆子要問僧。僧問：「臺山路向什麽處去？」云：「驀直去。」僧才行，婆云：「又與麽去也。」師聞後〔一〕，便去問：「臺山路向什麽處去？」云：「驀直去。」師才行，婆云：「又與麽去也。」師便〔二〕歸，舉似大衆，云：「婆子今日〔三〕被老僧勘破〔四〕了也。」

【校注】

〔一〕後：徑山本無。

〔二〕便：徑山本無。

〔三〕今日：徑山本無。

〔四〕勘破：在機鋒較量中擊敗對方。

【資料】

①南藏本、北藏本無此則；覺心本第四六一則；徑山本第四五九則。

②景德傳燈録卷十趙州觀音院從諗禪師：「有僧遊五臺，問一婆子云：『臺山路向什麽處去？』婆子云：『驀直恁麽去。』僧便去。婆子云：『又恁麽去也。』其僧舉似師。師云：『待我去勘破遮婆子。』師至明日，便去問：『臺山路向什麽處去？』婆子云：『驀直恁麽去。』師便去。婆子云：『又恁麽去也。』師歸院，謂僧云：『我爲汝勘破遮婆子了也。』玄覺云：『前來僧也恁麽道，趙州去也恁麽道，什麽處是勘破婆子？』又云：『非唯被趙州勘破，亦被遮僧勘破。』」

③聯燈會要卷六趙州觀音從諗禪師：「臺山下有婆子，凡有僧問：『臺山路向甚麽處去？』便云：『驀直去。』僧纔行，婆云：『好個師僧，又恁麽去。』每每如斯。僧舉似師，師云：『待我與汝勘過。』明日便去，亦如是問，婆亦如是答。師歸謂衆云：『婆子我爲汝勘破了也。』」

④五燈會元卷四趙州從諗禪師：「有僧遊五臺，問一婆子云：『臺山路向甚麽處去？』婆曰：『驀直去。』僧便去。婆曰：『好個師僧，又恁麽去。』後有僧舉似師，師云：『待我去勘過。』明日，師便去問：『臺山路向甚麽處去？』婆曰：『驀直去。』師便去。婆曰：『好箇師僧，又恁麽

去。』師歸院謂僧曰：『臺山婆子爲汝勘破了也。』玄覺云：『前來僧也恁麼道，趙州去也恁麼道，甚麼處是勘破婆子處？』又云：『非唯被趙州勘破，亦被這僧勘破。』」

⑤汾陽無德禪師語録卷中、五家正宗贊卷一、禪宗正脉卷二、指月録卷十一、教外别傳卷六、五燈嚴統卷四、御選語録卷十六。

461 師見僧來，挾火示之，云：「會麼？」僧云：「不會。」師云：「你不得喚作火，老僧道了也。」師挾起火云：「會麼？」云：「不會。」師却云：「此去舒州，有投子山和尚，你去禮拜，問取因緣。相契不用更來，不相契却來。」其僧便去。才到投子和尚處，投子乃問：「近離什麼處？」云：「離趙州，特來禮拜和尚。」投子云：「趙州老人有何言句？」僧乃具舉前話。投子乃下禪牀，行三五步却坐，云：「會麼？」僧云：「不會。」投子云：「你歸，舉似趙州。」其僧却歸，舉似師。師云：「還會麼？」云：「未會。」師云：「也不較〔一〕多也。」

【校注】

〔一〕較：原作「教」，依南藏本、北藏本、徑山本改。

【資料】

①南藏本、北藏本第四三七則；覺心本第四六二則；徑山本第四六〇則。

②聯燈會要卷六趙州觀音從諗禪師：「師指火問僧云：『這箇是火，你不得喚作火。』僧無對。師筴火示之，云：『會麽？』云：『不會。』師云：『此去舒州，有投子和尚，汝往問之，必爲汝説。』其僧到投子，子問：『甚處來？』云：『趙州。』子云：『有何言句？』僧舉前話。子云：『你作麽生會？』云：『某甲不會，乞師指示。』子下繩床，行三兩步，却問云：『會麽？』云：『不會。』僧回舉似師。師云：『投子恁麽，不較多也。』」

③五燈會元卷四趙州從諗禪師：「因僧侍次，遂指火問曰：『這箇是火，你不得喚作火。老僧道了也。』僧無對。復筴起火曰：『會麽？』曰：『不會。』師曰：『此去舒州，有投子和尚，汝往禮拜，問之，必爲汝説。因緣相契，不用更來，不相契却來。』其僧到投子，子問：『近離甚處？』曰：『趙州。』子曰：『趙州有何言句？』僧舉前話。子曰：『汝會麽？』曰：『不會，乞師指示。』子下禪床，行三步却坐。問曰：『會麽？』曰：『不會。』子曰：『你歸，舉似趙州。』其僧却回，舉似師。師云：『還會麽？』曰：『不會。』師曰：『投子與麽，不較多也。』」

④禪宗頌古聯珠通集卷十八、指月録卷十一、教外别傳卷六、五燈嚴統卷四。

462　洞山問僧：「什麽處來？」云：「掌鞋來。」山云：「自解依他？」云：「依他。」山云：「他還指闍梨也無？」僧〔一〕無對。師代云：「若允，即不違〔二〕。」

【校注】

〔一〕僧：原無，依徑山本補。

〔二〕不違：不違背前言。

【資料】

①南藏本、北藏本第四三八則；覺心本第四六三則；徑山本第四六一則。

②筠州洞山悟本禪師語録：「師問僧：『去什麼處來？』僧云：『製鞋來。』師曰：『自解依他？』僧云：『依他。』師曰：『他還指教汝也無？』僧無對。趙州代僧曰：『若允，即不違。』」

③指月録卷十一。

463 普化喫生菜，臨濟見云：「普化大似一頭驢。」普化便作驢啼〔一〕。臨濟便休去。普化云：「臨濟小厮兒，只具一隻眼。」師代云：「但與本分草料〔二〕。」

【校注】

〔一〕啼：南藏本、北藏本、徑山本作「鳴」。

〔二〕本分草料：「本分」，即自己本來當有之物。「草料」喻指本心本性。禪宗謂觀得己心，悟得本性。無著道忠虚堂録犂耕：「本分者，本來當己之分量也。草料者，馬所啖物料，其一日所啖豆麥等當已定分，是即馬之本分草料也。禪録凡稱與棒言與本分草料。如碧巖第十八則下語云『何不與他本分草料』，又有稱言句，如碧巖三十九則頌評云『雪竇下本分草料便道莫顢頇』，又如大慧答曾侍郎書云『向聰明意識思量計較，外示以本分草料』是也。可蓋棒喝及言句，學人本分有喫此之道理，而師家敢與之以棒喝言句，故云『本分草料』，以比馬之本分草料也。」

【資料】

①南藏本、北藏本第四三九則；覺心本第四六四則；徑山本第四六二則。

②聯燈會要卷七鎮州普化和尚：「師在臨濟堂前喫生菜，濟云：『這漢大似一頭驢。』師便作驢鳴。濟喚直歲云：『細抹草料著。』師云：『少室人不識，金陵又再來。臨濟一隻眼，到處爲人開。』趙州云：『何不與他本分草料著？』」

③五燈會元卷四鎮州普化和尚：「嘗暮入臨濟院喫生菜。濟曰：『這漢大似一頭驢。』師便作驢鳴。濟謂直歲曰：『細抹草料著。』師曰：『少室人不識，金陵又再來。臨濟一隻眼，到處爲人開。』」

464　保壽問胡釘鉸〔一〕：「莫便是胡釘鉸否？」云：「不敢。」保云：「還釘得虛空麽？」云：「請打破虛空來。」保壽便打却，云：「他後有多口阿師〔二〕與你點破在。」胡釘鉸後舉似師。師云：「你因什麽被他打？」云：「不知過在什麽處？」師云：「只者一縫尚〔三〕不奈何，更教他打破釘鉸，便會。」師代〔四〕云：「且釘者一縫。」

【校注】

〔一〕胡釘鉸：鉸，本則中原皆作「教」，依南藏本、北藏本、徑山本改。祖庭事苑卷一：「胡釘鉸，唐之散人，世不以名顯。嘗與保福、趙州問答，語流叢席。嘗一夕夢吞五色毬，既覺，遂能作句語，膾炙人口，至今稱誦不已。唐高文集謂：『祭列子墓，夢中換五藏者，正胡釘鉸也。』」禪師常以胡釘鉸的名字與學人對機，暗示僧徒不要如釘子一般執著於一。

〔二〕多口阿師：糾纏於言詞、語句的僧人。禪籍中有時稱禪師、禪僧爲「阿師」、「阿僧」。祖堂集卷四藥山和尚：「師書一『佛』字，問道吾：『是什摩字？』吾曰：『是佛字。』師曰：『咄！這多口阿師。』」又卷二十寶壽和尚：「師云：『向後有多口阿師與你點破在。』」

〔三〕尚：原作「上」，依徑山本改。

〔四〕代：徑山本作「又」。

【資料】

①南藏本、北藏本第四四〇則；覺心本第四六五則；徑山本第四六三則。

②祖堂集卷二十寶壽和尚：「師問胡釘鉸：『見説解釘鉸，是不？』對曰：『是也。』師曰：

『還解釘鉸得虛空摩？』對曰：『請和尚打破將來。』師便打之。對曰：『莫錯打厶甲。』師云：『向後有多口阿師與你點破在。』」

③景德傳燈録卷十二鎮州寶壽沼和尚：「胡釘鉸參。師問：『汝莫是胡釘鉸？』曰：『不敢。』師曰：『還解釘得虛空否？』曰：『請和尚打破，某甲與釘。』師以拄杖打之。胡曰：『和尚莫錯打某甲。』師曰：『向後有多口阿師與汝點破在。』趙州云：『只遮一縫尚不奈何。』乃代云：『且釘遮一縫。』」

④天聖廣燈録卷十二鎮州寶壽沼禪師：「趙州云：『且釘者一縫。』鉸於言下省悟。遂舉寶壽行棒因緣。趙州云：『我恁麼道，與寶壽千里萬里。』」

⑤聯燈會要卷十鎮州保壽沼禪師：「胡釘鉸來參，師問：『莫是胡釘鉸麼？』胡云：『不敢。』師云：『還釘得虛空麼？』胡云：『請和尚打破將來。』師便打，胡不肯。師云：『向後有多口阿師爲汝點破在。』胡後見趙州。州問：『莫是胡釘鉸麼？』胡云：『不敢。』州云：『還釘得虛空麼？』胡云：『請和尚打破將來。』州云：『且釘這一縫。』胡於言下有省。」

⑥五燈會元卷十一寶壽沼禪師：「胡釘鉸參，師問：『汝莫是胡釘鉸麼？』曰：『不敢。』師曰：『還釘得虛空麼？』曰：『請和尚打破。』師便打，胡曰：『和尚莫錯打某甲。』師曰：『向後有多口阿師與你點破在。』胡後到趙州，舉前話，州曰：『汝因甚麼被他打？』胡曰：『不知過在甚麼處？』州曰：『祇這一縫尚不奈何。』胡於此有省。趙州曰：『且釘這一縫。』」

⑦明覺禪師語録卷二、指月録卷十一。

465　師問新到：「離什麽處？」云：「雪峰來。」師云：「雪峰有什麽言句示人？」云：「雪峰尋常道：盡十方世界都來是沙門一隻眼。你諸人向什麽處阿？」師云：「你若迴，寄闍梨一箇鍬子去。」

【資料】

①南藏本、北藏本第四四一則；覺心本第四六六則；徑山本無此則。

②参卷下第444則。

466　師因行路次，見一婆子，問：「和尚住〔一〕什麽處？」師云：「趙州東院西。」師舉問〔二〕僧云：「你道使那個西字？」一僧云：「東西字。」一僧云：「依棲字。」師云：「汝〔三〕兩人總作得鹽鐵判官〔四〕。」

【校注】

〔一〕住：覺心本、徑山本「住」後有一「在」字。

〔二〕舉問：問，原作「向」，依徑山本改。舉説公案并提出問題，是禪林中的一種問話方式。祖堂集卷四藥山和尚：「真覺大師舉問玄晤大師：『眼門放光，照破山河；山河大地，不礙眼光。此人過在什麼處，只欠濤汰？』玄晤大師曰：『除却兩人，降此已下，任你大悟去，也須濤汰。』」

〔三〕汝：徑山本作「你」。

〔四〕鹽鐵判官：負責管理食鹽專賣，掌管銀鐵銅錫采冶的職官，漢代已經設置，至唐宋成爲掌握財權的重要官職。宋史職官志二：「鹽鐵，掌天下山澤之貨，關市、河渠、軍器之事，以資邦國之用。」

【資料】

①南藏本、北藏本無此則；覺心本第四六七則；徑山本第四六四則。

②景德傳燈録卷十趙州觀音院從諗禪師：「師出院，路逢一婆子，問：『和尚住什麼處？』師云：『趙州東院西。』婆子無語。師歸院，問衆僧：『合使那箇西字？』或言東西字，或言棲泊字。師曰：『汝等總作得鹽鐵判官。』僧曰：『和尚爲什麼恁麼道？』師曰：『爲汝總識字。』法燈別衆僧云：『已知去處。』」

③聯燈會要卷六趙州觀音從諗禪師：「婆子問云：『和尚住在甚處？』師云：『趙州東院西。』婆無語。師歸寺問僧：『你道使那箇西字？』或云東西字，或云栖泊字。師云：『汝總作得鹽鐵判官。』僧云：『師意如何？』師云：『爲汝總識字。』」

④五燈會元卷四趙州從諗禪師：「師因出，路逢一婆子。婆問：『和尚住甚麽處？』師曰：『趙州東院西。』婆無語。師歸問衆僧：『合使那箇西字？』或言東西字，或言棲泊字。師曰：『汝等總作得鹽鐵判官。』曰：『和尚爲甚恁麽道？』師曰：『爲汝總識字。』法燈別衆僧云：『已知去處。』」

⑤禪宗頌古聯珠通集卷十九、指月録卷十一、教外別傳卷六、五燈嚴統卷四。

467　師與侍郎遊園，見兔走過，侍郎問：「和尚是大善知識，兔子見爲什麽走？」師云：「老僧好殺。」

【資料】

①南藏本、北藏本無此則；覺心本第四六八則；徑山本第四六五則。

②景德傳燈録卷十趙州觀音院從諗禪師：「又有人與師遊園，見兔子驚走，問云：『和尚是大善知識，爲什麽兔子見驚？』師云：『爲老僧好殺。』」

③五燈會元卷四趙州從諗禪師：「師與官人遊園次，兔見乃驚走。遂問：『和尚是大善知識，兔見爲甚麽走？』師曰：『老僧好殺。』」

④指月録卷十一、教外別傳卷六、五燈嚴統卷四、御選語録卷十六。

468　師因見僧掃地次，遂問：「與麽掃還得浄潔也無？」云：「轉掃轉多〔一〕。」師云：「豈無撥塵者〔二〕也？」云：「誰是撥塵者？」師云：「會麽？」云：「不會。」師云：「問取雲居去。」其僧乃去問雲居：「如何是撥塵者？」雲居云：「者瞎漢〔三〕。」

【校注】

〔一〕轉掃轉多：越掃越多。比喻愈要掃除煩惱業障，煩惱業障反而愈多。如浄和尚語録卷下：「上堂：『心念分飛，如何措手。趙州狗子佛性無，只箇無字鐵掃帚。掃處紛飛多，紛飛多處掃。轉掃轉多，掃不得處拚命掃。晝夜豎起脊梁，勇猛切莫放倒。忽然掃破太虚空，萬別千差盡豁通。』」禪關策進前集二門諸祖法語節要師子峰天如則禪師普説：「一箇話頭，如鐵掃箒，轉掃轉多，轉多轉掃。」

〔二〕撥塵者：掃除情塵欲累者。詳見卷中第333則。

〔三〕瞎漢：禪宗詈駡語，指不能明心見性的迷者。祖堂集卷四丹霞和尚：「招慶拈問保福：『將飯與人喫，感恩則有分，爲什摩却成不具眼去？』保福云：『施者受者，二俱瞎漢。』」

【資料】

①南藏本、北藏本無此則；覺心本第四六九則；徑山本第四六六則。

②聯燈會要卷六趙州觀音從諗禪師：「師見僧掃地，遂問：『與麽掃還得浄潔也無？』僧

云：『轉掃轉多。』師云：『豈無撥塵者？』僧云：『誰是撥塵者？』師顧視云：『會麽？』僧云：『不會。』師云：『問取雲居去。』」

③五燈全書卷七。

469　師問僧：「你在此間多少時也？」僧〔一〕云：「七八年。」師云：「還見老僧麽？」云：「見。」師云：「我作一頭驢，你作麽生見？」云：「入法界見。」師云：「我將爲你有此一著，枉喫了如許多飯。」僧云：「請和尚道。」師云：「因什麽不道，向草料裏見〔二〕？」

【校注】

〔一〕僧：原無，依徑山本補。

〔二〕向草料裏見：草料，比喻能使學人明心悟道的設施機鋒。此句指設法引導僧徒開悟。天童和尚辟妄救略説卷七蘄州五祖法演禪師：「本色宗匠，只以本分草料接人。」

【資料】

①南藏本、北藏本無此則；覺心本第四七〇則；徑山本第四六七則。

②祖堂集卷十八趙州和尚：「師問僧：『你在這裏得幾年？』對云：『五六年。』師云：『還見老僧也無？』對云：『見。』師云：『見何似生？』對云：『似一頭驢。』師云：『什摩處見似一頭

驢？』對云：『入法界見。』師云：『去！未見老僧在！』有人舉似洞山，洞山代云：『喫水喫草。』」

470 師問菜頭〔一〕：「今日喫生菜？熟菜？」菜頭提起一莖菜，師云：「知恩者少，負恩者多〔二〕。」

【校注】

〔一〕菜頭：寺院中負責菜蔬供應的職事僧。景德傳燈録卷六百丈大智禪師：「主飯者目爲飯頭，主菜者目爲菜頭，他皆仿此。」

〔二〕知恩者少，負恩者多：知道回報恩情的人少，辜負恩情的人多。禪宗用恩情喻指精神開悟，心智萌發。意謂真正參透佛法、開悟明理的人少，昏沉蒙昧的人多。禪籍中常作爲禪師批評僧徒語。景德傳燈録卷十三汝州首山省念禪師：「僧曰：『未審維摩默然意旨如何？』師曰：『知恩者少，負恩者多。』」又卷二十洛京靈泉歸仁禪師：「問：『和尚還愛財色也無？』師曰：『愛。』曰：『既是善知識，爲什麼却愛財愛色？』師曰：『知恩者少，負恩者多。』」列祖提綱録卷十一解制提綱：「『汝等諸人每日著衣喫飯，有什麼過？七旬夏滿，不妨去住自由。老僧住持事繁，更不叨叨嘮嘮。』擊拂子：『知恩者少，負恩者多。』」

【資料】

①南藏本、北藏本無此則；覺心本第四七一則；徑山本第四六八則。

②景德傳燈録卷十趙州觀音院從諗禪師：「師問菜頭：『今日喫生菜？熟菜？』菜頭拈起菜呈之。師云：『知恩者少，負恩者多。』」

③五燈會元卷四趙州從諗禪師：「問菜頭：『今日喫生菜？喫熟菜？』頭拈起菜呈之。師曰：『知恩者少，負恩者多。』」

④指月録卷十一、教外别傳卷六、五燈嚴統卷四。

471　有俗行者到院燒香，師問僧：「伊在那裏燒香禮拜，我又共你在者裏語話。正與麽時，生在那頭？」僧云：「和尚是什麽？」師云：「與麽即在那頭〔一〕也。」云：「與麽已是先也。」師笑之。

【校注】

〔一〕那頭：超越塵俗，超越空間的禪悟境界。從容庵録卷三〖三十八〗臨濟真人：「時有僧問：『如何是無位真人？諸方唤作和聲送事，争奈騎驢者，不見坐下。』濟下禪床擒住，且道：『真人在那頭。』」

【資料】

①南藏本、北藏本第四四二則；覺心本第四七二則；徑山本第四六九則。

472　師與小師文遠論義：「不得占勝，占勝者輸餬餅。」師云：「我是〔一〕一頭驢。」遠云：「我是驢胃〔二〕。」師云：「我是驢糞。」遠云：「我是糞中蟲。」師云：「你在彼中作麽？」遠云：「我在彼中過夏。」師云：「把將餬餅來。」

【校注】

〔一〕是：原作「有」，依覺心本、南藏本、北藏本、徑山本改。

〔二〕胃：原作「紂」，依南藏本、北藏本改。徑山本作「胄」，爲「胃」之形誤。

【資料】

①南藏本、北藏本第四四三則；覺心本第四七三則；徑山本第四七〇則。

②祖堂集卷十八趙州和尚：「師有一日向七歲兒子云：『老僧盡日來心造，與你相共論義。你若輸，則買餬餅與老僧；老僧若輸，則老僧買餬餅與你。』兒子云：『請師立義。』師云：『以劣爲宗，不得諍勝：老僧是一頭驢。』兒子云：『某甲是驢糞。』師云：『是你與我買餬餅。』兒子云：『不得，和尚，和尚須與某甲買餬餅始得。』師與弟子相争，斷不得。師云：『者个事軍國事一般，

官家若判不得，須喚村公斷。這裏有三百來衆，於中不可無人。大衆與老僧斷：賓主二家，阿那个是有路？』大衆斷不得。師云：『須是具眼禪師始得。』三日以後，沙彌覺察，買餬餅供養和尚矣。」

③聯燈會要卷六趙州觀音從諗禪師：「師與文遠論義：『鬭劣不鬭勝，勝者輸胡餅。』遠云：『請和尚立義。』師云：『我是一頭驢。』遠云：『某甲是驢胃。』師云：『我是驢糞。』遠云：『某甲是糞中蟲。』師云：『你在彼作甚麽？』遠云：『在彼過夏。』師云：『把將胡餅來。』」

④五燈會元卷四趙州從諗禪師：「師與文遠論義曰：『鬭劣不鬭勝，勝者輸果子。』遠曰：『請和尚立義。』師曰：『我是一頭驢。』遠曰：『我是驢胃。』師曰：『我是驢糞。』遠曰：『我是糞中蟲。』師曰：『你在彼中作甚麽？』遠曰：『我在彼中過夏。』師曰：『把將果子來。』」

⑤指月録卷十一、佛祖綱目卷三十二、教外別傳卷六、五燈嚴統卷四。

473　師因入内回，路上見一幢子無一截。僧問云：「幢子一截，上天去也？入地去也？」師云：「也不上天，也不入地。」云：「向什麽處去？」師云：「撲落也。」

【資料】

①南藏本、北藏本無此則；覺心本第四七四則；徑山本第四七一則。

②景德傳燈録卷十趙州觀音院從諗禪師：「師院有石幢子被風吹折。僧問：『陀羅尼幢子

作凡去？作聖去？』師云：『也不作凡，亦不作聖。』僧云：『畢竟作什麽？』師云：『落地去也。』」

③五燈會元卷四趙州從諗禪師：「僧問：『陀羅尼幢子作凡去？作聖去？』師曰：『也不作凡，亦不作聖。』曰：『畢竟作甚麽？』師云：『落地去也。』」

④五燈嚴統卷四。

474 師坐次，一僧才出禮拜，師云：「珍重。」僧伸〔一〕問次，師云：「又是也。」

【校注】

〔一〕伸：提出。宋代禪籍中常作「伸問」、「伸一問」，表示向對方提出問題，請求回答。聯燈會要卷十二潭州興化楚圓禪師：「師爲唐明嵩和尚馳書上楊内翰，纔通門狀，便請相見。坐次，楊問：『對面不相識，千里却同風。』師云：『某甲奉院門請。』楊云：『真個謾語。』師云：『前月離唐明。』楊云：『適來悔伸一問。』」五燈會元卷五藥山惟儼禪師：「師稟命恭禮馬祖，仍伸前問。祖曰：『我有時教伊揚眉瞬目，有時不教伊揚眉瞬目，有時揚眉瞬目者是，有時揚眉瞬目者不是。子作麽生？』師於言下契悟，便禮拜。」

【資料】

①南藏本、北藏本第四四四則；覺心本第四七五則；徑山本第四七二則。

②祖堂集卷十八趙州和尚：「有僧纔禮拜，師云：『珍重。』僧申問，師云：『又是也，又是也！』」

475　師因在簷前立，見燕〔一〕子語，師云：「者燕子喃喃〔二〕地招人言語。」僧問：「未審他還甘也無？」師云：「依俙似曲才堪聽，又被風吹別調中〔三〕。」

【校注】

〔一〕燕：南藏本作「鷰」。集韻霰韻：「燕，説文：『玄鳥也。』籋口，布翄，枝尾，象形。或從鳥，亦書作鷰。」

〔二〕喃喃：口中念念出聲貌。

〔三〕依俙似曲才堪聽，又被風吹別調中：俙，徑山本作「稀」。集韻微韻：「俙，依俙，猶言髣髴也。」此句爲禪師常用，暗示僧徒不要執著於一。義堂和尚語録卷一：「僧云：『不是瞎驢真種草，如何紹續此門風？』答云：『依俙似曲才堪聽，又被風吹別調中。』」竺仙和尚語録卷上：「進云：『此是時節因緣，如何是向上底事？』答云：『依俙似曲才堪聽，又被風吹別調中。』」

【資料】

①南藏本、北藏本第四四五則；覺心本第四七六則；徑山本第四七三則。

476　有僧辭去，師云：「什麼處去？」云：「閩中去。」師云：「閩中大有兵馬，你湏迴避。」云：「向什麼處迴避？」師云：「恰好。」

【資料】

①南藏本、北藏本第四四六則；覺心本第四七七則；徑山本第四七四則。

②五燈會元卷四趙州從諗禪師：「僧辭，師問：『甚麼處去？』曰：『閩中去。』師曰：『彼中兵馬隘，你須迴避始得。』曰：『向甚麼處迴避？』師曰：『恰好。』」

③汾陽無德禪師語録卷中、禪宗頌古聯珠通集卷十八、指月録卷十一、五燈嚴統卷四。

477　有僧上参次，見師衲衣蓋頭坐次，僧便退。師云：「闍梨莫道，老僧不祗對。」

【資料】

①南藏本、北藏本第四四七則；覺心本第四七八則；徑山本第四七五則。

478　師問僧：「從什麼處來？」云：「南方來。」師云：「共什麼人爲伴？」云：「水牯牛。」師云：「好箇師僧，因什麼與畜生爲伴？」云：「不異〔一〕故。」師云：「好箇畜生。」

云：「争肯？」師云：「不肯且從還我伴來。」

【校注】

〔一〕不異：没有分別。

【資料】

①南藏本、北藏本第四四八則；覺心本第四七九則；徑山本第四七六則。

②祖堂集卷十八趙州和尚：「師問新到：『近離什摩處？』云：『近離南方。』師云：『什摩人爲伴子？』僧云：『畜生爲伴子。』師云：『好个闍梨，爲什摩却與畜生作伴子？』僧云：『無異故。』師云：『太好畜生！』僧云：『争肯？』師云：『不肯則一任，還我伴子來。』僧無對。」

479　師問僧：「堂中還有祖師也無？」云：「有。」師云：「喚來與老僧洗脚。」

【資料】

①南藏本、北藏本第四四九則；覺心本第四八〇則；徑山本第四七七則。

②祖堂集卷十八趙州和尚：「問第一座：『堂中還有祖父摩？』對云：『有。』師云：『喚來與老僧洗脚。』」

480 堂中有二僧相推，不肯作第一座〔一〕。主事白和尚，師云：「總教他作第二座〔二〕。」云：「教誰作第一座？」師云：「裝香着〔三〕。」云：「裝香了也。」師云：「戒香？定香〔四〕？」

【校注】

〔一〕第一座：僧堂内的六頭首之一，爲一會中大衆的上首，也稱首座、禪頭、首衆等，是寺院中修行的模範。祖庭事苑卷八雜志：「一，生年爲耆年；二，世俗財名與貴族；三，先受戒及證道果。」具備以上三點方能稱爲「上座」。大宋僧史略卷中講經論首座：「首座之名即上座也。居席之端，處僧之上，故曰也。」

〔二〕第二座：相對於「第一座」而言，次於寺院中首座的禪師。

〔三〕裝香着：着（著），在祈使句中表示命令、吩咐的語氣。祖堂集卷五道吾和尚：「師喚沙彌，沙彌應喏，師云：『添净瓶水著。』」又卷七雪峰和尚：「踈山云：『雪峰打二十棒，推向屎坑裏著。』」圓悟佛果禪師語録卷四：「迦葉召阿難，阿難應喏。迦葉云：『倒却門前刹竿著。』」裝香着，將香裝於器中，燃香禮佛。

〔四〕戒香、定香：禪宗的幾種内在修行方式。壇經懺悔品：「師曰：『一戒香，即自心中無非，無惡，無嫉妒，無貪瞋，無劫害，名戒香；二定香，即睹諸善惡境相，自心不亂，名定香；三慧香，自心無礙，常以智慧觀照自性，不造諸惡，雖修衆善，心不執著，敬上念下，矜恤孤貧，名慧香；四解脱香，即自心無所攀緣，不思善，不思惡，自在無礙，名解脱香；五解脱知見香，自心既無所攀緣善惡，不可沉空守寂，即須廣學多聞，識自本心，達諸佛理，和光接物，無我無人，直至菩提，真性不易，名解脱知見香。善知識，此香各自内熏，莫向外覓。』」

【資料】

①南藏本、北藏本第四五〇則；覺心本第四八一則；徑山本第四七八則。

②聯燈會要卷六趙州觀音從諗禪師：「師座下有二僧，相推不肯作第一座。主事白師，師云：『總教作第二座。』主事云：『第一座教誰作？』師云：『裝香著。』云：『裝香了也。』師云：『戒香？定香？慧香？解脱香？』」

③指月録卷十一。

481 師問僧：「離什麽處？」云：「離京中。」師云：「你還從潼關〔一〕過麽？」云：「不歷。」師云：「今日捉得者販私鹽漢。」

【校注】

〔一〕潼關：關隘名。古稱桃林塞。東漢時設潼關，故址在今陝西省潼關縣東南，處陝西、山西、河南三省要衝，位置險要。北魏酈道元水經注河水四：「河在關内，南流，潼激關山，因謂之潼關。」

【資料】

①南藏本、北藏本第四五一則；覺心本第四八二則；徑山本第四七九則。

482　因送亡僧，師云：「只是一箇死人，得無量人〔一〕送。」又云：「許多死漢〔二〕送一箇生漢〔三〕。」時有僧問：「是心生？是身生？」師云：「身心俱不生〔四〕。」云：「者箇作什麽〔五〕？」師云：「死漢。」

【校注】

〔一〕無量人：無量，且多且大，數量不可計算。人多到無法計數。

〔二〕死漢：禪宗詈駡語，死人喻指没有解脱開悟的人。祖堂集卷九羅山和尚：「一點不來，猶同死漢。當鋒一箭，誰肯承當？」

〔三〕生漢：活人，喻指領悟禪旨獲得開悟的人。

〔四〕身心俱不生：身心都處於不生不滅的狀態。無生無滅是超越二元對立，本無一物的禪悟境界。

〔五〕作什麽：覺心本、南藏本、北藏本、徑山本作「作麽生」。

【資料】

①南藏本、北藏本第四五二則；覺心本第四八三則；徑山本第四八〇則。

483 有僧見猫兒，問云：「某甲唤作猫兒，未審和尚唤作什麽？」師云：「是你唤作猫兒。」

【資料】

①南藏本、北藏本第四五三則；覺心本第四八四則；徑山本第四八一則。

484 因鎮州大王來訪師，侍者來報師，云：「大王來。」師云：「大王萬福。」侍者云：「未在，方到三門下。」師云：「又道大王來也。」

【資料】

①南藏本、北藏本第四五四則；覺心本第四八五則；徑山本第四八二則。

②聯燈會要卷六趙州觀音從諗禪師：「師因侍者報云：『大王來。』師起身鞠躬云：『萬福大王。』者云：『未到在。』師云：『又道來也。』黄龍南云：『頭頭漏洩，罕遇仙陀。侍者只解報客，不知身在帝

鄉。趙州入草求人，不覺渾身泥水。」

③五燈會元卷四趙州從諗禪師：「因侍者報大王來也，師曰：『萬福大王。』者曰：『未到在。』師曰：『又道來也。』」

④正法眼藏卷五、指月録卷十一、教外别傳卷六、五燈嚴統卷四。

485 因上東司〔一〕召文遠，文遠應喏。師云：「東司上不可與你説佛法也。」

【校注】

〔一〕東司：厠所。釋氏要覽卷下入衆：「屏厠，説文云屏蔽也，釋名曰厠雜也。雜厠其上也。或曰溷，溷濁也，或曰圊，圊清也。至穢之處，宜潔清故。今南方釋氏呼東司，未見其典。」

【資料】

①南藏本、北藏本第四五五則；覺心本第四八六則；徑山本第四八三則。

②聯燈會要卷六趙州觀音從諗禪師：「師一日在東司，見文遠過，驀召云：『文遠。』遠應諾。師云：『東司上不可與汝説佛法。』」

③五燈會元卷四趙州從諗禪師：「師在東司上，見遠侍者過，驀召文遠，遠應諾。師曰：『東司上不可與汝説佛法。』」

④指月録卷十一、教外别傳卷六、五燈嚴統卷四、御選語録卷十六。

486　因在殿上過，乃喚侍者，侍者應喏。師云：「好一殿功德〔一〕。」侍者無對。

【校注】

〔一〕功德：行善行之德，行善亦有所得。仁王護國般若經疏卷一：「施物名功，歸己曰德，故名功德。」大乘義章卷九：「言功德者，功謂功能，善有資潤福利之功，故名爲功，此功是其善行家德，名爲功德。」

【資料】

①南藏本、北藏本第四五六則；覺心本第四八七則；徑山本第四八四則。

487　師因到臨濟〔一〕，方始洗脚，臨濟便問：「如何是祖師西來意？」師云：「正值洗脚。」臨濟乃近前側聆。師云：「若會便會，不會〔二〕更莫啗啄〔三〕作麼？」臨濟拂袖去。師云〔四〕：「三十年行脚，今日爲人錯下注脚〔五〕。」

【校注】

〔一〕臨濟：此則中「臨濟」，覺心本皆作「林濟」。

〔二〕不會：覺心本、南藏本、北藏本、徑山本「不會」前有「若」字。

〔三〕啗啄：用嘴咬。禪宗比喻借用言辭强解佛法。拈八方珠玉集卷下：「佛果拈云：『言前收，句後煞。峻疾不通風，直饒釘觜鐵舌，也無啗啄處。』」

〔四〕云：南藏本、北藏本作「二」，誤刻。

〔五〕三十年行脚，今日爲人錯下注脚：詳見卷中第338則。

【資料】

①南藏本、北藏本第四五七則；覺心本第四八八則；徑山本第四八五則。

②五燈會元卷十一鎮州臨濟義玄禪師：「趙州遊方到院，在後架洗脚次，師便問：『如何是祖師西來意？』州曰：『恰遇山僧洗脚。』師近前作聽勢，州曰：『會即便會，啗啄作什麽？』師便歸方丈。州曰：『三十年行脚，今日錯爲人下注脚。』」

③古尊宿語録卷四、五燈全書卷七、御選語録卷十六。

488　師因到天台國清寺，見寒山拾得。師云：「久響寒山拾得，到來只見兩頭水牯牛。」寒山拾得便作牛鬭。師云：「叱叱。」寒山拾得咬齒相看，師便歸堂。二人來堂内，問師：「適來因緣〔一〕作麽生？」師乃呵呵大笑。

一日二人問師：「什麽處去來？」師云：「禮拜五百尊者來〔二〕。」二人云：「五百頭水牯牛聻〔三〕尊者。」師云：「爲什麽作五百頭水牯牛去？」山云：「蒼天！蒼天！」師呵呵大笑。

【校注】

〔一〕因緣：示機，應機的行爲。

〔二〕來：原無，依覺心本、南藏本、北藏本、徑山本補。

〔三〕聻：疑問語氣詞，相當於「呢」。

【資料】

①南藏本、北藏本第四五八則；覺心本第四八九則；徑山本第四八六則。

②聯燈會要卷二十九應化賢聖：「寒山因趙州遊天台，路次相逢。山見牛跡，問州云：『上座還識牛麽？』州云：『不識。』山指牛跡云：『此是五百羅漢遊山。』州云：『既是羅漢，爲甚麽却作牛去？』山云：『蒼天！蒼天！』州呵呵大笑。山云：『作甚麽？』州云：『蒼天！蒼天！』山云：『這厮兒，宛有大人之作。』」

③五燈會元卷二天台寒山：「因趙州遊天台，路次相逢。山見牛跡，問州曰：『上座還識牛麽？』州曰：『不識。』山指牛跡曰：『此是五百羅漢遊山。』州曰：『既是羅漢，爲甚麽却作牛去？』山曰：『蒼天！蒼天！』州呵呵大笑。山曰：『作甚麽？』州曰：『蒼天！蒼天！』山曰：

『這廝兒，宛有大人之作。』」

④天台山國清禪寺三隱集記、指月録卷二、五燈全書卷七、御選語録卷十六。

489 師行脚時，見二庵主，一人作丫角童。師問訊，二人殊不顧。來日早晨，丫角童將一鐺〔一〕飯來，放地上分作三分。庵主將席子近前坐，丫角童亦將席近前相對坐，亦不喚師。師乃亦將席子近前坐。丫童目顧於師，庵主云：「莫言侵早起，更有夜行人〔二〕。」師云：「何不教詔這行者？」庵主云：「他是人家男女〔三〕。」師云：「洎合放過。」丫童便起顧視。庵主云：「多口〔四〕作麼？」丫童從此入山不見。

【校注】

〔一〕鐺：古代的鍋，有耳有足，用於燒煮飯食，以金屬或陶瓷製成。太平御覽卷七十五引漢服虔通俗文：「鬴有足曰鐺。」

〔二〕莫言侵早起，更有夜行人：侵早，清晨，天剛亮。俗語，反映了古人出行尚早的風俗。不要輕易説比别人起得早，還有更早起來出行趕路的人。比喻不要驕傲自大，能人之中更有能人。

〔三〕人家男女：尚未開悟的參禪修佛者或世俗民衆。法華經玄贊要集卷二十：「子因此立名二百億。如人家男女，初生稱時，五斤六斤七斤，便爲名也。」碧巖録卷一〖八〗：「翠巖示徒。這老賊，教壞人家男女。」古尊宿語録卷二十七舒州龍門佛眼和尚語録：「我此宗門，祇論證悟，不論會解。若是爲生死底人，須求親證。若是人我參學之人，耻爲不會，須求覓解會，到處覓相似語句，遞相印證，滅胡種族，已後胡亂教壞人家男女，我此門中都無是事。」

〔四〕多口：多嘴，囉嗦。禪宗無門關〖四九〗：「經云：『止止不須説，我法妙難思。』安晚曰：『法從何來，妙從何有，説時又作麼生？豈但豐干饒舌，元是釋迦多口。這老子造作妖怪，令千百代兒孫被葛藤纏倒。』」

【資料】

①南藏本、北藏本第四五九則；覺心本第四九〇則；徑山本第四八七則。

②指月録卷十一、五燈全書卷七、御選語録卷十六。

490　師因看經次，沙彌文遠入來，師乃〔一〕將經側示〔二〕之，沙彌乃出去〔三〕。師隨後把住云：「速道！速道！」文遠云：「阿彌陀佛〔四〕，阿彌陀佛。」師便歸方丈。

【校注】

〔一〕乃：南藏本、北藏本無。

〔二〕示：原作「視」，依覺心本、南藏本、北藏本、徑山本改。

〔三〕乃出去：南藏本、北藏本作「出」。

〔四〕阿彌陀佛：阿彌陀，又譯作無量光或無量壽，故亦稱無量壽佛，是西方極樂世界的教主。净土宗作爲持名念佛的佛號，在宗門和民間廣爲流傳。

【資料】

①南藏本、北藏本第四六〇則；覺心本第四九一則；徑山本第四八八則。

②御選語録卷十六。

491 因沙彌〔一〕童行〔二〕參，師向侍者道：「教伊去。」侍者向行者道：「和尚教去〔三〕。」師云：「沙彌童行得入門，侍者在門外。」

【校注】

〔一〕沙彌：七衆之一。在佛教僧團中，已受十戒，未受具足戒，年齡在七歲以上、未滿二十歲的出家男子稱爲「沙彌」，女子稱「沙彌尼」。魏書釋老志：「其爲沙門者，初修十誡，曰沙彌，而終於二百五十，則具足成大僧。」翻譯名義集卷一：「沙彌，南山沙彌别行篇云：『此翻息慈，謂息世染之情，以慈濟群生也。』又云：『初入佛法，多存俗情故，須息惡行慈也。』

音義云：『沙彌二字，古訛略也。』唐三藏云：『室利摩拏路迦，此翻勤策男。』寄歸傳云：『授十戒已，名室羅末尼，譯爲求寂。』最下七歲，至年十三者，皆名驅烏沙彌。若年十四至十九，名應法沙彌。若年二十已上，皆號名字沙彌。」釋氏要覽卷上稱謂：「沙彌，此始落髪後之稱謂也。」

〔二〕童行：行，行者，在寺院服雜役者。在寺院修行但未剃度的少年，又稱童侍、僧童、道者、行童。禪林象器箋職位門：「童行，投佛寺求僧未得度者，即少年行者也。」

〔三〕和尚教去：徑山本後有「行者便珍重」。

【資料】

①南藏本、北藏本第四六一則；覺心本第四九二則；徑山本第四八九則。

②景德傳燈録卷十趙州觀音院從諗禪師：「雲居錫云：『什麼處是沙彌入門，侍者在門外？遮裏若會得，便見趙州。』」

③聯燈會要卷六趙州觀音從諗禪師：「師聞沙彌喝參，乃向侍者道：『教伊去。』者纔教去，沙彌便珍重。師謂傍僧云：『沙彌得入門，侍者在門外。』雲居錫云：『甚麼處是沙彌得入門，侍者在門外處？這裏會得，便見趙州。』」

④五燈會元卷四趙州從諗禪師：「師聞沙彌喝參，向侍者曰：『教伊去。』者乃教去，沙彌便珍重。師曰：『沙彌得入門，侍者在門外。』雲居錫云：『甚麼處是沙彌入門，侍者在門外？這裏若會得，

便見趙州。』」

⑤禪宗頌古聯珠通集卷十九、指月録卷十一、教外別傳卷六、五燈嚴統卷四。

492 師行脚〔一〕時，到一尊宿〔二〕院，才入門〔三〕相見便云：「有麽？有麽？」尊宿豎起拳頭。師云：「水淺船難泊〔四〕。」便出去〔五〕。又到一院，見尊宿便云：「有麽？有麽？」尊宿豎起拳頭。師云：「能縱能奪，能取能撮〔六〕。」禮拜，便出去〔七〕。

【校注】

〔一〕行脚：禪僧爲修行而行走四方。祖庭事苑卷八：「行脚者，謂遠離鄉曲，脚行天下，脱情捐累，尋訪師友，求法證悟也。」

〔二〕尊宿：對年高而有名望高僧的尊稱。觀無量壽佛經疏卷二：「德高曰尊，耆年曰宿。」「尊」可稱位高者，「宿」有齒高、年長之意，周書文帝紀上：「比有敕旨，召吾還闕，亦有別詔，令君入朝。雖操行無聞，而年齒已宿。今日進退，唯君是視。」「尊宿」到宋代可以稱俗家年老位尊者。蘇軾與楊君素二首之二：「某去鄉二十一年，里中尊宿，零落殆盡，惟公龜鶴不老，松柏益茂，此大慶也。」

〔三〕入門：南藏本、北藏本無。

〔四〕水淺船難泊：泊，停靠。水淺的地方難以停靠船隻。比喻環境不理想不適宜長住。禪宗喻指求法問道的人修行道行不高，不宜投靠。又作「水淺不是泊船處」。圓悟佛果禪師語録卷十二：「兄弟參禪，即不得邪解，也須子細始得。只如趙州勘一庵主，入門便問：『有麽？有麽？』庵主豎起拳。州云：『水淺不是泊船處。』又訪一庵主云：『有麽？有麽？』主亦豎起拳。州云：『能縱能奪，能殺能活。』且那裏是水淺不是泊船處，那裏是能縱能奪能殺能活處？有者道：『趙州先知前庵主不會，所以道「不是泊船處」；先知後庵主會，所以道「能殺能活」。』」

〔五〕去：南藏本、北藏本無。

〔六〕能縱能奪，能取能撮：禪師接引學人的方式，根據學人不同的根性，采取不同的方式教化。金剛經注卷上依法畜生分：「佛法非法，能縱能奪。有放有收，有生有殺。」御選語録卷十八御製後序：「至於宗門能殺能活，能縱能奪之趣，皆由宗師所參不謬，所悟無垠，如千里駒，隨意舉步便是追風逐日，其不可及者，皆其所不自知。」

〔七〕去：南藏本無。

【資料】

①南藏本、北藏本第四六二則；覺心本第四九三則；徑山本第四九〇則。

②聯燈會要卷六趙州觀音從諗禪師：「師訪一庵主，問云：『有麽？有麽？』主豎起拳。師云：『水淺不是泊舡處。』又訪一庵主，云：『有麽？有麽？』主亦豎起拳。師云：『能縱能奪，能

殺能活。』便作禮。雲居舜云：『趙州當時甚生意氣，雖然如是，要且鼻孔在二庵主手裏。』教忠光云：『趙州氣宇如王，向二庵面前，永消瓦解。』

③五燈會元卷四趙州從諗禪師：「師到一庵主處，問：『有麼？有麼？』主豎起拳頭。師曰：『水淺不是泊船處。』便行。又到一庵主處，問：『有麼？有麼？』主亦豎起拳頭。師曰：『能縱能奪，能殺能活。』便作禮。」

④禪宗無門關、禪宗正脉卷二、指月録卷十一、教外別傳卷六、五燈嚴統卷四。

493 師一日拈數珠，問新羅〔一〕長老〔二〕：「彼中還有者箇也無？」云：「有。」師云：「何似者箇？」云：「不似者箇。」師云：「既有，爲什麼不似？」無語。師自代云：「不見道新羅、大唐。」

【校注】

〔一〕新羅：朝鮮半島古國，自公元前五十七年至公元九三五年，立國達九百九十二年。

〔二〕長老：叢林中稱法臘高而年長的僧人。清梁章鉅稱謂録卷三十一僧：「梵語須菩提，此言長老。禪門規式：『道高臘長，呼爲須菩提，亦曰長老。』」東漢佛經中已有此稱，稱佛家有尊德者。中本起經卷上：「(佛)而作頌曰：今者千比丘，長老有尊德。」長老，必須德行兼備，在叢林中地位高於一般僧侶，增壹阿含經卷三十八難品：「阿難白世尊言：『如今諸比丘當云何自稱名號？』世尊告曰：『若小比丘向大比丘稱長老，大比丘向小比丘稱名字。』」

【資料】

①南藏本、北藏本第四六三則；覺心本第四九四則；徑山本第四九一則。

494　問：「新到什麽處來？」云：「南方來。」師豎起指云：「會麽？」云：「不會。」師云：「動止萬福〔一〕，不會。」

【校注】

〔一〕動止萬福：禪門祝福語。

【資料】

①南藏本、北藏本第四六四則；覺心本第四九五則；徑山本第四九二則。

495　師行脚時，問大慈：「般若以何爲體〔一〕？」慈云：「般若以何爲體？」師便呵呵大笑而出。大慈來日見師掃地次，問：「般若以何爲體？」師放下掃箒，呵呵大笑而去，大慈便歸方丈。

【校注】

〔一〕體：一切事物的本體。禪門諸祖師偈頌卷上之上同安察禪師十玄談心印：「呼爲心印早虛言，曲爲今時，若也妙會，須通一路始得。須知體自虛空性。體即本體，即同虛空性也。」

【資料】

①南藏本、北藏本第四六五則；覺心本第四九六則；徑山本第四九三則。

②祖堂集卷五椑樹和尚：「師掃地次，趙州問：『般若以何爲體？』師曰：『只與摩去。』趙州第二日見師掃地，依前與摩問。師曰：『借這个問闍梨，還得也無？』趙州曰：『便請。』師便問，趙州拍掌而去。」

③景德傳燈録卷九杭州大慈寰中禪師：「趙州問：『般若以何爲體？』師云：『般若以何爲體？』趙州大笑而出。師明日見趙州掃地，問：『般若以何爲體？』趙州置箒，拊掌大笑，師便歸方丈。」

④聯燈會要卷七大慈寰中禪師：「趙州問：『般若以何爲體？』師云：『般若以何爲體？』州呵呵大笑。師明日見趙州掃地，師却問：『般若以何爲體？』州置掃箒，拊掌呵呵大笑，師便歸方丈。雪竇云：『前來也笑，後來也笑，笑中有刀。』大溈喆云：『纔見呵呵大笑，便與一掌。明日又問，待渠笑，又

與一掌。大慈若下得這兩掌，趙州若不對他，可謂生鐵鑄就，風吹不入底漢。』」

⑤五燈會元卷四大慈寰中禪師：「趙州問：『般若以何爲體？』師曰：『般若以何爲體？』州大笑而出。明日，州掃地次，師曰：『般若以何爲體？』州置帚，拊掌大笑，師便歸方丈。」

⑥佛祖歷代通載卷十七、宗門拈古彙集卷十五。

496　師到百丈，百丈問：「從什麽處來？」云：「南泉來。」百〔一〕丈云：「南泉有何言句示人？」師云：「有時道：『未得之人，亦須峭然〔二〕去。』」百丈叱之，師容愕然。百丈云：「大好峭然。」師便作舞而出。

【校注】

〔一〕百：南藏本、北藏本無。

〔二〕峭然：脱離生死煩惱，寧静祥和的内心境界。憨休和尚敲空遺響卷八象光禪人以手卷乞題：「趙州八十由行脚，只爲心頭未峭然。」禪籍中又作「悄然」。「峭」與「悄」音同。「峭」，廣韻笑韻：「七肖切。」「悄」，集韻笑韻：「七肖切。」證道歌頌：「何如塗毒一聲鼓，卧聽行聞盡悄然。」但執著於探求内心的寧静，反而會誤入「悄然機」，迷失無法開悟。景德傳燈録卷十一鄧州香嚴智閑禪師：「一擊忘所知，更不假修治。動容揚古路，不墮悄然機。」大慧普覺禪師語録卷三：「動容揚古路，不墮悄然機。」世俗文獻中「峭然」謂悠閒自在。唐皮日休太湖詩崦裏：「罷釣時煮菱，停繰或焙茗。峭然八十翁，生計於此永。」

【資料】

①南藏本、北藏本第四六六則；覺心本第四九七則；徑山本第四九四則。

②聯燈會要卷六趙州觀音從諗禪師：「師到百丈，丈問：『近離甚處？』師云：『南泉。』丈云：『有何言句？』師云：『未得之人，直須悄然去。』丈便喝，師作怕勢。丈云：『大好悄然。』師作舞而退。瑯琊覺云：『趙州老人，向師子窟中換得爪牙。』」

③建中靖國續燈録卷二十七拈古琅瑯惠覺廣照禪師：「舉：百丈見趙州來參，百丈云：『甚麼處來？』州云：『南泉來。』丈云：『南泉近日有何言句示徒？』州云：『今時人直教悄然去。』百丈云：『悄然且致，茫然一句作麼生道？』州近前三步，百丈咄之，州作縮頭勢。百丈云：『大好悄然。』趙州拂袖便出去。師拈云：『趙州老人向師子窟裏換得牙爪。』」

④正法眼藏卷二、御選語録卷十六。

497　師到投子處，對坐齋。投子將蒸餅與師喫，師云：「不喫。」不久下糊餅，投子教沙彌度與師，師接得餅，却禮沙彌三拜，投子默然。

【資料】

①南藏本、北藏本第四六七則；覺心本第四九八則；徑山本第四九五則。

②指月録卷十一、御選語録卷六。

498　因僧寫師真呈師。師云：「若似老僧，即打殺我；若不似，即燒却。」

【資料】

①南藏本、北藏本無此則；覺心本第四九九則；徑山本第四九六則。

②景德傳燈録卷十趙州觀音從諗禪師：「有僧寫得師真呈師。師曰：『且道似我不似我？若似我，即打殺老僧。不似我，即燒却真。』僧無對。玄覺代云：『留取供養。』」

③聯燈會要卷六趙州觀音從諗禪師：「僧寫真呈師。師云：『且道似老僧，不似老僧？若似，即打殺老僧。若不似，即燒却。』僧無對。」

④五燈會元卷四趙州從諗禪師：「僧寫師真呈。師曰：『且道似我不似我？若似我，即打殺老僧。不似我，即燒却真。』僧無對。玄覺代云：『留取供養。』」

⑤指月録卷十一、教外别傳卷六、五燈嚴統卷四。

499　師因與文遠行次，乃以手指一片地云：「這裏好造一箇巡鋪子〔一〕。」文遠便去彼中立，云：「把將公驗來。」師便打一摑。遠云：「公驗分明過。」

【校注】

〔一〕巡鋪子：又作「巡鋪」，官府設置的供擔任巡邏之職的兵丁休息之所。禪林類聚卷十七：「趙州諗禪師因與文遠行次，乃指一片地云：『這裏好造個巡鋪。』」東京夢華録卷三防火：「每坊巷三百步許，有軍巡鋪屋一所，鋪兵五人，夜間巡警收領公事。」元雜劇玉清庵錯送鴛鴦被第二折：「自家是巡夜的。這早晚更深夜静，見一個人走將去，那厮必定是賊！拿到巡鋪裏吊起來，天明送到官司中去請賞。」

【資料】

①南藏本、北藏本第四六八則；覺心本第五〇〇則；徑山本第四九七則。

②聯燈會要卷六趙州觀音從諗禪師：「師與文遠行次。師云：『這裏好作個巡鋪。』遠於路傍立，伸手云：『把將公驗來。』師打遠一摑。遠云：『公驗分明過。』」

③五燈會元卷四趙州從諗禪師：「師因與文遠行，乃指一片地曰：『這裏好造箇巡鋪。』文遠便去路傍立曰：『把將公驗來。』師遂與一摑。遠曰：『公驗分明過。』」

④大慧普覺禪師語録卷十、禪林類聚卷十七、指月録卷十一、佛祖綱目卷三十二、教外別傳卷六、五燈全書卷七、宗鑑法林卷十七。

500　師問新到：「近離甚處？」云：「臺山。」師云：「還見文殊也無？」僧展手，師云：「展手頗多，文殊誰覩？」云：「只守氣急殺人。」師云：「不覩雲中雁，焉知沙塞寒〔一〕。」

【校注】

〔一〕不覩雲中雁，焉知沙塞寒：唐張旭從軍行詩：「鳴雞已報關山曉，來雁遥傳沙塞寒。」

【資料】

①本則當是同安常察禪師語録誤入。

②南藏本、北藏本第四六九則，覺心本第五〇一則，徑山本第四九八則。

③聯燈會要卷二十五同安常察禪師：「師問僧：『甚處來？』云：『五臺。』師云：『還見文殊麼？』僧展兩手。師云：『展手頗多，文殊誰睹？』云：『氣急殺人。』」

④五燈會元卷六同安常察禪師：「問僧：『甚處來？』曰：『五臺。』師曰：『還見文殊麼？』僧展兩手。師曰：『展手頗多，文殊誰覩？』曰：『氣急殺人。』師曰：『不覩云中雁，焉知沙塞寒。』」

⑤石霜楚圓禪師語録、密庵和尚語録、拈八方珠玉集卷下、御選語録卷十六。

501 問：「遠遠投師，請師一接。」師云：「孫賓門下因什麼鑽龜〔一〕？」僧拂袖出去。師云：「將爲當榮，折他雙足。」

【校注】

〔一〕孫賓門下因什麼鑽龜：賓，南藏本、北藏本、徑山本皆作「臏」。典出史記孫子列傳，孫臏用占卜之術設計殺死龐涓：「孫子度其(龐涓)行，暮當至馬陵。馬陵道狹，而旁多阻隘，可伏兵。乃斫大樹白而書之曰：『龐涓死於此樹之下。』於是令齊軍善射者萬弩，夾道而伏，期曰：『暮見火舉而俱發。』龐涓果夜至斫木下，見白書，乃鑽火燭之。讀其書未畢，齊軍萬弩俱發，魏軍大亂相失。龐涓自知智窮兵敗，乃自剄。」又史記龜策列傳：「王者發軍行將，必鑽龜廟堂之上，以決吉凶。」鑽龜，古代占卜之法。荀子王制篇：「相陰陽，占祲兆，鑽龜陳卦，主攘擇五卜，知其吉凶妖祥，傴巫跛擊之事也。」王先謙集解：「鑽龜，謂以火爇荆萋灼之也。」論衡超奇：「鑽龜者，知神於龜。」

【資料】

①南藏本、北藏本第四七〇則；覺心本第五〇二則；徑山本第四九九則。

502 師與首座看石橋，乃問首座：「是什麼人造？」云：「李膺造。」師云：「造時向什麼處下手？」無對〔一〕。師云：「尋常説石橋，問着下手處〔二〕也不知。」

【校注】

〔一〕無對：徑山本「無封」前有一「座」字。

〔二〕下手處：著力處，用力處。

【資料】

①南藏本、北藏本第四七一則；覺心本第五〇三則；徑山本第五〇〇則。

503　有新羅院主請師齋，師到門首〔一〕問：「此是什麼院？」云：「新羅院。」師云：「我與你隔海〔二〕。」

【校注】

〔一〕門首：門前、門口。續傳燈録卷十四真州長蘆浄照崇信禪師：「僧問：『如何是道？』師曰：『家家門首通長安。』」

〔二〕我與你隔海：禪師以此語比喻新羅禪師與禪法相隔極遠，其回答根本不合禪法之意。係禪宗批評語。續古尊宿語要第五集誰庵演禪師語：「師云：『你道老僧有幾莖蓋膽毛？』僧云：『捉敗了也。』便禮拜。師云：『猶隔海在。』」

【資料】

①南藏本、北藏本第四七二則；覺心本第五〇四則；徑山本第五〇一則。

②御選語録卷十六。

504 問僧：「什麽處來？」云：「雲居來。」師云：「雲居有什麽言句？」云：「僧〔一〕問：『靈羊掛角〔二〕時如何？』雲居云：『六六三十六。』」師云：「雲居師兄由〔三〕在。」僧却問：「未審和尚尊意如何？」師云：「九九八十一〔四〕。」

【校注】

〔一〕僧：覺心本、南藏本、北藏本「僧」前有一「有」字。

〔二〕靈羊掛角：靈，徑山本作「⿰羊靈」。正字通未集羊部：「⿰羊靈，俗䍅字。」又：「䍅，音靈。夜則懸角木上以防患，角入藥。亦作羚。陶弘景曰：『羚羊出建平及西域諸蠻中，多兩角。一角者良，别有山芉角，極長，惟一邊有節。』」「羚羊掛角」一詞，最早出自雲居道膺禪師對衆説法時的一箇比喻：「如好獵狗，只解尋得有蹤跡底。忽遇羚羊掛角，莫道跡，氣亦不識。」（景德傳燈録卷十七洪州雲居道膺禪師）傳説羚羊夜宿時，將兩角懸掛於樹上，脚不著地，路過的獵狗難以找尋。禪宗用以比喻禪師教化學人時，采取繞路説禪，迂迴曲折的方式，而不憑藉語言文字、邏輯知識等。在説法時不會落入言辭義理的窠臼中。

〔三〕由：徑山本作「猶」。音同相通，好像，如同。墨子兼愛下：「爲彼者由爲己也。」清畢沅校注：「由同猶。」

〔四〕六六三十六、九九八十一：禪師常以類似之語回答僧徒關於禪佛的極則之問。建中靖國續燈録卷八越州法性紹明禪師：「僧曰：『向上宗乘事若何？』師云：『六六三十六。』」續傳燈録卷七洪州百丈惟政禪師：「問：『達磨未來時如何？』師曰：『六六三十六。』」雲門匡真禪師廣録卷上：「問：『如何是向上一路？』師云：『九九八十一。』」

【資料】

①南藏本、北藏本第四七三則；覺心本第五〇五則；徑山本第五〇二則。

②祖堂集卷八雲居和尚：「師示衆云：『如人將一百貫錢買得獵狗，只解尋得有蹤跡底。忽遇靈羊掛角，莫道蹤跡，氣也不識。』僧便問：『靈羊掛角時如何？』師云：『六六三十六。』又云：『會麼？』對云：『不會。』師云：『不見道無蹤跡？』僧舉似趙州，趙州云：『雲居和尚猶在。』僧便問趙州：『靈羊掛角時如何？』州云：『六六三十六。』」

③景德傳燈録卷十七洪州雲居道膺禪師：「師謂衆曰：『如好獵狗，只解尋得有蹤跡底。忽遇羚羊掛角，莫道跡，氣亦不識。』僧問：『羚羊掛角時如何？』師曰：『六六三十六。』又曰：『會麽？』僧曰：『不會。』師曰：『不見道無蹤跡？』有僧舉似趙州，趙州云：『雲居師兄猶在。』僧乃問：『羚

羊掛角時如何？」趙州云：『六六三十六。』」

④聯燈會要卷二十二洪州雲居道膺禪師：「僧問：『羚羊未掛角時如何？』師云：『六六三十六。』云：『掛角後如何？』師云：『六六三十六。』僧作禮。師云：『會麼？』云：『不會。』師云：『豈不見道絶蹤跡？』僧舉似趙州，州云：『雲居師兄猶在。』僧却問：『羚羊未掛角時如何？』州云：『九九八十一。』云：『掛角後如何？』州云：『九九八十一。』」

⑤五燈會元卷十三雲居道膺禪師：「上堂：『如人將三貫錢買箇獵狗，衹解尋得有蹤跡底。忽遇羚羊掛角，莫道蹤跡，氣息也無。』僧問：『羚羊掛角時如何？』師曰：『六六三十六。』曰：『掛角後如何？』師曰：『六六三十六。』僧禮拜。師曰：『會麼？』曰：『不會。』師曰：『不見道無蹤跡？』其僧舉似趙州，州曰：『雲居師兄猶在。』僧便問：『羚羊掛角時如何？』州曰：『九九八十一。』曰：『掛角後如何？』州曰：『九九八十一。』」

⑥宗門拈古彙集卷三十、宗鑑法林卷六十二、御選語録卷十六。

505 有一婆子日晚入院來。師云：「作什麼？」婆云：「寄宿。」師云：「者裏是什麼所在？」婆呵呵大笑而去。

【資料】

①南藏本、北藏本第四七四則；覺心本第五〇六則；徑山本第五〇三則。

②御選語録卷十六。

506　師出外，逢見一箇婆子提一箇籃子。師便問：「什麼處去？」云：「偷趙州笋去。」師云：「忽見趙州又作麼生？」婆子近前打一掌。

【資料】

①南藏本、北藏本第四七五則；覺心本第五〇七則；徑山本第五〇四則。

②聯燈會要卷六趙州觀音從諗禪師：「師問婆子：『甚麼處去？』云：『偷趙州筍去。』師云：『忽遇趙州時如何？』婆便掌，師便休。」

③五燈會元卷四趙州從諗禪師：「師問一婆子：『甚麼處去？』曰：『偷趙州筍去。』師曰：『忽遇趙州又作麼生？』婆便與一掌，師休去。」

④明覺禪師語録卷三、法演禪師語録卷上、指月録卷十一、教外別傳卷六、五燈嚴統卷四、御選語録卷十六。

507　師因見院主送生飯，鵶子見便總飛去。師云：「鵶子〔一〕見你，爲什麼却飛去？」院主云：「怕專甲〔二〕。」師云：「是什麼語話？」師代云：「爲某甲有殺心在。」

【校注】

〔一〕鵄子：徑山本作「鵄子兒」。

〔二〕專甲：徑山本作「某甲」。

【資料】

①南藏本、北藏本無此則；覺心本第五〇八則；徑山本第五〇五則。

②景德傳燈録卷十趙州觀音院從諗禪師：「師問院主：『什麽處來？』對云：『送生來。』師云：『鴉爲什麽飛去？』院主云：『怕某甲。』師云：『汝十年知事作恁麽語話？』院主却問：『鴉爲什麽飛去？』師云：『院主無殺心在。』」

③建中靖國續燈録卷二十七澧州夾山自齡禪師：「舉，趙州見院主送生飯與鴉子，忽總飛去。州問：『鴉子見你爲甚飛去？』主云：『怕某甲。』州云：『甚是語話。』主云：『請師代語。』州代云：『爲某甲有殺心在。』」

④五燈會元卷四趙州從諗禪師：「問院主：『甚麽處來？』主曰：『送生來。』師曰：『鴉爲甚麽飛去？』主曰：『怕某甲。』師曰：『汝十年知事作恁麽語話？』主却問：『鴉爲甚麽飛去？』師曰：『院主無殺心。』」

⑤禪林寶訓卷二、指月録卷十一、五燈嚴統卷四、御選語録卷十六。

508　師問僧：「什麽處來？」云：「江西來。」師云：「趙州着在什麽處？」僧無對。

【資料】

①南藏本、北藏本第四七六則；覺心本第五〇九則；徑山本第五〇六則。

②指月録卷十一。

509　師從殿上過，見一僧禮拜，師打一棒。云：「禮拜也是好事。」師云：「好事不如無〔一〕。」

【校注】

〔一〕好事不如無：表面看似好的徵兆可能預示不幸的降臨，反映了古人的禍福觀。禪宗比喻刻意之舉對於修禪不但無益反而有害。景德傳燈録卷十六福州雪峰義存禪師：「問：『剃髮染衣，受佛依蔭，爲什麽不許認佛？』師曰：『好事不如無。』」嘉泰普燈録卷八潭州雲峰祖燈志璿禪師：「上堂：『一切聲是佛聲，塗毒鼓透入耳朵裹；一切色是佛色，鐵蒺藜穿過眼睛中。好事不如無。』」五燈會元卷七雪峰義存禪師：「問：『剃髮染衣，受佛依蔭。爲甚麽不許認佛？』師曰：『好事不如無。』」

【資料】

①南藏本、北藏本第四七七則；覺心本第五一〇則；徑山本第五〇七則。

②五燈會元卷四趙州從諗禪師：「文遠侍者在佛殿禮拜次，師見，以拄杖打一下曰：『作甚麽？』者曰：『禮佛。』師曰：『用禮作甚麽？』者曰：『禮佛也是好事。』師曰：『好事不如無。』」

③教外別傳卷六。

510 師因參潼關，潼關問師云：「你還知有潼關麽？」師云：「知有。」潼關云：「有公驗者即得過，無公驗者不得過。」師云：「忽遇鑾駕來時如何？」關云：「也須檢點〔一〕過。」云：「你要造反〔二〕！」

【校注】

〔一〕檢點：清點、檢查。圓悟佛果禪師語録卷三：「奇則甚奇，妙則甚妙，子細檢點將來。」

〔二〕反：南藏本、北藏本作「返」。

【資料】

①南藏本、北藏本第四七八則；覺心本第五一一則；徑山本第五〇八則。

511　師到寶壽，寶壽見師來，遂乃背面而坐，師便展坐具。寶壽起立，師便出去。

【資料】

①南藏本、北藏本無此則；覺心本第五一二則；徑山本第五〇九則。

②景德傳燈録卷十趙州觀音院從諗禪師：「又到寶壽，寶壽見來，即於禪床上背面坐。師展坐具禮拜，寶壽下禪床，師便出。」

③聯燈會要卷六趙州觀音從諗禪師：「師到保壽，壽見來，便背面而坐。師展坐具，壽便起歸方丈，師收坐具，便下去。保福展云：『保壽忘頭失尾，趙州平地喫交。』」

④五燈會元卷四趙州從諗禪師：「到寶壽，壽見來，於禪牀上背坐。師展坐具禮拜，壽下禪牀，師便出。」

⑤教外别傳卷六、五燈嚴統卷四。

512　師在南泉時，泉牽一頭水牯牛入僧堂内，巡堂而轉，首座乃向牛背上三拍，泉便休去。師後將一束草安首座面前，首座無對。

【資料】

①南藏本、北藏本第四七九則；覺心本第五一三則；徑山本第五一〇則。

卷十一。②禪宗頌古聯珠通集卷十一、指月録卷十一、宗門拈古彙集卷九、五燈全書卷七、宗鑑法林卷十一。

513 有秀才見師，乃讚嘆師云：「和尚是古佛。」師云：「秀才是新如來。」

【資料】

①南藏本、北藏本第四八〇則；覺心本第五一四則；徑山本第五一一則。

②正法眼藏卷六、禪宗頌古聯珠通集卷二十、先覺宗乘卷五、五燈嚴統卷二十一、宗鑑法林卷十九。

514 有僧問：「如何是涅槃？」師云：「我耳重〔一〕。」僧再問，師云：「我不害耳聾。」乃有頌：「滕滕大道者，對面涅槃門。但坐念無際〔二〕，來年春又春。」

【校注】

〔一〕耳重：重聽，聽覺遲鈍。蕙風詞話卷四：「漢書黄霸傳：『霸曰：許丞廉吏，雖老尚能拜起送迎，正頗重聽何傷？』『重』，傳容切。元劉敏中中庵詩餘南鄉子老病自戲云：『耳重眼花多，行則攲危語則訛。』『耳重』即『重聽』，讀若『輕重』之『重』，僅見。」祖堂集卷十長慶和尚：「師患耳重，王太傅有書來問疾，兼有偈上師：『世人悟道非從耳，耳患雖加道亦分。靈鷲一機迦葉會，吾師傳得豈開聞？』」建中靖國續燈録卷四潤州金山達觀禪師：「師云：『近來又眼暗。』僧禮拜。師云：『眼昏書字大，耳重語聲高。』」

〔二〕無際：無邊，無涯。宏智禪師廣録卷一：「雲無心而自閑，天無際而能寬，道無像而普應，神無慮而常安。」

【資料】

①南藏本、北藏本第四八一則；覺心本第五一五則；徑山本第五一二則。

515 有僧問：「生死二路，是同是別？」師乃有頌：「道人問生死，生死若爲論。雙林〔一〕一池水，朗月耀乾坤。喚他句上識，此是弄精魂〔二〕。欲會箇生死，顛人説夢春。」

【校注】

〔一〕雙林：釋迦牟尼涅槃處。洛陽伽藍記校釋卷四法雲寺：「神光壯麗，若金剛之在雙林。」周祖謨校釋：「佛在拘尸那城阿夷羅跋提河邊娑羅（sala）雙樹前入般涅槃（見大般涅槃經）。在今印度北方Kasia（距Gorakhpur約三十二英里）。」

〔二〕弄精魂：言裝神弄鬼，故弄玄虚。朱子語類輯略卷七論諸子老釋附：「僩問：『禪家又有以揚眉順目知覺運動爲弄精魂而訶斥之者，何也？』曰：『便只是弄精魂。只是他磨擦得來精細，有光彩，不如此粗糙爾。』」碧巖録卷二〖一九〗：「及乎到他悟後，凡有所問，只豎一指。因什麼千人萬人羅籠不住、撲他不破？爾若用作指頭會，決定不見古人意。這般禪易參，只是難會。如今人才問著，也豎指豎拳，只是弄精魂。」又卷十〖九九〗：「如今人只認得箇昭昭靈靈，便瞠眼努目弄精魂。」

【資料】

①南藏本、北藏本第四八二則；覺心本第五一六則；徑山本第五一三則。

②指月録卷十一。

516 有僧問：「諸佛有難，火焰裏藏身〔一〕。和尚有難，向什麼處藏身？」師乃有頌：「渠説佛有難，我説渠有災。但看我避難，何處有相隨？有無不是説，去來非去來。爲你説難法，對面識得未〔二〕。」

【校注】

〔一〕火焰裏藏身：禪籍中常用這種違背邏輯，不合常理的離奇現象表示超越凡俗的禪悟境界。類似的還有「北斗裏藏身」、「劍刃上走馬」、「針鋒頭翹足」等。虛堂和尚語録卷一：

「師云：『劍刃上走馬，火焰裏藏身，興化門下不爲分外，無端被這僧放乖，却向侍者處翻本。』」

〔二〕未：南藏本、北藏本、徑山本作「來」。

【資料】

①南藏本、北藏本第四八三則；覺心本第五一七則；徑山本第五一四則。

517　十二時歌

雞鳴丑，愁見起來還漏逗〔一〕。裙子褊衫〔二〕箇也無，袈裟形相些些〔三〕有。裩〔四〕無腰，袴〔五〕無口，頭上青灰三五斗。北望〔六〕修行利濟〔七〕人，誰知變作不唧溜〔八〕。

【校注】

〔一〕漏逗：瀉漏。禪宗認爲禪法不可言説，所以在教化學人時主張直指人心，見性成佛，反對用語言文字解説，否則就是瀉漏禪旨佛理，算不上是高妙的接人方式。圓悟佛果禪師語録卷十三：「藥山參石頭時，置箇問端云：『三乘十二分教某粗知。誠聞南方直指人心、見性成佛，某甲實未明了，乞師指示。』石頭云：『恁麽也不得，不恁麽也不得。恁麽、不恁麽總不得。』山不契。直至江西馬大師處，又如前問。馬師云：『有時教伊揚眉瞬目，有時教伊不揚眉瞬目。有時教伊揚眉瞬目是，有時教伊揚眉瞬目不是。』藥山於是有省。馬云：『爾見什麼道理？』山云：『我在石頭時，如蚊子上鐵牛相似。』今時衆中兄弟便道，石頭一向壁立萬仞，所以他不會。馬祖放開一線，他乃悟去。殊不知，石頭恁麼道，已是漏逗了也。馬祖道處，這一著尤更毒害。因甚麼藥山得悟去？且道，因什麼如此？到此須是生鐵鑄就底漢始得。」

〔二〕褊衫：一種僧尼服裝，斜披在左肩上，右邊肩膀坦露，類似袈裟。又作「偏衫」。釋氏要覽卷上法衣：「偏衫，古僧依律制，只有僧祇支。此名覆膊，亦名掩腋衣。此長覆左膊及掩右腋，蓋襯三衣故，即天竺之儀也。竺道祖魏録云：魏宮人見僧袒一肘，不以爲善，乃作偏袒，縫於僧祇支上，相從因名偏衫。今開脊接領者，蓋遺魏制也。」衣鉢名義章褊衫：「西土本有左邊，十誦云：『是衣厥修羅，長四肘，廣二肘半。』南山云：『準似祇支，國語不同，或翻上狹下廣衣。』四分云：『應繫祇支入聚落，若安帶，若縫之，得上狹下廣衣。』當用作若章服儀中云：『裿支之服，相亦叟。』方今又設右邊者，蓋此土元魏宮人見僧袒膊不善，遂施右邊綴左邊，祇支上通爲兩袖，號曰褊衫。所以今開背縫截領而作者，存本衣相故。若連縫合者，同俗衫耳。」

〔三〕些些：一點兒，少許。

〔四〕裩：同「褌」，滿襠褲，貼身穿著。急就篇卷二：「襜褕袷複褶袴褌。」顔師古注：「合襠謂之褌，最親身者也。」

〔五〕袴：分裹左右兩脛的套褲，有别於滿襠貼身的褌。急就篇卷二：「襜褕袷複褶袴褌。」顔師古注：「袴謂脛。」禮記内則：「衣不帛襦袴。」孫希旦集解：「袴，下衣。」

〔六〕北望：覺心本、南藏本、北藏本、徑山本作「比望」。

〔七〕利濟：救濟，施恩澤。

〔八〕喞溜：溜，南藏本作「潘」，當爲形誤。多嘴、饒舌。禪籍中又作「吃嘹」、「乞嘹」、「吉嘹」、「咭嘹」、「吉了」、「狤獠」、「吉撩」、「狤狤獠獠」等。祖庭事苑卷一：「吉嘹，下音料。北人方言合音爲字。吉嘹，言繳。繳，糾戾也。繳其舌，猶縮却舌頭也。如呼窟籠爲孔，窟驉爲窠也。又或以多言爲吉嘹者。嶺南有鳥似鸜鵒，籠養，久則能言，南人謂之吉嘹。開元初，廣州獻之，言音雄重如丈夫，委屈識人情性，非鸚鵡、鸜鵒之比。雲門居嶺南，亦恐用此意。」但喞溜等異形詞并非指鳥叫。禪籍中有「吃嘹舌頭更將一問來」的結構，與「縮却舌頭致將一問來」、「倒轉設舌頭答我一問來」結構相同，意義相近，指不立文字，脱離言辭知解，以心傳心，見性成佛。

平旦寅，荒村破院實難論，解齋〔一〕粥米全無粒，空對閑窗與隙塵〔二〕。唯雀噪，勿人親，獨坐時聞落葉頻。誰道出家憎愛斷，思量不覺淚沾巾。

【校注】

〔一〕解齋：解除齋戒。法苑珠林卷九十一：「既受齋已，若欲解齋，要待明相出時，始得食粥。不爾，破齋。」

〔二〕隙塵：在透過隙縫的光柱中遊動的塵埃。唐盧綸栖巖寺隋文帝馬腦盞歌詩：「一留寒殿殿將壞，唯有幽光通隙塵。」大方廣佛華嚴經隨疏演義鈔卷六十九：「隙塵，乃塵中最粗。」

日出卯，清净却翻爲煩惱，有爲功德被塵幔〔一〕，無限田地未曾掃。攢眉〔二〕多，稱心少，𠮾耐〔三〕東村黑黄老。供利不曾將得來，放驢喫我堂前草。

【校注】

〔一〕塵幔：幔，南藏本、北藏本作「謾」。

〔二〕攢眉：皺眉，不快或痛苦的神情。

〔三〕𠮾耐：不能容忍。詞徵卷三：「𠮾，同叵。說文：不可也。温飛卿更漏子詞『雖𠮾耐』，薛昭蘊詞『叵耐無端處』。」

食時辰，烟火徒勞望四鄰，饅頭䭔子前年別，今日思量空嚥〔一〕津。持念〔二〕少，嗟歎頻，一百家中無善人。來者秖道覓茶喫，不得茶噇去又嗔〔三〕。

【校注】

〔一〕嚥：廣韻霰韻：「嚥，吞也。同咽。」

〔二〕持念：受持和記憶正法而不忘。注維摩詰經卷九菩薩行品：「肇曰：『正念總持。』什曰：『以念持念，持能持法，故既言念又言持，亦云衆念增長，則成持也。』」續傳燈録卷十七江州圓通真際德止禪師：「即傍所載聰明偈，自是持念不忘。」

〔三〕嗔：覺心本作「瞋」。

禺中巳，削髮誰知〔一〕到如此。無端被請作村僧，屈辱饑〔二〕悽受欲死。胡張三，黑李四〔三〕，恭敬不曾生些子。適來忽爾到門頭，唯道借茶兼借紙。

【校注】

〔一〕誰知：聯燈會要作「那知」。

〔二〕饑：覺心本、南藏本、徑山本作「飢」。説文食部：「飢，餓也。」又「饑，穀不孰爲饑。」正字通戌集食部：「飢饑字異義同。」

〔三〕胡張三，黑李四：假設的姓氏排行，泛指某人或某類人。禪籍中又作「胡三黑四」。大覺禪師語録卷上：「今日不惜娘生口三寸舌，爲諸人説破，起自竺乾胡張三處，流傳震旦黑李四家。」續傳燈録卷十二和州開聖覺禪師：「演問：『釋迦彌勒猶是他奴，他是阿誰？』師曰：『胡張三，黑李四。』」

日南午，茶飯輪還〔一〕無定度，行却南家到北家，果至北家不推註。苦沙鹽，大麥醋，蜀黍〔二〕米飯虀萵苣。唯稱供養不等閑，和尚道心湏堅固。

【校注】

〔一〕輪還：輪轉，輪迴。菩薩本業經卷一：「欲曉了佛十力之智，其學有十（中略）當悲念諸罪苦人，當從生死輪還。」酉陽雜俎續集卷八：「每市物，先用子，即子歸母；用母者，即母歸子。如此輪還，不知休息。」

〔二〕黍：南藏本、北藏本作「忝」，形誤。趙州禪師以此語暗示人們日用事中便藴含著佛法大意。

日昳未，者回不踐光陰地，曾聞一飽忘百飢，今日老僧身便是。不習禪，不論義，鋪箇破蓆〔一〕日裏睡，想料上方兜率天〔二〕，也無如此日炙背。

【校注】

〔一〕蓆：用蘆葦、竹篾、蒲草等編成的鋪墊用具。

〔二〕想料上方兜率天：想料，料想，猜想。兜率天，梵語音譯。佛教謂天分許多層，第四層叫兜率天，内院是彌勒菩薩的净土，外院是天上衆生所居之處。此天一晝夜，人間四百年，天壽四千歲，合人間五億七千六百萬年。妙法蓮華經卷七勸發品：「若有人受持讀誦，解其義趣，是人命終爲千佛授手，令不恐怖，不墮惡趣，即往兜率天上彌勒菩薩所。」

晡時申，也有燒香禮拜人，五箇老婆〔一〕三箇癭〔二〕，一雙面子黑皴皴。油麻茶〔三〕，實是珍，金剛不用苦張筋。願我來年蠶麥熟，羅睺羅兒〔四〕與一文。

【校注】

〔一〕老婆：老媪。

〔二〕癭：囊狀腫瘤，多生於頸部。山海經西山經：「（天帝之山）有草焉，其狀如葵，其臭如靡蕪，名曰杜衡，可以走馬，食之已癭。」郝懿行箋疏：「説文云：『癭，頸瘤也。』淮南墬形訓云：『險阻氣多癭。』博物志云：『山居之民多癭。』」

〔三〕油麻茶：油麻，本草綱目記載可以用以食療。證類本草卷二十四：「白油麻大寒，無毒，治虛勞，滑腸胃，行風氣，通血脉，去頭浮風，潤肌。」

〔四〕羅睺羅兒：七夕時民間供奉的一種土偶，用泥、木、象牙或蠟製成。世俗文獻中又作「摩睺羅」、「摩訶羅」、「磨喝樂」、「摩孩羅」。武林舊事卷三乞巧：「七夕前，修内司例進摩睺羅十卓（中略）或用象牙雕鏤，或用龍涎佛手香製造，悉用鏤金珠翠。」東京夢華録卷八七夕：「皆賣磨喝樂，乃小塑土偶耳，悉以雕木彩裝欄座，或用紅紗碧籠，或飾以金珠牙翠，有一對直數千者。」

日入酉，除却荒凉更何守？雲水高流定委無，歷寺沙彌鎮長有。出格言，不到口，枉續牟尼子孫後。一條拄丈觕楋蔾〔一〕，不但登山兼打狗。

【校注】

〔一〕一條拄丈觕楋蔾：丈，南藏本、徑山本作「杖」。拄杖，釋氏要覽卷中道具：「十誦律云：『佛聽蓄杖。其鑽用鐵，爲堅牢故。斯蓋行李之善助也。』言鑽用鐵，即小拄杖子，非今擔衣鉢大者。毗奈耶云：『佛聽蓄拄杖，有二因緣：一爲老瘦無力，二爲病苦嬰身故。』」觕，南藏本、北藏本作「麄」，徑山本作「麤」。公羊傳莊公十年：「觕者曰侵，精者曰伐。」何休注：「觕，麤也。將兵至竟，以過侵責之，服則引兵而去，用意尚麤。」字彙木部：「楋，木名。」蔾，蒺蔾。易困：「困於石，據於蒺蔾，入于其宮，不見其妻，凶。」孔穎達疏：「蒺蔾之草，有刺而不可踐也。」

黄昏戌〔一〕，獨坐一間空暗室，陽焰燈光永不逢〔二〕，眼前純是金州漆。鐘不聞，虛度日，唯聞老鼠鬧啾唧，憑何更得有心情，思量念箇波羅蜜〔三〕。

【校注】

〔一〕戌：南藏本作「戊」，誤。

〔二〕陽焰燈光永不逢：逢，南藏本作「達」。陽焰，水面上的霧氣。「陽焰」是大乘佛教經典中十喻之一。楞伽阿跋多羅寶經卷二一切佛語心品：「譬如群鹿，爲渴所逼，見春時炎，而作水想，迷亂馳趣，不知非水。」大方廣佛華嚴經卷四十一十定品：「如日中陽焰，不從雲生，不從池生，不處於陸，不住於水，非有非無，非善非惡，非清非濁，不堪飲漱，不可穢污，非有體非無體，非有味非無味，以因緣故而現水相，爲識所了，遠望似水而興水想，近之則無，水想自滅。」大般若波羅蜜多經卷三百九十九初分法涌菩薩品：「譬如有人熱際後分遊於曠野，日中渴乏見陽焰動，作是念言：『我於今時定當得水。』作是念已遂便往趣，所見陽焰漸去其遠，即奔逐之轉復見遠，種種方便求水不得。」

〔三〕波羅蜜：梵語音譯，意爲到達彼岸，即由此生死岸，度人到達彼涅槃岸。大智度論卷十二：「此六波羅蜜，能令人渡慳貪等煩惱染著大海，到於彼岸，以是故名波羅蜜。」

人定亥，門前明月誰人愛？向裏唯愁卧去時，勿箇衣裳着甚蓋。劉維那，趙五戒〔一〕，口頭説善甚奇怪。任你山僧囊罄空，問著都緣總不會。

【校注】

〔一〕劉維那，趙五戒：維那，梵語羯磨陀那，寺院中管理各項事務的僧人職稱，寺中三綱之一。「維那」是漢梵合璧詞，「維」爲漢語，即綱維之義，「那」取羯磨陀那之那。又稱爲綱維、授事、知事等。五戒，本指殺生、偷盜、邪淫、妄語、飲酒等五種戒行，在家修行的居士遵循此五種戒規。趙五戒指持五種戒律的趙姓居士。

半夜子，心境何曾得暫止。思量天下出家人，似我住持能有幾？土榻牀，破蘆簾，老榆木枕全無被。尊像不燒安息香〔一〕，灰裏唯聞牛糞氣。

【校注】

〔一〕安息香：在家修行需燒五種香，安息香是其中之一，此香能夠辟惡驅邪。宗鏡録卷二十四：「安息香能辟惡邪，正見智慧無惡不斷。」

【資料】

①南藏本、北藏本第四八四則；覺心本第四三六則；徑山本第五一五則。

②聯燈會要卷三十、嘉泰普燈録卷二十九、禪門諸祖師偈頌卷上之下。

518 見起塔，乃有頌：本自圓成〔一〕，何勞疊石。名邈〔二〕雕鐫，與吾懸隔。若人借問，終不指畫。

【校注】

〔一〕圓成：佛教語，成就圓滿。大乘入楞伽經卷二：「何者圓成自性？謂離名相事相一切分别，自證聖智所行真如。」五燈會元卷十七泐潭應乾禪師：「心性無染，本自圓成。但離妄緣，即如如佛。」圓悟佛果禪師語録卷十三：「師云：『人人具足各各圓成，但向己求，莫從他覓。何故？從他覓是他家底，捨己從人，去道遠矣。』」

〔二〕名邈：言説、稱説。碧巖録卷二〔一〕：「到這裏，唤作驢則是，唤作馬則是，唤作祖師則是。如何名邈，往往唤作雪竇使祖師去也。」證道歌頌：「一顆圓光非内外，近無形狀遠無根。兒童不識空名邈，却道團團似月輪。」禪籍中又作「名貌」、「名模」。祖庭事苑卷二雪竇頌古：「名邈，上與詺同，彌正切，目諸物也。下當作皃，墨角切，容也。邈，遠也，非義。」又卷六法眼：「名貌（中略）名物之形容，故曰名貌。」宏智禪師廣録卷九：「靈靈一物，名模不得。」

【資料】

①南藏本、北藏本第四八五則；覺心本第五一八則；徑山本第五一六則。

519 因見諸方〔一〕見解異途，乃有頌〔二〕：趙州南，石橋北，觀音院裏有彌勒。祖師遺下一隻履〔三〕，直至如今覓不得。

【校注】

〔一〕諸方：全唐詩補編作「諸書」。

〔二〕頌：「頌」後原有一「呵」字，覺心本、南藏本、北藏本同，依徑山本删。

〔三〕祖師遺下一隻履：祖堂集卷二菩提達摩和尚載達摩祖師於魏孝明帝大和十九年涅槃，壽齡一百五十歲，葬在熊耳吴坂。後有魏使宋雲「逢見達摩手攜隻履」，并告訴他魏國天子已崩，宋雲回到魏國，魏王果然已崩，於是奏聞魏第九主孝莊帝，孝莊帝派人啓塔驗證，「及開塔唯見一隻履」。帝召少林寺取回供養。後景德傳燈録、五燈會元等皆有記載。

【資料】

①南藏本、北藏本第四八六則；覺心本第五一九則；徑山本第五一七則。

②祖堂集卷十八趙州和尚：「問：『如何是西來意？』師云：『仲冬嚴寒。』有人舉似雲居，便問：『只如趙州與摩道，意作摩生？』居云：『冬天則有，夏月則無。』僧舉似師：『只如雲居與摩道，意作摩生？』師因此便造偈曰：『石橋南，趙州北，中有觀音有彌勒。祖師留下一隻履，直到如今覓不得。』」

③續古尊宿語要卷五、圓悟佛果禪師語録卷八、松源崇嶽禪師語録卷下、率庵梵琮禪師語録、石田法薰禪師語録卷二。

520　因魚鼓〔一〕有頌：四大猶來造化功，有聲全貴裏頭空。莫怪不與凡夫説，只爲宮商調不同。

【校注】

〔一〕魚鼓：木魚的異名，是僧家常用器具，通過擊打來通報事務。祖堂集卷十玄沙和尚：「師聞魚鼓聲，乃云：『打我也。』」續傳燈録卷一神鼎洪諲禪師：「問：『魚鼓未鳴時如何？』師曰：『看天看地。』曰：『鳴後如何？』師曰：『捧鉢上堂。』」

【資料】

①南藏本、北藏本第四八七則；覺心本第五二〇則；徑山本第五一八則。

②五燈會元卷四趙州從諗禪師：「師魚鼓頌曰：『四大由來造化功，有聲全貴裏頭空。莫嫌不與凡夫説，祇爲宫商調不同。』」

③五燈嚴統卷四、五燈全書卷七。

521　因蓮花有頌：奇異根苗帶雪鮮，不知何代別西天。淤泥深淺人不識，出水方知是白蓮。

【資料】

①南藏本、北藏本第四八八則；覺心本第五二一則；徑山本第五一九則。

趙州和尚語録卷下終

趙州真際禪師行狀

師即南泉門人也。俗姓郝氏，本曹州郝鄉人也，諱從諗。鎮府有塔記云：「師得七百甲子〔一〕歟。」

值武王微沐，避地岨崍，木食草衣，僧儀不易。

師初隨本師行脚。到南泉，本師先人事了，師方乃人事。南泉在方丈内卧次，見師來參，便問：「近離什麽處？」師云：「瑞像院。」南泉云：「還見瑞像麽？」師云：「瑞像即不見，即見卧如來。」南泉乃起，問：「你是有主沙彌？無主沙彌？」師對云：「有主沙彌。」泉云：「那箇是你主？」師云：「孟春猶寒，伏惟和尚尊體，起居萬福。」泉乃唤維那云：「此沙彌别處安排。」

師受戒後，聞受業師在曹州西，住護國院，乃歸院省覲。到後，本師令郝氏云：「君家之子，遊方已迴。」其家親屬忻懌不已，秖候來日，咸往觀焉。師聞之，乃云：「俗塵愛網，無有了期。已辭出家，不願再見。」乃於是夜，結束前邁。其後，自攜瓶錫，遍歷諸方。常自謂曰：「七歲童兒勝我者，我即問伊。百歲老翁不及我者，我即教佗。」

年至八十，方住趙州城東觀音院，去石橋十里。已來住持枯槁，志效古人。僧堂無前後架，旋營齋食。繩牀一脚折，以燒斷薪用繩繫之。每有別制新者，師不許也。住持四十來年，未嘗賫一封書告其檀越。

因有南方僧來，舉：「問雪峰：『古澗寒泉時如何？』雪峰云：『瞪目不見底。』學云：『飲者如何？』峰云：『不從口入。』」師聞之曰：「不從口入，從鼻孔裏入。」其僧却問師：「古澗寒泉時如何？」師云：「苦。」學云：「飲者如何？」師云：「死。」雪峰聞師此語，讚云：「古佛，古佛。」雪峰因此後〔二〕不答話矣。

厥後，因河北燕王領兵收鎮府，既到界上，有觀氣象者奏曰：「趙州有聖人所居，戰必不勝。」燕、趙二王因展筵會，俱息交鋒。乃問：「趙之金地，上士何人？」或曰：「有講華嚴經大師，節行孤邈。若歲大旱，咸命往臺山祈禱，大師未迴，甘澤如瀉。」乃曰：「恐未盡善。」或云：「此去一百二十里，有趙州觀音院，有禪師年臘高邈，道眼明白。」僉曰：「此可應兆乎！」

二王税駕觀焉。既屆院内，師乃端坐不起。燕王遂〔三〕問曰：「人王尊耶？法王尊耶？」師云：「若在人王，人王中尊。若在法王，法王中尊。」燕王唯然矣。師良久中間，問：「阿那箇是鎮府大王？」趙王應喏：「弟子。」緣趙州屬鎮府，以表知重之禮。師云：「老僧濫在山河，不及趨面。」須臾，左右請師爲大王説法，師云：「大王左右多，争交老僧説法？」乃約令左右退。師身畔時有沙彌文遠，高聲云：「啓大王，不是者箇左右。」大王乃問：「是什麼左右？」對曰：「大王尊諱多，和尚所以不敢説法。」燕王乃云：「請禪師去諱説法。」師云：「故知大王曩劫眷屬俱是冤家。我佛世尊，一稱名號，罪滅福生。大王先祖才有人觸著名字，便生嗔怒。」師慈悲非倦，説法多時。二王稽首讃嘆，珍敬無盡。

來日將迴，燕王下先鋒使聞師不起，凌晨入院，責師傲亢〔四〕君侯。師聞之，乃出迎接。先鋒乃問曰：「昨日見二王來，不起。今日見某甲來，因何起接？」師云：「待都衙得似大王，老僧亦不起接。」先鋒聆師此語，再三拜而去。

尋後，趙王發使，取師供養。既届城門，闔城威儀迎之入内。師才下寶輦，王乃設拜，請師上殿，正位而坐。師良久，以手斫額云：「堦下立者是何官長？」左右云：「是諸院尊宿，并大師大德。」師云：「他各是一方化主，若在堦下，老僧亦起。」王乃命上殿。

是日，齋筵將罷，僧官排定，從上至下，一人一問。一人問佛法，師既望見，乃問：「作什麽？」云：「問佛法。」師云：「這裏已坐却老僧，那裏問什麽法？一尊不並化。」此乃語之詞也。王乃令止。其時，國后與王俱在左右侍立。國后云：「請禪師爲大王摩頂受記。」師以手摩大王頂，云：「願大王與老僧齊年。」

是時，迎師權在近院駐泊，獲時選地建造禪宫。師聞之，令人謂王曰：「若動著一莖草，老僧却歸趙州。」其時，竇行軍願捨菓園一所，直一萬五千貫，號爲真際禪院，亦云竇家園也。師入院後，海衆雲臻。

是時，趙王禮奉，燕王從幽州奏到命服，鎮府具威儀迎接，師堅讓不受。左右舁箱至師面前，云：「大王爲禪師佛法故，堅請師著此衣。」師云：「老僧爲佛法故，所以不著此衣。」左右云：「且看大王面。」師云：「又干俗官什麽事？」乃躬自取衣挂身上。禮賀再三，師惟知應喏而已。

師住趙州二年，將謝世時，謂弟子曰：「吾去世之後，焚燒了，不用浄淘舍利。宗師弟子，不同浮俗。且身是幻，舍利何生？斯不可也。」令小師送拂子一枝與趙王，傳語云：「此是老僧一生用不盡底。」師於戊子歲十一月十日端坐而終。于時，竇家園道俗車馬數萬餘人，哀聲振動原野。趙王〔五〕於時盡送終之禮，感歎之泣，無異金棺匿彩於俱尸矣。莫不高營雁塔，特豎豐碑。謚號曰真際禪師光祖之塔。

後唐保大十一年孟夏月旬有三日，有學者咨問〔六〕東都東院惠通禪師〔七〕趙州先人行化厥由，作禮而退。乃授筆録之，具實矣〔八〕。

【校注】

〔一〕七百甲子：祖庭事苑卷三雪竇祖英上：「趙州從諗俗壽一百二十歲。嘗有人問師年多少，師云：『一穿數珠數不足。』鎮府塔記云：『師得七百甲子歟。』七百甲子乃泛舉一百二十之大數，實一百一十六歲餘八月，凡四萬二十日也。」

〔二〕因此後：徑山本作「後因此」。

〔三〕遂：徑山本無。

〔四〕亢：原作「兀」，依徑山本改。

〔五〕原野趙王：此四字徑山本無。

〔六〕問：徑山本作「聞」。

〔七〕惠通禪師：生卒年及化跡不詳。據此文可知惠通禪師於南唐保大十一年（九五三）尚在世，並居於東都洛陽東院。建中靖國續燈録卷二十五東京法雲禪寺善本大通禪師法嗣録有越州天衣寺惠通禪師傳記：「姓沈氏，錢塘人也。早年具戒，聽習台教。尋慕參問，詣大通禪師席下，契悟宗猷。」此惠通禪師爲青原行思下第十四世，其師居於東京法雲寺，故此惠通禪師可能與趙州禪師行狀著者爲同一人。

〔八〕具實矣：此三字徑山本無。

【資料】

①徑山本卷上卷首。

趙州禪師語録補遺

1　師問座主："久藴〔一〕什摩業〔二〕？"對云："涅槃經。"師："問座主一段義得不？"對云："得。"師以脚剔空中，口吹，却問："這个是涅槃經中義不？"云："是。"師云："會摩？""不會。"師云："這个是五百力士揭石〔三〕之義。"

（祖堂集卷十八趙州和尚）

【校注】

〔一〕藴：積累，積蓄。後漢書周興傳："藴匵古今，博物多聞。"李賢注："藴，藏也。"

〔二〕業：梵語羯磨，指一切善惡思想和行爲，善者爲善業，惡者爲惡業。

〔三〕五百力士揭石：大般涅槃經卷十六："復次善男子，我欲涅槃，始初發足向拘尸那城，有五百力士，於其中路平治掃灑。中有一石，衆欲舉棄，盡力不能。我時憐愍，即起慈心。彼諸力士，尋即見我，以足拇指舉此大石，擲置虚空，還以手接，安置右掌，吹令碎末，復還聚合，令彼力士貢高心息。即爲略説種種法要，令其俱發阿耨多羅三藐三菩提心。善男子，如來爾時，實不以指舉此大石在虚空中，還置右掌吹令碎末，復合如本。善男子，當知即是慈善根力，令諸力士見如是事。」佛祖以慈悲善心教化信衆獲得開悟。

【資料】

①景德傳燈録卷十趙州觀音院從諗禪師：「師問一座主：『講什麼經？』對云：『講涅槃經。』師云：『問一段義得否？』云：『得。』師以脚踢空，吹一吹，云：『是什麼義？』座主云：『經中無此義。』師云：『五百力士揭石義，便道無。』」

②聯燈會要卷六趙州觀音從諗禪師：「師問座主：『講甚麼經？』云：『涅槃經。』師云：『問大德一段義得麼？』主云：『問甚麼義？』師以脚踢空，吹一吹，云：『是甚麼義？』主云：『經中無此義。』師云：『脱空謾語漢！此是五百力士揭石義。』有老宿代云：『和尚謾某甲？謾大衆？』雪竇云：『和尚慣得其便。』」

③五燈會元將此公案載爲睦州禪師之因緣，卷四睦州陳尊宿：「問：『座主講甚麼經？』曰：『講涅槃經。』師曰：『問一段義得麼？』曰：『得。』師以脚踢空，吹一吹，曰：『是甚麼義？』曰：『經中無此義。』師曰：『脱空謾語漢！五百力士揭石義，却道無。』」明覺禪師語録卷三、佛鑒禪師語録卷四、五家正宗贊睦州陳尊宿因之。

④禪宗頌古聯珠通集卷二十、普庵印肅禪師語録卷三、宗門拈古彙集卷十六、宗鑑法林卷十八。

2　問：「離教〔一〕請師決〔二〕。」師云：「與摩人〔三〕則得。」僧纔禮拜，師云：「好問，好問。」僧云：「咨和尚。」師云：「今日不答話〔四〕。」

（祖堂集卷十八趙州和尚）

【校注】

〔一〕離教：離開教乘的義理、方法，請求禪師教外别傳，以獲得真正的内心開悟。宗鏡録卷二十六：「教從心生，心由教立。離心無教，離教無心。豈心外别有教而可執乎？」

〔二〕決：斷除妄情俗念、消除疑惑不解。宗鑑法林卷五十五藥山惟儼弘道禪師：「藥山因僧問：『學人有疑，請師決。』師曰：『待晚間來，爲汝決。』」

〔三〕與摩人：這樣的人。

〔四〕今日不答話：暗示僧徒禪旨佛理皆不可言説，需自心領會言外之意。禪師常以此語回絶學人關於禪佛的極則之問。

3　問：「如何是和尚家風？」師云：「不向你道。」僧云：「爲什摩不道？」師云：「是我家風。」

（祖堂集卷十八趙州和尚）

4 問：「如何是本分事？」師指學人云：「是你本分事。」僧云：「如何是和尚本分事？」師云：「是我本分事〔一〕。」

（祖堂集卷十八趙州和尚）

【校注】

〔一〕是你本分事、是我本分事：禪具有不可言説性和直覺性，參禪悟道離不開個體的體驗，不同的人對禪的理解和感受不盡相同。禪師以此語暗示僧徒要自參自悟，没有固定的模式可以依循。五燈全書卷七十一武林東蓮古風然禪師：「容問：『如何是你本分事？』師頓足一下。」天界覺浪盛禪師全録卷三獨峰竹山禪師請上堂：「竹曰：『因先師今日得見和尚。』山僧曰：『見我且止，何不掃先師靈塔？』竹曰：『某甲要約陳旻昭居士同往。』山僧曰：『此是你本分事，何得扯他人作伴？』」

5 問：「學人去南方，忽然雪峰問趙州意，作麼生祇對？」師云：「遇冬則寒，遇夏則熱〔一〕。」進曰：「究竟趙州意旨如何？」師云：「親從趙州來，不是傳語人。」其僧到雪峰，果如所問。其僧一一如上舉對。雪峰曰：「君子千里同風〔二〕。」

（祖堂集卷十八趙州和尚）

【校注】

〔一〕遇冬則寒，遇夏則熱：根據不同的情況采取不同的對策，比喻見機行事。

〔二〕君子千里同風：遠隔千里但風格、志趣相同，不謀而合。

【資料】

①景德傳燈録卷十趙州觀音院從諗禪師：「有僧辭，師問：『什麽處去？』僧云：『雪峰去。』師云：『雪峰忽若問汝云：「和尚有何言句？」汝作麽生祇對？』僧云：『某甲道不得。請和尚道。』師云：『冬即言寒，夏即道熱。』又云：『雪峰更問汝：「畢竟事作麽生？」』其僧又云：『道不得。』師云：『但道：親從趙州來，不是傳語人。』其僧到雪峰，一依前語舉似雪峰。雪峰云：『也須是趙州始得。』玄沙聞云：『大小趙州敗闕也不知。』雲居錫云：『什麽處是趙州敗闕處？若檢得出，是上座眼。』」

②聯燈會要卷六趙州觀音從諗禪師：「有僧辭，往雪峰。師云：『雪峰忽問汝：「和尚有何言句？」作麽生祇對？』云：『某甲道不得。請和尚道。』師云：『冬即言寒，夏即言熱。』又云：『忽更問汝：「畢竟事作麽生？」汝又如何？』僧又云：『道不得。』師云：『但道：某甲親從趙州來，不是傳語漢。』其僧到雪峰，峰問：『甚處來？』云：『趙州。』峰云：『有何言句？』僧舉前話。峰云：『須是我趙州始得。』玄沙云：『大小趙州敗闕也不知。』」

③五燈會元卷四趙州從諗禪師：「僧辭，師問：『甚麽處去？』曰：『雪峰去。』師曰：『雪峰忽若問：「和尚有何言句？」汝作麽生祗對？』曰：『某甲道不得。請和尚道。』師曰：『冬即言寒，夏即道熱。』又曰：『雪峰更問汝：「畢竟事作麽生？」』僧又曰：『道不得。』師曰：『但道：親從趙州來，不是傳語人。』其僧到雪峰，一依前語祇對。峰曰：『也須是趙州始得。』玄沙聞曰：『大小趙州敗闕也不知。』雲居錫云：『甚麽處是趙州敗闕？若檢得出，是上座眼。』」

④教外別傳卷六。

6　鎮州大王請師上堂，師昇座，便念經。有人問：「請和尚上堂，因什摩念經？」師云：「佛弟子念經不得摩？」又別時上堂，師念心經。有人云：「念經作什摩？」師云：「賴得闍梨道念經，老僧洎忘却。」

（祖堂集卷十八趙州和尚）

7　問：「如何是玄中一句？」師云：「不是『如是我聞〔一〕』。」

（祖堂集卷十八趙州和尚）

【校注】

〔一〕不是如是我聞：非佛所言，需要自參自悟的禪佛義理。「如是我聞」，詳見卷下第439則。

8 師問僧：「從什麼處來？」對云：「從五臺山來。」師云：「還見文殊也無？」對云：「文殊則不見，只見一頭水牯牛。」師云：「水牯牛還有語也無？」對云：「有。」師曰：「道什麼？」對云：「孟春猶寒〔一〕，伏惟和尚尊體起居万福！」

（祖堂集卷十八趙州和尚）

【校注】

〔一〕孟春猶寒：孟春，春季的第一個月，農曆正月。尚書胤征：「每歲孟春，遒人以木鐸徇于路。」初春天氣寒温不定，隨時而變。重雕補注禪苑清規卷一掛搭：「正月孟春猶寒，二月仲春漸暄，三月季春極暄。」

9 古時有官長教僧拜，馬祖下朗瑞和尚不肯拜，官長便嗔，當時打殺。有人問師：「瑞和尚爲什麼却被打殺？」師云：「爲伊惜命〔一〕。」龍花拈問僧：「惜个什麼命？」無對。龍花代云：「嗔我不得。」問：「正與麼時作麼生？」師云：「生公忍死十年〔二〕，老僧一時不可過。」

（祖堂集卷十八趙州和尚）

【校注】

〔一〕惜命：畏怖捨身。大般涅槃經卷二十八師子吼菩薩品：「惜命者，怖畏捨身，爲衆生故樂處三惡。」續高僧傳卷三十隋杭州靈隱山天竺寺釋真觀傳：「人皆惜命偷生，我則亡身在法。」

〔二〕生公忍死十年：梁高僧竺道生，嘗講涅槃經於虎丘寺，聚石爲徒，講至高妙處石皆點頭。生公提出大闡提人亦有佛性，此論一出即遭反對。此後涅槃經後十卷譯出，印證了生公的觀點。大方廣佛華嚴經隨疏演義鈔卷七十九：「生公忍死待得大經，以證大義。」

10　師喚沙彌，沙彌應喏。師云：「煎茶〔一〕來。」沙彌云：「不辭煎茶，與什麼人喫？」師便動口。沙彌云：「大難得喫茶。」有人拈問漳南：「又須教伊煎茶，又須得喫茶，合作摩生道？」保福云：「雖然如此，何不學觀音？」

（祖堂集卷十八趙州和尚）

【校注】

〔一〕煎茶：煮茶、烹茶。茶經過采、摘、搗、拍、焙、穿、封七道工序後製成茶餅，又經過烤炙、碾細、過籮，然後煮水煎茶。因爲是茶餅，故不能直接冲泡，而要經過幾道加工程序。趙州禪師常以煎茶、飲茶之語引導僧徒體悟禪旨。

11　有人問老婆：「趙州路什麼處去？」婆云：「驀〔一〕底去。」僧云：「莫是西邊去麼？」婆云：「不是。」僧云：「莫是東邊去麼？」婆云：「也不是。」有人舉似師，師云：「老僧自去勘破。」師自去，問：「趙州路什麼處去？」老婆云：「驀底去。」師歸院，向師僧云：「勘破了也。」

（祖堂集卷十八趙州和尚）

【校注】

〔一〕驀：正對著，衝著。嘉泰普燈録卷二十九法昌遇禪師三訣：「第一訣，袖裏三斤鐵，忽遇病維摩，拈起驀頭楔。」

12　院主請上堂，師昇座，唱如來梵〔一〕。院主云：「比來〔二〕請上堂，這个是如來梵。」師云：「佛弟子唱如來梵不得摩？」

（祖堂集卷十八趙州和尚）

【校注】

〔一〕如來梵：大方等大集經卷一：「如來梵聲如雷音，此生無業非因出。無聽無受無衆生，大悲何故音聲説。」法苑珠林卷九：「如來梵聲哀戀之音大人相者。」重雕補注禪苑清規卷六：「次第舉佛至行香，罷法事，唱如來梵。『如來妙色身』乃至『是故我歸依，信禮常住三寶』。」

〔二〕比來：近來，近時。

13　問：「開口是一句，如何是半句？」師便開口。（祖堂集卷十八趙州和尚）

14　三峰見師云：「上座何不住去？」師云：「什麼處住好？」三峰指面前山，師云：「此是和尚住處。」（祖堂集卷十八趙州和尚）

15　師爲沙彌，扶南泉上胡梯，問：「古人以三道寶階〔一〕接人，未審和尚如何接？」師南泉乃登梯云：「一二三四五。」師舉似師伯。師伯云：「汝還會麼？」師云：「不會。」師伯云：「七八九十。」

（祖堂集卷十八趙州和尚）

【校注】

〔一〕三道寶階：佛從忉利天入凡塵閻浮提所行之階，由七寶所製，實由黄金、白銀、頗梨（狀如水晶的寶石）製成。觀佛三昧海經卷六：「爾時會中有菩薩摩訶薩，名曰持地。即從座起入首楞嚴三昧，三昧力故從金剛際。金剛爲輪，金剛爲根，金剛爲花，花花相次出閻浮提。時四龍王難陀、跋難陀、阿耨達多、婆伽羅龍王等，各持七寶詣持地所。奉上七寶，爲佛世尊作三道寶階。左白銀，右頗梨，中黄金，從閻浮提金剛地際上忉利宫。」高僧法顯傳：「佛從忉利天上來向下，下時化作三道寶階，佛在中道七寶階上行。梵天王亦化作白銀階，在右邊執白拂而侍。天帝釋化作紫金階，在左邊執七寶蓋而侍。諸天無數從佛來下，佛既下，三階俱没於地。」據大唐西域記卷四劫比他國載，該國都城以西二十餘里有大伽藍，伽藍大垣内有三寶階，由南北列而東南下，是如來自忉利天降世説法時所用。

【資料】

①此則可與卷上第5則互參。

16 南泉指銅瓶問僧：「汝道内浄外浄？」僧云：「内外倶浄。」却問師，師便剔却。

（祖堂集卷十八趙州和尚）

17 趙州到投子，山下有鋪，向人問：「投子那裏？」俗人對曰：「問作什麼？」趙州云：「久嚮和尚，欲得礼謁。」俗曰：「近則近，不用上山。明日早朝來乞錢，待他相見。」趙州云：「若與摩，和尚來時，莫向他説納僧在裏。」俗人唱喏〔一〕。師果然是下來乞錢，趙州便出了把駐云：「久嚮投子，莫只這个便是也無？」師纔聞此語，便側身退。師又拈起笊籬〔二〕云：「乞取鹽錢些子。」趙州走入裏頭。師便歸山。

（祖堂集卷六投子和尚）

【校注】

〔一〕唱喏：出聲應答。

〔二〕笊籬：用竹篾或鐵絲、柳條編成蛛網狀供撈物瀝水的器具。北魏賈思勰齊民要術卷九餅法：「揀取均者，熟蒸，曝乾。須即湯煮，笊籬漉出，別作臛澆。」

【資料】

①景德傳燈録卷十五舒州投子山大同禪師：「一日趙州諗和尚至桐城縣。師亦出山，途中

相遇未相識。趙州潛問俗士，知是投子，乃逆而問曰：『莫是投子山主麽？』師曰：『茶鹽錢乞一箇。』趙州即先到庵中坐，師後攜一瓶油歸庵。趙州曰：『久響投子，到來只見箇賣油翁。』師曰：『汝只見賣油翁，且不識投子。』曰：『如何是投子？』師曰：『油，油！』」

②聯燈會要卷二十一舒州投子大同禪師：「師在桐城縣。因趙州問：『莫是投子庵主麽？』師云：『茶鹽錢布施我來。』州先歸庵，見師自攜油歸。州云：『久響投子，到來只見箇賣油翁。』師云：『你只見賣油翁，且不見投子。』州云：『如何是投子？』師提起瓶云：『油，油！』」

③五燈會元卷五投子大同禪師：「一日趙州和尚至桐城縣。師亦出山，途中相遇，乃逆而問曰：『莫是投子山主麽？』師曰：『茶鹽錢布施我。』州先歸庵中坐，師後攜一餅油歸。州曰：『久響投子，及乎到來，祇見箇賣油翁。』師曰：『汝祇識賣油翁，且不識投子。』州曰：『如何是投子？』師提起油餅曰：『油，油！』」

④祖庭事苑卷四、正法眼藏卷一、古尊宿語録卷三十六、釋氏通鑑卷十一、宗門拈古彙集卷二十四、拈八方珠玉集卷中、御選語録卷十四。

18 趙州落後〔一〕到投子，便問：「死中得活〔二〕時如何？」師云：「不許夜行，投明須到〔三〕。」趙州便下來一直走。師教沙彌：「你去問他我意作麽生。」沙彌便去喚趙州。趙州迴頭，沙彌便問：「和尚與麽道意作麽生？」趙州云：「遇著個太伯。」沙彌歸，舉似，師便大笑。

（祖堂集卷六投子和尚）

【校注】

〔一〕落後：後來，之後。

〔二〕死中得活：除去分别妄心，知解情識，獲得澄明本心。如净禪師續語録：「上堂云：『世尊有密語，寒潭月夜圓。迦葉不覆藏，枯木雲籠秀。若人死中得活，活中得死，以知有個是消息。展開兩手云：花林馥郁芳春氣，一點靈光照世明。』」

〔三〕不許夜行，投明須到：不許夜間行走，但天明必須到達目的地。禪宗喻指取消「夜」與「明」的區别對立，夜即明，明即夜。宏智禪師廣録卷五：「趙州問投子：『大死底人却活時如何？』投子云：『不許夜行，投明須到。』若箇時識得，便知道當明中有闇，勿以闇相遇；當闇中有明，勿以明相覩。一切法盡處，箇時了了常存；一切法生時，箇時空空常寂。須知道死中有活活中死。」此語後成爲禪門公案，爲歷代禪師所舉。碧巖録卷五〖四一〗：「趙州問投子：『大死底人却活時如何？』投子對他道：『不許夜行，投明須到。』且道是什麼時節？無孔笛撞著氈拍版，此謂之驗主問，亦謂之心行問。投子趙州諸方皆美之得逸群之辯。」

【資料】

①景德傳燈録卷十五舒州投子山大同禪師：「趙州問：『死中得活時如何？』師曰：『不許夜行，投明須到。』趙州曰：『我早侯白，伊更侯黑。』」

②聯燈會要卷二十一投子大同禪師：「趙州問：『死中得活時如何？』師云：『不許夜行，投明須到。』州云：『我早侯白，你更侯黑。』」

③五燈會元卷五投子大同禪師：「州問：『大死底人，却活時如何？』師曰：『不許夜行，投明須到。』州曰：『我早侯白，伊更侯黑。』」

④祖庭事苑卷四、碧巖録卷五、五燈嚴統卷五、御選語録卷十四。

19　師與南泉向火次，南泉問師：「不用指東指西，本分事直下〔一〕道將來。」師便把火筯放下。南泉云：「饒你與摩，猶較王老師〔二〕一線道〔三〕。」南泉又問趙州，趙州以手作圓相，中心一點。泉云：「饒你與摩，猶較王老師一線道。」

（祖堂集卷十四杉山和尚）

【校注】

〔一〕直下：徑直、直接。

〔二〕王老師：南泉普願禪師。祖庭事苑卷三：「池州南泉普願禪師。鄭州新鄭人，姓王氏。得馬祖之法，即唱道南泉，常自稱王老師。嘗示衆云：『盡大地覓個癡鈍人不可得。』」

〔三〕一線道：形容極小的空間或距離。

【資料】

①聯燈會要卷四池州南泉普願禪師：「師與杉山向火次。師云：『不用指東劃西，本分事直下道將來。』杉以火箸，插向爐內。師云：『直饒如是，猶較王老師一線道。』」

20　師又時曰：「若是文殊、普賢昨夜三更各打二十棒，趁〔一〕出院了也。」趙州對云：「和尚合喫多少棒？」師云：「王老師有什麼罪過？」趙州礼拜出去。

（祖堂集卷十六南泉和尚）

【校注】

〔一〕趁：驅逐、驅趕。敦煌變文集孝子傳：「父母怒，復更趁之。」唐寒山詩之一五三：「家狗趁不去，野鹿常好走。」

【資料】

①景德傳燈録卷八池州南泉普願禪師：「師有時云：『文殊、普賢，昨夜三更每人與二十棒，

趁出院也。』趙州云：『和尚棒教誰喫？』師云：『且道，王老師過在什麼處？』趙州禮拜而出。玄覺云：『且道，趙州休去，是肯南泉不肯南泉？』」

②建中靖國續燈録卷二十七澧州夾山自齡禪師：「舉，南泉示衆云：『文殊、普賢，昨夜三更每人與二十棒，趁出院了也。』趙州出衆云：『和尚棒教誰喫？』泉云：『王老師過在甚處？』州便禮拜。」

③聯燈會要卷四池州南泉普願禪師：「示衆云：『文殊、普賢，昨夜三更相打，每人與三十棒，趁出院了也。』趙州出衆云：『和尚棒教誰喫？』師云：『王老師過在甚麼處？』州便作禮。」

④五燈會元卷三南泉普願禪師：「上堂：『文殊、普賢，昨夜三更相打，每人與二十棒，趁出院去也。』趙州曰：『和尚棒教誰喫？』師曰：『且道，王老師過在甚處？』州禮拜而出。」

⑤碧巖録卷三、古尊宿語録卷十六。

21　師謂趙州云：「江西馬大師道：『即心即佛。』老僧這裏則不與麼道。不是心，不是佛，不是物。與麼道還有過也無？」趙州禮拜出去。

（祖堂集卷十六南泉和尚）

【資料】

①景德傳燈録卷八池州南泉普願禪師：「師有時云：『江西馬祖説「即心即佛」，王老師不恁

麼道。「不是心，不是佛，不是物。」恁麼道還有過麼？』趙州禮拜而出。時有一僧隨問趙州云：『上座禮拜了便出，意作麼生？』趙州云：『汝却問取和尚。』僧上問曰：『適來諗上座意作麼生？』師云：『他却領得老僧意旨。』」

②聯燈會要卷四池州南泉普願禪師：「示衆云：『江西馬大師説「即心即佛」，王老師不恁麼。「不是心，不是佛，不是物。」恁麼道還有過也無？』時趙州出作禮，師便下作。妙喜頌云：『倒腹傾腸説向君，不知何故尚沈吟。如今便好猛提取，付與世間無事人。』後有僧問趙州：『上座禮拜了去，意作麼生？』州云：『你去問取和尚。』僧問師，師云：『他却領得老僧意。』」

③五燈會元卷三南泉普願禪師：「師有時曰：『江西馬祖説「即心即佛」，王老師不恁麼道。「不是心，不是佛，不是物。」恁麼道還有過麼？』趙州禮拜而出。時有一僧隨問趙州曰：『上座禮拜便出，意作麼生？』州曰：『汝却問取和尚。』僧乃問：『適來諗上座意作麼生？』師曰：『他却領得老僧意旨。』」

④大慧普覺禪師語録卷一、禪宗頌古聯珠通集卷十。

22　南泉山下有僧住庵。有人向他道：「此間有南泉，近日出世，何不往彼中礼拜去？」庵僧云：「任你千聖現，我終不疑得。」有僧舉似師。師令趙州看他。趙州到庵，便礼拜，起來，從東邊過西邊立，從西邊過東邊立。此僧總不動。趙州又拔破簾。其僧亦不動。趙州歸舉似師。師云：「我從來疑他。」

（祖堂集卷十六南泉和尚）

【資料】

①建中靖國續燈録卷二十七拈古門雪竇明覺禪師：「舉，南泉山下有一庵主，行僧經過，謂庵主云：『近日南泉和尚出世，何不去禮拜？』主云：『非但南泉，直饒千佛出興，亦不能去。』泉聞，令趙州去看。州見便禮拜。主亦不管。州從西過東，主亦不管。州又從東過西，主亦不管。州云：『草賊大敗。』拽下簾子便行。歸舉似南泉，泉云：『從來疑著遮漢。』」

②聯燈會要卷四池州南泉普願禪師：「有一庵主，人謂之曰：『南泉近日出世，何不去禮拜？』主云：『非但南泉，直饒千佛出興，亦不去。』師聞，令趙州往勘之。州纔見庵主，便作禮，主不顧。州從西過東，從東過西而立，主亦不顧。州云：『草賊大敗。』拽下簾子便行。舉似師，師云：『我從來疑著這漢。』雪竇云：『大小南泉趙州，被個擔板漢勘破。』」

③五燈會元卷三南泉普願禪師：「南泉山下有一庵主，人謂曰：『近日南泉和尚出世，何不去禮見？』主曰：『非但南泉出世，直饒千佛出世，我亦不去。』師聞，乃令趙州去勘。州去便設拜，主不顧。州從西過東，又從東過西，主亦不顧。州曰：『草賊大敗。』遂拽下簾子便歸。舉似師。師曰：『我從來疑著這漢。』」

④古尊宿語録卷十二。

23　有講經論大德來參師。師問：「教中以何爲體？」對云：「如如〔一〕爲體。」師云：「以何爲極則〔二〕？」對云：「法身爲極則。」師云：「實也無？」對云：「實也。」師云：「喚作如如，早是變也，作麼生是體？」大德無對。因此索上堂云：「今時學士類尚辯不得，豈弁得類中異？類中異尚弁不得，作麼生辯得異中異〔三〕？喚作如如，早是變也，直須向異類中行。」趙州和尚上堂，舉者个因緣云：「這个是先師勘茱萸師兄因緣也。」有人便問：「如何是異中異？」趙州云：「直得不被毛，不戴角〔四〕，又勿交涉。」

（祖堂集卷十六南泉和尚）

【校注】

〔一〕如如：不變、不異，平等不二，不起顛倒分別的自性境界。

〔二〕極則：最高準則。禪門中言獲得開悟，參悟佛法大意。

〔三〕異中異：不與衆同。撫州曹山本寂禪師語録卷上：「僧問：『雪覆千山，爲甚麼孤峰不白？』師曰：『須知有異中異。』僧云：『如何是異中異？』師曰：『不墮諸山色。』」

〔四〕不被毛，不戴角：披毛戴角，墮爲畜生，不得解脱。古尊宿語録卷二大鑑下三世（百丈懷海大智禪師）語録之餘：「祇如今照一切有無等法，於六根門頭刮削并當貪愛，有纖毫治不去，乃至乞施主一粒米、一縷線，個個披毛戴角，牽犁負重，一一須償他始得。」不被毛，不戴角，全然自在，無所束縛，是禪宗追尋的禪悟境界。

【資料】

①建中靖國續燈録卷二十七杭州佛日智才禪師二則：「舉，南泉垂語云：『喚作如如，早是變也。今時人須向異類中行。』趙州云：『異則不問，如何是類？』南泉兩手托地，趙州便與一踏。歸涅槃堂云：『悔！悔！』首座問云：『悔個什麼？』州云：『悔不更與兩踏。』」

24　僧問趙州：「國師喚侍者意作麼生？」趙州云：「如人暗裏書字，字雖不成，文彩已彰。」

（景德傳燈録卷五西京光宅寺慧忠國師）

【資料】

①聯燈會要卷三西京光宅惠忠國師：「師一日喚侍者，者應諾，如是三喚，侍者三應。師云：『將謂吾辜負汝，誰知汝辜負吾！』趙州云：『如人暗中書字，字雖不成，文彩已彰。』雪竇便喝。投子云：『抑逼人作麼？』雪竇云：『埰根漢！』」

②嘉泰普燈録卷十四建康府華藏密印安民禪師：「趙州云：『如人暗中書字，字雖不成，文彩已彰。』」

③五燈會元卷二南陽慧忠禪師：「僧問趙州：『國師喚侍者，意作麼生？』趙州云：『如人暗裏書字，字雖不成，文彩已彰。』」

④大慧普覺禪師語録卷四、撫州曹山元證禪師語録、撫州曹山本寂禪師語録卷下、續傳燈録卷二十八、五燈嚴統卷十九。

25　師示衆云：「王老師要賣身，阿誰要買？」一僧出云：「某甲買。」師云：「他不作貴價，不作賤價。汝作麼生買？」僧無對。卧龍代云：「屬某去也。」禾山代云：「是何道理？」趙州代云：「明年來與和尚縫箇布衫〔一〕。」

（景德傳燈録卷八池州南泉普願禪師）

【校注】

〔一〕布衫：禪師以布衫之喻暗示禪宗没有貴賤之分，布衫如禪學有應時之用，參禪悟道要摒除貴賤，消除對立。禪宗頌古聯珠通集卷十一：「貴賤非同價不常，個中交道没商量。趙州布衫應時用，一任閑人説短長。」

【資料】

①五燈會元卷三南泉普願禪師：「上堂：『王老師賣身去也，還有人買麼？』一僧出曰：『某

甲買。』師曰：『不作貴，不作賤，汝作麽生買？』僧無對。卧龍代云：『屬某甲去也。』禾山代云：『是何道理？』趙州代云：『明年與和尚縫一領布衫。』」

②明覺禪師語録卷中、禪宗頌古聯珠通集卷十一。

26 有幽州澄一禪客，逢見行婆〔一〕乃問云：「怎生南泉恁道猶少機關〔二〕在？」婆乃哭云：「可悲可痛。」禪客罔措。婆乃問云：「會麽？」禪客合掌而退。婆云：「倚死禪和〔三〕，如麻如粟。」後澄一禪客舉似趙州。趙州云：「我若見遮臭老婆，問教口啞却。」澄一問趙州云：「未審和尚怎生問他？」趙州以棒打云：「似遮个倚死漢〔四〕，不打待幾時。」連打數棒。婆又聞趙州恁道，云：「趙州自合吃婆手裏棒。」後僧舉似趙州，趙州哭云：「可悲可痛。」婆聞趙州此語，合掌歎云：「趙州眼放光明，照破四天下也。」後趙州教僧去問婆云：「怎生是趙州眼？」婆乃豎起拳頭。趙州聞，乃作一頌，送凌行婆云：「當機直面提，直面當機疾。報爾凌行婆，哭聲何得失。」婆以頌答趙州云：「哭聲師已曉，已曉復誰知。當時摩竭國，幾喪目前機。」

（景德傳燈録卷八浮杯和尚）

【校注】

〔一〕行婆：居家侍佛的老婦人。

〔二〕機關：禪門宗匠以古則、公案接引學人悟入的方式。

〔三〕禪和：「禪」爲梵語音譯詞「禪那」的省稱，義譯即静慮。「和」，漢語大詞典解釋爲「和尚」之「和」，「禪和子」有親如夥伴之義。丁福保佛學大辭典將「和子」、「和者」合起來解釋，作爲「親人之語」。「和尚」是梵語音譯，鄔波馱耶語音訛轉爲古印度俗語「烏社」後，再訛轉爲「和尚」。梵語「和尚」可分解爲兩部分，即「親近」義和「教讀」義。漢語詞「禪和」中的「和」就是「和尚」中的「和」，表示親近。「禪和」即近禪。明覺禪師語録卷六風旛競辯二首其二：「如今懵懂癡禪和，謾道玄玄爲獨脚。」

〔四〕徛死漢：猶死人。禪宗比喻未開悟之人。

【資料】

①聯燈會要卷五浮杯和尚：「時有澄一禪客，問婆云：『南泉爲甚麼少機關在？』婆哭云：『可悲可痛。』一罔措。婆云：『會麼？』一合掌而立。婆云：『伎死禪和，如麻似粟。』後澄一舉似趙州。州云：『我若見這臭老婆，問教他口啞。』一云：『和尚作麼生問他？』州便打。一云：『爲甚麼却打某甲？』州云：『你這伎死禪和，不打更待何時？』婆聞乃云：『趙州合喫婆手中棒。』州

聞乃哭云：『可悲可痛。』婆聞乃云：『趙州眼光，爍破四天下。』州聞，令人問婆云：『如何是趙州眼？』婆豎起拳。僧舉似趙州，州作頌寄之云：『當機覿面提，覿面當機疾。報汝凌行婆，哭聲何得失。』婆答頌云：『哭聲師已曉，已曉復誰知。當時摩竭國，幾喪目前機。』」

②五燈會元卷三浮杯和尚：「澄一禪客逢見行婆，便問：『怎生是南泉猶少機關在？』婆乃哭曰：『可悲可痛。』一罔措。婆曰：『會麽？』一合掌而立。婆曰：『伎死禪和，如麻似粟。』一舉似趙州。州曰：『我若見這臭老婆，問教口啞。』一曰：『未審和尚怎生問他？』州便打。一曰：『爲甚麽却打某甲？』州曰：『似這伎死漢，不打更待幾時？』連打數棒。婆聞却曰：『趙州合喫婆手裏棒。』後僧舉似趙州，州哭曰：『可悲可痛。』婆聞此語，合掌歎曰：『趙州眼光，爍破四天下。』州令僧問：『如何是趙州眼？』婆乃豎起拳頭。僧回，舉似趙州，州作偈曰：『當機覿面提，覿面當機疾。報汝凌行婆，哭聲何得失。』婆以偈答曰：『哭聲師已曉，已曉復誰知。當時摩竭國，幾喪目前機。』」

③禪宗頌古聯珠通集卷十三、拈八方珠玉集卷上、佛祖歷代通載卷十六、五燈嚴統卷四、御選語録卷十六。

27　又到黄檗。黄檗見來，便閉方丈門。師乃把火於法堂内，叫云：「救火！救火！」黄檗開門捉住云：「道！道！」師云：「賊過後張弓〔一〕。」

（景德傳燈録卷十趙州觀音院從諗禪師）

【校注】

〔一〕賊過後張弓：盗賊已經走了才想起來用箭去射。比喻事後才想到用何種辦法應對，但爲時已晚。禪師以此語批評僧徒反應遲鈍，錯失開悟之機。嘉泰普燈録卷五東京法雲大通善本禪師：「幕天席地，誰是誰非。三十年後有人問極則事，但向伊道，賊過後張弓。」正法眼藏卷三：「諸禪德，大凡發足超方也須甄别邪正，識辨真僞，帶些眼筋始得。然雖如是，賊過後張弓。」

【資料】

①聯燈會要卷六趙州觀音從諗禪師：「師到黄檗。檗見來，閉却方丈門。師於法堂上叫云：『救火！救火！』檗開門，攔胸扭住云：『道！道！』師云：『賊過後張弓。』雪竇云：『直是好笑，笑須三十年。』忽有個衲僧問雪竇：『笑個甚麼？』『笑賊過後張弓。』」

②五燈會元卷四趙州從諗禪師：「師到黄檗，檗見來，便閉方丈門。師乃把火於法堂内，叫曰：『救火！救火！』檗開門捉住曰：『道！道！』師曰：『賊過後張弓。』」

③雪峰慧空禪師語録、五家正宗贊、古林清茂禪師語録卷三、指月録卷十一、宗門拈古彙集

卷十六、宗鑑法林卷十八、御選語録卷十六。

28 又到鹽官云：「看箭。」鹽官云：「過也。」師云：「中也。」

（景德傳燈録卷十趙州觀音院從諗禪師）

【資料】

①聯燈會要卷六趙州觀音從諗禪師：「師一日又到茱萸。纔上法堂，萸云：『看箭。』師亦云：『看箭。』萸云：『過。』師云：『中。』雪竇云：『二俱作家，蓋是茱萸趙州。二俱不作家，箭鋒不相拄。直饒齊發齊中，也只是個射垛漢。』」

②五燈會元卷四趙州從諗禪師：「又到道吾，纔入堂，吾曰：『南泉一隻箭來也！』師曰：『看箭！』吾曰：『過也。』師曰：『中。』」

③明覺禪師語録卷三。

29 又僧問：「清淨伽藍，爲什麽有塵？」師曰：「又一點也。」

（景德傳燈録卷十趙州觀音院從諗禪師）

【資料】

①此則可與卷中第408則互參。

②聯燈會要卷六趙州觀音從諗禪師：「云：『既是清净伽藍，爲甚麽有塵？』師云：『又一點也。』」

③五燈會元卷四趙州從諗禪師：「曰：『既是清净伽藍，爲甚麽有塵？』師曰：『又一點也。』」

④指月録卷十一。

30　師將遊五臺山次，有大德作偈留云：「何處青山不道場，何須策杖禮清凉。雲中縱有金毛〔一〕現，正眼觀時非吉祥。」師云：「作麽生是正眼？」大德無對。法眼代云：「請上坐〔二〕領某甲卑情。」同安顯代云：「是上坐眼。」（景德傳燈録卷十趙州觀音院從諗禪師）

【校注】

〔一〕金毛：金毛獅子，爲文殊菩薩的坐騎。五燈會元卷九無著文喜禪師：「但見五色雲中，文殊乘金毛師子往來。」

〔二〕上坐：亦作「上座」。又稱長老、上臘、首座等，與寺主、維那合爲三綱。是寺院中法臘高而居上位者，在寺院中地位僅次於住持。

【資料】

①聯燈會要卷六趙州觀音從諗禪師：「師欲遊五臺，有老宿作偈相留云：『何處青山不道

場，何須策杖禮清涼。雲中縱有金毛現，正眼看來非吉祥。』師云：『作麽生是正眼？』宿無對。」

②五燈會元卷四趙州從諗禪師：「師將遊五臺，有大德作偈留曰：『無處青山不道場，何須策杖禮清涼。雲中縱有金毛現，正眼觀時非吉祥。』師曰：『作麽生是正眼？』德無對。法眼代云：『請上座領某卑情。』同安顯代云：『是上座眼。』」

③石倉歷代詩選卷一百一十一趙州從諗禪師將遊五臺學人作偈留之：「無處青山不道場，何須策杖禮清涼。雲中縱有金毛現，正眼傍觀非吉祥。」

（景德傳燈録卷十趙州觀音院從諗禪師）

31　有新到僧，謂師曰：「某甲從長安來，横擔一條拄杖，不曾撥著一人。」師曰：「自是大德拄杖短。」同安顯別云：「老僧遮裏不曾見恁麽人。」僧無對。法眼代云：「呵呵。」同安顯代云：「也不短。」

【資料】

①五燈會元卷四趙州從諗禪師：「有新到謂師曰：『某甲從長安來，横擔一條拄杖，不曾撥著一人。』師曰：『自是大德拄杖短。』同安顯別云：『老僧這裏不曾見恁麽人。』僧無對。法眼代云：『呵呵。』同安顯代云：『也不短。』」

32　師敲火問僧云：「老僧喚作火，汝喚作什麽？」僧無語。師云：「不識玄旨，徒勞念静。」法燈別云：「我不如汝。」

（景德傳燈録卷十趙州觀音院從諗禪師）

【資料】

①禪宗頌古聯珠通集卷十八、禪林類聚卷十四、宗鑑法林卷十七。

33　師托起鉢云：「三十年後若見老僧，留取供養。若不見，即撲破。」一僧出云：「三十年後敢道見和尚？」師乃撲破。

（景德傳燈録卷十趙州觀音院從諗禪師）

【資料】

①五燈會元卷四趙州從諗禪師：「師拈起鉢曰：『三十年後若見老僧，留取供養。若不見，即撲破。』別僧曰：『三十年後敢道見和尚？』師乃撲破。」

②指月録卷十一、楞伽經宗通卷八。

34　師寄拂子與王公曰：「若問何處得來，但道老僧平生用不盡者。」（景德傳燈録卷十趙州觀音院從諗禪師）

【資料】

①聯燈會要卷六趙州觀音從諗禪師：「師將示寂，寄拂子與真定帥王公，謂僧云：『若問何處得來，但道老僧平生用不盡底。』」

②五燈會元卷四趙州從諗禪師：「師寄拂子與王曰：『若問何處得來，但説老僧平生用不盡者。』」

③禪宗頌古聯珠通集卷二十、宗鑑法林卷十九。

35　亞谿來參，師作起勢。亞谿曰：「遮老山鬼，猶見某甲在。」師曰：「罪過，罪過。適來失秖對。」亞谿欲進語，師乃叱之。亞谿曰：「大陣前不妨難禦。」師曰：「是，是。」亞谿曰：「不是，不是。」趙州云：「可憐兩箇漢，不識轉身句。」（景德傳燈録卷十日子和尚）

【資料】

①聯燈會要卷六日子和尚：「亞谿來，師作起勢。谿云：『這山鬼精，猶見我在。』師云：『罪

過，罪過。適來失祇對。』谿擬進語，師叱之。谿云：『大陣前不妨難禦。』師云：『是，是。』云：『不是，不是。』趙州云：『可憐兩個漢，不識轉身句。』」②五燈會元卷四日子和尚：「因亞谿來參，師作起勢。谿曰：『這老山鬼，猶見某甲在。』師曰：『罪過，罪過。適來失祇對。』谿欲進語，師便喝。谿曰：『大陣當前，不妨難禦。』師曰：『是，是。』谿曰：『不是，不是。』趙州云：『可憐兩個漢，不識轉身句。』」③指月録卷十一、教外別傳卷六、宗門拈古彙集卷十七、五燈嚴統卷四、錦江禪燈卷一、宗鑑法林卷二十。

36　趙州諗和尚來。師在禪床背面而坐，諗展坐具禮拜。師起入方丈，諗收坐具而出。（景德傳燈録卷十二鎮州寶壽沼和尚）

【資料】

①五燈會元卷十一寶壽沼禪師：「趙州來。師在禪床背面而坐，州展坐具禮拜。師起入方丈，州收坐具而出。」②禪宗頌古聯珠通集卷二十六、新修科分六學僧傳卷七。

37　僧辭趙州和尚。趙州謂曰：「有佛處不得住，無佛處急走過。三千里外逢人莫舉。」法眼代云：「恁麼即不去也。」

（景德傳燈録卷二十七諸方雜舉徵拈代別語）

【資料】

①建中靖國續燈録卷二十七越州天衣義懷禪師：「舉，趙州送僧，舉起拂子云：『有佛處不得住，無佛處急走過。三千里外逢人莫舉。』僧云：『恁麼則不去也。』州云：『摘楊花，摘楊花。』」

②五燈會元卷四趙州從諗禪師：「僧辭，師曰：『甚處去？』曰：『諸方學佛法去。』師豎起拂子曰：『有佛處不得住，無佛處急走過。三千里外，逢人不得錯舉。』」

38　師寄書與茱萸云：「理隨事變，寬廓非外。事得理融，寂寥非内〔一〕。」僧問茱萸：「如何是寬廓非外？」茱萸云：「問一答百也無妨。」云：「如何是寂寥非内？」萸云：「睹對聲色，不是好手。」又問趙州，州作吃飯勢。僧進後語，州作拭口勢。又問長沙岑，岑瞪目視之。僧進後語，岑閉目示之。僧舉似師，師云：「此三人，不謬爲吾弟子。」

（聯燈會要卷四池州南泉普願禪師）

【校注】

〔一〕理隨事變，寬廓非外。事得理融，寂寥非内：體現了禪宗圓融無礙，事理相攝的哲學思想。宗鏡録卷四十五：「不達事而理非圓，不了理而事奚立。故云理隨事現，一多緣起之無邊；事得理融，千差涉入而無礙。」大慧普覺禪師語録卷二十：「正念獨脱，則理隨事變。理隨事變，則事得理融。事得理融，則省力纔覺。省力時，便是學此道得力處也。」

【資料】

①建中靖國續燈録卷二十七婺州承天簡禪師：「舉，南泉和尚有書與茱萸和尚，書中云：『理隨事變，寬廓非外。事從理變，寂寥非内。』茱萸看了，呈起問大衆云：『誰能與山僧作得回書？』乃有僧問：『如何是寬廓非外？』茱萸云：『問一答百也無妨。』僧曰：『如何是寂寥非内？』茱萸云：『睹對顔色不好手。』僧又問長沙和尚：『如何是寬廓非外？』長沙閉目良久。僧曰：『如何是寂寥非内？』長沙開目視之。僧又問趙州和尚：『如何是寬廓非外？』州作喫飯勢。僧曰：『如何是寂寥非内？』州作拭口勢。僧便舉似南泉，泉云：『此之三人，不謬爲吾嫡子。』」

②五燈會元卷三南泉普願禪師：「師有書與茱萸曰：『理隨事變，寬廓非外。事得理融，寂寥非内。』僧達書了，便問萸：『如何是寬廓非外？』萸曰：『問一答百也無妨。』曰：『如何是寂寥

非内？』萸曰：『睹對聲色，不是好手。』僧又問長沙，沙瞪目視之。僧又進後語，沙乃閉目示之。僧又問趙州，州作吃飯勢。僧又進後語，州以手作拭口勢。後僧舉似師，師曰：『此三人，不謬爲吾弟子。』」

③古尊宿語録卷十二。

39 師訪道吾。吾見來，著豹皮裩，把桔撩棒，於三門外等候。纔見師來，便高聲唱喏而立。師云：「小心祗候著！」吾又唱喏一聲而去。（聯燈會要卷六趙州觀音從諗禪師）

【資料】

①五燈會元卷五關南道吾和尚：「趙州訪師，師乃著豹皮裩，執吉獠棒，在三門下翹一足等候。纔見州，便高聲唱喏而立。州曰：『小心祗候著！』師又唱喏一聲而去。」

40 又云：「不識玄旨，徒勞念静。」僧問：「如何是玄旨？」師云：「壁上掛錢財。」（聯燈會要卷六趙州觀音從諗禪師）

【資料】

①嘉泰普燈録卷一郢州大陽堅禪師：「僧問：『如何是玄旨？』曰：『壁上掛錢財。』」

②天聖廣燈録卷二十四、禪宗頌古聯珠通集卷三十五、空谷集卷六、五燈嚴統卷十四、五燈全書卷二十九、宗鑑法林卷六十七。

41 有一老宿問師：「近離甚處？」師云：「滑州。」宿云：「幾程到？」師云：「一蹉到。」宿云：「好個捷疾鬼〔一〕。」師云：「萬福大王。」宿云：「參堂去。」師云：「諾諾。」

（聯燈會要卷六趙州觀音從諗禪師）

【校注】

〔一〕捷疾鬼：夜叉。惡鬼之名，能夠在天空中飛行，食人。妙法蓮華經釋文卷上：「文句云捷疾鬼也。」請觀音經疏闡義鈔卷二：「舊翻捷疾鬼，致令國人病惱者，即是鬼爲病緣。」

【資料】

①五燈會元卷四趙州從諗禪師：「師因老宿問：『近離甚處？』曰：『滑州。』宿曰：『幾程到這裏？』師曰：『一蹉到。』宿曰：『好箇捷疾鬼。』師曰：『萬福大王。』宿曰：『參堂去。』師應諾諾。」

②正法眼藏卷三、教外別傳卷六、五燈嚴統卷四。

42 師一日於雪中倒，叫云：「相救，相救。」時有一僧，却去師邊臥，師便起去。翠巖芝云：「這僧在趙州綣裏，還有人出得麼？」

（聯燈會要卷六趙州觀音從諗禪師）

【資料】

①五燈會元卷四趙州從諗禪師：「師一日於雪中臥，曰：『相救，相救。』有僧便去身邊臥，師便起去。」

②癡絶道冲禪師語録卷上。

43 師在僧堂後，逢一僧，師問云：「大衆向甚麼處去？」云：「普請去。」師袖中取刀，度與僧云：「老僧住持事繁，請上座爲我斫倒却。」乃引頸向前，其僧便走。

（聯燈會要卷六趙州觀音從諗禪師）

【資料】

①指月録卷十一。

44　僧問：「言詮不到處〔一〕，請師直道。」師云：「老僧耳背多時。」僧繞繩床一匝云：「請師直道。」師亦繞繩床一匝云：「百千諸佛，皆從此門而入。」僧云：「如何是百千三昧門〔二〕？」師便打。

（聯燈會要卷六趙州觀音從諗禪師）

【校注】

〔一〕言詮不到處：無法用言語解説的佛法禪旨。

〔二〕三昧門：即得正念，進入禪定獲得開悟的境界。大乘入楞伽經卷五現證品：「於三昧門不入涅槃，若不持者，便不化度一切衆生，不能滿足如來之地。」

45　僧問：「如何是佛法大意？」師云：「猫兒是一百五十文買。」云：「我不問猫兒，如何是佛法大意？」師云：「這橐子是大王送來。」云：「謝師答話。」師云：「作家師僧，天然有在。」

（聯燈會要卷六趙州觀音從諗禪師）

【資料】

①拈八方珠玉集卷中、宗鑑法林卷十八。

46　示衆云：「南泉道：『我十八上便解作活計。』趙州道：『我十八上便會破家散宅。』」師云：「你道破家散宅好，解作活計好？　初心底人，且取前語。久參先德，直須破家散宅。更有一言，萬里崖州。」

（聯燈會要卷十二潭州神鼎鴻諲禪師）

【資料】

①嘉泰普燈録卷十三福州普賢元素禪師：「上堂，南泉道：『我十八上便解作活計，囊無系蟻之絲，厨乏聚蠅之糝。』趙州道：『我十八上便解破家散宅。』南頭買賤，北頭賣貴。檢點將來，好與三十棒，且放過一著。何故？曾爲宕子偏憐客，自愛貪杯惜醉人。」

②五燈會元卷十八普賢元素禪師：「上堂，南泉道：『我十八上便解作活計，囊無繫蟻之絲，厨乏聚蠅之糝。』趙州道：『我十八上便解破家散宅。』南頭買賤，北頭賣貴。點檢將來，好與三十棒，且放過一著。何故？曾爲宕子偏憐客，自愛貪杯惜醉人。」

③古尊宿語録卷二十四。

47　示衆，舉：「趙州問僧：『甚處去？』云：『摘茶去。』州云：『閑。』」

（聯燈會要卷十四潭州雲蓋守智禪師）

【資料】

①嘉泰普燈録卷四潭州雲蓋守智禪師：「上堂，舉：趙州問僧：『向甚處去？』云：『摘茶去。』州曰：『閑。』」

②五燈會元卷十七雲蓋守智禪師：「上堂，舉：趙州問僧：『向甚處去？』曰：『摘茶去。』州曰：『閑。』」

③續傳燈録卷十五、指月録卷十一、五家語録雲門語録。

48　示衆，舉：「僧問趙州：『如何是不遷義？』州以手作流水勢。其僧有省。」

（聯燈會要卷十六建康府蔣山慧懃禪師）

【資料】

①五燈會元卷十九太平慧懃禪師：「上堂，舉：『僧問趙州：「如何是不遷義？」州以手作流水勢。其僧有省。』」

49　僧問：「古澗寒泉時如何？」師云：「瞪目不見底。」云：「飲者如何？」師云：

「不從口入。」僧後舉似趙州。州云：「既不從口入，不可從鼻孔裏入。」僧却理前問。州云：「苦。」僧進後語，州云：「死。」師聞，遥望作禮云：「趙州古佛。」從此不答話。雪竇云：「衆中商量，總云：『雪峰不出這僧問頭，所以趙州不肯。』如斯話會，深屈古人。雪竇即不然，斬釘截鐵，本分宗師，就下平高，難爲作者。」天衣懷云：「諸仁者，作麽生會不答話底道理？賛嘆趙州即不無，還知趙州片玉瑕生麽？若人檢點得出，相如不誑於秦主。」

（聯燈會要卷二十一福州雪峰義存禪師）

【資料】

①建中靖國續燈録卷二十七明州雪竇山重顯明覺禪師：「舉：僧問雪峰：『古澗寒泉時如何？』峰云：『瞪目不見底。』僧曰：『飲者如何？』峰云：『不從口入。』僧舉問趙州。州云：『不可從鼻孔裏入。』僧却問趙州：『古澗寒泉時如何？』州云：『苦。』僧曰：『飲者如何？』州云：『死。』雪峰聞舉，云：『趙州古佛。』從此不答話。」

②五燈會元卷七雪峰義存禪師：「問：『古澗寒泉時如何？』師曰：『瞪目不見底。』曰：『飲者如何？』師曰：『不從口入。』僧舉似趙州，州曰：『不從口入，不可從鼻孔裏入。』僧却問：『古澗寒泉時如何？』州曰：『苦。』曰：『飲者如何？』州曰：『死。』師聞得，乃曰：『趙州古佛。』遥望作禮，自此不答話。」

③明覺禪師語録卷三、法演禪師語録卷下、圓悟佛果禪師語録卷十八、正法眼藏卷五、宏智

禪師廣録卷三、大慧普覺禪師語録卷四、五家正宗贊卷一、禪林類聚卷十四、楞嚴經宗通卷六、宗門拈古彙集卷二十九、宗鑑法林卷四十四、御選語録卷十五、宗門無盡燈論卷上。

50 昔有一婆，入趙州僧堂云：「這一堂師僧，總是婆生。只有大底孩兒，五逆〔一〕不孝。」州纔顧視，婆便出去。（聯燈會要卷二十九亡名尊宿）

【校注】

〔一〕五逆：佛教謂五種將招致墮入無間地獄報應的惡業大罪。阿闍世王問五逆經：「有五逆罪，若族姓子、族姓女爲是五不救罪者，必入地獄不疑。云何爲五？謂殺父、殺母、害阿羅漢、鬪亂衆僧、起惡意於如來所。」佛説觀無量壽佛經：「或有衆生作不善業，五逆十惡，具諸不善，如此愚人以惡業故，應墮惡道，經歷多劫，受苦無窮。」

【資料】

①松源崇嶽禪師語録、指月録卷六、宗鑑法林卷十九。

51 有一婆子令人送錢，請轉藏經〔一〕。師受施利了，却下禪床轉一匝。乃曰：「傳語婆，轉藏經已竟。」其人回舉似婆。婆曰：「比來請轉全藏，如何衹爲轉半藏？」玄覺云：「甚麼處是欠半藏處？且道那婆子具甚麼眼，便與麼道。」

（五燈會元卷四趙州從諗禪師）

【校注】

〔一〕轉藏經：轉讀大藏經。尋常之讀經法，每行閲過，稱爲真讀。唯讀經書每卷之初、中、後數行而轉翻經卷，稱爲轉經。禪林寺院爲了普法傳教，便於民衆接受佛法，將翻動經書和轉動刻有經文的轉輪都視爲轉經。轉讀經書的法會稱爲轉經會。三種悉地破地獄轉業障出三界祕密陀羅尼法：「右上五字法身真言，若日誦一遍或七遍或二十一遍或四十九遍者，校量功德，一遍福如轉藏經一百萬遍。藏經者，一切經也。何况禪寂坐入定門。」禪宗頌古聯珠通集卷十八祖師機緣：「走下禪牀行一轉，看了如來五千卷。」

【資料】

①景德傳燈録卷二十七諸方雜舉徵拈代別語：「有婆子令人送錢去，請老宿開藏經。老宿受施利，便下禪床轉一匝，乃云：『傳語婆子，轉藏經了也。』其人回舉似婆子。婆云：『比來請開全藏，爲甚開半藏？』」

②聯燈會要卷十益州大隋法真禪師：「有婆令人送錢，請師轉藏經。師下繩床轉一匝云：

『傳語婆婆，轉藏已竟。』其人歸，舉似婆，婆云：『比來請轉全藏，如何只轉半藏？』」玄覺徵云：「甚麽處是轉半藏處？且道婆具甚麽眼？」」

③禪宗頌古聯珠通集卷十八、指月録卷十一、教外别傳卷六、五燈嚴統卷四、宗鑑法林卷十七、御選語録卷十六。

52　問僧：「一日看多少經？」曰：「或七八，或十卷。」師曰：「闍梨不會看經。」曰：「和尚一日看多少？」師曰：「老僧一日祇看一字。」（五燈會元卷四趙州從諗禪師）

【資料】

①五燈嚴統卷四。

53　僧問：「如何是古佛心？」師曰：「三箇婆子排班拜。」（五燈會元卷四趙州從諗禪師）

【資料】

①天聖廣燈録卷十六汝州寶應禪院省念禪師：「問：『如何是古佛心？』師云：『三個婆婆

排班拜。』」

②古尊宿語録卷八、五燈嚴統卷四、教外别傳卷六。

54 問：「如何是不遷義〔一〕？」師曰：「一箇野雀兒從東飛過西。」

（五燈會元卷四趙州從諗禪師）

【校注】

〔一〕不遷義：常住一處，無有生滅。禪師却常用變遷之物解釋「不遷」，意在讓學人不爲言辭所滯礙。大覺禪師語録卷中：「要識本來不遷義，趙州流水我吹風。」景德傳燈録卷二十五撫州黄山良匡禪師：「問：『如何是物不遷義？』師曰：『春夏秋冬。』」

【資料】

①五燈嚴統卷四、教外别傳卷六。

55 問：「如何是毗盧師？」師便起立。僧曰：「如何是法身主？」師便坐。僧禮拜。師曰：「且道坐者是？立者是？」

（五燈會元卷四趙州從諗禪師）

【資料】

①空谷集卷三、五燈嚴統卷四、教外別傳卷六。

56　舉僧問投子：「密巖意旨如何？」子云：「須是與麽人始得。」趙州云：「何不與他本分草料。」

（古尊宿語録卷十六雲門（文偃）匡真禪師廣録中）

【資料】

①雲門匡真禪師廣録卷中。

57　舉僧問趙州：「如何是妙峰〔一〕頂？」州云：「不答你者話。」僧云：「爲什麽不答？」州云：「我若答，落在平地。」

（古尊宿語録卷十六雲門（文偃）匡真禪師廣録中）

【校注】

〔一〕妙峰：大方廣佛華嚴經卷六十二入法界品：「於此南方有一國土，名爲勝樂；其國有山，名曰妙峰；於彼山中，有一比丘，名曰德雲。汝可往問：菩薩云何學菩薩行？菩薩云何修菩薩行？乃至菩薩云何於普賢行疾得圓滿？德雲比丘當爲汝説。」禪宗將妙峰喻爲玄妙的禪法境界，開悟境界。亦稱妙峰頂、妙峰孤頂。明覺禪師語録卷一：「上堂云：『古人道：譬如擲劍揮空，莫論及之不及。斯乃空輪絶跡，劍刃非虧。好諸禪德，若能如是，心心無知，即是踞妙峰孤頂。』」大光明藏卷三福州長生山皎然禪師：「大道不説有高下，真空那肯涉離微。大海吞流同增減，妙峰高聳總擎持。」

【資料】

①雲門匡真禪師廣録卷中、碧巖録卷三、竺仙和尚語録卷上、楞嚴經宗通卷八。

58　舉僧問趙州：「黑豆未生芽〔一〕時如何？」州云：「好合醬〔二〕。」

（古尊宿語録卷二十四潭州神鼎山第一代（洪）諲禪師語録）

【校注】

〔一〕黑豆未生芽：以黑豆比喻萌生的情識思想。俗語謂内心尚未被情識知解所沾染，是禪宗追尋的一種修行境界。續傳燈録卷三十二真州靈岩東庵了性禪師：「正是業識茫茫無本可據，直饒向黑豆未生已前一時坐斷。」

〔二〕好合醬：黑豆生芽即可作醬。禪師以此語暗示僧徒雖問「黑豆未生芽」的禪悟境界，但正因此問而落入「已生芽」的執著意識中。

【資料】

①宗鑑法林卷十七。

59 趙州和尚云：「十二時中，許你一時外學〔一〕。」僧便問：「許一時外學，未審學什麽？」州云：「學佛學法〔二〕。」

（古尊宿語録卷三十一舒州龍門（清遠）佛眼和尚小參語録）

【校注】

〔一〕許你一時外學：外學，佛學以外的教法、典籍，或學習佛教以外的其他教法、典籍。虚堂和尚語録卷四：「近年叢林凋弊，學者不本宗猷，浸淫外學，滋長無明，雖千百群居，未聞有如爆龜紋，可以爲末世滅胡種族。良可悲也。」佛家爲廣布佛法，降服外道，允許僧徒學習外學。但對學習外學有所規定。釋氏要覽卷中志學：「開外學。毗奈耶云：『因舍利子，降伏撥無後世外道，佛聽比丘學外論。仍須是明慧强記者，方可於一日分三時，初中二分，讀誦佛經，至晚讀外書。是故祇洹中有書院，其中置大千界不同文書。佛許比丘遍讀，爲降外道故。不許依其見解。』地持論云：『若聰明上智，能速受學者，於日月中，常以二分學佛法，一分學外典。』」禪門鍛煉説磨治學業：「内學者何？滿龍宮，盈海藏，西天此土，梵語唐言，千七百則爛葛藤，出世間一切著述是也。外學者何？墳典丘索，詩書六藝，屋盤津逮之藏，國門名山之業，春秋史學，諸子百家，世間一切典籍是也。非内則本業不諳，出世何以利生；非外則儒術無聞，入世不能應物。使人謂禪家者流，盡空疏而寡學，暗鈍而無知，何以抶佛祖心髓，服天下緇素之俊傑哉？」

〔二〕學佛學法：趙州禪師以此語暗示僧徒所有的外學最終都要回歸到佛法内學之中。

【資料】

①續古尊宿語要卷六。

60 舉趙州聞俗行者勘僧云：「我有十貫錢，若有人下得一轉語〔一〕，即捨此錢。」前後有人下語，并不契。趙州遂往行者家。行者云：「若下得一轉語，即捨其錢。」趙州戴笠子便行。

（古尊宿語録卷四十六滁州瑯琊山（慧）覺和尚語録）

【校注】

〔一〕轉語：參禪學佛時進入進退維谷處，請人代爲言一句話或一則機語，作爲撥轉，因得他人撥轉而内心豁然開朗，轉迷爲悟。

【資料】

①先覺宗乘卷五。

61　趙州和尚見僧，喚云：「近前來。」僧近前，州云：「去！」

（圓悟佛果禪師語録卷十五）

【資料】

①續古尊宿語要卷三示良上人：「趙州見僧，喚近前來。僧近前。州云：『去。』多少省力。若薦得，乃是十成完全。若作如之若何，則知見生也。」

②雪峰義存禪師語録卷上：「問：『趙州無賓主話，未審作麽生？』師便踏其僧。復喚僧：『近前來。』僧近前來，師云：『去！』」

62　舉趙州一日與文遠遊園，以拄杖指一莖菜。文遠低頭便拔，趙州便打。

（續古尊宿語要卷一翠巖真禪師語）

63 趙州巡乞〔一〕。凌行婆云：「太無厭生。」州覆鉢而去。

（續古尊宿語要卷六別峰印禪師語）

【校注】

〔一〕巡乞：執器具四處巡走乞食。

64 投子一日爲趙州置茶筵〔一〕相待。自過蒸餅與趙州，州不管。投子令行者過胡餅〔二〕與趙州，州禮行者三拜。

（碧巖録卷五〖四一〗）

【校注】

〔一〕茶筵：亦稱茶湯會或赴茶湯，是禪林寺院中的一種待客禮。禪師以茶代酒，借茶抒懷。敕修百丈清規卷六赴茶湯：「凡住持兩序特爲茶湯，禮數勤重，不宜慢易，既受請已，依時候赴。先看照牌明記位次，免致臨時倉遑。如有病患内迫不及赴者，托同伏人白知，惟住持茶湯不可免，慢不赴者不可共住。」

〔二〕胡餅：宋吳曾能改齋漫録卷十五方物胡麻餅：「釋名云：『餅，并也，溲麪使合并也。胡餅，言以胡麻著之也。』崔鴻前趙録曰：『石季龍諱胡，改胡餅曰麻餅。』晋書云：『王長文在市中齧胡餅。』肅宗實録云：『楊國忠自入市，衣袖中盛胡餅。』劉禹錫嘉話云：『劉晏入朝，見賣蒸餅之處，買啗之。』此胡餅乃胡麻之餅也。緗素雜記謂：『張公所論市井有鬻胡餅者，不曉名之所謂，乃易其名爐餅。』論此爲誤，誠然。渠以爲胡餅爲胡人所啗，因此得名，故曰胡餅，如畢羅、鑒虛，呼以其名。予謂此失，若曰胡餅非麻之餅，則石季龍何以改爲麻餅哉？」

【資料】

①御選語録卷十四。

65　舉南泉與趙州玩月〔一〕次。州云：「幾時得似這個去？」泉云：「王老師二十年前，也曾恁麼來。」師云：「二十年前且置，二十年後又作麼生？還知王老師行履處麼？屋裏無靈床〔二〕，渾家〔三〕不著孝。」

（宏智禪師廣録卷三）

【校注】

〔一〕玩月：賞月。大覺禪師語録卷中：「節届中秋，人皆玩月。貪看指端，蹉過真月。」

〔二〕靈床：停放屍體的床，又稱靈筵或儀床。後漢書張奂傳：「措屍靈床，幅巾而已。」

〔三〕渾家：全家。

【資料】

①祖堂集卷十一保福和尚：「招慶舉：南泉翫月次，時有僧問：『何時得似這个月？』泉云：『王老僧二十年前亦曾與摩來。』」

②景德傳燈録卷八池州南泉普願禪師：「師因翫月次，有僧便問：『幾時得似遮個去？』師云：『王老師二十年前亦恁麼來。』」

③聯燈會要卷四池州南泉普願禪師：「師翫月次，僧云：『幾時得似這箇？』師云：『王老師二十年前也曾恁麼來。』云：『即今又作麼生？』師便歸方丈。」

④五燈會元卷三南泉普願禪師：「師玩月次，僧問：『幾時得似這個去？』師曰：『王老師二十年前亦恁麼來。』曰：『即今作麼生？』師便歸方丈。」

⑤請益録、宗鑑法林卷十一。

66 舉：趙州云：「把定乾坤眼〔一〕，綿綿不漏絲毫。我要你會，你又作麼生會？」

（宏智禪師廣録卷三）

【校注】

〔一〕把定乾坤眼：禪宗的本分施設，通過不立言句，扼斷語路，使參禪者無可用心，剿絶種種意念情識。建中靖國續燈録卷十五東京法雲寺大通禪師：「問：『把定乾坤眼，綿綿不漏絲毫。未審此理如何？』師云：『舌根裏藏身。』」請益録卷下〔九九〕洞山鉢袋：「到這裏返觀大鑑祇具一隻眼，原來盡大地是沙門一隻眼，又喚作把定乾坤眼，綿綿不漏絲毫，亦名頂門具金剛眼。」真歇清了禪師語録：「卓錐無地甚處安身，瞬目不通如何駐擬。所以把定乾坤眼，綿綿不漏絲毫。融通造化機，的的更無滲漏。」

【資料】

①請益録、宗門拈古彙集卷十四、宗鑑法林卷十七。

67　上堂舉：僧問趙州：「如何是祖師西來意？」州云：「年盡不燒錢〔一〕。」

（宏智禪師廣録卷四）

【校注】

〔一〕燒錢：中國傳統習俗，焚燒紙錢，祭奠亡者。宏智禪師廣録卷七：「歲盡年窮一句子，東村王老夜燒錢。」虚堂和尚語録卷一：「除夜小參。灰寒火冷，家家爆竹送窮。臘盡春回，處處燒錢引鬼。」

68　僧問趙州：「如何得不蹉路〔一〕？」州云：「識自本心，見自本性，即不蹉路。」（御選語録卷十一玉琳琇國師語録）

【校注】

〔一〕蹉路：迷路。五燈會元卷十二節使李端願居士：「祇知貪程，不覺蹉路。」

69　趙州道：「七日不悟，摘取老僧頭。」（御選語録卷十二和碩雍親王圓明居士語録一貫銘）

70　趙州見僧來，便面壁書梵字。僧展坐具禮三拜。師轉身，僧收坐具出去。師曰：「苦，苦！」僧呵呵大笑。（禪宗頌古聯珠通集卷二十）

【資料】

①應庵曇華禪師語録卷四。

71　趙州因僧問：「南泉遷化〔一〕，向什麽處去？」師曰：「東家作驢，西家作馬。」（禪宗頌古聯珠通集卷二十）

【校注】

〔一〕遷化：人死。漢書外戚傳上孝武李夫人：「忽遷化而不反兮，魄放逸以飛揚。」

【資料】

①此則他書皆記爲長沙景岑和尚語。

②祖堂集卷十七岑和尚：「問：『南泉遷化，向什摩處去？』師云：『東家作驢，西家作馬。』僧云：『學人不會。』師云：『要騎則騎，要下則下。』」

③景德傳燈録卷十湖南長沙景岑禪師：「僧問：『南泉遷化，向什麽處去？』師云：『東家作驢，西家作馬。』僧云：『此意如何？』師云：『要騎即騎，要下即下。』」

④聯燈會要卷六湖南長沙景岑禪師：「僧問：『南泉遷化，向甚麽處去？』師云：『東家作驢，西家作馬。』云：『此意如何？』師云：『要騎便騎，要下便下。』」

⑤五燈會元卷四長沙景岑禪師：「問：『南泉遷化，向甚麽處去？』師曰：『東家作驢，西家作馬。』曰：『學人不會，此意如何？』師曰：『要騎即騎，要下即下。』」

⑥大慧普覺禪師語録卷八：「當晚小參，舉僧問長沙：『南泉遷化，向什麽處去？』沙云：『東家作驢，西家作馬。』僧云：『未審意旨如何？』沙云：『要騎便騎，要下便下。』」

⑦御選語録卷十六。

72 趙州因僧問：「如何是祖師西來意？」師曰：「冬至一陽生〔一〕。」

（禪宗頌古聯珠通集卷二十）

【校注】

〔一〕冬至一陽生：陽氣所生，萬物之始。五禮通考卷一：「冬至一陽生，此天道之始也。」四庫全書總目提要卷一百二十四子部三四雜家類存目一瞿塘日録：「冬至一陽生，陽氣主生，則日隨而高。夏至一陰生，陰氣主沉，則日隨而低。」

73 師自受南泉印可〔一〕，乃歸曹州，省受業師〔二〕。親屬聞師歸，咸欲來會。師聞曰：「俗塵愛網無有了期，已辭出家，不願再見。」遂攜瓶錫〔三〕遍歷諸方。常謂：「七歲兒童勝我者，我即問伊。百歲老翁不及我者，我即教他。」

（指月録卷十一趙州觀音院真際從諗禪師）

【校注】

〔一〕印可：證明弟子有所得，而讚美稱可。止觀輔行傳弘決卷七之三：「佛印者，印謂印可，可謂稱可。」

〔二〕受業師：得度後受教之師，又名親教師。釋氏要覽卷上師資：「毗奈耶云鄔波陀耶，此云親教，由能教離出世業故，稱受業和尚。」

〔三〕瓶錫：瓶，净瓶，隨身用以净手。釋氏要覽卷中道具：「净瓶，梵語軍遲，此云瓶。常貯水，隨身用以净手。」錫，錫杖。爲比丘隨身攜帶的十八物之一。因振杖之時，出聲如錫，故稱「錫杖」，又名聲杖。錫杖頂端爲寶塔形，用錫爲之；其杖柄爲竹製，底端爲圓錐形鋼套，高與眉齊。釋氏要覽卷中道具：「錫杖，梵云隙棄羅，此云錫杖，由振時作錫聲故。十誦云聲杖。錫杖經云：佛告比丘：汝等應受持錫杖。所以者何？過去、未來、現在諸佛皆執故。又名智杖，又名德杖，彰顯智行功德本故。聖人之表幟，賢士之明記，道法之正幢。迦葉白佛：何名錫杖？佛言：錫者輕也，倚依是杖，除煩惱，出三界故；錫，明也，得智明故；錫，醒也，醒悟苦空三界結使故；錫，疏也，謂持者與五欲疏斷故。若二股六環，是迦葉佛製；若四股十二環，是釋迦佛製。彼經大有訓釋名字，説作亭分表法，持法功德。文多不録，在定字函。三千威儀經云：持錫不得入衆，日中後不得復持，日中即知。不得擔於肩上。五百問云：持錫有多事，能警惡蟲毒獸故。」翻譯名義集卷七：「錫杖經：又名智杖，亦名德杖，彰智行功德故。聖人之幖幟，賢士之明記，道法之幢。」

74 僧問趙州：「如何是學人自己？」州對曰：「山河大地。」

（指月録卷十四鎮州臨濟義玄禪師）

【資料】

①永覺元賢禪師廣録卷十六。

75 謂門弟子曰：「趙州曰：『莫費力也。大好言語，何不仍舊去。世間法尚有門，佛法豈無門？自是不仍舊故。』」

（指月録卷二十二金陵清凉院文益禪師）

【資料】

①禪林僧寶傳卷四、禪苑蒙求卷下、佛祖綱目卷三十四、金陵清凉院文益禪師語録。

76 舉僧問趙州：「如何是出來底人〔一〕？」州云：「諸佛菩薩。」

（大慧普覺禪師語録卷一）

【校注】

〔一〕出來底人：解脱束縛，獲得禪悟的人。

【資料】

①五燈全書卷四十三。

77　趙州見僧入門，便云：「辜負老僧。」

（大慧普覺禪師語録卷二十四）

78　上堂，舉趙州入僧堂云：「有賊〔一〕，有賊。」見一僧便云：「賊在者裏。」僧云：「不是某甲。」趙州托開云：「是即是，只不肯承當。」

（北澗居簡禪師語録）

【校注】

〔一〕賊：色聲香味觸法爲六塵，六塵以六根（眼耳鼻舌身意）爲媒介，引賊入室，自截家寶，故稱爲賊。得道之人眼不見色，耳不聽聲，鼻不嗅香，舌不味味，身離細滑，意不妄念，以避六賊。金光明經卷一空品：「猶如世人，馳走空聚，六賊所害，愚不知避。心常依止，六根境界，各各自知，所伺之處，隨行色聲香味觸法。如鳥投網，其心在在，常處諸根，隨逐諸塵，無有暫捨。身空虛僞，不可長養，無有諍訟，亦無正主，從諸因緣，和合而有，無有堅實，妄想故起。」首楞嚴經卷四：「汝現前眼耳鼻舌及與身心，六爲賊媒自劫家寶，由此無始衆生世界生纏縛故，於器世間不能超越。」翻譯名義集卷五：「六賊，原性明靜，因情昏散，狂心若歇，真佛自彰，當知塵識是賊。」

【資料】

①此則他書皆記爲子湖禪師語。

②五燈會元卷四子湖利蹤禪師：「師一夜於僧堂前叫曰：『有賊。』衆皆驚動。有一僧在堂内出，師把住曰：『維那，捉得也，捉得也！』曰：『不是某甲。』師曰：『是即是，秖是汝不肯承當。』」

③祖庭事苑卷七十八、古尊宿語録卷十二、石溪心月禪師語録、普庵印肅禪師語録卷下。

79　趙州問僧：「千山萬水來，那個是你自己？」僧云：「某甲不會，敢問和尚如何是學人自己？」州云：「萬水千山。」

（空谷集卷四〔六四〕趙横高坡）

80　趙州禮峨眉，於放光臺，不登寶塔頂。僧問：「和尚云何不到至極處？」州云：「三界之高，禪定可入。西方之曠，一念而至。惟有普賢，法界無邊。」（蜀中廣記卷八十五高僧記峨眉歷代耆宿）

81　趙州曰：「一切但仍舊。」（林間録）

【資料】

①智證傳。

82　趙州因僧問：「如何是南泉真？」師下禪床立。又問：「如何是和尚真？」師上禪床坐。（宗鑑法林卷十九大鑑下四世）

【資料】

①禪宗頌古聯珠通集卷二十：「趙州因僧問：『如何是南泉真？』師下禪床立。僧曰：『如

何是和尚真?」師上禪床坐。頌曰:『師下禪床立,神號並鬼泣。師上禪床坐,龍蟠並虎卧。一槌打與兩分張,拈起元來是雙破。』」

83 趙州到一鄉院,經旬,辭院主,遊五臺山。主有頌送之。(無準師範禪師語録卷四)

附録一 趙州禪師相關資料

祖堂集卷十八趙州和尚

趙州和尚嗣南泉，在北地。師諱全諗，青社緇丘人也。少於本州龍興寺出家，嵩山瑠璃壇受戒。不味經律，遍參叢林，一造南泉，更無他往。既遭盛筵，寧無扣擊。

師問：「如何是道？」南泉云：「平常心是道。」師云：「還可趣向否？」南泉云：「擬則乖。」師云：「不擬時如何知是道？」南泉云：「道不屬知不知，知是妄覺，不知是無記。若也真達不擬之道，猶如太虛，廓然蕩豁，豈可是非？」師於是頓領玄機，心如朗月，自爾隨緣任性，笑傲浮生，擁毳攜筇，周遊煙水矣。（後略）

宋高僧傳卷十一唐趙州東院從諗傳

釋從諗，青州臨淄人也。童稚之歲，孤介弗群。越二親之羈絆，超然離俗，乃投本州龍興伽藍，從師剪落。尋往嵩山琉璃壇納戒。師勉之聽習，於經律但染指而已。聞池陽願禪師道化翕如，諗執心定志，鑽仰忘疲，南泉密付授之。滅跡匿端，坦然安樂。後於趙郡開物化迷，大行禪道。以真定帥王氏阻兵，封疆多梗，朝廷患之。王氏抗拒過制，而偏歸心於諗。諗嘗寄塵拂上王氏，曰：「王若問『何處得此拂子』，荅道『老僧平生用不盡者物』。」凡所舉揚天下傳之，號「趙州法道」。語録大行，爲世所貴也。（後略）

景德傳燈録卷十趙州觀音院從諗禪師

曹州郝鄉人也，姓郝氏。童稚於本州扈通院從師披剃。未納戒，便抵池陽參南泉。值南泉偃息，而問曰：「近離什麽處？」師曰：「近離瑞像院。」曰：「還見瑞像麽？」師曰：「不見瑞像，只見卧如來。」曰：「汝是有主沙彌，無主沙彌？」師曰：「有主沙彌。」

曰：「主在什麽處？」師曰：「仲冬嚴寒，伏惟和尚尊體萬福。」南泉器之，而許入室。異日問南泉：「如何是道？」南泉曰：「平常心是道。」（中略）師言下悟理，乃往嵩嶽瑠璃壇納戒，却返南泉。（中略）

唐乾寧四年十一月二日右脇而寂，壽一百二十。有人問：「師年多少？」師云：「一串念珠數不盡。」後謚真際大師。

又卷二十八諸方廣語趙州從諗和尚語

趙州從諗和尚上堂云：「金佛不度爐，木佛不度火，泥佛不度水，真佛内裏坐。菩提涅槃真如佛性，盡是貼體衣服，亦名煩惱，不問即無煩惱。且實際理什麽處著得？一心不生，萬法無咎，汝但究理坐看三二十年，若不會道，截取老僧頭去。夢幻空華，何勞把捉？心若不異，萬法一如。既不從外得，更拘執作什麽？如羊相似，亂拾物安向口裏。老僧見藥山和尚道：『有人問著者，便教合却口。』老僧亦教合却口。取我是浄。一似獵狗，專欲喫物。佛法在什麽處？遮裏一千人盡是覓作佛漢子，於中覓一箇道人無。若與空王爲弟子，莫教心病最難醫。未有世間時，早有此性；世界壞時，此性不壞。從一見老僧後，更不是别人，祇是一箇主人公。遮箇更用向外覓物作什麽？正恁麽時，莫轉頭换腦；若轉頭换腦，即失却去也。」

時有僧問：「承師有言，世界壞時，此性不壞。如何是此性？」師曰：「四大五陰。」僧曰：「此猶是壞底。如何是此性？」師曰：「四大五陰。」法眼云：「是一箇兩箇，是壞不壞。且作麽生會？試斷看。」

祖庭事苑卷七八方珠玉集趙州

師諱從諗，姓郝氏，曹州郝鄉人。作沙彌時，造南泉之室，穎拔不群。南泉待之異於流輩。一日問：「如何是道？」泉曰：「平常心是道。」師曰：「還可趣向否？」曰：「擬向即乖。」師曰：「不擬那知是道？」曰：「道不屬知不知，知是妄覺，不知是無記。若真達不擬之道，猶如太虚廓然，豈可强是非邪？」師既領旨，却往嵩嶽，請戒而歸。晚遊河朔，被檀越之請，唱道於趙州之觀音。一日真定帥王公鎔訪師。師坐而問曰：「會麽？」王曰：「不會。」師曰：「自小持齋身已老，見人無力下禪床。」公益加敬仰。至唐昭宗乾寧末年仲冬二日，右脇示寂。謚真際大師。

聯燈會要卷六趙州觀音從諗禪師

曹州郝氏子。初謁南泉，值泉偃息次。泉問：「近離甚處？」師云：「瑞像。」泉云：「還見瑞像麽？」師云：「瑞像即不見，只見卧如來。」泉遂起問：「你是有主沙彌？無主沙彌？」師云：「有主。」泉云：「那個是你主？」師云：「孟春猶寒，伏惟和尚尊體起居萬福。」泉唤維那云：「此沙彌别處安排著。」（後略）

五燈會元卷四趙州從諗禪師

趙州觀音院亦曰東院從諗禪師，曹州郝鄉人也，姓郝氏。童稚於本州扈通院從師披剃，未納戒便抵池陽，參南泉。值泉偃息而問曰：「近離甚處？」師曰：「瑞像。」泉曰：「還見瑞像麽？」師曰：「不見瑞像，祇見卧如來。」泉便起坐，問：「汝是有主沙彌？無主沙彌？」師曰：「有主沙彌。」泉曰：「那箇是你主？」師近前躬身曰：「仲冬嚴寒，伏惟和尚尊候萬福。」泉器之，許其入室。（中略）

師之玄言，布於天下，時謂趙州門風，皆悚然信伏矣。唐乾寧四年十一月二日，右脇而寂。壽一百二十歲，謚真際大師。

五家正宗贊卷一趙州真際禪師

師嗣南泉，諱從諗，曹州人，姓郝氏。（中略）

贊曰：

禪在口皮邊，換盡衲僧眼。中南泉毒，太虚寥廓，豈强是非？死雪峰心，古澗寒泉，分明剖判。見大王不下床接，表吾宗尊法有人；勘庵主拽下簾歸，知王老疑著者漢。茱萸探水，靠丈立生根；黄檗救焚，開門驚落膽。狗子無佛性，露刃劍冷焰含霜；臺山勘破婆，葛藤樁一刀截斷。覺鐵嘴謂先師無此語，費口分疏；嚴尊者問一物不將來，全肩荷擔。

架略彴，非惟度馬度驢。亘百世，援沈迷，使平步摩訶衍岸。

大光明藏卷中趙州觀音院從諗禪師

師初謁南泉。值南泉偃息次，泉問：「近離什處？」師云：「瑞像。」泉云：「還見瑞像麽？」師云：「不見瑞像，即見卧如來。」泉遂起，矍然問曰：「你是有主沙彌？無主沙彌？」師云：「有主沙彌。」泉云：「主在什麽處？」師云：「仲冬嚴寒，伏惟和尚尊候起居萬福。」南泉許其入室。（後略）

釋氏通鑑卷十一癸丑景福二［年］

趙州從諗禪師，初參南泉得旨。後歸北地，衆請住趙州觀音古刹，道風大振。

一日燕王領兵至鎮府界，欲取趙城。有觀氣者曰：「趙州必有聖人者居，戰必不勝。」因此燕、趙通和。聞有觀音院諗禪師道眼明白，此必應兆。一日二王命駕，謁趙州和尚。師見王，端坐不起。燕王問：「人王尊？法王尊？」師曰：「在人中人王尊，在法中法王尊。」王唯然而已。師良久乃問：「那個鎮府大王？」趙王曰：「弟子是。」師曰：「老僧濫在化部，不及趨見。」須臾王請説法。師曰：「大王尊諱多。」王曰：「請去諱説法。」師曰：「我佛世尊，一稱名號，罪滅福生。大王先祖，纔有人觸著名諱，便生嗔怒。」趙州於是慈悲説法，二王大悦，稽首而退。至來日燕王有先鋒將入院，欲責慢君之禮，師聞來，乃出接。鋒云：「昨日見二王不起，今日見某甲來，何故出接？」師云：「待都使似大王，老僧亦不出接。」鋒愧而退。（後略）

佛祖歷代通載卷十七

乾寧四年，趙州從諗禪師示寂，閲歲一百二十。師曹州人，姓郝氏。落髮未具戒，便造南泉。泉一見深器之。（中略）自是周旋南泉之門，凡二十年。次遍歷諸方，後歸北地，衆請住趙州觀音古刹。（後略）

釋氏稽古略卷三［唐昭宗］丁巳乾寧四年

趙州禪師，名從諗。曹州郝鄉人也，姓郝氏。童穉於本州扈通院從師披剃，未納戒，抵池陽參南泉願禪師。泉器之。（中略）乃往嵩岳瑠璃壇納戒。仍返南泉。久之衆請住趙州隸真定路觀音院，一曰東院，道化甚盛。作十二時歌，偈頌機緣語録流行於世。（中略）時真定帥王鎔稱趙王，盧王節度使劉仁恭稱燕王，二王爭相重敬。至是乾寧四年十一月二日卧右脇而寂，壽一百二十歲。敕謚真際大師。嗣南泉願，願嗣馬祖。

禪宗正脉卷二　趙州觀音院從諗禪師

童稚從師披剃，未納戒，便抵池陽，參南泉。值泉偃息而問曰：「近離甚處？」師曰：「瑞像。」泉曰：「還見瑞像麽？」師曰：「不見瑞像，衹見卧如來。」〔頌〕泉便起坐，問：「汝是有主沙彌？無主沙彌？」師曰：「有主沙彌。」泉曰：「那個是你主？」師近前躬身曰：「仲冬嚴寒，伏惟和尚尊候萬福。」泉器之，許其入室。（後略）

指月録卷十一　趙州觀音院真際從諗禪師

曹州郝鄉人也，姓郝氏。童稚於本州扈通院披剃，未納戒，便抵池陽參南泉。值泉偃息，而問曰：「近離甚處？」師曰：「瑞像。」泉曰：「還見瑞像麽？」師曰：「不見瑞像，祇見臥如來。」泉便起坐問：「汝是有主沙彌？無主沙彌？」師曰：「有主沙彌。」泉曰：「那個是你主？」師近前躬身曰：「仲冬嚴寒，伏惟和尚尊候萬福。」泉器之，許其入室。（後略）

佛祖綱目卷三十三戊午趙州從諗禪師示寂南泉願法嗣

從諗，住趙州竇家園。二年戊午十一月，將入滅時，謂弟子曰：「吾去世後，焚燒了，不用淨淘舍利。宗師弟子不同浮俗，且身是幻，舍利何生？斯不可也。」令小師送拂子一枝與趙王，傳語云：「此是老僧一生用不盡底。」遂於十一月十日，端坐而寂，壽一百二十。謚曰真際禪師，光祖之塔。

教外别傳卷六趙州從諗禪師

趙州觀音院亦曰東院從諗禪師，曹州郝鄉人，姓郝氏。

抵池陽，參南泉。值南泉偃息，而問曰：「近離甚處？」師曰：「瑞像。」南泉曰：「還見瑞像麽？」師曰：「不見瑞像，祇見卧如來。」南泉便起坐問：「汝是有主沙彌？無主沙彌？」師曰：「有主沙彌。」南泉曰：「那個是你主？」師近前躬身曰：「仲冬嚴寒，伏惟和尚尊候萬福。」南泉器之，許其入室。（後略）

五燈嚴統卷四趙州觀音院從諗禪師

曹州郝鄉人也，姓郝氏。童稚於本州扈通院，從師披剃。未納戒，便抵池陽，參南泉。值泉偃息，而問曰：「近離甚處？」師曰：「瑞像。」泉曰：「還見瑞像麽？」師曰：「不見瑞像，祇見卧如來。」泉便起坐，問：「汝是有主沙彌？無主沙彌？」師曰：「有主沙彌。」泉曰：「那個是你主？」師近前躬身曰：「仲冬嚴寒，伏惟和尚尊候萬福。」泉器之，許其入室。（後略）

五燈全書卷七趙州觀音院真際從諗禪師

曹州郝鄉郝氏子。童稚於本州扈通院，從師披剃。未納戒，便抵池陽，參南泉。值泉偃息，而問曰：「近離甚處？」師曰：「瑞像。」泉曰：「還見瑞像麽？」師曰：「不見瑞像，祇見卧如來。」泉便起坐，問：「汝是有主沙彌？無主沙彌？」師曰：「有主沙彌。」泉曰：「那箇是你主？」師近前躬身曰：「仲冬嚴寒，伏惟和尚尊候萬福。」泉器之，許其入室。

（後略）

趙州從諗禪師御製序

夫達摩西來，九年面壁，無多言句，而能直指人心，見性成佛，首開震旦之宗風。後人演唱提持，照用權實，鳴塗毒鼓，揮太阿鋒，於言象不該之表，形名未兆之先。機如電掣雷奔，譚似河流海注，青蓮花紛飄舌本，大師子吼斷十方，穿透百千諸佛耳根，踍跳三十三天空外。究其所歸，不過鋪荆列棘，遍地生枝，甘草黄連，自心甘苦耳。然則自利利他，固不在於多言歟。

趙州諗禪師，圓證無生法忍，以本分事接人。龍門之桐，高百尺而無枝。朕閲其言句，真所謂「皮膚剥落盡，獨見一真實」者，誠達摩之所護念。獅乳一滴，足迸散千斛驢乳。但禪師垂示，如五色珠，若小知淺見，會於言表，則辜負古佛之慈悲，落草之婆心也。

觀師信手拈來，信口説出，皆令十方智者，一時直入如來地，可謂壁立萬仞，月印千江。如趙州之接人，誠爲直指人心，見性成佛之古佛云。爰録其精粹者著於篇，以示後學，俾知真宗軌範，如是如是爾。

雍正十一年癸丑五月望日

（御選語録卷六趙州真際從諗禪師）

大清一統志卷三十二趙州

從諗居趙州觀音院。精心元悟，受法南泉印可。乾寧中示寂，謚真際禪師。世號趙州古佛。本朝雍正中，加封「圓證直指真際禪師」。

大清一統志卷一百四十五曹州

趙州和尚

曹州人，姓郝，名從穗。攜錫徧歷諸方，年八十，始往趙州東觀音院，積四十年。凡舉問者，皆爲敷揚。乾寧四年逝。其徒稱爲「真濟禪師」。

山東通志卷三十仙釋志

趙州和尚，俗名郝從諗，曹州人。師事南泉，受戒後遍歷諸方，嘗謂：「七歲兒童勝我者，我師之；百歲老翁不及我者，我教之。」住趙州東觀音院四十年，人皆稱趙州和尚。乾寧四年將示寂，謂弟子曰：「吾焚化後，不用净淘舍利。身已是幻，舍利何生！」趺坐而逝。

山西通志卷二十六山川

唐趙州從諗禪師，九遊五臺，到輒經夏而返。一日束裝，有僧作偈留之，曰：「是處青山是道場，何須策杖禮清涼。雲中縱有金毛現，正眼觀時非吉祥。」師負囊便行，自此道化普被幽晋間。

又有臺山路驀直去公案。五臺遺事殊夥，獨録大華嚴經、寳藏陀羅尼經、文殊般泥洹經及趙州語録二則，以其爲禪家深密諦也。

又卷一百六十仙釋

從諗禪師，曹州郝鄉人，姓郝氏。幼於扈通院從師披剃。未納戒，便抵池陽，參南泉，言下悟理。乃往嵩岳琉璃壇納戒，仍還南泉，復往趙州觀音院。嘗九遊五臺。每到，必經夏而返。一日復束裝，有僧作偈留之云：「正眼觀時非吉祥。」從諗搊住曰：「作麽生是正眼？」僧無對。負囊便行。繇此道化遠被幽晋間。唐乾寧四年仲冬二日，枕右脇而逝，壽一百二十歲。謚號「真際大師」。

附録二　趙州禪師法嗣資料

趙州禪師法嗣名録

趙州東院從諗禪師法嗣一十三人：

洪州新興嚴陽尊者、揚州光孝院慧覺禪師、隴州國清院奉禪師、婺州木陳從朗禪師、婺州新建禪師、杭州多福和尚、益州西睦和尚已上七人見録。

潭州麻谷山和尚、觀音院定鄂禪師、宣州茗萍山和尚、太原免道者、幽州燕王、鎮州趙王已上六人無機緣語句不録。

（景德傳燈録卷十一）

大鑒之五世，曰趙州東院從諗禪師。其所出法嗣凡一十三人：一曰洪州嚴陽尊者，一曰揚州慧覺者，一曰隴州奉禪師者，一曰婺州從朗者，一曰婺州新建禪師者，一曰杭州多福和尚者，一曰益州西睦和尚者，一曰麻谷和尚者，一曰觀音定鄂者，一曰宣州茗萍和尚者，一曰太原免道者，一曰幽州燕王者，一曰鎮州趙王者。

（傳法正宗記卷七正宗分家略傳上）

嚴陽善信、光孝慧覺、長慶獻、廣化處微、國清奉隴州、木陳從朗、婺州新建、杭州多福、西睦和尚、麻谷和尚、觀音定鄂、茗萍和尚、文遠侍者、胡釘鉸、免道者、幽州燕王、鎮州趙王鎔。

（禪燈世譜趙州從諗）

洪州新興嚴陽尊者

洪州武寧縣新興嚴陽尊者。僧問：「如何是佛？」師曰：「土塊。」曰：「如何是法？」師曰：「地動也。」曰：「如何是僧？」師曰：「喫粥喫飯。」僧問：「如何是新興水？」師曰：「前面江裏。」僧問：「如何是應物現形？」師曰：「與我拈床子過來。」

師常有一蛇一虎，隨從左右手中與食。

（景德傳燈録卷十一洪州武寧縣新興嚴陽尊者）

嚴陽尊者，路逢一僧。拈起拄杖云：「是什麽？」僧云：「不識。」嚴云：「一條拄杖也不識。」嚴復以拄杖地上劄一下，云：「還識麽？」僧云：「不識。」嚴云：「土窟子也不識。」嚴復以拄杖擔，云：「會麽？」僧云：「不會。」嚴云：「榔標横擔不顧人，直入千峰萬峰去。」

（碧巖録卷三〔二五〕）

洪州新興嚴陽尊者，諱善信。初參趙州，問：「一物不將來時如何？」州曰：「放下著。」師曰：「既是一物不將來，放下箇甚麽？」州曰：「放不下，擔取去。」師於言下大悟。

（五燈會元卷四嚴陽善信尊者）

勝果：於嚴陽初問下著語云：「抱臟叫屈。」於進語下著語云：「苦哉苦哉。」

□□香云：「趙州就鑪打鐵，費炭不多；嚴陽惹禍上身，抖擻不下。雖然悟去，也是庭前生瑞草，好事不如無。」

（宗門拈古彙集卷二十二洪州新興嚴陽尊者）

揚州光孝院慧覺禪師

揚州〔一〕城東光孝院慧覺禪師。僧問：「覺花纔綻，遍滿娑婆。祖印西來，合譚何事？」師曰：「情生智隔。」曰：「此是教意？」師曰：「汝披什麼衣服？」問：「一棒打破虚空時如何？」師曰：「困即歇去。」師問宋齊丘：「還會道麽？」宋曰：「道也著不得。」師曰：「有著不得，無著不得。」宋曰：「總不恁麽。」師曰：「著不得底。」宋無對。

師領衆出，見露柱，師合掌曰：「不審世尊。」一僧曰：「和尚是露柱。」師曰：「啼得血流無用處，不如緘口過殘春。」

僧問：「遠遠投師，師意如何？」曰：「官家嚴切，不許安排。」曰：「師豈無方便？」師曰：「且向火倉裏一宿。」

張居士問：「争奈老何？」師曰：「年多少？」張曰：「八十也。」師曰：「可謂老也。」曰：「究竟如何？」師曰：「直至千歲也未住。」

有人問：「某甲平生愛殺牛，還有罪否？」師曰：「無罪。」曰：「爲什麼無罪？」師曰：「殺一箇還一箇。」

（景德傳燈録卷十一揚州城東光孝院慧覺禪師）

師到崇壽，法眼問：「近離甚處？」師云：「趙州。」眼云：「承聞趙州有柏樹子話，是否？」師云：「無。」法眼云：「往來皆謂，僧問：『如何是祖師西來意？』州云：『庭前柏樹

子。』上座何得言無？」師云：「先師實無此語，和尚莫謗先師好。」（聯燈會要卷七揚州光孝慧覺禪師）

【校注】

〔一〕揚州：原作「楊州」。

隴州國清院奉禪師

隴州國清院奉禪師。問：「祖意與教意同別？」師曰：「雨滋三草秀，春風不裹頭。」僧曰：「畢竟是一是二？」師曰：「祥雲競起，巖洞不虧。」

問：「如何是和尚家風？」師曰：「臺柈椅子，火爐窗牖。」

問：「如何是出家人？」曰：「銅頭鐵額，鳥嘴鹿身。」

僧曰：「如何是出家人本分事？」師曰：「早起不審，夜間珍重。」

僧問：「牛頭未見四祖時，爲什麼鳥獸銜花？」師曰：「如陜府人送錢財與鐵牛。」曰：「見後爲什麼不銜花？」師曰：「木馬投明行八百。」

問：「十二時中如何降伏其心？」師曰：「敲冰求火，論劫不逢。」

問：「十二分教是止啼之義，離却止啼請師一句。」師曰：「孤峰頂上雙角女。」

問：「如何是佛法大意？」師曰：「釋迦是牛頭獄卒，祖師是馬面阿婆。」

問：「如何是西來意？」師曰：「東壁打西壁。」

問：「如何是撲不破底句？」師曰：「不隔毫釐，時人遠嚮。」

（景德傳燈録卷十一隴州國清院奉禪師）

婺州木陳從朗禪師

婺州木陳從朗禪師。僧問：「放鶴出籠和雪去時如何？」師曰：「我道不一色。」

因金剛倒，僧問：「既是金剛不壞身，爲什麽却倒地？」師敲禪床曰：「行住坐卧。」

師將歸寂，有頌曰：「三十年來住木陳，時中無一假功成。有人問我西來意，展似眉毛作麽生。」

（景德傳燈録卷十一婺州木陳從朗禪師）

婺州新建禪師

婺州新建禪師不度小師。有僧問：「和尚年老，何不畜一童子侍奉？」師曰：「有瞽聵者爲吾討來。」

僧辭。師問：「什麽處去？」僧曰：「府下開元寺去。」師曰：「我有一信附與了寺主，汝將得去否？」僧曰：「便請。」師曰：「想汝也不奈何。」

（景德傳燈録卷十一婺州新建禪師）

杭州多福和尚

杭州多福和尚。僧問：「如何是多福一叢竹？」師曰：「一莖兩莖斜。」曰：「學人不會。」師曰：「三莖四莖曲。」僧問：「如何是納衣下事？」師曰：「大有人疑在。」曰：「爲什麽如是？」師曰：「月裏藏頭。」

（景德傳燈録卷十一杭州多福和尚）

益州西睦和尚

益州西睦和尚。上堂，有一俗士舉手云：「和尚便是一頭驢。」師曰：「老僧被汝騎。」彼無語去。後三日，再來自言：「某甲三日前著賊。」師拈拄杖趁出。師有時驀喚侍者，侍者應諾。師曰：「更深夜靜，共伊商量。」（景德傳燈録卷十一益州西睦和尚）

太原孚道者

昔太原孚上座爲座主時，因講維摩經至法身義時，孚道者在座下聽，乃問座主云：「適來講者是諸佛法身，那個是座主法身？」座主云：「法身豈有二耶？」道者云：「如人説食終不濟饑，欲了心源以悟爲則。」師云：「某甲説法身義祇如此，却請道者爲説。」道者云：「且輟講三五日，於空室内静坐體取法身。」（證道歌注）

附録三　趙州禪師公案

趙州救火

師在南泉作爐頭。大衆普請擇菜，師在堂内叫：「救火！救火！」大衆一時到僧堂前，師乃關却僧堂門。大衆無對。泉乃抛鑰匙從牕内入堂中，師便開門。（本書卷上第四則）

又到黄檗。黄檗見來，便閉方丈門。師乃把火於法堂内，叫云：「救火！救火！」黄檗開門捉住云：「道！道！」師云：「賊過後張弓。」（本書補遺第二七則）

◎明覺禪師語録卷三：「舉趙州到黄檗，檗見來，便關却方丈。州云：『救火！救火！』黄檗便出擒住云：『道！道！』州云：『賊過後張弓。』師云：『直是好笑，笑須三十年。』忽有箇衲僧問雪竇：

『笑箇什麽?』『笑賊過後張弓。』」

◎佛果擊節録卷下〔四十〕黄檗閉門：「舉趙州黄檗。兩個老賊。檗見來，便閉却方丈門。孟嘗門下。州云：『救火！ 救火！』果然不謬爲朱履客。檗便出擒住云：『道！ 道！』兩重公案。州云：『賊過後張弓。』遭這漢手脚。雪竇拈云：『直是好笑，旁人有眼。笑須三十年。爲什麽如此?』忽有人問雪竇：『笑個什麽? 更問作什麽?』『笑賊過後張弓。打云也未放過。』」

「師云：『趙州到黄檗，檗便閉却方丈門，一似電光石火相似。若是懵懂禪和，見人纔閉却門，却必無奈何。看他趙州與黄檗，二俱作家，神通遊戲，妙用自在。趙州却云：「救火！ 救火！」這老賊，黄檗當時便打兩掌，他也不奈何。什麽處是賊過後張弓處? 惹得雪竇道：「直是好笑，笑須三十年。」雪竇笑不是好心，笑中有刀。』」

◎月江正印禪師語録卷上：「開元古林和尚至，上堂，僧問：『兩鏡相照，中間無像時如何?』師云：『闍黎在什麽處見?』進云：『趙州和尚到黄檗，檗見來，閉却方丈門，意旨如何?』師云：『大開東閣。』進云：『趙州於法堂上叫云：「救火！ 救火！」意作麽生?』師云：『即日共惟。』進云：『檗開門扭住云：「道！ 道！」又且如何?』師云：『莫怪坐來頻勸酒，自從別後見君稀。』僧云：『趙州道「賊過後張弓」嘛?』師云：『賓主交歡。』」

◎宗鑑法林卷十八：「義山訥云：『我不學南泉益油添薪，當時見他閉却門，拈土塊就門上書兩個封字，要他趙州至今出身無計。』」

庭前柏樹子

師上堂，謂衆曰：「此事的的，没量大人，出這裏不得。老僧到溈山，僧問：『如何是祖師西來意？』溈山云：『與我將牀子來。』若是宗師，須以本分事接人始得。」時有僧問：「如何是祖師西來意？」師云：「庭前柏樹子。」學云：「和尚莫將境示人。」師云：「我不將境示人。」云：「如何是祖師西來意？」師云：「庭前柏樹子。」

（本書卷上第一二則）

◎天聖廣燈録卷二十八杭州南山資國圓進山主：「問：『古人道：庭前柏樹子。意旨如何？』師云：『碧眼胡僧笑點頭。』」

◎白雲守端禪師語録卷下：「新羅鷂子刺天飛，鈍鳥籬邊蒙不去。趙州庭柏一何高，誰道先師無此語。」

◎法演禪師語録卷下：「石頭遂有頌云：『從來共住不知名，任運相將只麽行。自古上賢猶不識，造次凡流豈易明？』師云：『大衆，須是過得祖師關，會鳥道玄路，始會此般説話。石頭恁麽垂示，便類趙州庭前柏樹子，洞山麻三斤，雲門超佛越祖之談。』」

◎建中靖國續燈録卷十四東京大相國寺智海禪院真如禪師：「問：『趙州庭柏，意旨如何？』師云：『夜來風色緊，孤客已先寒。』僧曰：『先師無此語，又作麽生？』師云：『行人始知苦。』」

◎宏智禪師廣録卷二：「舉僧問趙州：『如何是祖師西來意？』州云：『庭前柏樹子。』頌曰：岸眉橫雪，河目含秋。海口鼓浪，航舌駕流。撥亂之手，太平之籌。老趙州，老趙州，攪攪叢林卒未休。徒費工夫也造車合轍，本無伎倆也塞壑填溝。」

◎大慧普覺禪師語録卷四：「上堂舉五祖師翁舉：『僧問趙州：「如何是祖師西來意？」州云：「庭前柏樹子。」恁麽會，便不是了也。「如何是祖師西來意？」「庭前柏樹子？」恁麽會，方始是。』師云：『要識五祖師翁麽？腦後見腮莫與往來。』」

◎聯燈會要卷六趙州觀音從諗禪師：「示衆云：『此事的的，没量大人，出這裏不得。老僧到潙山，見僧問：「如何是祖師西來意？」山云：「與我過床子來。」若是宗師，須以本分事接人始得。』時有僧問：『如何是祖師西來意？』師云：『庭前柏樹子。』僧云：『和尚莫將境示人。』師云：『我不將境示人。』僧云：『如何是祖師西來意？』州云：『庭前柏樹子。』五祖戒云：『和尚何以將别人物作自己受用？』」

◎禪宗無門關庭前柏樹：「無門曰：『若向趙州答處，見得親切，前無釋迦，後無彌勒。』頌曰：『言無展事，語不投機。承言者喪，滯句者迷。』」

◎如净和尚語録卷上：「舉庭前柏樹子話了，云：『西來祖意庭前柏，鼻孔寥寥對眼睛。落地枯枝纔跨跳，松蘿亮鬲笑掀騰。』」

◎古尊宿語録卷四十五寶峰雲庵真净禪師偈頌下中：「僧舉趙州庭前柏樹子話，或云有此語，或云無此語。師以頌决之：庭前柏樹子，趙州無此語。若是本色人，直下未相許。庭前柏樹子，趙州有此語。爲報同道流，覿面如何舉。」

◎虚堂和尚語録卷五：「趙州庭前柏樹子：有問自知無答處，却將柏樹當門庭。摇風擺雨經年久，不似松根有茯苓。」

◎虚堂和尚語録卷九：「僧云：『有僧問趙州：「如何是祖師西來意？」州云：「庭前柏樹子。」此意如何？』師云：『爲人方便勝修行。』」

◎徹翁和尚語録卷上：「師曰：『趙州爲人處，只要不受境惑，不要不受人惑，何故不令第二問？頭覺不是好心也。』」

◎從容庵録卷三〖四十七〗趙州柏樹：「示衆云：『庭前柏樹，竿上風幡。如一華説無邊春，如一滴説大海水。間生古佛，迥出常流。不落言思，若爲話會。』舉僧問趙州：『如何是祖師西來意？』多羅閑管。州云：『庭前柏樹子。』焦塼打著連底凍。

「師舉趙州一日上堂云：『此事的的，没量大人，出這裏不得。老僧到溈山，僧問：「如何是祖師西來意？」溈云：「與我將床子來。」若是宗師，須以本分事接人始得。』僧便問：『如何是祖師西來意？』州云：『庭前柏樹子。』僧云：『和尚莫將境示人。』師云：『不將境示人。』僧云：『然則如何是祖師西來意？』師云：『庭前柏樹子。』楊州城東光孝寺慧覺禪師，到法眼處。眼問：『近離何處？』覺曰：『趙州。』眼曰：『承聞趙州有柏樹子話，是否？』覺曰：『無。』眼曰：『往來皆謂，僧問：「如何是祖師西來意？」州曰：「庭前柏樹子。」上座何得道無？』覺曰：『先師實無此語，和尚莫謗先師好。』諸方名爲覺鐵嘴。勝默和尚，必須教人先過此話淘汰知見，嘗曰：『三玄五位，盡在其中。』真如方禪師悟此話，直入方丈，見琅玡廣照覺禪師。照問：『汝作麽生會？』如曰：『夜來床薦暖，一覺到天明。』廣照可之。真如悟得此話最好，天童頌得此話亦不惡。頌云：

「岸眉横雪，喫鹽多如喫米。河目含秋。一點難謾。海口鼓浪，有句非宗旨。航舌駕流。無言絶聖凡。撥亂之手，也是柏樹。太平之籌。也是柏樹。老趙州，老趙州，爲甚不應。攪攪叢林卒未休。天童第二。徒費工夫也造車合轍，將來使用恰好。本無伎倆也塞壑填溝。買盡風流不著錢。

「師云：『七百甲子，經事多矣，所以岸眉横雪。古人以眉目爲巖電，天童用河眸海口故事，成四句偈，如見活趙州指柏樹子相似。眉如蘆花岸，眼如秋水碧。古句：「野水浄於僧眼碧，遠山濃似佛頭青。」海口鼓浪，航舌駕流。浪即能覆航，航即能駕浪。一言可以興邦，一言可以喪邦。故次之以撥亂之手，太平之籌。州嘗云：「有時將一莖草，作丈六金身用。有時將丈六金身，作一莖草用。」此話本與人決疑，而今多少人疑著，趙州豈欲攪叢林哉？人見趙州答話，應聲便對，如不假功用。唯天童知八十行脚，三歲孩童勝如我，我從他學。此乃閑時造下，忙時用著，不是苦辛人不知。卧輪有伎倆，能斷百思想。對境心不起，菩提日日長。六祖道：「慧能無伎倆，不斷百思想。對境心數起，菩提作麽長。」恁麽看來，塞壑填溝底事，又作麽生？如今抛擲西湖裏，下載清風付與誰。』」

◎少林無孔笛卷一：「趙州柏樹子話，古今所参詳也，寶山頃移兩株。山僧有一偈，雪上加霜去也。以拂子指云：庭前雙柏樹，黛色共蒼蒼。三門朝佛殿，厨庫對僧堂。」

◎佛光國師語録卷一：「上堂：『入荒田不揀信拈來，無有差錯。麻三斤，乾屎橛。庭前柏樹子，丈林山下竹筋鞭。喝一喝，只知事逐眼前過，不覺老從頭上來。』」

趙州大蘿蔔頭

問：「承聞和尚親見南泉，是否？」師云：「鎮州出大蘿蔔頭。」

（本書卷上第一五則）

◎重刻趙州祖師語録序：「鎮州蘿蔔，諸方謾云即是師承。」

◎汾陽無德禪師語録卷中：「僧問趙州：『承聞和尚親見南泉，是否？』州云：『鎮州出大蘿蔔頭。』因問當初得法緣，不言東土及西天。鎮州有菜名蘿蔔，濟却飢瘡幾萬千。」

◎碧巖録卷三〖三〇〗：「舉僧問趙州：『承聞和尚親見南泉，是否？』千聞不如一見，拶眉分八字。州云：『鎮州出大蘿蔔頭。』撑天拄地，斬釘截鐵，箭過新羅，腦後見腮，莫與往來。

「這僧也是箇久參底，問中不妨有眼，争奈趙州是作家。便答他道：『鎮州出大蘿蔔頭。』可謂無味之談，塞斷人口。這老漢大似箇白拈賊相似，爾纔開口，便换却爾眼睛。（中略）有者道鎮州從來出大蘿蔔頭，天下人皆知。趙州從來參見南泉，天下人皆知。這僧却更問道：『承聞和尚親見南泉是否？』

所以州向他道：『鎮州出大蘿蔔頭。』且得没交涉，都不恁麽會。畢竟作麽生會？他家自有通霄路。（後略）

「鎮州出大蘿蔔，天下人知，切忌道著，一回舉著一回新。天下衲僧取則，争奈不恁麽，誰用這閑言長語。只知自古自今，半開半合，如麻似粟，自古也不恁麽，如今也不恁麽。争辨鵠白烏黑，全機穎脱，長者自長，短者自短，識得者貴，也不消得辨。賊賊，咄更不是别，自是擔枷過狀。衲僧鼻孔曾拈得。穿過了也，裂轉。

「鎮州出大蘿蔔，爾若取他爲極則，早是錯了也。古人把手上高山，未免傍觀者哂，人皆知道這箇是極則語，却畢竟不知極則處。所以雪竇道：『天下衲僧取則，只知自古自今，争辨鵠白烏黑。』雖知今人也恁麽答，古人也恁麽答，何曾分得緇素來？雪竇道：『也須是去他石火電光中，辨其鵠白烏黑始得。』公案到此頌了也。雪竇自出意，向活潑潑處，更向爾道：『賊賊，衲僧鼻孔曾拈得。』三世諸佛也是賊，歷代祖師也是賊。善能作賊换人眼睛，不犯手脚，獨許趙州。且道什麽處是趙州善做賊處？鎮州出大蘿蔔頭。」

◎慈受懷深禪師廣録卷一：「師云：『一等是蘿蔔頭禪，纔落趙州手裏，不妨好滋味。』」

◎大慧普覺禪師語録卷四：「上堂，僧問：『舉一不得舉二，放過一著落在第二。學人上來，請師舉一。』師云：『六六依前三十六。』進云：『未審還真實也無？』師云：『唯此一事實，餘二則非真。』僧禮拜。師乃云：『舉一不得舉二，放過一著落在第二。只知鎮州蘿蔔頭，未審靈照籃中，還著得也無？若向這裏下得一轉語，昨日有人從天台來，却往南嶽去，若下不得，雪峰道底。』」

◎瞎堂慧遠禪師廣録卷三：「鎮州出大蘿蔔頭，是甚麽語話？莫是明向上事麽？莫是向上人行履處麽？莫是大機大用麽？莫是盡力提持麽？莫是涉流轉物麽？莫是作家用處麽？你若大法未明，且莫亂統，亦須識機宜、別休咎始得。」

◎一山國師語録卷上：「解夏，舉僧問趙州：『承聞和尚親見南泉，是否？』州云：『鎮州出大蘿蔔頭。』師云：『蘿蔔親曾出鎮州，門前千古路悠悠。朝朝暮暮人來去，幾個親曾到地頭。』」

◎禪林類聚卷十八蔬菜：「保寧勇云：『鎮州蘿蔔天然別，滿口明明説向人。薄福闡提人不信，一枚秤得二三斤。』海印信云：『陶潛彭澤唯栽柳，潘岳河陽只種花。何似晚來江上望，數峰蒼翠屬漁家。』徑山杲云：『參見南泉王老師，鎮州蘿蔔更無私。拈來塞斷是非口，雪曲陽春非楚詞。』」

◎續傳燈録卷十二真定府洪濟宗頤禪師：「鎮州蘿蔔頭，聲名播天下。雖則諸方老宿盡力提撕，然而多口衲僧咬嚼不破。」

◎宗門拈古彙集卷十五趙州從諗禪師：「愚庵盂云：『要見南泉則易，見趙州則難。要見趙州則易，見蘿蔔頭則難。還有要見蘿蔔頭者麽？請來與老僧相見，老僧賣身供養他。不見道：拾薪設食，乃至以身而爲床座。』」

趙州四門

問：「如何是趙州？」師云：「東門、西門、南門、北門。」

（本書卷上第九六則）

◎碧巖録卷一〖九〗：「舉僧問趙州：『如何是趙州？』河北河南，總説不著，爛泥裏有刺，不在河南，正在河北。州云：『東門、西門、南門、北門。』開也，相罵饒爾接嘴，相唾饒爾潑水，見成公案，還見麽？便打。「這僧問：『如何是趙州？』趙州是本分作家，便向道：『東門、西門、南門、北門。』僧云：『某甲不問這箇趙州。』州云：『爾問那箇趙州？』後人唤作無事禪，賺人不少。何故他問趙州，州答云『東門西門南門北門』？所以只答他趙州。爾若恁麽會，三家村裏漢，更是會佛法去，只這便是破滅佛法。如將魚目比況明珠，似則似，是則不是。山僧道：『不在河南，正在河北。』且道是有事是無事？也須是子細始得。（後略）

「句裏呈機劈面來，響，魚行水濁，莫謗趙州好。爍迦羅眼絶纖埃。撒沙撒土，莫帶累趙州，撈天摸地，作什麽？東西南北門相對，開也，那裏有許多門，背却趙州城，向什麽處去？無限輪鎚擊不開。自是爾輪鎚不到，開也。」

◎長靈守卓禪師語録：「上堂云：『落花隨流水，啼鳥在深雲。莫怪多違背，年高耳目昏。豈不見，七百甲子老禪翁，對人衹道，東門西門南門北門。』」

◎續傳燈録卷三十四成都府昭覺紹淵禪師：「問：『如何是趙州？』答云：『東門、西門、南門、北門。』與人解粘去縛，抽釘拔楔，坐斷天下人舌頭，穿過天下人鼻孔，豈不是平常心是道底關棙子？且不是飣餖底言語排疊底章句。推人在死水裏，者個便是沙彌底樣子，應當學作麽生承當？乃曰：『欲行千里一步爲初，白日青天快著精彩。』」

◎宗門拈古彙集卷十七：「徑山杲云：『這僧問趙州，趙州答趙州。得人一馬，還人一牛。人平不語，水平不流。會麽？受恩深處宜先退，得意濃時便好休。』」

◎正源略集卷五湖州高峰碩機聖禪師：「上堂，拈拄杖云：『趙州和尚來也，東門西門南門北門。土曠人稀，相逢者少。』」

趙州狗子（趙州無字）

問：「狗子還有佛性也無？」師云：「無。」學云：「上至諸佛，下至螘子，皆有佛性。狗子爲什麽無？」師云：「爲伊有業識性在。」

（本書卷上第一二九則）

◎法演禪師語録卷下：「師室中常舉趙州『狗子還有佛性也無？州云：無』。僧請問，師爲頌之：趙州露刃劍，寒霜光焰焰。更擬問如何，分身作兩段。」

◎禪宗雜毒海卷三投機：「趙州狗子無佛性，萬象森羅齊乞命。無底籃兒盛死蛇，多添少減無餘剩。」

◎雲卧紀譚卷下：「報恩應庵嘗有頌曰：『趙州狗子無佛性，我道狗子佛性有。驀然言下自知歸，從兹不信趙州口。著精神，自抖擻，隨人背後無好手。騎牛覓牛笑殺人，如今始覺從前謬。』」

◎大慧普覺禪師語録卷九：「問僧：『五祖道趙州狗子無佛性，也勝猫兒十萬倍，如何？』僧云：『風行草偃。』師云：『爾也不亂説，却作麽生會？』僧無語。師云：『學語之流。』便打出。」

◎大慧普覺禪師語録卷十：「頌云：『有問狗佛性，趙州答曰無。言下滅胡族，猶爲不丈夫。』」

◎大慧普覺禪師語録卷二十一：「但只舉僧問趙州：『狗子還有佛性也無？』州云：『無。』纔舉起這一字，世間情念自怗怗地矣。多言復多語，由來返相誤。千説萬説，只是這些子道理。驀然於無字上絶却性命，這些道理亦是眼中花。」

◎大慧普覺禪師語録卷二十七：「而今要得省力，静鬧一如，但只透取趙州無字。忽然透得，方知静鬧兩不相妨，亦不著用力支撑，亦不作無支撑解矣。」

◎普覺宗杲禪師語録卷上：「因作頌曰：趙州狗子無佛性，道火何曾口被燒。昨夜驀然簾上發，南海波斯鼻孔焦。」

◎瞎堂慧遠禪師廣録卷四：「趙州狗子無佛性，石牛不怕師子吼。午夜雲騰浪接天，海門一陣狂風掃。茫茫大地參玄人，眼裏無筋一世貧。掣電機關何處討，頭角峥嶸出荒草。」

◎聯燈會要卷六趙州觀音從諗禪師：「僧問：『狗子還有佛性也無？』師云：『無。』五祖演頌云：『趙州露刃劍，寒霜光焰焰。更擬問如何，分身作兩段。』妙喜頌云：『有問狗佛性，趙州答云無。言下滅胡族，猶爲不丈夫。』僧云：『上至諸佛，下及螻蟻，皆有佛性。狗子爲甚麽却無？』師云：『爲伊有業識在。』真浄文頌云：『言有業識在，誰云意不深。海枯終見底，人死不知心。』」

◎禪宗無門關趙州狗子：「無門曰：『參禪須透祖師關，妙悟要窮心路絶。祖關不透，心路不絶，盡是依草附木精靈。且道，如何是祖師關？只者一箇無字，乃宗門一關也，遂目之曰禪宗無門關。透得過者，非但親見趙州，便可與歷代祖師，把手共行，眉毛厮結。同一眼見，同一耳聞，豈不慶快。莫有要透關底麽，將三百六十骨節八萬四千毫竅，通身起箇疑團，參箇無字。晝夜提撕，莫作虚無會，莫作有無會。如吞了箇熱鐵丸相似，吐又吐不出，蕩盡從前惡知惡覺，久久純熟。自然内外，打成一片，如啞子得夢，只許自知。驀然打發，驚天動地，如奪得關將軍大刀入手，逢佛殺佛，逢祖殺祖，於生死岸頭得大自在，向六道四生中遊戲三昧。』」

◎如浄和尚語録卷下：「上堂：『心念分飛，如何措手。趙州狗子佛性無，只箇無字鐵掃帚。掃處紛飛多，紛飛多處掃。轉掃轉多，掃不得處拚命掃。晝夜竪起脊梁，勇猛切莫放倒。忽然掃破太虚空，萬别千差盡豁通。』」

◎真歇清了禪師語録：「只如僧問趙州：『狗子還有佛性也無？』州云：『有。』僧云：『既有，爲什麽撞入這皮袋？』州云：『爲伊知而故犯。』又僧問：『狗子還有佛性也無？』州云：『無。』僧云：『一切衆生皆有佛性，狗子爲什麽無？』州云：『爲伊有業識在。』而今兄弟皆道後面是蓋覆語，緊要只在有無處。苦哉！滅胡種族，有什麽交涉？要見三祖趙州麽？收取詩書歸舊院，落花啼鳥一般春。」

◎高峰原妙禪師語録卷下頌古趙州無字：「趙州狗子佛性無，十分春色播江湖。幾多摘葉尋枝客，空使洛陽花滿途。」

◎夢窗國師語録卷下：「二月赴齋覺海請，歸路因便訪建長靈山和尚，山纔見來便問：『趙州無字，意旨如何？』師曰：『萬里一條鐵。』山曰：『不是不是。』師曰：『賴遇和尚不是？』山休去，師便歸。」

◎竺仙和尚語録卷上：「鼎以箸挾菜置口中，含胡而言曰：『何謂相入耶？』坐者相顧莫能加答。鼎曰：『路途之樂，終未到家。見解入微，不名見道。』山僧謂：『若是趙州無字，猶可窺覷。眼中有筋者，一見便見。』」

◎竺仙和尚語録卷中：「僧問：『趙州狗子還有佛性也無？』州云：『無。』只這一字，即是斷生死根株底利刀，何不參之？然此一字，妄想不得，摶量不得，分别不得，注解不得，承當不得，不承當不得，作道理會不得，不可作非道理會。非有無之無，非虚無之無，非實無之無，非真無之無，非假無之無，非無無之無。若能向者裏透脱得去，不妨歸家穩坐，然後出來向你説細大法門。」

◎竺仙和尚語録卷下：「上堂：『趙州狗子無佛性，開口直下取人命。妖狐夜戴髑髏行，借問相逢作麽生？』」

◎石屋清洪禪師語録卷下示禪人二首其二：「參得趙州無字透，玄關金鎖盡開通。三更月下泥牛吼，八面玲瓏海日紅。」

◎愚庵智及禪師語録卷七頌古趙州狗子無佛性：「趙州狗子無佛性，三世如來不見蹤。昨夜含暉亭上望，青山倒景月明中。」

◎山庵雜録卷下：「舉趙州狗子無佛性話。頌云：狗子佛性無，狗子佛性有。猴愁摟搜頭，狗走抖擻口。」

◎續傳燈録卷二十五潭州開福道寧禪師：「晚至白蓮，聞五祖小參，舉忠國師古佛净瓶，趙州狗子無佛性話，頓徹法源。」

◎續傳燈録卷三十一婺州義烏稠巖了贇禪師：「上堂，舉趙州狗子無佛性話。乃曰：『趙州狗子無佛性，萬疊青山藏古鏡。赤脚波斯入大唐，八臂那吒行正令。咄！』」

◎續傳燈録卷三十四南書記：「南書記者，福州人，久依應庵，於趙州狗子無佛性話豁然契悟。有偈曰：『狗子無佛性，羅睺星入命。不是打殺人，被人打殺定。』」

◎續傳燈録卷三十六杭州徑山元叟禪師：「師云：『若以無爲究竟，後來因甚道有？若以有爲諦當，前面因甚道無？者裹捉敗趙州，許爾天上天下。』」

◎增集續傳燈録卷五昆山永懷無我普觀禪師：「師嘗頌趙州無字話曰：『狗子無佛性，一刀便斷命。若是懵懂流，擬議即成病。』」

◎禪關策進：「評曰：『此後代提公案，看話頭之始也。然不必執定無字，或無字，或萬法，或須彌山，或死了燒了等，或參究念佛，隨守一則，以悟爲期，所疑不同，悟則無二。』」

◎從容庵録卷二〖十八〗趙州狗子：「示衆云：『水上葫蘆，按著便轉。日中寶石，色無定形。不可以無心得，不可以有心知。没量大人，語脈裏轉却，還有免得底麽？』」

「舉，僧問趙州：『狗子還有佛性也無？』攔街趁塊。州云：『有。』也不曾添。僧云：『既有，爲甚麼却撞入這箇皮袋？』一款便招，自領出頭。州云：『爲他知而故犯。』且莫招承不是道爾。又有僧問：『狗子還有佛性也無？』一母所生。州曰：『無。』也不曾減。僧云：『一切衆生皆有佛性，狗子爲什麼却無？』憨狗趁鷂子。州云：『爲伊有業識在。』右邊具如前據款結案。

「師云：『若道狗子佛性端的是有，後來却道無。端的是無，前來却道有。若道道有道無，且是一期應機。拶著説出，各有道理。所以道，明眼漢没窠臼。這僧問處要廣見聞，不依本分。』」

◎紫柏尊者全集卷五：「或者以趙州無字爲話頭，歷年既久，自以爲生死順逆，念即話頭，話頭即念，無往而非一片。」

◎永覺元賢禪師廣録卷十：「僧問：『趙州狗子還有佛性也無？』州云：『無。』衆生皆有佛性，因甚道無？這個無字，直是聰明，過於顔閔也，無你領略處。今但向這無字上推窮，不可將道理解説，不可將心思卜度。但恁麼疑去，有朝捉敗。趙州識得渠面目，自然七通八達。所謂輝天鑒地者，不可昧也。」

◎列祖提綱録卷三十九：「無用寬禪師元旦上堂：『太湖梁山，徹底掀翻，一柄無用拂子，擊開黄龍三關。大衆，各各起居多福。』卓拄杖一下云：『只看趙州無字，不必東卜西卜。』下座。」

◎餐香録卷下青林尊宿傳：「一日因低頭拾箑有省，作偈呈曰：『趙州狗子無佛性，脱下褲子來遮面。面子未曾遮得全，半身露出令人厭。』」

◎楞嚴經貫攝卷十：「要識得趙州無字，所以不同於此者在何處，便識得邪正之分矣。」

◎禪林寶訓順硃卷二：「舉個僧問趙州：『狗子還有佛性也無？』州云：『無。』因問：『諸禪螻蟻子皆有佛性，因甚狗子却無？總不見有一人體會此理。此理既不曉得道眼，安能精明？此誠可爲憂也。』」

◎續指月録卷六宜興龍池一源永寧禪師：「一日聞寬舉雲門須彌山話，聲未絶而有省，急趨前。寬便打曰：『趙州無字作麽生？』師遽曰：『趙州狗子無佛性，萬象森羅齊乞命。無底籃兒盛死蛇，多添少減無虚剩。』」

◎錦江禪燈卷九石經海珠祖意禪師：「師曰：『看取趙州無字。』山曰：『如何是無字意？』師曰：『無孔鐵錘當面擲。』山曰：『趙州意作麽生？』師曰：『只爲婆心切，肝膽向人傾。』山曰：『不涉有無，如何體會？』師曰：『某甲到者裏，則無用心處。』山曰：『早是用心了也。』師作禮。」

◎宗鑑法林卷十六：「資福觀因僧問：『狗子爲什麽無佛性？』福云：『逢人便咬殺。』云：『因甚麽又道有佛性？』福云：『見主便摇尾。』」

◎永源寂室和尚語録卷下劍關説：「演祖頌趙州無字曰：『趙州露刃劍，寒霜光焰焰。更擬問如何，分身成兩段。』性禪者求安別稱，因號劍關。汝由今而後，放捨諸緣，把做一件，孜孜兀兀，參個無字。一旦知解忘，能所泯，伎倆盡，撞翻關捩子。非惟割斷生死魔網，亦須剿絶佛祖命根。謂之不動干戈，坐致太平云。」

◎佛光國師語録卷三：「上堂：『月冷霜天道者孤，五臺山上有文殊。諸人若也悟去，一生參學事畢，其或未然。三條椽下觜盧都。且看，趙州狗子佛性無，忽然伸手不見掌，烈焰光中釣鯉魚。』」

◎佛光國師語録卷九示小師慧蘭：「吾今示汝趙州狗子佛性公案，去蒲團上提撕三五年。提時如何提，狗子還有佛性也無？無。只如此提撕，久久自有般若成就時節。待汝有所解，老僧痛棒不爲汝惜也。慧蘭勉勵。」

◎居士傳卷五十四畢紫嵐：「你若道趙州無字，圓同太虛，無欠無餘。若起心動念，便不是趙州無字矣。」

◎智覺普明國師語録卷一：「復舉：『趙州因僧問：狗子還有佛性也無？州云：無。』師云：『者個一字不作玄妙會，却作無味談。殊不知趙州還云有，畢竟舌頭端的落在何處。』」

◎智覺普明國師語録卷五頌古趙州狗子無佛性：「塗毒當軒掛起時，十方諸佛眼如眉。望風遠近膽先喪，劈面一槌知屬誰。」

◎智覺普明國師語録卷六偈頌性空：「看得趙州無字破，誰能火裏起清波。縱夸善現泯諸相，争奈天花亂墜何。」

趙州示衆三轉語

師上堂，示衆：「金佛不度爐，木佛不度火，泥佛不度水，真佛内裏坐。」

（本書卷中第二〇六則）

◎建中靖國續燈録卷二十八明州雪竇山重顯明覺禪師：「泥佛不度水，神光照天地。立雪如未休，何人不雕僞。金佛不度爐，人來訪紫胡。牌中數個子，清風何處無。木佛不度火，常思破竈墮。杖子忽擊著，方知孤負我。」

◎丹霞子淳禪師語録：「上堂云：『金佛不度爐，妙相圓明會也無。泥佛不度水，落落圓音美復美。木佛不度火，蕭蕭古殿無關鎖。是須撒手直歸家，莫向半途空懡㦬。諸禪德，且作麽生是歸家底事？』」

◎應菴曇華禪師語録卷五：「上堂云：『金佛不度爐，木佛不度火，泥佛不度水，真佛屋裏坐。萬牛挽不回，千個與萬個。好事積如山，祇緣輕放過。不放過，今日鍾山甘話墮。』」

◎大慧普覺禪師語録卷二：「上堂：『金佛不度爐，木佛不度火，泥佛不度水，真佛屋裏坐。趙州和尚吐心吐膽，恁麽告報了也，還有知恩報恩者麽？』便下座。」

◎禪宗頌古聯珠通集卷十八：「泥佛不度水，神光照天地。立雪如未休，何人不雕僞。金佛不度爐，人來訪子胡。牌中數個字，清風何處無。木佛不度火，常思破竈墮。杖子忽擊著，方知孤負我。雪竇顯。并却泥佛金木佛，趙州放出遼天鶻。東西南北謾抬頭，萬里重雲只一突。白雲端。泥佛不度水，法華前陣曾止止。君之退步若參詳，不使縱然波浪起。金佛不度爐，海上江山入畫圖。千手大悲徒著力，却慚舜若眼眉粗。木佛不度火，多口阿師曾議過。隈刀避箭不堪論，無限英雄又蹉過。大潙秀。金佛木佛泥佛，度爐度水度火。盡入趙州紅爐，烈焰光中鍛過。一聲白雪陽春，萬古無人能和。鼓山珪。

九十七種妙相，顧陸丹青難狀。趙州眼目精明，覷見心肝五臟。徑山杲。」

◎石田法薰禪師語録卷一：「上堂：『金佛不度爐，木佛不度火，泥佛不度水。且道，真佛畢竟在什麽處？只知事逐眼前過，不覺老從頭上來。』」

◎斷橋妙倫禪師語録卷上：「上堂：『金佛不度爐，道士念蘇嚧。木佛不度火，嵩山打竈墮。泥佛不度水，鍾馗嚇小鬼。真佛屋裏坐。嗄，趙州老漢，敗露了也。大衆，若還未知，更聽國清擘破面皮揭示看。』以手作擘面勢：『何似鍾山寶公？』」

◎元叟行端禪師語録卷二：「上堂：『金佛不度爐，木佛不度火，泥佛不度水，真佛内裏坐。金佛木佛泥佛，諸人總識，且如何是真佛？有般騃漢便道，長者長法身，短者短法身。殊不知，我王庫内，無如是刀。』」

◎月江正印禪師語録：「僧問：『如何是金佛不度爐？』師云：『蘇盧蘇盧。』進云：『如何是木佛不度火？』師云：『悉利悉利。』進云：『如何是泥佛不度水？』師云：『趙州東院西。』進云：『如何是真佛内裏坐？』師云：『嵩山破竈墮。』僧禮拜。」

◎愚庵智及禪師語録卷二：「上堂：『金佛不度爐，木佛不度火，泥佛不度水，真佛屋裏坐。趙州眼光爍破四天下，未免錯認驢鞍橋，作阿爺下頷，畢竟如何？覓佛不見佛，討祖不見祖。甜瓜徹蒂甜，苦瓠連根苦。』」

◎續傳燈録卷十三舒州白雲守端禪師：「示衆云：『泥佛不度水，木佛不度火，金佛不度爐，真佛内裏坐。大衆，趙州老子十二劑骨頭，八萬四千毛孔，一時抛向諸人懷裏了也。圓通今日路見不平，爲古人出氣。』」

◎續傳燈録卷二十二漢州三聖繼昌禪師：「上堂：『木佛不度火，甘露臺前逢達磨，惆悵洛陽人未來，面壁九年空冷坐。金佛不度爐，坐嘆勞生走道途，不向華山圖上看，豈知潘閬倒騎驢。泥佛不度水，一道靈光照天地，堪羨玄沙老古錐，不要南山要鱉鼻。』」

◎金剛經直説：「古德云：『金佛不度爐，木佛不度火，泥佛不度水，真佛内裏坐。』經中所云非身相者，即真佛之謂也。」

◎楚石梵琦禪師語録卷三：「僧問：『如何是金佛不度鑪？』師云：『填溝塞壑。』進云：『如何是木佛不度火？』師云：『正是時。』進云：『如何是泥佛不度水？』師云：『東西南北，十萬八千。』乃云：『泥佛浸了也，木佛燒了也，金佛鎔了也，真佛勘破了也。趙州老漢趁出院了也，一去更不再來。咄。』」

◎五燈會元續略卷一下杭州徑山覺浪道盛禪師：「上堂，舉妙喜禪師曰：『金佛不度爐，木佛不度火，泥佛不度水，真佛屋裏坐。趙州和尚吐心吐膽，恁麽告報，也還有知恩報恩者麽？』師曰：『大小妙喜不識好惡，盡大地人被趙州老漢剜了眼睛鼻孔。將個無位真人推下萬丈深坑，至今求出頭不得。徑山别出隻手救拔他去，且作麽生救拔他？金佛須度爐，木佛須度火，泥佛須度水。真佛不許他在黑山下作鬼家活計，直教他劍刃上行，火焰裏走，入生死流，闢聖凡路。』」

◎宗門拈古彙集卷十六：「趙州上堂：『金佛不度爐，木佛不度火，泥佛不度水，真佛屋裏坐。』徑山杲云：『趙州和尚吐心吐膽，恁麽告報了也，還有知恩報恩者麽？』便下座。」

◎宗鑑法林卷十六：「仰山欽云：『揭示如來正體，發明向上宗猷，趙州固是好手，祇是不合强生節目。山僧見處又且不然。金佛度爐，木佛度火，泥佛度水，真佛唸，切忌話墮。』忽有個漢出來道：『你恁麽説正是强生節目。』拍膝一下云：『將謂無人證明。』」

◎御選語録卷十一大覺普濟能仁玉琳琇國師語録：「跛趙州三佛話：金佛不度爐，木佛不度火，泥佛不度水，真佛内裏坐。南嶽磨磚，江西鹽醬，不是過也。」

急水上打毬子

問：「初生孩子，還具六識也無？」師云：「急流水上打毬子。」

（本書卷中第二四〇則）

◎白雲守端禪師語録卷下：「趙州因僧問：『初生孩兒，還具六識也無？』師曰：『急水上打毬子。』僧却問投子：『急水上打毬子，意旨如何？』子曰：『念念不停留。』何謂識兮還具六，八萬四千殊不足。初生孩子尚喃喃，急水打毬攔口揑。」

◎碧巖録卷八〔八〇〕：「舉，僧問趙州：『初生孩子，還具六識也無？』閃電之機，説什麽初生孩兒子。趙州云：『急水上打毬子。』過也，俊鷂趁不及，也要驗過。僧復問投子：『急水上打毬子，意旨如何？』也是作家同驗過，還會麽？過也。子云：『念念不停流。』打葛藤漢。（中略）趙州云：『急水上打毬子。』早是轉轆轆地，更向急水上打時，眨眼便過。譬如楞嚴經云：『如急流水，望爲恬静。』古人云：『譬如駛流水，水流無定止，各各不相知，諸法亦如是。』趙州答處，意渾類此。其僧又問投子：『急水上打毬子，意旨如何？』子云：『念念不停流。』自然與他問處恰好。古人行履綿密，答得只似一箇，更不消計較。爾纔問他，早知爾落處了也。孩子六識，雖然無功用，争奈念念不停，如密水流。投子恁麽答，可謂深辨來風。雪竇頌云：『六識無功伸一問，有眼如盲，有耳如聾。明鏡當台，明珠在掌。一句道盡。作家曾共辨來端。何必，也要辨箇緇素，唯證乃知。茫茫急水打毬子，始終一貫，過也，道什麽。落處不停誰解看。看即瞎過也，灘下接取。』（中略）茫茫急水打毬子。投子道：『念念不停流，諸人還知落處麽？』雪竇末後教人自著眼看。是故云：『落處不停誰解看。』此是雪竇活句，且道落在什麽處？」

◎慈受懷深禪師廣録卷三：「記得昔日僧問趙州：『初生孩子，還具六識也無？』州云：『急水上打毬子。』僧不會。馳此語問投子：『急水上打毬子，意旨如何？』子云：『念念不停流。』諸人要會生死路頭麽？如門開相似，更無凝滯，須會趙州投子之語。」

◎禪宗頌古聯珠通集卷二十：「趙州因僧問：『初生孩子還具六識也無？』師曰：『急水上打毬子。』僧却問投子：『急水上打毬子意旨如何？』子曰：『念念不停留。』頌曰：六識無功伸一問，作家曾共辨來端。茫茫急水打毬子，落處不停誰解看。雪竇顯。初長嬰兒急水毬，衲子隨波卒未休。若問德山行正令，何似當時問趙州。天衣懷。何謂識兮還具六，八萬四千殊不足。初生孩子尚喃喃，急水打毬攔口揑。白雲端。」

◎嘉泰普燈録卷二十一荆門軍玉泉窮谷宗璉禪師：「問：『初生孩子還具六識也無？』趙州道『急水上打毬子』，意旨如何？』曰：『兩手扶犂水過膝。』云：『只如僧又問投子：「急水上打毬子，意旨如何？」云：「念念不停流。」又作麽生？』曰：『水晶甕裏浸波斯。』」

◎巿絶老人天奇直注雪竇顯和尚頌古卷下：「僧問趙州和尚：『初生孩子，還具六識也無？』請益。州云：『急水上打毬子。』水急不存，一物喻上。復問投子：『急水上打毬子，意旨如何？』沉疑再決。子云：『念念不停流。』雙註前法。◯主意正案傍提，旨明句裏呈機。總結：入就藏鋒。六識無功伸一問，六根渾然，故曰無功。作家相共辯來端。趙州投子，二俱作家。茫茫急水打毬子，落處不停誰解看。不存一物，誰人解看。」

◎呆庵普莊禪師語録卷五頌古：「急水灘頭解打毬，誰云念念不停流？茫茫六合人如海，脱體風流是趙州。」

◎五燈嚴統卷二十荆門軍玉泉窮谷宗璉禪師：「問：『「初生孩子，還具六識也無？」趙州道：「急水上打毬子。」意旨如何？』師曰：『兩手扶犂水過膝。』曰：『祇如僧又問投子：「急水上打毬子，意旨如何？」曰：「念念不停流。」又作麽生？』師曰：『水晶甕裏浸波斯。』」

◎御選語録卷十四御選歷代禪師語録前集上投子大同禪師：「僧問趙州：『初生孩子還具六識也無？』州云：『急水上打毬子。』後僧問師：『急水上打毬子，意旨如何？』師曰：『念念不停留。』」

◎槐安國語卷六：「舉，僧問趙州：『初生孩子還具六識也無？』句裏呈機劈面來。州云：『急水上打毬子。』三月嬰兒生而徙國，則不能知其故俗。僧復問投子：『急水上打毬子，意旨如何？』棋逢敵手難藏行，詩至重吟始見功。子云：『念念不停流。』吾有六兄弟，就中一子惡。」

洗鉢盂

問：「如何是學人自己？」師云：「喫粥了也未？」云：「喫粥也。」師云：「洗鉢盂去。」

（本書卷中第二八八則）

◎雲門匡真禪師廣録卷中：「舉僧問趙州：『某甲乍入叢林，乞師指示。』州云：『喫粥了也未？』僧云：『喫粥了也。』州云：『洗鉢盂去。』師云：『且道有指示無指示？若道有指示，向他道什麽？若道無指示，者僧何得悟去？』」

◎明覺禪師語録卷二：「舉僧問趙州：『學人乍入叢林，乞師指示。』州云：『喫粥了也未？』云：『喫粥了也。』州云：『洗鉢盂去。』雲門大師云：『且道有指示無指示？若云有，向他道什麽？若道無，何得悟去？』師拈云：『我不似雲門爲蛇畫足，直言向爾道，問者如蟲蝕木，答者偶爾成文。然雖恁麽，瞎却衲僧眼，作麽生免得此過？諸仁者要會麽？還爾趙州喫粥，未拈却者僧喫粥了。雪竇與爾拄杖子。』歸堂。」

◎宏智禪師廣録卷四：「示衆，擧僧問趙州：『學人乍入叢林，乞師指示。』州云：『喫粥了未？』僧云：『喫粥了。』州云：『洗鉢盂去。』僧豁然大悟。師云：『喫粥了，洗鉢去，法爾圓成正規矩。可憐葉氏怕真龍，却怪謝郎欺猛虎。本常路，真實語，這僧且問如何悟。從來鼻孔大頭垂，不用安排兮自著處所。』」

◎宏智禪師廣録卷六：「趙州洗鉢喫茶，不著安排，從來成現，若如是具眼，一一覷得徹，方是箇衲僧做處。」

◎大慧普覺禪師語録卷三：「師云：『還端的也無？』雲門云：『且道有指示無指示？若道有，向渠道甚麽？若道無，這僧爲甚悟去？』師復云：『趙州與這僧，若不得雲門，一生受屈。而今諸方有一種瞎漢，往往盡作洗鉢盂話會了。』」

◎大慧普覺禪師語録卷六：「師云：『諸方拈掇甚多，下注脚亦不少。未曾有一人分明説破，妙喜今日爲諸人分明説破。喫粥了便洗鉢盂。且道，還曾指示無？黑豆從來好合醬，比丘尼定是師姑。』」

◎開福道寧禪師語録卷上：「上堂：『透脱玄關更無凝滯，一翳落眼空華亂墜。豈不見僧問趙州：「學人乍入叢林乞師指示。」州云：「喫粥了也未？」僧云：「喫粥了也。」州云：「洗鉢盂去。」其僧言下有省。』師曰：『趙州可謂塑不就畫不成，鋒鋩不動海晏河清。五湖衲子抖擻精神，爲君通一線，教子快平生。要會麽？夜來春睡重，一覺到天明。』」

◎密庵和尚語録：「粥了令教洗鉢盂，鐵船無底要人扶。片帆高掛乘風便，截海須還大丈夫。」

◎禪宗無門關趙州洗鉢：「趙州因僧問：『某甲乍入叢林，乞師指示。』州云：『喫粥了也未？』僧云：『喫粥了也。』州云：『洗鉢盂去。』其僧有省。無門曰：『趙州開口見膽，露出心肝，者僧聽事不真，喚鐘作甕。』頌曰：『只爲分明極，翻令所得遲。早知燈是火，飯熟已多時。』」

◎虚堂和尚語録卷一：「師云：『趙州有運斤之手，者僧具就斲之資。雖然，也是就地彈雀。』」

◎虚堂和尚語録卷二：「上堂，僧問：『參須實參，悟須實悟。作麼生是實參？』師云：『歷歷寂寂。』僧云：『長期已過半，猶如冷水浸冬瓜。和尚有何方便？』師云：『精精靈靈。』僧云：『趙州示僧：洗鉢盂去。其僧便悟。此意如何？』師云：『燒錢引鬼。』僧云：『我等喫粥了也，洗鉢盂了也。爲甚不悟？』師云：『甜瓜徹蒂甜。』僧禮拜。師云：『果然。』」

◎佛祖歷代通載卷十九智海真如慕哲禪師：「凡驗學者，舉趙州洗鉢話：『上人如何會？』僧擬對，哲以手托之曰：『歇去。』自始至終未嘗換機。」

◎天如惟則禪師語録卷四偈頌無文奎藏主：「喫粥了，洗鉢盂去。趙州死句是活句。向他開口處承當，者僧道悟何曾悟。個事本非悟得，又非直下現成。」

◎愚庵智及禪師語録卷二：「上堂：『趙州道個洗鉢去，其僧豁爾知歸。烏窠吹起布毛，侍者當下得旨。阿呵呵，囉囉哩。達磨老臊胡，打落當門齒。』」

◎續傳燈録卷二十八平江府寶華顯禪師：「上堂曰：『喫粥了也，頭上安頭。洗鉢盂去，爲蛇畫足。更問如何，自納敗闕。』」

◎續傳燈録卷三十三隆興府石亭野庵祖璿禪師：「上堂曰：『喫粥了也未，趙州無忌諱。更令洗鉢盂，太殺没巴鼻。悟去由來不丈夫，這僧那免受塗糊。』」

◎㷀絶老人天奇直注天童覺和尚頌古卷上：「僧問趙州：『學人乍入叢林，乞師指示。』自稱大悟，徹細未決，借事呈解。州云：『喫了粥也未？』悟了也未？僧云：『喫粥了。』已悟了也。州云：『洗鉢去。』令他除悟。主意借事明宗，旨明句裏呈機。總結：入就藏鋒。粥罷令教洗鉢盂，豁然心地自相符。聞此清訓，忽了前悟。而今參飽叢林客，且道其間有悟無。天童審你諸方，果是有悟無悟。」

◎從容庵録卷三〔三十九〕趙州洗鉢：「示衆云：『飯來張口，睡來合眼。洗面處拾得鼻孔，挽鞋時摸著脚跟。那時蹉却話頭，把火夜深別覓。如何得相應去？』

「舉僧問趙州：『學人乍入叢林，乞師指示。』叢林於爾亦不惡。州云：『喫粥了也未？』渾金璞玉。僧云：『喫了。』久慣衲僧不如上座。州云：『洗鉢盂去。』不得左猜。

「師云：『直鈎釣龍，已是不快。漆桶離鈎三寸，已輪舡子夾山占斷。不道時人無分，大都貪餌吞鈎。看他趙州亦不拗折釣竿，亦不蹋翻舡子。石橋上閑坐，略彴邊度時，自有上岸來入手底。本録中，有其僧因此契悟，可謂竿頭絲線從君弄，不犯清波意自殊。趙州任公得志於前，更看天童鳴榔於後。』

頌云：

「粥罷令教洗鉢盂，快便難逢。豁然心地自相符。非但今日。而今參飽叢林客，依舊喫粥了，洗鉢盂去。且道其間有悟無。一人傳虛，萬人傳實。」

◎宗鑑法林卷十七：「雲門偃云：『且道有指示無指示？　若言有，趙州向伊道箇什麽？　若言無，者僧爲甚悟去？』翠峰顯云：『我不似雲門爲蛇畫足，直言向你道。問者如蟲禦木，答者偶爾成文。雖然，與麽瞎却衲僧眼，作麽免得此過？　要會麽？　還你趙州喫粥了也未。拈却者僧喫粥了，翠峰與你拄杖子。』歸堂。雲峰悦云：『雲門與麽道，大似爲黄門栽鬚，與蛇畫足。雲峰則不然。者僧於此悟去，入地獄如箭。』黄龍心云：『雲門、雪竇雖則善能鋤强輔弱，捨富從貧，要且不能安家立國。』乃問僧：『祇如上座朝來亦喫粥亦洗鉢，而今是迷是悟？』其僧禮拜起，龍唤：『近前，我有一柄拂與你。』歸堂。龍門遠云：『山僧今日喫粥了也，洗鉢盂了也，祇是不悟。既是爲善知識，爲甚麽不悟？　還會麽？　豈可唤鐘作甕，終不指鹿爲馬。善人難犯，水銀無假。冷地忽然覷破，管取一時放下。』開福寧云：『且道那裏是者僧悟處？　幾般雲色出峰頂，一樣泉聲落檻前。』徑山杲云：『雲門大似阿修羅王，耗動三有大城，諸煩惱海。』隨後喝云：『寐語作麽？』復云：『雲峰雖善背手抽金鏃，翻身控角弓，争奈蹉過雲門何？』又云：『趙州與者僧若不得，雲門一生受屈。而今諸方有一種瞎漢，往往盡作洗鉢盂話會了。』天寧琦云：『見雲門則易，見妙喜則難，誵訛在甚麽處？』雲居莊云：『趙州以楔出楔，雲門看樓打樓。者僧悟去，還有勘破處也無？』良久云：『風不鳴條，雨不破塊。』古南門云：『住住，翠峰但知雲門爲蛇畫足，自亦未免靈龜拽尾，忽若總拈過時如何？　瞎。』佛日晳云：『大慧道諸方拈掇甚多，下注脚者亦不少，未嘗有一人分明説破，妙喜今爲諸人分明説破。喫粥了便洗鉢盂，且道還曾指示也無？　黑豆從來好合醬，比丘尼定是師姑。大慧老漢牙如劍樹，口似血盆，原來祇在者裏。洗鉢盂話何曾説得破？　隆安今日不惜唇齒，直下分明説破。喫粥了便洗鉢盂，趙州東壁掛葫蘆。拈得鼻孔打失口，達磨不是老臊胡。』床窄先卧，粥稀後坐。躋躋蹡蹡，灑灑落落。要會趙州洗鉢盂，了事沙彌消一箇。泉大道。（中略）喫粥了也洗鉢盂，家常逐日最相如。西來何處半零落，六祖癡頑不讀書。三祖宗。喫粥了洗鉢盂，何曾指示曹溪路。謾言隨衆三十年，記得展單忘却筯。楊無爲。」

◎佛光國師語録卷一：「師云：『趙州只解順水推舟，致令後代兒孫箇箇死在句下。』」

◎佛光國師語録卷五：「進云：『州云：「你喫粥了也未？」僧云：「喫粥了也。」又且如何？』師云：『鑿竇引賊。』進云：『僧云：「喫粥了也。」州云：「洗鉢盂去。」此意又作麽生？』師云：『師我却不會。』」

◎常光國師語録卷下偈頌趙州洗鉢盂話：「晨朝喫粥是家常，教洗鉢盂還厮當。村酒杯中藏鴆毒，纔沾一滴壞人傷。」

◎智覺普明國師語録卷一：「復舉，僧問趙州：『學人乍入叢林，請師方便。』州曰：『喫粥了也未？』僧云：『喫粥了。』州曰：『洗鉢盂去。』師曰：『者僧問打初方便，趙州與以本分草料。雖然説法不應機，總是非時語。争奈黎羹藿飯，决非尊貴所珍。鳳髓龍肝，不是樵夫之食。畢竟如何應時機去？以拂擊禪床。今夜參了，寢堂點湯。』」

◎智覺普明國師語録卷五頌古趙州洗鉢盂：「國設干戈何所圖，推民塗炭覺非無。其將萬物爲芻狗，惟道則天唯聖乎。」

日光火光

問：「晝是日光，夜是火光。如何是神光？」師云：「日光火光。」

（本書卷中第二九五則）

◎景德傳燈録卷十六福州雪峰義存禪師：「師問僧：『什麼處來？』對曰：『神光來。』師曰：『晝喚作日光，夜喚作火光，作麼生是神光？』僧無對。師自代曰：『日光火光。』」

◎五燈會元卷七雪峰義存禪師：「問僧：『甚處來？』曰：『神光來。』師曰：『晝喚作日光，夜喚作火光，作麼生是神光？』僧無對。師自代曰：『日光火光。』」

◎雪峰義存禪師語録卷上：「師問僧：『什麼處來？』僧云：『神光來。』師云：『晝喚作日光，夜喚作火光，如何是神光？』僧無對。師代云：『日光火光。』」

趙州關

師問新到：「從什麼處來？」云：「南方來。」師云：「還知有趙州關麼？」云：「須知趙州關者。」師叱云：「者販私鹽漢。」又云：「兄弟，趙州關也難過。」云：「如何是趙州

關？」師云：「石橋是。」（本書卷下第四四一則）

◎祖庭事苑卷三雪竇祖英上趙州關：「諗和上示衆云：『趙州關也難過。』僧云：『如何是趙州關？』師云：『石橋是。』又問僧云：『甚麽處來？』『南來。』師云：『還知有趙州關否？』僧云：『須知有不涉關者。』師云：『者販私鹽漢。』衆中或以庭前柏、喫茶去爲趙州關，誤矣。」

◎圓悟佛果禪師語録卷十九：「善繫無繩約，善行無轍跡。不戰屈人兵，直面當機疾。老婆勘破五臺山，有誰參透趙州關？」

◎宏智禪師廣録卷八：「門門通徹長安道，信手拈來還恰好。脚跟踏著趙州關，丈六金身一莖草。」

◎大慧普覺禪師語録卷八：「師云：『庭前柏樹子，今日重新舉。打破趙州關，特地尋言語。既是打破關，爲甚麽却尋言語？當初將謂茅長短，燒了元來地不平。』」

◎普覺宗杲禪師語録卷上：「一日同會雲門庵，因師小參，舉趙州柏樹子話。有頌曰：『庭前柏樹子，今日重新舉。打破趙州關，特地尋言語。敢問諸人，既是打破趙州關，爲什麽却尋言語？』良久云：『當初將謂茆長短，燒了元來地不平。』李參政聞之，豁然契悟。」

◎密庵和尚語録：「上堂，僧問：『放行特地隔千山，把住無端亦自瞞。千手大悲難摸揉，鐵牛撞破趙州關。如何是趙州關？』師云：『天上天下，人透不過。』」

◎從容庵録卷二〖十〗臺山婆子：「師云：『鬼魅以妖通成精，咒藥以依通成精，天龍以報通成精，賢聖以神通成精，佛祖以道通成精。南泉趙州乃佛祖向上人，那堪年老。所以道，年老成精也。趙州古佛嗣南泉。馬祖道：經入藏，禪歸海，唯有南泉獨超物外。趙州以長沙爲友，以南泉爲師，故勘辨中，非得失勝負之可品格。天下謂之趙州關，也不妨難過。』」

◎紫柏尊者全集卷十八頌古趙州關頌：「蜀道雖難尚可行，趙州關險不堪登。分明舉目真如院，多少英靈度未能。」

◎永覺元賢禪師廣録卷二十趙州諗禪師：「拾來鎮州蘿蔔，掛作東壁葫蘆。拈出庭前柏樹，直教大地糊塗。趙州關過也無？指東話西無道理，遇者須教骨髓枯。」

摘楊花

問新到：「從什麽處來？」云：「南方來。」師云：「三千里外逢莫戲。」云：「不曾。」師云：「摘楊花！摘楊花！」

（本書卷下第四五四則）

◎禪宗頌古聯珠通集卷十八：「頌曰：截斷三關過者稀，臨鋒誰解振全威。楊花摘處何人見，風送漫天似雪飛。佛慧泉。堂堂好個丈夫兒，剛被胡麻取次欺。若解奮拳張意氣，世間何處可容伊。保寧勇。青山不異，白玉無瑕。茫茫流水，擾擾黃花。有佛處纖毫不立，無佛處萬别千差。長安路上未歸客，尋溪由自摘楊花。天童覺。三千里外兩重關，衲子紛紛過者難。回首石橋南北路，楊花風散雪漫漫。普融平。有佛處不得住，生鐵秤錘被蟲蛀。無佛處急走過，撞著嵩山破竈墮。三千里外莫錯舉，兩個石人相耳語。恁麽則不去也，此話已行遍天下。摘楊花摘楊花，唵嚤呢噠哩吽啰吒。徑山杲。」

◎大燈國師語録卷中：「師云：『趙州若無後語，須是遭人點儉。何故？風從八月涼，月自七月明。』」

◎竺仙和尚語録卷中：「復云：記得趙州因僧辭云：『甚處去？』僧云：『諸方學佛法去。』州竪起拂子云：『有佛處不得住，無佛處急走過。三千里外逢人不得錯舉。』僧云：『與麽則不去也。』州云：『摘楊花！摘楊花！』此是一卷秘密心經，前面長行不須再舉。其陀羅尼曰：『摘楊花！摘楊花！』蓋趙州是東土人，用東土語。山僧是西天人，未免用西天語。」

◎景川和尚語録卷下：「師云：『諸人還知此老漢爲人處麽？勸君更盡一杯酒，西出陽關無故人。』」

◎槐安國語卷四：「乃舉，趙州因僧辭，朝秦暮楚，倚門傍户，似盲驢任足行。州云：『有佛處不得住，碧梧棲老鳳凰枝。無佛處急走過，黃稻啄餘鸚鵡粒。三千里外逢人莫錯舉。射工含沙待影過。』僧云：『與麽則不去也。恰如矮子見戲，隨後婁藪也。』州云：『摘楊花！摘楊花！天不爲人之惡寒而輟其冬，地不爲人之惡險而輟其廣。』師云：『趙州若無後語，須是遭人點檢。智人之明鑒，佛法之至論。明者見危於無形，智者視禍於未萌。何故？風從八月涼，月自七月明。相送當門有脩竹，爲君葉葉起清風。』」

趙州茶

師問二新到：「上座曾到此間否？」云：「不曾到。」師云：「喫茶去。」又問：「那一人曾到此間否？」云：「曾到。」師云：「喫茶去。」院主問：「和尚不曾到，教伊喫茶去，即且置。曾到，爲什麽教伊喫茶去？」師云：「院主！」院主應喏。師云：「喫茶去。」

（本書卷下第四五六則）

◎祖堂集卷六洞山和尚：「有一僧到參，師見異，起來受禮了。問：『從何方而來？』對曰：『從西天來。』師曰：『什摩時離西天？』曰：『齋後離。』師曰：『太遲生。』對曰：『也邐遊山翫水來。』師曰：『即今作摩生？』其僧進前，叉手而立，師乃祗揖云：『喫茶去。』」

◎祖堂集卷七雪峰和尚：「問：『古人道：路逢達道人，莫將語墨對。未審將什摩對？』師云：『喫茶去。』」

◎祖堂集卷十一保福和尚：「招慶問：『闍梨作摩生道？』師云：『喫茶去。』」

◎祖堂集卷十二荷玉和尚：「雲嵒掃地次，叫寺主，問：『何得自驅驅？』嵒云：『有人不驅驅。』寺主云：『何處有第二月？』嵒提起篝云：『這个是第幾月？』玄沙代云：『此由是第二月。』報慈拈問師：『忽然放下掃箒時作摩生道？』師云：『大家喫茶去。』」

◎祖堂集卷十三福先招慶和尚：「問：『名言妙句，盡是教中之言，真實謗源，請師指示。』師云：『喫茶去！』」

◎祖堂集卷十七處微和尚：「師問仰山：『汝名什摩？』對曰：『慧寂。』師曰：『阿那个是惠？阿那个是寂？』對云：『只在目前。』師曰：『你猶有前後在。』對曰：『前後則且置，和尚還曾見未？』師曰：『喫茶去。』」

◎汾陽無德禪師語録卷中：「趙州有語喫茶去，天下胡僧總到來。不是石橋元底滑，喚他多少衲僧回。」

◎建中靖國續燈録卷二潭州大潙山承禪師：「問：『如何是古佛家風？』師云：『蒲團草座。』僧曰：『若遇客來，將何祇對？』師云：『喫茶去。』僧曰：『昔日趙州，今日和尚。』師云：『錯。』」

◎黄龍慧南禪師語録偈頌南嶽高臺示禪者：「撥草占風辨正邪，先須拈却眼中沙。舉頭若味天皇餅，虛心難喫趙州茶。」

◎宏智禪師廣録卷一：「師云：『到與不到，喫茶一樣。不著機關，殊無伎倆。且非平展家風，豈是隨波逐浪。唯嫌揀擇没分疏，識得趙州老和尚。』」

◎宏智禪師廣録卷四：「上堂舉，趙州問僧：『曾到此間麽？』僧云：『曾到。』州云：『喫茶去。』又問僧，僧云：『不曾到。』州云：『喫茶去。』院主問云：『曾到喫茶去，不曾到爲甚麽亦喫茶去？』州喚院主，主應諾。州云：『喫茶去。』後鏡清問僧：『趙州喫茶去作麼生？』僧便行。清云：『邯鄲學唐步。』雪竇拈云：『者僧不是邯鄲人，爲甚麼學唐步？』師云：『喫茶去，喫茶去。明明指人無異語，家風平展沒機關。誰道趙州謾院主。苦，苦，苦！往往邯鄲學唐步，恰恰長安道上行，分明有眼如天瞽。鏡清道邯鄲學唐步，雪竇道者僧不是邯鄲人，爲甚學唐步。還會麼？登機者失，欺敵者亡。』」

◎宏智禪師廣録卷八送慧禪人往上江羅麻米詩：「雲門糊餅趙州茶，裏許明明著得些。公案見成知味底，一千二百衲僧家。」

◎禪宗頌古聯珠通集卷二十：「趙州問新到：『曾到此間麼？』曰：『曾到。』師曰：『喫茶去。』又問僧，僧曰：『不曾到。』師曰：『喫茶去。』後院主問曰：『爲甚麼曾到也云喫茶去，不曾到也云喫茶去？』師召院主，主應喏，師曰：『喫茶去。』頌曰：趙州有語喫茶去，天下衲僧總到來。不是石橋元底滑，喚他多少衲僧回。汾陽昭。見僧被問曾到此，有言曾到不曾來。留坐喫茶珍重去，青烟時換緑紋苔。投子青。趙州有語喫茶去，明眼衲僧皆賺舉。不賺舉，未相許，堪笑禾山解打鼓。雲峰悦。曾到還將未到同，趙州依舊展家風。近來王令關防緊，從此人情總不容。佛印元。趙州驗人端的處，等閑開口便知音。覿面若無青白眼，宗風争得到如今。黃龍南。一甌茶自振家風，遠近高低一徑通。未薦清香往來者，誰諳居止院西東。照覺總。此間曾到不曾到，人義人情去喫茶。院主不知滋味好，却來争看盞中花。佛國白。叢林宗匠實難加，臨事何曾有等差。任是新來將舊住，殷勤只是一甌茶。正覺逸。三等擎甌禮數全，一般平挹更無偏。石橋破院無珍味，且夾油麻一例煎。佛慧泉。寶匣龍泉發夜光，寥寥長掛在虚堂。四來高客如相訪，茶罷休勞話短長。大溈秀。趙州喫茶話，自古至及今。雲開終始口，難保歳寒心。雲蓋智。相逢盡道喫甌茶，大抵風流出當家。休問曾到未曾到，自有行人滿路夸。疎山常。驪珠絶纇玉無瑕，馬載驢馱帝子家。曾到不曾休擬議，與君同泛一甌茶。羅漢南。個中滋味若爲論，大展家風説早春。三度口行人事了，這回莫道不沾唇。佛鑑懃。趙州一甌茶，驗盡當行家。一期雖自好，争免事如麻。龍門遠。趙州滋味最爲親，覿面承當有幾人。三度傳來親切處，馨香滿口又全真。楚安方。三等接人喧海宇，一茶驗客播叢林。高山流水深深意，不是子期誰賞音。雲巖因。高下來相訪，只點一甌茶。人情厭踈淡，骨肉生冤家。争似盧仝閉關，自煎喫發輕汗。平生不平事，盡向毛孔散。石谿明。趙州喫茶，宗門奇特。到與不到，正白拈賊。黄龍新。曾到不曾到，且喫一杯茶。待客只如此，冷淡是僧家。牧庵忠。曾到喫茶去，未到喫茶去。趙州老禪和，口甜心裏苦。心裏苦直至，如今無雪處。慈受深。趙州喫茶我也怕他，若非債主便是冤家。倚牆靠壁成群隊，不知誰解辨龍蛇。應庵華。百尺竿頭氈布巾，上頭題作酒家春。相逢不飲空歸去，洞裏桃花笑殺人。自得暉。人來訪趙州，唯道喫茶去。無端院主不惺惺，更與一甌令醒悟。本覺一。趙州三度喫茶，禾山打鼓難比。休於句下尋求，識取口中滋味。若識得，觀音院裏有彌勒。佛性泰。曲盡周遮禮數頻，苦茶何用勸三巡。鼻中若有通天竅，終不回頭問別人。文殊道。曾到未到，普請喫茶。口甜似蜜，心毒如蛇。淳庵净。趙州喫茶逆拔毒蛇，虚空落地鐵樹開花，夜叉羅刹彌勒釋迦。改頭換面無窮數，莫道風流出當家。普庵玉。趙州喫茶去，毒蛇橫古路。踏著乃知非，佛也不堪作。松源岳。趙州老漢熱心腸，一盞粗茶驗當行。回首路傍橋斷處，白蘋紅蓼映斜陽。浙翁琰。趙州逢人喫茶，誰知事出急家。反手作雲作雨，順風撒土撒沙。引得洞山無意智，問佛也道三斤麻。無禪才。」

◎瞎堂慧遠禪師廣録卷一：「師云：『遮老漢，非但向長流水裏洗面，化人壇上炙背，更將官路作人情，無礙厨中請白客。要知遮老漢落處麽？曾到未到俱喫茶，不在沾唇眼便花。若是謝家船上客，肯來平地摝魚蝦。』」

◎開福道寧禪師語録卷下：「師曰：『趙州門下不揀高低，一碗粗茶普同供養。得其味者，方知冷灰裏九轉透瓶香。如或未辨端倪，不免重下注脚。南北東西萬萬千，趙州待客豈徒然。莫嫌冷淡無滋味，慣把脂麻一例煎。』擊禪床下座。」

◎如浄和尚語録卷上：「上堂：『斬鯨龍頭角，截虎豹爪牙。爛泥團受用不盡，踏著刺方見作家。其或未然。誰在畫樓沽酒處，相邀來喫趙州茶。』」

◎淮海原肇禪師語録：「上堂：『曾到喫茶去，未到喫茶去。趙州肝膽齊傾，多少不知慚愧，戴角披毛行異類。』」

◎通玄百問：「問：『百了千當底人，將甚麽賞他？』答：『趙州茶，曹山酒。』頌：『趙州茶，曹山酒，不須烹醞時時有。渴來何礙兩三杯，醒後無妨七八斗。末了區區陪奉伊，恐隨滋味徒開口。』」

◎石田法薰禪師語録卷二：「師拈云：『趙州老漢，心如蘗口如蜜。一碗粗茶，多虚少實。院主兩眼眯䁷，畢竟何曾得喫？莫有得喫底麽？急須吐出。』」

◎偃溪廣聞禪師語録卷下：「上堂：『趙州喫茶去，金牛喫飯來。龍門多上客，有人續得末後句，許你入阿字法門。』」

◎石溪心月禪師語録卷上：「師云：『趙州如餓虎當途，遇物即噬。院主横身，果遭一口，而性命猶在。』」

◎大覺禪師語録卷中：「舉趙州嘗問僧：『曾到此間否？』僧云：『曾到。』州云：『喫茶去。』又問僧：『曾到此間否？』僧云：『不曾到。』州云：『喫茶去。』師云：『曾到不曾到，一例喫茶去。雖是尋常言語，就中毒藥醍醐。且甚麽處與趙州相見？聽取一頌：句下千鈞重，胸中萬丈深。雖無上馬力，猶有殺人心。』」

◎古尊宿語録卷四十三寶峰雲庵真浄禪師語録：「上堂：『今日淵上座設道吾鑽飯，點趙州茶，拈出如來一大經卷，爲諸人徹困。』驀拈拄杖擲下云：『道吾飯，趙州茶，如來一大經卷。此三種法門，盡在拄杖頭上撒開也。東西南北，四維上下，一任變通，自在受用。三十年後不得辜負淵上座。若也不知，數日雨寒，秋風漸冷。』喝一喝，下座。」

◎空谷集卷二〖二一〗趙州喫茶：「舉趙州纔見僧來便問：『曾到此間麽？』尋常語裏布槍旗。僧云：『不曾到。』料掉没交涉。州云：『喫茶去。』承言者喪。又問僧：『曾到此間麽？』慣得其便。僧云：『曾到。』惜取草鞋好。州云：『喫茶去。』滯句者迷。（中略）頌曰：見僧便問曾到否，仁義道中當合如是。有言曾到不曾來。執結是實。留坐喫茶珍重去，好看千里客，萬里要傳名。青烟暗换緑紋苔。惜得自己眉毛，穿過那僧鼻孔。」

◎虛堂和尚語録卷一：「上堂，舉趙州問僧：『曾到此間麽？』僧云：『曾到。』州云：『喫茶去。』又問僧：『曾到麽？』僧云：『不曾到。』州云：『喫茶去。』師云：『趙州一處打著，一處打不著。萬松見僧，亦不招茶，亦不相問，何故自從賢聖法來，未嘗殺生。』」

◎一山國師語録卷上：「上堂：『睦州擔板漢，趙州喫茶去。口如崖蜜甜，心似黄連苦。所以圓覺尋常於諸人不敢絲毫錯誤。』良久云：『射虎不真，徒勞没羽。』」

◎廬山蓮宗寶鑑卷十辯明趙州茶：「昔趙州和尚，見僧問曰：『汝曾到此不？』僧云：『曾到。』州云：『喫茶去。』又問僧云：『曾到此不？』僧云：『不曾到。』州云：『喫茶去。』院主問：『曾到且從，不曾到如何也喫茶去？』州乃唤院主，主應諾。州云：『喫茶去。』叢林因此有趙州茶話公案。今愚人不明祖師大意，妄自造作，將口内津唾，灌漱三十六次咽之，謂之喫趙州茶。或有臨終妄指教人，用朱砂末茶點一盞喫了，便能死去，是會趙州機關。更可憐憫者，有等魔子以小便作趙州茶，何愚惑哉，非妖怪而何耶？真正修心者，但依本分念佛期生浄邦，切不可妄將祖師公案杜撰穿鑿，是謗大般若之罪人也。不見道，乍可粉身千萬劫，莫將佛法亂傳揚。」

◎絶海和尚語録卷下偈頌送乾機知客歸信陽省親：「趙州禪在口唇皮，對客只道喫茶去。」

◎南石文琇禪師語録卷二拈古：「師云：『有謂：趙州茶九轉透瓶香，殊不知却是平胃散，醫不得人病，斷不得人命。』」

◎增集續傳燈録卷一福州中濟無禪立才禪師：「上堂舉趙州和尚喫茶去話。頌云：趙州逢人喫茶，誰知事出急家。反手作雲作雨，順風撒土撒沙。引得洞山無意智，問佛也道三斤麻。」

◎景川和尚語録卷上：「除夜上堂：『舊歲已去新年將來，不涉新舊一句作麽生道？雲門胡餅趙州茶，慧崇蘆雁趙昌花。』」

◎請益録卷一〔一二三〕趙州有無：「忽若院主問趙州：『曾到底喫茶去，不曾到底爲甚也喫茶去？』趙州呼院主，主應喏。州云：『喫茶去。』又作麽生仿佛趙州意？天童拈趙州意，先識病證，次設治方，然後但除其病，不除其法。所以道，沉空滯跡，犯手傷鋒，俱未是衲僧去就。這僧擬往南方學佛法，趙州先診出兩般病，然後對證設藥，直須不入人行市，不坐他床榻。正不立玄，偏不附物，所以趙州道『有佛處不得住，無佛處即走過』，雖治其沉空滯跡，立玄附物之病而不除。把定放行，隨流得妙遊戲神通自在之法。還會麽？爲甚如此？病多諳藥性，經效敢傳方。」

◎憨山老人夢遊集卷三十六佛祖機緣：「頌曰：『趙州一味澹生涯，但是相逢請喫茶。若問梅花探春色，一枝牆外過鄰家。遠來經涉路迢遥，壘塊填胸氣正驕。不用靈丹並妙藥，只須一碗熱湯澆。』」

◎永覺元賢禪師廣録卷六：「老僧再引舊葛藤，與諸人商量看。昔趙州見僧來，便問：『曾到否？』僧云：『曾到。』州云：『喫茶去。』或云：『不曾到。』州亦云：『喫茶去。』今問諸人，若見趙州時，畢竟作麽生祇對他？莫是云和尚也不消得麽？莫是云謝和尚指示麽？莫是便下一喝麽？莫是掩耳出去麽？今時學人伎倆，不過如此。要見趙州也大難。諸人且道，諦當一句作麽生？咦，夜靜水寒魚不食，滿船空載月明歸。夜寒，珍重！」

◎宗門拈古彙集卷二十一：「潙山秀云：『大隨茶非類趙州茶，既不類趙州茶，則得之者少矣。這僧得之，且道有甚長處？然不義之財於我如浮雲。』」

◎徑石滴乳集卷四建寧府普明鴛湖妙用禪師：「天寒作九，歲殘須守。舉杯拈果，大家知有。大衆且道，有個甚麽者裏薦得？不妨拈尾作頭，向三條椽下，七尺單前，擦褲磨裙，忘餐廢寢。然祇個事，不在動用中，亦非眉睫上。所以趙州，凡見僧參便問：『曾到此間麽？』僧云：『曾到。』州云：『喫茶去。』或云：『不曾到。』亦云：『喫茶去。』院主問：『和尚爲甚曾到不曾到，俱教喫茶去？』州呼院主，主應諾，州云：『喫茶去。』趙州主張個事，與衲僧平貼商量，院主不識好惡，至遭一杓臭水。普明者裏，不管他喫茶不喫茶，只要伊單刀直入。」

◎黔南會燈録卷二石阡中華天隱崇禪師：「師辭參象崖。崖問：『趙州喫茶話，上座作麽生會？』師置杯曰：『學人不會。』崖云：『聞上座同敏和尚住數年來，茶話也不會。』師起身曰：『莫道不會。』崖云：『即今作麽生？』師作禮曰：『謝和尚茶。』拂袖而出。（中略）崖再命頌喫茶話，師立頌云：『堪笑趙州老作家，掘坑平地驗龍蛇。相逢盡道喫茶去，幾個曾知路不賒。』」

◎少林無孔笛卷一：「臘八定坐次垂語曰：『雲門胡餅趙州茶，慧崇蘆雁趙昌花。這四件事，還有優劣取捨麽？抑又一味平等乎？各下觜看。』代曰：『文質彬彬，然後爲君子。』又曰：『只將補袞調羹手，擬轉如來正法輪。』翌日有頌曰：『雪嶺六年癡兀兀，米山一夜坐堆堆。不曾迷倒有何悟，只睹茶星睡眼開。』」

◎少林無孔笛卷二：「舉趙州和尚問新到：『曾到此間麽？』曰：『曾到。』州曰：『喫茶去。』又問僧曰：『不曾到。』州曰：『喫茶去。』師曰：『四來有疏親，因甚趙州一味安排？若能甄别，請各下一轉語。』代曰：『一毛頭上定乾坤。』」

◎佛光國師語録卷一：「重午上堂：『今日重午節，無可供養大衆，也效俗禮鬥飣些少，與諸人作箇暖熱。金剛圈，栗棘蓬，鐵酸餡，趙州茶。衆中莫有吞吐得下底，出來我急要一箇半箇，作酬酢主伴。』復良久：『真如禮數無多子，君不開懷怎奈何？』拊膝下座。」

◎佛光國師語録卷八：「題金魚版：道是魚時還有角，雖然有角却非龍。一聲霹靂驚天地，躍出趙州茶盤中。」

◎智覺普明國師語録卷五趙州喫茶去：「衆生過咎藉師邪，知識元來不撒沙。上味醍醐成毒藥，須知更有趙州茶。」

趙州訪茱萸

師一日將拄杖上茱萸法堂上，東西來去。萸云：「作什麽？」師云：「探水。」萸云：

「我者裏一滴也無，探箇什麽？」師將杖子倚壁，便下去。（本書卷下第四五九則）

◎佛果擊節録卷下〖六四〗茱萸看箭：「趙州老漢行脚，到處繞鬧。纔到雲居，居云：『老老大大，何不討個住處？云云。』及到茱萸，如前問，云云。又舉探水話。雪竇拈云：『只消個二俱作家。』末後太慈悲。若道知是慈悲，不知是毒藥。何故？聞道看箭是作家。一云過一云中，是不作家。直饒齊發齊中，也只是個射垛漢。云云。」

◎正法眼藏卷三：「趙州和尚到茱萸，將拄杖於法堂上從東過西，從西過東。茱萸問：『作甚麽？』州云：『探水。』曰：『我遮裏一滴也無，探個甚麽？』州靠却拄杖便出去。琅邪覺云：『勢去奴欺主，年衰鬼弄人。』」

◎禪宗頌古聯珠通集卷十八：「趙州一日到茱萸，執拄杖於法堂上，從東過西。萸曰：『作甚麽？』師曰：『探水。』萸曰：『我這裏一滴也無，探個甚麽？』師以杖倚壁便下。頌曰：逐步移筇探淺深，果然滄海碧沉沉。一雙足跡分明在，將謂歸家不可尋。保寧勇。古今難透趙州關，取次施爲不等閑。拄杖靠來斜倚壁，輕如毫髪重如山。佛鑑懃。茱萸這裏無一滴，趙州無言便走出。春去秋來三百年，拄杖至今猶倚壁。鼓山圭。深淺聊將拄杖探，忽然平地起波瀾。傾湫倒嶽驚天地，到海方知徹底幹。徑山杲。」

◎無準師範禪師語録卷一：「上堂，舉趙州訪茱萸公案。師云：『是則是，殺人可恕，無禮難容。

子細看來，也是茱萸招得。當時若解咬定牙關，使趙州縱不斬頭截臂，亦須自領出去。古人且止，只如今日率庵訪來，雖則不言探水，然而未跨門時，屋裏三長兩短已被佗一時覷見了也。何故？明眼人難瞞。』」

◎虚堂和尚語録卷一：「師云：『盡道一滴也無，鼓起滔天之浪。殊不知，趙州平白，失却一條杖子。』」

◎虚堂和尚語録卷八：「師云：『趙州過頭丈子，到處探水。當時者僧，若與本分草料，管取别甑炊香。』」

◎續傳燈録卷二十九隆興府泐潭擇明禪師：「上堂，舉趙州訪茱萸探水因緣。師曰：『趙老雲收山嶽露，茱萸雨過竹風清，誰家别館池塘裏，一對鴛鴦畫不成。』」

◎呆庵莊禪師語録卷五頌古：「趙州探水到茱萸，徹底争知一滴無。拄杖當時將靠壁，分明直處却成紆。」

◎宗鑑法林卷十九鄂州茱萸禪師：「潙山喆云：『趙州善能探水，不犯波瀾，茱萸一滴也無，怎奈關防不得。』天童華云：『茱萸一滴也無，滔天白浪。趙州以杖靠壁，不犯清波。雖然二老同死同生，怎奈山僧未肯放過。』理安洸云：『茱萸牆塹不牢，趙州探竿短小。撿點將來，二俱不了。』介毅洪云：『趙州探水，生拔蒼龍頭上角。茱萸無一滴，活剜猛虎眼中珠。雖然如是，茱萸猶欠一籌在。當時見他恁麽下去，秖云三十年後難得與麽漢。非圖光揚宗眼，益顯南泉門下有人。』」

趙州勘婆

臺山路上有一婆子要問僧。僧問：「臺山路向什麽處去？」云：「驀直去。」僧才行，婆云：「又與麽去也。」師聞後，便去問：「臺山路向什麽處去？」云：「驀直去。」師才行，婆云：「又與麽去也。」師便歸，舉似大衆，云：「婆子今日被老僧勘破了也。」

（本書卷下第四六〇則）

◎景德傳燈録卷十趙州觀音院從諗禪師：「有僧遊五臺，問一婆子云：『臺山路向什麽處去？』婆子云：『驀直恁麽去。』僧便去。婆子云：『又恁麽去也。』其僧舉似師。師云：『待我去勘破遮婆子。』師至明日，便去問：『臺山路向什麽處去？』婆子云：『驀直恁麽去。』師便去。婆子云：『又恁麽去也。』師歸院，謂僧云：『我爲汝勘破遮婆子了也。』」玄覺云：「前來僧也恁麽道，趙州去也恁麽道，什麽處是勘破婆子？」又云：「非唯被趙州勘破，亦被遮僧勘破。」

◎白雲守端禪師語録卷下：「干戈中立太平基，塊雨條風勝古時。婆子爲君勘破了，趙州脚跡少人知。」

◎禪林僧寶傳卷二十一慈明禪師：「又問：『趙州勘婆子，師意如何？』公亦作偈曰：『趙州勘破婆子，葉落便合知秋。天下幾多禪客，五湖四海悠悠。』」

◎密庵和尚語録：「天高地厚人難見，海闊山遥只自知。勘破却回休借問，得便宜是落便宜。」

◎禪宗無門關趙州勘婆：「無門曰：『婆子只解坐籌帷幄，要且著賊，不知趙州老人善用偷營劫塞之機。又且無大人相，撿點將來二俱有過，且道那裏是趙州勘破婆子處？』頌曰：問既一般，答亦相似。飯裏有砂，泥中有刺。」

◎古尊宿語録卷三十四舒州龍門佛眼和尚語録頌古趙州勘婆：「趙州言勘破，笑殺老禪和。院主鬚眉落，南泉打粥鍋。趙州勘破，却成罪過。大地衆生，千個萬個。」

◎大覺禪師語録卷中：「後頌趙州勘婆話云：『趙州無柄鐵笤帚，掃蕩煙塵空索索。此豈不自純一工夫處來入叢林中？所以宗師家常勸人放下著。』」

◎劍關子益禪師語録頌古趙州勘婆：「盡道趙州勘婆子，不知婆子勘趙州。有意氣時添意氣，不風流處也風流。」

◎空谷集卷六〖九三〗趙州勘婆：「舉趙州勘婆話。好手手中還好手，紅心心裏射紅心。（中略）玄覺徵云：『前來僧也恁麽道，趙州去也恁麽道，甚麽處是勘破婆子處？』林泉道：『好個師僧便恁麽去。』又云：『非唯被趙州勘破，亦被這僧勘破。』林泉道：『更有收人在後頭。』此話諸方商量者多，皆不出勝負常情。其實權衡在手的人，低也在他高也在他。汝諸人等大抵總被妄情繫綴，得失相謾，寵辱牽纏，名位羈絆，此生死之根本，輪轉之媒蘖。故古人興一言立一法，令一切衆生向直截穩當處，超生死此岸，達涅槃彼岸。以尋常家長里短、你來我去不濟要話方便提攜。假以得失令離得失，假以勝負令離勝負。此亦以楔出楔，以毒去毒之謂也。若也將虛作實，認影迷頭，恣意縱情，尋言逐句，非止於道遠矣，其實負我多焉。且休説婆子勘破這僧，趙州勘破婆子，你還知三世諸佛、六代祖師、天下老和尚總被林泉勘破處麽？一朝權在手，看取令行時。」

◎了庵清欲禪師語録卷五頌古趙州勘婆：「衲僧脚下路通天，舉目臺山總是煙。婆子趙州俱勘破，不教空費草鞋錢。」

◎續傳燈録卷十七東京妙慧尼慧光浄智禪師：「上堂，舉趙州勘婆話，乃曰：『趙州舌頭連天，老婆眉光覆地，分明勘破歸來。』」

◎續傳燈録卷三十四温州龍鳴在庵賢禪師：「上堂舉趙州勘婆話，頌曰：冰雪佳人貌最奇，常將玉笛向人吹。曲中無限花心動，獨許東君第一枝。」

◎佛頂國師語録卷三趙州勘婆：「咄個老婆謀略奇，臺山路上閃紅旗。趙州鐵帚元無柄，掃盡煙塵曾不知。」

◎長慶宗寶禪師語録卷四頌古趙州勘婆子：「臺山大路如弦直，來往師僧真飽參。婆子趙州頭角露，却令人見轉羞慚。年老成精老趙州，助婆作惡起戈矛。臺山大路依然在，祇要行人肯點頭。」

◎列祖提綱録卷十一：「復舉趙州勘婆子話，頌云：臺山路上，婆子勘破，須他趙州。我道全無巴鼻，人言亦有來由。」

胡釘鉸

保壽問胡釘鉸：「莫便是胡釘鉸否？」云：「不敢。」保云：「還釘得虚空麽？」云：「請打破虚空來。」保壽便打却，云：「他後有多口阿師與你點破在。」胡釘鉸後舉似師。師云：「你因什麽被他打？」云：「不知過在什麽處？」師云：「只者一縫尚不奈何，更教他打破釘鉸，便會。」師代云：「且釘者一縫。」

（本書卷下第四六四則）

◎天聖廣燈録卷十二鎮州寶壽沼禪師：「趙州云：『且釘者一縫。』鉸於言下省悟。遂舉寶壽行棒因緣。趙州云：『我恁麽道，與寶壽千里萬里。』」

◎明覺禪師語録卷二：「師云：『雪竇要打者三箇漢。第一趙州，不合瞎却胡釘鉸眼。第二保壽，不能塞斷趙州口。第三胡釘鉸，放過保壽。』師驀拈起拄杖云：『更有一箇。』大衆一時走退。師擊繩床一下，便起去。」

◎祖庭事苑卷一：「胡釘鉸，唐之散人，世不以名顯。嘗與保福、趙州問答，語流叢席。嘗一夕夢吞五色毬，既覺，遂能作句語，鱠炙人口，至今稱誦不已。唐高文集謂：『祭列子墓，夢中换五藏者，正胡釘鉸也。』與五色毬相傳之異，未知孰是。」

◎大慧普覺禪師語録卷十：「保壽問胡釘鉸。頌云：直饒釘得遮一縫，點檢將來非好手。可憐兩箇老禪翁，却向俗人説家醜。」

◎恕中無慍禪師語録卷三胡釘鉸：「一縫釘不徹，猶説更打破。利動小人心，黠過地上卧。」

◎宗門拈古彙集卷二十六鎮州寶壽沼禪師：「溈山喆云：『者漢雖然省去，可惜趙州放過。當時待問過在甚麽處，劈脊便棒。非但承他寶壽威光，亦乃與叢林爲龜爲鑒。』徑山杲云：『直饒釘得者一縫，檢點將來亦非好手。可憐兩個老禪翁，却對俗人説家醜。』鼓山永云：『寶壽雖具打破虚空底鉗鎚，未免傷鋒犯手。胡公末後悟去，誰知眼尚瞎眵。』天寧琦云：『胡釘鉸原不知者一縫，當時趙州若不與賊過梯，便是踏破百二十緉草鞋也未瞥地在。雖然釘鉸明得，也較寶壽三千里。』資福廣云：『千鈞之弩不爲鼷鼠發機，寶壽不得無過。趙州雖善挽轉，也是就地彈雀。』雲溪挺云：『寶壽雖則孫承祖業，未免依樣畫葫蘆。胡釘鉸終是死漢，若解知恩報恩，打趙州拳頭有分在。』」

能縱能奪，能殺能活

師行脚時，到一尊宿院，才入門相見便云：「有麽？有麽？」尊宿豎起拳頭。師云：「水淺船難泊。」便出去。又到一院，見尊宿便云：「有麽？有麽？」尊宿豎起拳頭。師云：「能縱能奪，能取能撮。」禮拜，便出去。

（本書卷下第四九二則）

◎圓悟佛果禪師語録卷十七：「舉，趙州訪一庵主便云：『有麽有麽？』庵主豎起拳頭。州云：『水淺不是泊船處。』便去。又訪一庵主亦云：『有麽有麽？』庵主亦豎起拳頭。州云：『能縱能奪能殺能活。』禮拜而去。師拈云：『佛祖命脉列聖鉗錘，换斗移星經天緯地。有般漢未出窠窟，只管道，舌頭在趙州口裏。殊不知，自己性命已屬他人。若能握向上綱宗，與二庵主相見，便可以定龍蛇別緇素，正好著力。還知趙州落處麽？切忌顢頇。』」

◎禪宗頌古聯珠通集卷二十：「頌曰：問答元來總一般，當頭一著莫顢頇。將軍自有佳聲在，不得封侯也是閑。佛迹昱。疋馬單鏘戰祖關，死生只在刹那間。趙州最是難容漢，庵主當頭楔兩拳。文殊道。無星秤子兩頭平，提起應須見得明。若向個中争分兩，知渠錯認定盤星。佛性泰。趙州老漢，少喜多瞋。不會爲客，勞煩主人。湛堂準。虎步龍驤遍九垓，會從平地起風雷。等閑唤出庵中主，便見千江水逆回。佛心才。」

◎聯燈會要卷六趙州觀音從諗禪師：「師訪一庵主，問云：『有麽有麽？』主豎起拳。師云：『水淺不是泊舡處。』又訪一庵主，云：『有麽有麽？』主亦豎起拳。師云：『能縱能奪，能殺能活。』便作禮。雲居舜云：『趙州當時甚生意氣，雖然如是，要且鼻孔在二庵主手裏。』教忠光云：『趙州氣宇如王，向二庵面前，永消瓦解。』」

◎禪宗無門關州勘庵主：「趙州到一庵主處問：『有麽有麽？』主竪起拳頭。州云：『水淺不是泊舡處。』便行。又到一庵主處云：『有麽有麽？』主亦竪起拳頭。州云：『能縱能奪，能殺能活。』便作禮。無門曰：『一般竪起拳頭，爲甚麽肯一箇不肯一箇？且道，誵訛在甚處？若向者裏，下得一轉語，便見趙州舌頭無骨，扶起放倒得大自在。雖然如是，争奈趙州却被二庵主勘破。若道二庵主有優劣，未具參學眼。若道無優劣，亦未具參學眼。』頌曰：眼流星，機掣電。殺人刀，活人劍。」

◎指月録卷十一：「師到一庵主處，問：『有麽？有麽？』主竪起拳頭。師曰：『水淺不是泊船處。』便行。又到一庵主處，問：『有麽？有麽？』主亦竪起拳頭。師曰：『能縱能奪，能殺能活。』便作禮。瞎堂遠頌云：『換手搥胸哭老爺，棺材未出死屍斜。不如掘地深埋却，管取來年吃嫩茄。』圜悟勤云：『佛祖命脉，列聖鉗錘。換斗移星，經天緯地。有般漢未出窠窟，只管道舌頭在趙州口裏。殊不知自己性命已屬他人。若能握向上綱宗，與二庵主相見，便可以定龍蛇、别緇素，正好著力。還知趙州落處麽？切忌顢頇。』姜山愛云：『趙州只見錐頭利，不見鑿頭方。』雲居舜云：『趙州當時甚生意氣，要且鼻孔在二庵主手裏。』」

◎教外别傳卷六趙州從諗禪師：「師到一庵主處問：『有麽有麽？』庵主竪起拳頭。師曰：『水淺不是泊船處。』便行。又到一庵主處問：『有麽有麽？』庵主亦竪起拳頭。師曰：『能縱能奪，能殺能活。』便作禮。雲居舜云：『趙州當時甚生意氣。雖然如是，要且鼻孔在二庵主手裏。』昭覺勤云：『佛祖命脉，列聖鉗錘。換斗移星，經天緯地。有般漢未出窠窟，只管道，舌頭在趙州口裏。殊不知自己性命，已屬他人。若能握向上綱宗，與二庵主相見，便可以定龍蛇別緇素，正好著力。還知趙州落處麽？切忌顢頇。』龍門遠云：『庵主一等豎拳，趙州因甚肯一個，不肯一個？且道得失在什麽處？趙州勘破幾多阿師，庵主過了幾多寒暑。要識趙州麽？』拍禪床左邊一下。『要識二庵主麽？』拍禪床右邊一下。『還有檢點得出麽？』良久云：『易開終始口，難保歲寒心。』溈山果云：『泣露千般草，吟風一樣松。爲什麽肯一個不肯一個？若向這裏見得，釋迦不先，彌勒不後。坐斷要津，天長地久。苟或未然，月庵爲諸人下個注脚。』良久云：『若不如是，争知如是？』元叟端云：『這個公案，諸方錯判者甚多。山僧論實不論虛。上庵主截鐵斬釘，下庵主和泥合水。大小趙州，識甚好惡？』

◎宗範卷下：「圜悟云：『有道舌頭在趙州口裏，不知己性命已屬他人。若能握向上綱宗，與二庵主相見，便可以定龍蛇，別緇素，正好著力。還知趙州落處麽？』」

趙州笋

師出外，逢見一箇婆子提一箇籃子。師便問：「什麽處去？」云：「偷趙州笋去。」師云：「忽見趙州又作麽生？」婆子近前打一掌。

（本書卷下第五〇六則）

◎明覺禪師語録卷三：「舉趙州問婆子：『什麽處去？』云：『偷趙州笋去。』州云：『忽遇趙州又作麽生？』婆子便掌。州便休去。師云：『好掌，更下兩掌，也無勘處。』」

◎法演禪師語録卷上：「上堂舉，趙州問婆子：『什處去？』婆云：『偷趙州笋去。』州云：『或遇趙州又作麽生？』婆連打兩掌，州便休去。師云：『趙州休去，不知衆中作麽生商量，白雲也要露箇消息，貴要衆人共知。婆子雖行正令，一生不了。趙州被打兩掌，咬斷牙關。婆子可謂去路一身輕似葉，趙州高名千古重如山。』」

◎佛果擊節録卷上〔一四〕趙州偷笋：「舉趙州問婆子什麽處去。撞著諸頭漢。婆云：『偷趙州笋去。』據虎頭也不爲分外。又云：『也是本分捋虎鬚。』州云：『忽遇趙州又作麽生？』險。婆便掌。好打。州便休。莫道趙州休去，也有陷虎之機。雪竇拈云：『好掌，更與兩掌也無勘處。』扶强不扶弱，黨理不黨親。師云：『這婆子本爲尼，因會昌沙汰，更不復作尼，只是參得好。這個公案諸人無事也好著眼參詳看。而今衆中有一般禪和家，須待長老入室小參，方可做些子工夫。不然終日業識茫茫，遊州獵縣，趁温暖處去却，也趁口快説禪。殊不知，當面蹉過多少好事了也。不見巖頭示衆道：「若是得底人，只守閑閑地，如水上按葫蘆相似，觸著便轉，按著便動。」趙州古佛，便是恁麽人。這老漢幸自無事，却爲他時時有生機處，便要垂手問這婆子。婆子既知是趙州，且道覿面爲什麽却道偷趙州笋去？州云：「忽遇趙州時如何？」婆子便掌。也是這老漢，惹得婆子與他手脚，他便休去。且道趙州是個什麽道理？」五祖先師拈云：『趙州休去，不知衆中作麽生商量，老僧也要露個消息，貴要衆人共知。婆子雖行正令，一生不了。趙州被打兩掌，咬斷牙關。可謂婆子去國一身輕似葉，趙州高名千古重如山。』但凡拈古，須似這般手段，見透古人意，方可拈掇他。若不如此，便泥裏洗土塊。雪竇爲他作得這般工夫，見得透前後，便云：『好掌，更與兩掌也無勘處。』且道雪竇意在什麽處？當時作得個甚麽道理，勘得這婆子去？諸人照顧，切忌著掌。」

◎禪宗頌古聯珠通集卷十九：「趙州問一婆子：『甚麽處去？』曰：『偷趙州笋去。』師曰：『忽遇趙州又作麽生？』婆便與一掌。師休去。頌曰：彎弓直勢射難當，陷虎之機理最長。雖是貪他一粒米，誰知失却半年糧。海印信。趙州笋被婆偷，遭摑如何肯便休。合出手時須出手，得抽頭處且抽頭。野軒遵。趙州老捉個賊當面勘渠，返遭一摑。賊不成罪歸己，天下衲僧知幾幾。地藏恩。趙州挨拶老婆時，迦葉難陁盡皺眉。却被老婆摑一掌，從來多事落便宜。張無盡。從來柔弱勝剛强，捉賊分明已見贓。當下被他揮一掌，猶如啞子喫生薑。佛鑑懃。」

◎一山國師語録卷上頌古婆子偷趙州笋：「蒼龍頭上拶折角，猛虎口中拔得牙。不是渠儂張意氣，相逢正遇惡冤家。」

◎教外别傳卷六趙州從諗禪師：「師問一婆子：『甚麽處去？』曰：『偷趙州筍去。』師曰：『忽遇趙州，又作麽生？』婆便與一掌，師休去。雪竇顯云：『好掌，更下兩掌，也無勘處。』五祖演云：『趙州休去，作麽商量？白雲露箇消息，貴要諸人共知。婆子雖行正令，一生不了。趙州被打兩掌，咬定牙關。婆子可謂去路一身輕似葉，趙州高名千古重如山。』徑山信云：『夜眠侵曉起，更有不眠人。婆子一掌，趙州猶如啞子喫黄瓜。雖然，這婆子也是看孔着楔，未是好手。』」

趙州問死

趙州落後到投子，便問：「死中得活時如何？」師云：「不許夜行，投明須到。」趙州便下來一直走。師教沙彌：「你去問他我意作麽生。」沙彌便去喚趙州。趙州迴頭，沙彌便問：「和尚與麽道意作麽生？」趙州云：「遇著個太伯。」沙彌歸，舉似，師便大笑。

（祖堂集卷六投子和尚、本書補遺第一八則）

◎白雲守端禪師廣録卷四：「死去活來牙尚露，投明須到已先行。誰家別館池塘裏，一對鴛鴦畫不成。」

◎雲門匡真禪師廣録卷上：「問：『死中得活時如何？』師云：『朝行三千，夜行八百。』」

◎碧巖録卷五〖四一〗：「舉趙州問投子：『大死底人却活時如何？』有恁麽事，賊不打貧兒家，慣曾作客方憐客。投子云：『不許夜行，投明須到。』看樓打樓，是賊識賊，若不同床卧，焉知被底穿。「趙州問投子：『大死底人却活時如何？』投子對他道：『不許夜行，投明須到。』且道是什麽時節？無孔笛撞著氈拍版，此謂之驗主問，亦謂之心行問。投子趙州，諸方皆美之得逸群之辯，二老雖承嗣不同，看他機鋒相投一般。投子一日爲趙州置茶筵相待，自過蒸餅與趙州，州不管。投子令行者過胡餅與趙州，州禮行者三拜。且道他意是如何？看他盡是向根本上，提此本分事爲人。有僧問：

『如何是道？』答云：『道。』『如何是佛？』答云：『佛。』又問：『金鎖未開時如何？』答云：『開。』『金雞未鳴時如何？』答云：『無這箇音響。』『鳴後如何？』答云：『各自知時。』投子平生問答總如此。看趙州問：『大死底人却活時如何？』他便道：『不許夜行，投明須到。』直下如擊石火，似閃電光，還他向上人始得。大死底人，都無佛法道理。玄妙得失，是非長短，到這裏只恁麼休去。古人謂之平地上死人無數，過得荆棘林是好手，也須是透過那邊始得。雖然如是，如今人到這般田地，早是難得。或若有依倚有解會，則没交涉。喆和尚謂之見不浄潔，五祖先師謂之命根不斷。須是大死一番，却活始得。浙中永光和尚道：『言鋒若差，鄉關萬里，直須懸崖撒手，自肯承當。絶後再蘇，欺君不得。非常之旨，人焉廋哉！』趙州問意如此。投子是作家，亦不辜負他所問。只是絶情絶跡，不妨難會，只露面前些子。所以古人道，欲得親切，莫將問來問。問在答處，答在問處。若非投子，被趙州一問，也大難酬對。只爲他是作家漢，舉著便知落處。頌云：

「活中有眼還同死，兩不相知，翻來覆去，若不蘊藉，争辨得這漢緇素。藥忌何須鑒作家。若不驗過，争辨端的，遇著試與一鑒，又且何妨，也要問過。古佛尚言曾未到，賴是有伴，千聖也不傳，山僧亦不知。不知誰解撒塵沙。即今也不少，開眼也著，合眼也著，闍黎恁麼舉，落在什麼處。

「『活中有眼還同死』，雪竇是知有底人，所以敢頌。古人道：他參活句，不參死句。雪竇道：活中有眼，還同於死漢相似。何曾死，死中具眼，如同活人。古人道：殺盡死人方見活人，活盡死人方見死人。趙州是活底人，故作死問，驗取投子。如藥性所忌之物，故將去試驗相似。所以雪竇道『藥忌何須鑒作家』，此頌趙州問處，後面頌投子。『古佛尚言曾未到』，只這『大死底人却活』處，古佛亦不曾到，天下老和尚亦不曾到，任是釋迦老子、碧眼胡僧，也須再參始得。所以道，只許老胡知，不許老胡會。雪竇道：『不知誰解撒塵沙。』不見僧問長慶：『如何是善知識眼？』慶云：『有願不撒沙。』保福云：『不可更撒也。』天下老和尚據曲录木床上，行棒行喝豎拂敲床，現神通作主宰，盡是撒沙，且道如何免得？」

◎圓悟佛果禪師語録卷八：「中秋上堂云：『只恁麼透得，已是涉泥水。何堪更廉纖，没頭又没嘴。到箇裏也須是箇似大死底人却活始得，還委悉麼？棒頭能取證，喝下絶承當。』」

◎圓悟佛果禪師語録卷十二：「且道如何是命根斷？須是打疊從前知見種種解會。一似大死底人，活得起來，自然無諍。所以道，我得無諍三昧，人中最爲第一。」

◎宏智禪師廣録卷一：「小參云：『生滅心盡是寂滅，露柱懷胎底時節。寂滅心起是生滅，石女生兒解言説。用時萬象不盈餘，休處一真無空缺。藤枯樹倒笑呵呵，依舊清風與明月。記得趙州問投子：「大死底人却活時如何？」子云：「不許夜行，投明須到。」』師云：『好兄弟不入門，不出户。高高山頂立那現身，深深海底行不匿跡。木人握印，當風文彩未形，玉女攛梭，直下機絲不掛。正當恁麼時，又合如何變弄。還會麼？密移一步六門曉，無限風光大地春。』」

◎宏智禪師廣録卷二：「舉趙州問投子：『大死底人却活時如何？』投云：『不許夜行，投明須到。』頌曰：芥城劫石妙窮初，活眼環中照廓虚。不許夜行投曉到，家音未肯付鴻魚。」

◎宏智禪師廣録卷五：「若箇時識得，便知道當明中有闇，勿以闇相遇，當闇中有明，勿以明相睹。一切法盡處，箇時了了常存。一切法生時，箇時空空常寂。須知道死中有活，活中死。」

◎雪庵從瑾禪師頌古：「趙州問大同禪師：『大死底人却活時如何？』師曰：『不許夜行，投明須到。』棚前夜半弄傀儡，行動威儀去就全。子細思量無道理，裏頭畢竟有人牽。」

◎五燈會元卷八洛京紫蓋善沼禪師：「僧問：『死中得活時如何？』師曰：『抱鐮刮骨熏天地，炮烈棺中求托生。』問：『纔生便死時如何？』師曰：『賴得覺疾。』」

◎海印昭如禪師語録：「上堂，僧問：『昔日僧問投子：「大死底人，却活時如何？」投子云：「不許夜行，投明須到。」意旨如何？』師云：『南天台，北五臺。』進云：『學人不會。』師云：『晝打三千，暮打八百。』僧禮拜。」

◎大燈國師語録卷中：「舉趙州問投子：『大死底人却活時如何？』投子云：『不許夜行，投明須到。』師云：『趙州移步不移身，投子移身不移步。雖然承虚接響，争奈他後舉得者少。』」

◎月江正印禪師語録：「上堂，僧問：『夜來小參，和尚舉僧問投子：「大死底人，却活時如何？」投子云：「不許夜行，投明須到。」意旨如何？』師云：『冬至前後，沙飛石走。』進云：『正堂和尚頌云：「我疑千年蒼玉精，化爲一片秋水骨。海神欲護護不得，一夜鰲頭忽擎出。」未審正堂和尚，具什麽眼目？』師云：『急須著眼看仙人，莫看仙人手中扇。』進云：『只如和尚頌云：「陽氣發時無硬地，秦時轅轢鑽生花。淮西古佛舌無骨，爛嚼虚空吐出查。」不妨與投子，把手共行。』師云：『山僧無此語，莫謗山僧好。』進云：『學人罪過。』便禮拜。」

◎續傳燈録卷二十二東京法雲佛照杲禪師：「入室次，璣舉：『僧問投子：「大死底人却活時如何？」子曰：「不許夜行，投明須到。」意作麼生？』師曰：『恩大難酬。』」

◎續傳燈録卷二十九：「上堂舉僧問投子：『大死底人却活時如何？』子曰：『不許夜行，投明須到。』師曰：『我疑千年蒼玉精，化爲一片秋水骨。海神欲護護不得，一旦鰲頭忽擎出。』」

◎兇絶老人天奇直注雪竇顯和尚頌古上：「趙州問投子：『大死底人却活時如何？』呈機驗主。子云：『不許夜行，投明須到。』已見來情，故乃拈之，主意探竿，旨明拈情。總結：是精識精。活中有眼還同死，藥忌何須鑒作家。蘇後同絶只可自知，何必驗人。古佛尚言曾未到，不知誰解撒塵沙。已到之人又言未到，誰能過此別説奇特。」

◎楚石梵琦禪師語録卷二：「復舉僧問投子：『大死的人，却活時如何？』子云：『不許夜行，投明須到。』師云：『鐵輪天子寰中敕，帝釋宮中放赦書。』」

◎楚石梵琦禪師語録卷九：「僧問投子：『大死底人，却活時如何？』投子云：『不許夜行，投明須到。』這僧問得能切，投子答得又親。」

◎從容庵録卷三〔四十六〕德山學畢：「寶峰照和尚道：『直須如大死底人死了更死。』僧云：『莫是死中却活麼？』師云：『爾且死莫活，爾但喫飯裏急自去屙屎。爾飯也未喫，早問屙屎作麼？此乃貴大休大歇，親到自證。説得一丈，不如行取一尺也。只如行不得處作麼生説？問取天童。』」

◎從容庵録卷四〔六十三〕趙州問死：「舉趙州問投子：『大死底人却活時如何？』探竿在手。子云：『不許夜行，投明須到。』影草隨身。

「（中略）蘇州永光真禪師上堂云：『言鋒若差，鄉關萬里。直須懸崖撒手，自肯承當。絶後再蘇，欺君不得。』趙州將此意問，若非投子，卒難構副。是他便道：『不許夜行，投明須到。』此與尋常不脱皮，要白柳棒底，言意似同，就理正與趙州問頭相應。州云：『我早侯白，伊更侯黑。』子由是道聲集衆，奏請應讖，名寂住院。白雲端頌：『死去活來牙尚露，投明須到已先行。誰家别館池溏裏，一對鴛鴦畫不成。』試看天童一筆丹青。頌云：

「芥城劫石妙窮初，及盡今時，始得成立。活眼環中照廓虛。絶後重蘇，欺君不得。不許夜行投曉到，已涉程途。家音未肯付鴻魚。已是妄傳消息。

「師云：智度論：『有城四方百由旬，滿中芥子。百年取一粒，芥子盡，劫未盡。』劫石者，梵語劫波，此云時分。樓炭經：『有一大石，方四十里。百歲諸天來以羅縠衣拂，石盡，劫猶未盡。』窮盡此芥城劫石，此乃及盡今時，却到空劫以前時，然後眼活也。環中者，莊子：『樞始得其環中，以應無窮。』此言循環而無窮，得其環中者也。環中虛處體也，循環無窮用也。詩傳云：『大曰鴻，小曰雁。』西漢使謂單于曰：『天子於上林射得雁，雁足有蘇武繫書。』由是單于不敢欺。漢蔡伯喈女，名琰字文姬，與董嗣作妻，沿邊爲理，嗣巡綽被番人虜，琰與王爲妃，思鄉修書蠟彈内，繫雁頸上，雁至漢地，飲水彈落魚吞，漁人剖魚得書，知琰所在。此頌『不許夜行，投明須到』，不曾家醜外揚，妄通消息。雖然上覆天童，適來侍者謝傳法誨。」

◎補續高僧傳卷十六孤月禪師傳：「又造廣福雲谷老人，谷見其一向孤迥迥底，即問曰：『你却似個死人，我且問你，大死底人，却活時如何？』師曰：『眉毛眼上横，鼻孔大頭垂。』」

◎呆庵莊禪師語録卷五頌古：「死中得活亦非常，切忌逢人錯舉揚。昨夜面南看北斗，脚跟不動到家鄉。」

◎無異元來禪師廣録卷十：「拈云：『趙州投子，果能跨逐日之蹄，截奔匯之水。但要與博山相見，尚須向鐵圍城裏，穿下過來。』」

◎宗門武庫：「法雲杲和尚，遍歷諸家門庭，到圓通璣道者會中。入室次，舉：『趙州問投子：「大死底人却活時如何？」子云：「不許夜行，投明須到。」意作麽生？』杲曰：『恩大難酬。』圓通大稱賞之。」

◎續燈正統卷四湖州府吉安州道場正堂明辯禪師：「上堂，舉僧問投子：『大死底人，却活時如何？』子曰：『不許夜行，投明須到。』師曰：『我疑千年蒼玉精，化爲一片秋水骨。海神欲護護不得，一旦鰲頭忽擎出。』」

◎少林無孔笛卷四大觀性全居士下火：「大死底人全活，誰言不許夜行。電光石火機變，前後一念不生。某名。入圓通出圓通，那裏非常寂光土。具無畏施無畏，觸處皆般涅槃城。揮火把云：金氣吹而火星散，冤親一理自齊平。」

◎槐安國語卷七：「舉趙州問投子：『大死底人却活時如何？一日之忌暮無飽食，一月之忌暮無大醉。』投子云：『不許夜行，投明須到。一歲之忌暮無遠行，終身之忌暮常護氣。』師云：『趙州移步不移身，去却一拈得七。投子移身不移步。拈得一去却七。雖然承虚接響，争奈他後舉得者少。以寬處衆，以恕待人，君子之道也。國師胡爲，爲進一瓜而斬三妾，放二桃而殺三子，何故？夫子道，但忠恕而已矣。』」

◎揞黑豆集卷三北京月心笑巖德寶禪師：「僧問：『大死底人却活時如何？』師曰：『與伊一盞茶吃。』」

趙州十八上解破家散宅

示衆云：「南泉道：『我十八上便解作活計。』趙州道：『我十八上便會破家散宅。』」師云：「你道破家散宅好，解作活計好？初心底人，且取前語。久參先德，直須破家散宅。更有一言，萬里崖州。」

（聯燈會要卷十二潭州神鼎鴻諲禪師、本書補遺第四六則）

◎五燈會元卷十八普賢元素禪師：「上堂，南泉道：『我十八上便解作活計，囊無繫蟻之絲，厨乏聚蠅之糝。』趙州道：『我十八上便解破家散宅。』南頭買賤，北頭賣貴。點檢將來，好與三十棒，且放過一著。何故？曾爲宕子偏憐客，自愛貪杯惜醉人。」

◎兀庵普寧禪師語録卷中：「復舉，南泉道：『我十八上便解作活計。』趙州道：『我十八上便解破家散宅。』拈云：『二古德，雖各擅家風，未免笑破天下衲僧鼻孔。雙林盡力跨跳，也出他綣繢不得。纔入門來，乃見破之又破，損之又損。净裸裸，赤灑灑，没可把，亦未免笑破天下衲僧鼻孔。然雖如是，或遇東君借力便有生意。如何見得？前村深雪裏，昨夜一枝開。』」

◎月澗禪師語録卷上：「上堂舉，南泉云：『我十八上便解作活計。』趙州云：『我十八上便解破家散宅。』師拈云：『諸人要見二大老麽？八十婆婆不知老，人前拈弄嫁時衣。』」

◎天如惟則禪師語録卷一：「師云：『誰知南泉活計正是破家散宅底？山僧敢保老趙州不識南泉窮徹骨，錯疑活計是家私，却道解破家散宅。或者道，趙州不錯疑，却是和尚錯疑。山僧遂撫掌呵呵向他道：好好。山僧錯疑也好，趙州不錯疑更好。』」

◎曇芳守忠禪師語録卷上：「上堂，舉南泉和尚道：『我十八上便解作活計。』趙州和尚道：『我十八上便解破家散宅。』師云：『諸禪德，解作活計底便解破家散宅，解破家散宅底便解作活計。若到徑山門下，總與明窗下安排。三十年後，却不得道見徑山來。』」

◎續傳燈録卷二十七明州育王佛智端裕禪師：「又示衆舉，南泉道：『老僧十八上便解作活計。』趙州道：『我十八上便解破家散宅。』會麽？作活計底始解破家散宅，破家散宅底始解作活計。假使黄金爲城白銀爲壁，禪悦爲食解義爲漿，本色衲子不肯回顧，何也？豈不見道，明眼漢投窠臼，縱饒萬里空寥寥，正好一捶俱摵碎。且道不落進脩一句作麽生道？」

◎續傳燈録卷三十二常州華藏遁庵宗演禪師：「上堂舉，南泉和尚道：『我十八上便解作活計。』趙州和尚道：『我十八上便解破家散宅。』師云：『南泉趙州也是徐六擔板秖見一邊，華藏也無活計可作，亦無家宅可破。逢人突出老拳，要伊直下便到。且道到後如何？三十六峰覩不足，却來平地倒騎驢。』」

◎楚石梵琦禪師語録卷六：「上堂，南泉道：『我十八上解作活計。』趙州道：『我十八上解破家散宅。』諸人向什麽處見二大老？若向作活計處見南泉，又不見趙州。若向破家散宅處見趙州，又不見南泉。不如和會一家，免致遞相矛盾。却教作活計的，破家散宅，浄裸裸，赤灑灑，没可把，好快活。破家散宅的，作活計，七珍八寶一齊拏，更無欠少，也好快活。然後報恩坐地看揚州，總爲戰争收拾得，却因歌舞破除休。」

◎從容庵録卷一〖九〗南泉斬猫：「萬松道：『趙州十八上解破家散宅，不知有多少生涯。草鞋頭戴較些些，咄咄没去處，作這箇去就。』保福展云：『雖然如是，也只是破草鞋。南泉平高就下道，子若在恰救得猫兒。』翠巖芝云：『大小趙州只可自救，放過一著。』天童道：『異中來也還明鑒，只箇真金不混沙，只能順水推舡，不解逆風把柁。而今爾這一隊上來，猫又無，争甚狗。』以拄杖趁下。」

◎義雲和尚語録卷上：「師曰：『父子二老解處如何辨取？南泉臂長衫袖短，被鬼神覰見。趙州身貧心儉，無卓錐處。』」

◎宗鑑法林卷十：「神鼎諲云：『你道破家散宅底好，解作活計底好？初參之士須取前語，久參先德直須破家。更有一言，萬里崖州。』法林音云：『神鼎老人錯下名言，喝一喝云：「一喝華山分兩路，萬年流水不知春。」』普賢素云：『十八上便解作活計，囊無繫蟻之絲，厨乏聚蠅之糁。十八上便解破家散宅，南頭買賤北頭賣貴。檢點將來，各好與三十棒。者裏且放過一著，何故？曾爲浪子偏憐客，自愛貪杯惜醉人。』」

附録四　校注參考書目

説明：（一）本書目依文獻性質分類，各類中按書名首字音序排列。

（二）校注中所引内典，凡未列入此書目者，皆據大正藏、卍續藏本。

佛教文獻

禪林象器箋，日本無著道忠編著，中華全國圖書館文獻縮微複製中心，一九九六年。

長慶宗寶禪師語録，明道獨説，明版嘉興大藏經第三八册，新文豐出版公司，一九八七年。

大唐西域記校注，唐玄奘、辯機撰，季羨林等校注，中華書局，一九八五年。

法苑珠林校注，唐道世撰，周叔迦、蘇晉仁校注，中華書局，二〇〇三年。

高僧傳，梁慧皎撰，湯用彤校注，中華書局，一九九二年。

古尊宿語録，宋賾藏主編，臺北「國家圖書館」藏宋刻古尊宿語録殘本。
古尊宿語録，宋賾藏主編，明版嘉興大藏經第一〇册，新文豐出版公司，一九八七年。
古尊宿語録，宋賾藏主編，中華大藏經（漢文部分）第七七册，中華書局，一九九四年。
古尊宿語録，宋賾藏主編，永樂北藏第一九七册，綫裝書局影印，二〇〇〇年。
漢魏兩晋南北朝佛教史，湯用彤撰，上海書店，一九九一年。
洛陽伽藍記校釋，魏楊衒之撰，周祖謨校釋，中華書局，二〇一〇年。
南海寄歸内法傳校注，唐義净撰，王邦維校注，中華書局，一九九五年。
神會和尚禪話録，楊曾文編校，中華書局，一九九六年。
宋高僧傳，宋贊寧撰，范祥雍點校，中華書局，一九八七年。
壇經校釋，唐慧能著，郭朋校釋，中華書局，一九八三年。
五燈會元，宋普濟著，蘇淵雷點校，中華書局，一九八四年。
五燈會元，宋普濟著，明版嘉興大藏經第二四册，新文豐出版公司，一九八七年。
心燈録，清湛愚老人著，宗教文化出版社，二〇〇一年。
正續一切經音義，唐慧琳撰，上海古籍出版社影印，一九八六年。
趙州和尚語録，唐文遠録，明版嘉興大藏經第二四册，新文豐出版公司，一九八七年。

趙州録，唐文遠録，張子開點校，中州古籍出版社，二〇〇一年。

趙州録校注集評，吴言生撰，中國社會科學出版社，二〇〇八年。

竹窗隨筆，明蓮池大師撰，孔宏點校，北京圖書館出版社，二〇〇五年。

祖堂集，南唐静、筠禪師編撰，孫昌武、衣川賢次、西口芳男點校，中華書局，二〇〇七年。

史部文獻

大清一統志，清穆彰阿等纂修，景印文淵閣四庫全書第四七四册，臺灣商務印書館，一九八六年。

漢書，漢班固撰，中華書局，一九六二年。

漢書補注，漢班固撰，清王先謙補注，上海古籍出版社，二〇〇八年。

後漢書，宋范曄撰，唐李賢等注，中華書局，一九六五年。

舊唐書，後晋劉昫撰，中華書局，一九七五年。

三朝北盟會編，宋徐夢莘撰，上海古籍出版社，一九八七年。

三國志，晋陳壽撰，宋裴松之注，中華書局，一九八二年。

山東通志，清岳濬等纂修，景印文淵閣四庫全書第五三九册，臺灣商務印書館，一九八六年。
山西通志，明李維禎等纂修，景印文淵閣四庫全書第五四二册，臺灣商務印書館，一九八六年。
水經注校證，北魏酈道元著，陳橋驛校證，中華書局，二〇〇七年。
宋史，元脱脱等撰，中華書局，一九七七年。
唐國史補，唐李肇撰，上海古籍出版社，一九七九年。
唐會要，宋王溥撰，中華書局，一九五五年。
魏書，北齊魏收撰，中華書局，一九七四年。
吴越春秋，漢趙曄撰，景印文淵閣四庫全書第六九六册，臺灣商務印書館，一九八六年。
新唐書，宋歐陽修等撰，中華書局，一九七五年。
戰國策，漢劉向集録，上海古籍出版社，一九八五年。
周書，唐令狐德棻等撰，中華書局，一九七二年。
資治通鑑，宋司馬光編著，中華書局，一九五六年。

其他經子類書

抱朴子内篇校釋，晉葛洪著，王明校釋，中華書局，一九八六年。
避暑録話，宋葉夢得撰，景印文淵閣四庫全書第八六三册，臺灣商務印書館，一九八六年。
茶經譯註（外三種），唐陸羽著，宋一明譯註，上海古籍出版社，二〇〇九年。
稱謂録，清梁章鉅撰，中華書局，一九九六年。
初學記，唐徐堅撰，中華書局，一九六二年。
春秋繁露，西漢董仲舒撰，景印文淵閣四庫全書第一八一册，臺灣商務印書館，一九八六年。
詞徵，清張德瀛撰，詞話叢編，唐圭璋編，中華書局，一九八六年。
大戴禮記解詁，清王聘珍撰，王文錦點校，中華書局，一九八三年。
東京夢華録箋注，宋孟元老撰，伊永文箋注，中華書局，二〇〇七年。
東京夢華録（外四種），古典文學出版社，一九五七年。

東坡志林，宋蘇軾撰，王松齡點校，中華書局，一九八一年。
敦煌變文集新書，潘重規著，文津出版社，一九九四年。
公羊傳，中華書局十三經注疏本，一九八〇年。
穀山筆麈，明于慎行撰，吕景琳點校，中華書局，一九九四年。
廣韻校本，宋陳彭年等編，周祖謨校，中華書局，二〇〇四年。
歸潛志，金劉祁撰，崔文印點校，中華書局，一九八三年。
韓非子集解，清王先慎撰，鍾哲點校，中華書局，一九九八年。
寒山詩注（附拾得詩注），項楚著，中華書局，二〇〇〇年。
紅樓夢，清曹雪芹、高鶚著，啓功等整理，中華書局，二〇〇一年。
洪武正韻，明樂韶鳳、宋濂等編，景印文淵閣四庫全書第二三九册，臺灣商務印書館，一九八六年。
淮南鴻烈集解，劉文典撰，馮逸、喬華點校，中華書局，一九八九年。
黄帝内經素問，景印文淵閣四庫全書第七三三册，臺灣商務印書館，一九八六年。
蕙風詞話，清況周頤撰，人民文學出版社，一九六〇年。
急就篇，西漢史遊撰，景印文淵閣四庫全書第二二三册，臺灣商務印書館，一九八六年。

集韻，宋丁度撰，上海古籍出版社，一九八五年。
經典釋文，唐陸德明撰，黄焯斷句，中華書局，一九八三年。
景嶽全書，明張景嶽撰，景印文淵閣四庫全書第七七七册，臺灣商務印書館，一九八六年。
劇談録，唐康駢撰，景印文淵閣四庫全書第一〇四二册，臺灣商務印書館，一九八六年。
龍龕手鏡（高麗本），遼釋行均編，中華書局，一九八五年。
論語，中華書局十三經注疏本，一九八〇年。
論衡校釋（附劉盼遂集解），黄暉撰，中華書局，一九九〇年。
墨子校注，吴毓江撰，孫啓治點校，中華書局，一九九三年。
南村輟耕録，元陶宗儀撰，中華書局，二〇〇五年。
能改齋漫録，宋吴曾撰，上海古籍出版社，一九七九年。
齊民要術，北魏賈思勰撰，四部叢刊初編，商務印書館，一九一九年。
全唐詩（增訂本），中華書局，一九九九年。
全唐文，清董誥等編，中華書局，一九八三年。
日知録校注，清顧炎武著，陳垣校注，安徽大學出版社，二〇〇七年。

容齋隨筆，宋洪邁著，上海古籍出版社，一九七八年。
山海經箋疏，清郝懿行，巴蜀書社，一九八五年。
詩經，中華書局十三經注疏本，一九八〇年。
石倉歷代詩選，明曹學佺輯，景印文淵閣四庫全書第一三八七册，臺灣商務印書館，一九八六年。
事林廣記，宋陳元靚編，中華書局，一九六三年。
事物紀原，宋高承撰，明李果訂，金圓、許沛藻點校，中華書局，一九八九年。
蜀中廣記，明曹學佺撰，景印文淵閣四庫全書第五九一册，臺灣商務印書館，一九八六年。
水滸傳，明施耐庵、羅貫中著，人民文學出版社，一九七五年。
説文解字，漢許慎撰，中華書局，一九六三年。
四庫全書總目，清永瑢等編，中華書局，二〇〇三年。
搜神記，晉干寶撰，汪紹楹校注，中華書局，一九七九年。
太平廣記，宋李昉等編，中華書局，一九六一年。
太平御覽，宋李昉等編，中華書局，一九六〇年。

通雅，明方以智撰，景印文淵閣四庫全書第八五七册，臺灣商務印書館，一九八六年。

萬曆野獲編，明沈德符撰，中華書局，一九五九年。

文選，梁蕭統編，唐李善注，上海古籍出版社，一九八六年。

五禮通考，清秦蕙田撰，景印文淵閣四庫全書第一三五册，臺灣商務印書館，一九八六年。

五雜俎，明謝肇淛撰，中華書局，一九五九年。

孝經，中華書局十三經注疏本，一九八〇年。

新方言（附嶺外三州語），章炳麟著，浙江圖書館校刊，一九一九年。

荀子集解，清王先謙撰，沈嘯寰、王星賢點校，中華書局，一九八八年。

永樂大典戲文三種校注，錢南揚校注，中華書局，二〇〇九年。

酉陽雜俎，唐段成式撰，曹中孚校點，上海古籍出版社，二〇一二年。

餘冬序録，明何孟春撰，叢書集成初編，商務印書館，一九三七年。

玉篇，梁顧野王撰，中國書店，一九八三年。

證類本草，宋唐慎微編，景印文淵閣四庫全書第七四〇册，臺灣商務印書館，一九八六年。

證治準繩，明王肯堂撰，景印文淵閣四庫全書第七六七册，臺灣商務印書館，一九八六年。
正字通，明張自烈撰，中國工人出版社，一九九六年。
周易，中華書局十三經注疏本，一九八〇年。
朱子語類，宋黎靖德編，王星賢點校，中華書局，一九八六年。
煮泉小品，明田藝蘅著，中華書局，二〇一二年。
莊子集釋，清郭慶藩撰，王孝魚點校，中華書局，一九六一年。
莊子口義，宋林希逸，景印文淵閣四庫全書第一〇五六册，臺灣商務印書館，一九八六年。
字彙，明梅膺祚編，上海辭書出版社，一九九一年。
左傳，中華書局十三經注疏本，一九八〇年。